ZHU RONGJI DA JIZHE WEN
(朱鎔基答記者問)

Copyright ⓒ 2009 by The People's Publishing House.
All rights reserved.
Original Chinese edition was published
by The People's Publishing House (ISBN 978-7-01-008161-8).
Korean translation rights arranged with The People's Publishing House, Beijing.
Korean translation copyright ⓒ 2010 by Bumwoo Publishing Co., Ltd. Gyeonggi-do.

주룽지, 기자에 답하다

주룽지, 기자에 답하다

ZHU RONGJI DA JIZHE WEN

(朱鎔基答記者問)

주룽지, 기자에 답하다

인민출판사 엮음 / 강영매·황선영 옮김

B 범우

책머리에

본서는 주룽지 전 총리가 국무원 부총리와 총리 재임 기간 동안 기자들과 한 인터뷰 내용 및 외국에서 연설한 강연 일부를 수록했다.

본서는 모두 네 부분으로 나뉘는데 매 부분의 내용은 시간 순서에 따라 배열했다.

제1부는 주룽지 총리가 1998년 3월에 국무원 총리가 된 후부터 제9기 전국인민대표대회까지 5차에 걸쳐 개최되었던 기자회견에서 국내외 기자들의 질의에 답변한 내용이다. 당시 CCTV · 중앙인민방송국 · 중국국제방송국과 신화넷에서 현장을 생중계하여 세계 각국의 유명 매체에서 대대적으로 보도한 바 있다.

제2부는 주룽지 총리가 외국기자들의 인터뷰에 응한 것이다. 인터뷰 내용은 외국 매체에는 당시 보도되었으나 중국 내에서는 비공개되었던 것이다.

제3부는 주룽지 총리가 외국에서 발표한 연설과 질의에 대한 답변이다. 중국 국내 및 외국 매체들은 이에 대해 종합적인 보도를 한 바 있다. 이번에 본서에 수록한 것은 연설과 질의에 대한 전문全文이다.

제4부는 주룽지 총리의 외국 순방 시 홍콩 기자의 수행 인터뷰에 응한 내용이다. 당시 해외 매체에 보도되었으며 이번에는 그중의 일부를 선별 수록했다.

본서에 수록된 내용은 녹음과 녹화자료 · 문서기록 원고를 근거로 하여 정리된 것으로 개개 문자에 대해서만 수정했다. 문장 중에 언급된 관련 인물과 전문용어에는 간단하게 주석을 달았다. 영어 전문용어는 처음 나올 때 페이지 아래에 주를 달았고 이후 매 편에 처음 나올 때는 괄호 속에 주를 넣어 문장 안에 표기했고, 두 번째 나올 때는 주를 달지 않았다. 본문에서 사용한 영어는 영문으로 표기하고 중국어 번역을 괄호 안에 주로 넣었다.

중앙 지도자들은 본서에 대하여 귀중한 의견을 주었고 중앙의 유관 부문 책임자는 본서 편집에 지도적인 의견을 주었다. 외교부·중앙신문기록영화제작소·홍콩 봉황TV·아시아TV 등에서도 일부 자료를 제공해주었으며 인민출판사는 본서 출판에 대대적으로 협조해주었다. 이에 감사의 뜻을 표한다.

본서 편집 업무에 참가한 사람은 리빙쥔李炳軍·롄융廉勇·셰밍간謝明干·린자오무林兆木·루징魯靜·허우춘侯春 동지다. 장창이張長義·마둥성馬東升·리리쥔李立君 동지가 관련 자료의 수집과 정리 업무에 참가했다.

편집자들의 수준에 한계가 있어 적당치 않은 부분도 있을 수 있는데 비평과 질정을 바라마지 않는다.

2009년 8월 본서 편집팀

역자 후기

본서 《주룽지, 기자에 답하다》(원제:朱鎔基答記者問)는 1993년부터 2002년까지 주룽지 전 총리가 재임 중에 국내외 기자들의 질문에 답한 기자회견과 연설 등을 수록한 발언집이다. '경제 차르' '철의 재상' 등으로 불리며 강직한 태도로 부패관리를 척결하고 경제 개혁을 추진했던 주 총리의 면모를 볼 수 있는 책이다. 본서는 인물전기식의 회고록이 아닌 실록형식이다. 공식문서와도 같은 본서는 어떤 해설이나 분석도 전혀 없이 시간대별로 엮었기 때문에 자칫 '읽는' 재미가 없어 보이지만 글을 읽다보면 미소가 저절로 나오는 부분이 적지 않다. 시종일관 소신 있게 일을 진행해 나가는 주 총리의 모습을 보면 저런 자신감이 어디에서 나오는 것일까 무척 궁금해진다. 올해 그 결실을 맺어 성황리에 진행되고 있는 상하이 엑스포 유치와 WTO에 가입하기까지 지루하게 반복되는 협상진행과 설득과정에서 중국인의 심성을 엿볼수도 있다. 현재 G2가 되어 세계 경제를 이끌어 가는 양대 축의 하나가 된 중국이 있기까지 그 토대를 마련한 장본인이 바로 주룽지 총리라는 사실을 본서를 통해서 다시금 깨닫게 된다.

본서는 중국 인민출판사의 황수위안黃書元 사장과 양쑹옌楊松岩 선생의 적극적인 지지와 주룽지 사무실의 허가로 번역될 수 있었다. 이 자리를 빌어 다시 한번 감사드린다. 2009년 9월 4일, 북경국제도서전에 맞추어 범우사 윤형두 회장님을 모시고 중국을 방문하였다. 황사장님은 그날 남방으로 출장가는 비행기 시간을 변경하면서까지 우리를 환대해주셨다. 그날 환영회에 참석한 인민출판사 관계자분들은 모두들 기분이 좋았는데 바로 9월 2일에 배포한 본서가 다음날에 25만부가 매진되어 다시 20만부를 추가인쇄하기로 결정하였다면서 모두들 무척 고무되어 있었다. 또 인민출판사에서 간행한 윤 회장님의 저서 《한 출판인의 중국나들이―位韓國出版家的中國之旅》가 아시아출판문화상을 수상하였기 때문에 환영회장은 온통 축하인사로 화기애애하였다.

인민출판사는 그동안 중국 지도자들에 관한 여러 책을 출판하였는데 이런 책에 관한 중국인들의 관심도 대단하였다. 본서 역시 2009년도 중국 출판계와 서점계를 강타하면서 "2009년도 우수베스트셀러 1위"의 영예를 필두로 많은 상을 휩쓸었다. 중국인들의 주룽지 총리에 대한 각별한 관심과 애정을 엿볼 수 있다.

본서를 번역하면서 여러 가지 생각을 하게 되었다. 경제대국 중국이 있기까지의 수많은 중국의 정치지도자들을 생각하기도 하고, 참된 정치인들의 자세는 무엇일까 고민하기도 하고, 세계 어디서도 자신만만하게 자신의 소신을 피력하는 자세가 부럽기도 하였다. 물론 우리의 정서로는 이해하기 어려운 대목도 있음은 부인할 수 없다.

또한 본서를 번역하면서 행간의 숨은 뜻은 없을까 고민하면서 옮겨나갔다. 본서가 질문과 대답의 '말글'이기 때문에 어떤 곳은 논리적으로 맞지 않는 곳도 있었고, 또 질문과 대답이 약간 동떨어진 경우도 있었지만 이 역시 '답변의 기교'가 아닐까 생각하였다. 언어는 생성·변화·소멸이라는 단계를 거친다고 하지만 본서를 번역하면서 한국어가 아주 많이 변화되었음을 느끼게 되었다. 또한 이미 한국어에서 기정사실화되어 바꾸기 어려운 단어들도 있었다. 중국의 정치경제 전문가는 물론이고 통역이나 번역을 하는 분에게도 도움이 되었으면 하는 바램으로 번역하였지만 많은 부분이 미흡할 것이다. 독자 여러분의 애정어린 충고와 가르침을 바라마지 않는다.

2010년 7월 역자 일동

차 례

1 제1부 전국인민대표대회 내외신 기자회견

2 제2부 외국기자 인터뷰

3 제3부 해외순방 시 연설 및 질의응답

제4부 홍콩기자 해외수행 인터뷰

1

제 1 부

전국인민대표대회 내외신 기자회견

1998년 3월 16일, 제9기 전국인민대표대회 1차 회의에서 거행한 제4차 전체회의에서 의장단석에 있는
장쩌민 주석과 주룽지 총리.

1998년 3월 19일, 주룽지 총리가 리란칭·첸치천·우방궈·원자바오 부총리를 대동하고 제9회 전국인
민대표대회 1차 회의에서 내외신 기자 회견을 하고 있다.

제9기 전국인민대표대회 1차 회의
내외신 기자회견*

(1998년 3월 19일)

미국 《타임》지 기자 : 지난 주에 저는 지린성吉林省과 랴오닝성遼寧省에 가서 현지 촌민위원회의 선거를 볼 기회가 있었습니다. 이런 선거는 촌민들이 그들이 원하는 촌장을 뽑거나 싫어하는 촌장을 그만두게 할 수 있는 기회입니다. 주 총리께서는 이러한 체제를 만드는 것을 지지하십니까? 즉 18세 이상의 중국인이 그들 소재지의 지도자를 선출할 뿐만 아니라 국가 주석과 총리를 포함한 국가 지도자를 선출하는 것을 허용하시는지요? 만일 총리께서 이런 방법을 찬성하신다면 이 제도가 실행되기까지는 얼마나 많은 시간이 필요하다고 생각하십니까? 만일 찬성하지 않는다면 그 이유는 무엇인지요?

주룽지 : 저는 이미 미국의 IMF가 중국에 와서 이런 선거에 대한 조사를 했고 또한 매우 긍정적인 의견을 발표한 것으로 알고 있습니다. 현재 이런 민주적 제도는 농촌만이 아니라 기업 안에서도 실행되고 있습니다. 예를 들면 민주평의 공장장, 민주심사재정 회계, 일부 기업의 민주적 방법을 통한 공장장 선출 등이 있습니다. 이는 참으로 좋은 방향이라고 생각합니다. 국가 주석과 총리를 어떻게 선출하는가에 관해서는 정치체제 문제라서 중국의 국정에서 출발해야 할 것입니다. 중국은 외국과 다르며, 또한 동양은 서양과 다르므로 우리는 우리들만의 선거제도가 있습니다.

---

* 1998년 3월 17일, 제9기 전인대 1차 회의에서 주룽지가 중화인민공화국 국무원 총리로 결정되었다. 3월 19일 오전, 9기 전인대 1차 회의는 베이징 인민대회당에서 기자회견을 거행했는데 주룽지 총리는 리란칭李嵐淸·쳰치천錢其琛·우방궈吳邦國·원자바오溫家寶 부총리를 대동하고 본 대회를 취재한 내외신 기자를 만나 기자들의 인터뷰에 응답했다.

중국 CCTV 기자 : 금후 5년 간은 중국의 개혁과 발전에 중요한 관건이 되고 있습니다. 총리께서는 현재 가장 절실하게 해결해야 하며 가장 도전적인 문제는 무엇이라고 여기십니까?

주룽지 : 본 회 정부의 임무에 관해서는 작년에 장쩌민江澤民 총서기가 중국공산당 제15차 전국대표대회에서 이미 명확하게 요구한 바 있습니다. 방금 장쩌민 주석과 리펑李鵬 위원장이 발표한 담화 중에 본 회기 정부의 임무에 관하여 구체적으로 규정했습니다. 만일 좀 더 구체적으로 말하라면 본 회기 정부가 할 몇 가지 업무를 '한 개의 확보, 세 개의 예상 목표 실현, 다섯 항목의 개혁'으로 포괄하여 말할 수 있습니다.

'한 개의 확보'란 현재 동남아의 금융위기로 심각한 도전에 직면하여 반드시 금년에 중국의 경제성장률을 8%로 끌어 올리고, 인플레이션은 3% 이하가 되도록 하여 위안화 평가절하를 하지 않도록 확보하는 것입니다. 우리는 반드시 이런 일들을 완수해야만 하는데 이는 중국의 발전과 관계될 뿐만 아니라 아시아의 번영과 안정에도 관계가 되기 때문입니다. 우리는 이 목표를 실현하기 위한 주요 수단으로 국내 내수를 제고할 것입니다. 중국은 최근 몇 년 간 거시조정 통제에 성공을 했고 적정 긴축재정 통화정책을 채택하여 화폐 발행을 억제하고 인플레이션 지수를 많이 낮추었습니다. 이리하여 비교적 많은 자금을 들여 국내수요를 자극했습니다. 이러한 수요는 철도 · 고속도로 · 농지 수리 · 시정 · 환경보호 등 방면의 인프라 구축을 강화했고, 하이테크 신기술의 확립을 강화했으며, 또한 기존 기업의 기술 개선을 강화했습니다. 당연히 주택건설도 있는데 이는 중국 국민경제의 새로운 성장점이기 때문입니다.

'세 개의 예상 목표 실현'에 대해 말씀드리겠습니다. 첫 번째 예상 목표는 바로 3년여의 시간을 들여 대다수의 국영 중대형의 결손 기업들을 곤경에서 벗어나게 하여 현대적 기업제도를 건립하는 것입니다.

두 번째 예상 목표는 우리가 지난해 전국 금융업무회의를 열어, 3년 안에 우리의 금융시스템을 철저하게 개혁하기로 확정한 것입니다. 즉 중앙은행은 감독관리를 강화하고 상업은행은 자주적으로 경영하는 것으로 이 목표 역시 금세기 말 안에 실현될 것입니다.

세 번째의 예상 목표는 정부기구의 개혁입니다. 이번 대회에서 통과한 중앙정부기구개혁 방안은 이미 40개의 국무원 각 부와 위원회를 29개로 간소화하기로 했으며 정부기관의 인원도 반 정도를 기업으로 이동배치할 준비를 했습니다. 이 임무는 3년 안에 완성될 것이며 이와 상응하여 각급 지방정부 역시 3년 내에 기구개혁을 완성할 겁니다. 제가 말하는 3년 이내 완성이라는 것은 이동배치된 정부기관의 반 정도의 간부가 3년 내에 모두 충분히 그들의 역할을 발휘할 수 있는 부서로 가게 되는 것입니다. 이동배치 업무는 금년 안에 완성할 수 있습니다. 즉 새로운 정부 수립 후 '삼정三定(직능의 확정, 기구의 확정, 편제의 확정)'이 확정된 후 금년에 반 정도의 인원이 이동배치되지만 완전하게 예상 목표에 도달하기 위해서 3년의 시간이 필요합니다. 이동배치된 인원은 훈련을 거쳐야 하며 본인의 지원을 참작하여 이들을 적당한 위치에 배치할 것입니다. 여기에는 비교적 긴 시간이 필요합니다.

'다섯 항목의 개혁'에 관해서 말씀드리겠습니다. 첫째는 식량유통체제의 개혁입니다. 중국은 농업정책의 성공으로 인해 이미 3년 연속 풍년을 맞아 중국 식량 재고는 현재 유사 이래 최고의 수준에 달했습니다. 저는 중국이 설사 2년 간 어떠한 자연재해가 있다 하더라도 식량은 충분하다고 책임지고 말씀 드릴 수 있습니다. 그러나 식량 재고가 방대하기 때문에 정부 재정 보조 역시 증가하므로 우리는 반드시 이 문제에 있어 식량의 구입과 판매 체제의 개혁을 진행해야 합니다.

두 번째는 투자 융자 체제 개혁입니다. 현재의 투자 융자 체제는 주로 행정심사 비준 제도이기 때문에 시장이 자원배치라는 기초적인 역할을 발휘하지 못하며 이는 수많은 중복 건설을 야기하므로 반드시 근본적인 개혁을 진행하여 시장경제 요구에 부합하도록 해야 합니다.

세 번째는 주택제도 개혁입니다. 주택건설은 앞으로 중국경제의 새로운 성장점이 될 것입니다. 그러나 우리는 반드시 현행의 복지 주택분배 정책을 화폐화·상품화의 주택정책으로 전환하여 국민들이 스스로 주택을 구입하도록 해야 합니다. 전체 주택제도 개혁 방안은 이미 3년 간 준비해 왔습니다. 우리는 금년 하반기 내에 새로운 정책을 준비할 것입니다. 복지 주택분배를 중지하고 주택분배를 상품화로 바꿀 것입니다.

네 번째는 의료제도 개혁입니다. 우리는 금년 하반기 내에 전국적인 의료제도 개혁 방안을 공포하여 국민들의 기본적인 복지를 보장할 것입니다.

다섯 번째는 재정 세수稅收제도 개혁을 더욱 완벽하게 하는 것입니다. 현행 재정세수 제도는 1994년에 개혁한 것으로 큰 성공을 거두었고 재정수입이 매년 빠른 속도로 증가하도록 보장하고 있습니다. 그러나 현존하는 문제는 비용이 세수보다 크다는 것입니다. 많은 정부 기관이 국가 규정 이외에 각종 비용을 징수하여 국민들의 부담을 가중시켜 민원이 들끓고 있는데 이는 반드시 정리되고 개혁되어야만 합니다. 즉 각급 정부기관이 필요한 책정된 수수료 이외에 다시 온갖 명목으로 국민들에게 비용 징수하는 것을 용인하지 않겠습니다.

마지막으로 제가 말씀드리고자 하는 것은 과학과 교육 발전을 통해 나라를 부흥시키는 것이 이번 정부의 최대 임무라는 점입니다. 장쩌민 주석은 이 문제를 몹시 중시하고 계시며 여러 차례 과학 교육으로 나라를 부흥시키는 중요성을 천명했습니다. 그러나 우리는 자금부족으로 이를 제대로 관철하지 못하고 있습니다. 돈이 다 어디로 갔을까요? 정부기관이 방대하여 '밥 먹는 재정'이 돈을 전부 먹어치웠습니다. 그 다음으로는 각급 정부의 관여하에 적지 않은 맹목적인 중복 건설을 진행하여 한 항목에 몇십억, 몇백억 위안이나 투자하고 생산한 후에는 시장이 없어 오히려 원래 있던 기업들이 도산했습니다. 이리하여 중앙재정과 은행은 모두 과학 교육 부흥이라는 국가 방침을 지지할 수 있는 자금을 출자하지 못하고 있습니다. 그래서 이번 정부는 기구를 간소화하고 인원을 반으로 감원하는 동시에 중복 건설을 중단하여 돈을 절약하고 과학 교육을 통한 국가부흥 방침을 관철할 것입니다. 중앙은 이미 국가과학기술교육 업무 지도자 소위원회를 구성하여 제가 위원장을 맡고 리란칭李嵐淸 부총리가 부위원장을 맡기로 결정했습니다. 이 결정은 이미 장쩌민 주석이 비준했습니다. 우리는 과학교육 국가부흥 방침을 한층 더 관철하기로 결심했습니다.

프랑스 《르 몽드》 기자 : 중국이 국영기업을 개혁하기로 고려했을 시기에 한국의 대기업은 크게 성공했습니다. 그러나 최근에 이런 대기업에 빈번히 문제가 나타나고 있고 어떤 기업은 도산까지 했습니다. 한국 기업의 실패 경험이 중국 국영기업 개혁에 어떤 영향을 주지는 않는지요? 특히 현재의 금융위기를 고려하여 중국의 국영기업 개혁의 속도를 늦추는 것은 아닌지요?

주룽지 : 저는 한국 기업의 경험에 관하여 평가하지 않겠습니다. 그러나 우리는 이번 아시아 금융위기 속에서 각국의 경험과 교훈을 좋은 타산지석으로 삼아야만 합니다. 이번 아시아 금융위기는 중국 국영기업 개혁의 진전에 영향을 주지 않습니다. 이 3년 안에 즉, 본세기말에 국영 중대형 기업 중의 대다수 손실기업은 완전히 곤란에서 벗어날 것입니다. 저는 외국 여론이 중국 국영기업의 어려움을 너무 과장하고 있다고 생각합니다. 우리 중국 국영기업의 손실 정도는 현재 49%이며 이는 기업의 개수에 따라 통계를 낸 것입니다. 중국의 공업工業기업은 7만 9천 개가 있는데 어떤 기업은 몹시 작아 직원이 겨우 몇십 명 있을 뿐입니다. 이러한 수치 통계에 의하면 당연히 손실 정도는 아주 큽니다. 그러나 500개 특대형 국영기업이 국가에 납부하는 세수와 이윤은 전국 세수와 이윤의 85%를 점하고 있습니다. 그중에서 손실을 본 것은 겨우 10%인 50개 기업 뿐입니다. 총체적으로 말하자면 3년의 기간 안에 대다수 국영 중대형 손실기업을 곤경에서 벗어나게 하는 것은

능히 실현될 수 있다고 우리는 생각합니다.

홍콩 TVB 기자 : 1989년 '6·4' 사건(톈안먼 사태를 말함:역주)을 통해 새 정부는 역사적 경험을 얻은 것이 있는지요? 주 총리께서는 일찍이 홍콩이 어떤 기지가 되든 홍콩에 가실 거라고 말씀 한 적이 있습니다. 주 총리께서 다시 홍콩에 가실 때 만일 어떤 사람이 '6·4'에 관한 정치적 결론을 시정하라고 요구한다면 어떻게 하시겠습니까?

주룽지 : 1989년에 발생한 정치 풍파에 대하여 우리 당과 정부는 시기적절하고도 과단성 있는 조치를 취해 전국의 정치적 상황을 안정시켰습니다. 이에 대하여 우리 당 전체의 인식은 완전히 일치합니다. 최근 몇 년 간 우리 당은 정부와 수차례 이에 관하여 회의를 하여 정확한 결론을 도출했으며 이 결론은 변하지 않을 것입니다. 당시 저는 상하이에서 근무하고 있었는데 상하이 역시 중앙과 완전한 의견 일치를 유지하고 있었습니다.

홍콩이라면 저는 과거에 매우 가보고 싶었고 또 가보았습니다. 지금도 몹시 가보고 싶습니다. 그러나 저는 지금 총리직을 맡고 있어 일정 정도 '자유'를 잃어 가보고 싶다 해서 갈 수 있는 것은 아니지만, 저는 반드시 다시 갈 것입니다. 홍콩인들은 제가 홍콩에 갔을 때 환영하기도 했고, 시위와 항의도 했고 시위행진까지 했습니다. 그러나 그것은 홍콩인들의 자유입니다. 하지만 홍콩은 어떤 조직의 활동이든지 간에 반드시 〈홍콩특별행정구 기본법〉에 부합하여야만 하고 또한 홍콩특별행정구의 법률에 부합되어야 한다고 생각합니다.

러시아 《소비에트 러시아일보》기자 : 총리께서는 소련에서 유학했던 중국 지도자들과 다르기 때문에 어쩌면 총리직을 맡으신 후 중국의 러시아에 대한 태도에 새로운 내용이 있을 거라고 말하는 사람이 있습니다. 총리님의 정부는 대러시아 정책 제정에 있어 어떤 점을 고려하시는지 소개해 주실 수 있는지요? 중국과 러시아 관계의 발전에 대하여 총리께서는 어떤 견해를 갖고 계신지 알고 싶습니다.

주룽지 : 저는 지난 정부에서 부총리를 역임했으나 주된 임무는 경제업무이고 외

교에 관해서는 거의 터치하지 않았습니다만 러시아의 외교정책에 관해서 어떠한 변화도 고려해 본 적이 없습니다. 저는 지속적으로 장쩌민 주석과 리펑 동지가 총리였을 때 수립한 외교정책을 관철하고 집행할 것입니다. 제가 첸치천 부총리를 청하여 이 문제에 관해 보충을 해도 될까요?

첸치천 : 어느 임기의 정부든 소련이나 혹은 다른 국가에서 유학한 사람들이 있는데 그런 이유로 이번 정부는 반드시 어떤 국가에 대해 어떻게 할 것이라고들 생각합니다. 그러나 제가 볼 때 이런 논리는 있을 수 없습니다. 어디에서 유학을 하고 왔든지, 어떤 경험이 있든지를 막론하고 중국정부는 모두 중국을 대표합니다.

홍콩 봉황 위성TV 기자 : 작년에 아시아에서 금융위기가 폭발했고 홍콩의 위기 역시 드러나고 있습니다. 현재 홍콩 경제는 회복하기 시작했고 주가지수는 다시 최고치를 경신했습니다. 만일 홍콩에 어려움이 생긴다면 중앙정부는 어떤 조치를 취하여 원조하고 지지할 것인지요? 사람들은 총리님을 '경제 차르'라고 칭하는데 이에 관해서는 어떻게 생각하시는지요?

주룽지 : 작년에 아시아 금융위기가 발생했습니다. 10월에 홍콩 역시 '주가폭락으로 인한 손실'이 발생했습니다. 그러나 홍콩 경제구조는 비교적 완전하며 경제력도 강하여 980억 달러의 외화를 비축하고 있습니다. 특별행정구 정부의 능란한 지도력, 힘있는 조치로 이미 이런 곤란을 극복했습니다. 중앙정부는 특별행정구 정부가 취한 정책에 대해 매우 높은 평가를 하고 있으며 또한 홍콩이 금후에 극복하지 못할 곤란은 없다고 봅니다. 그러나 만일 특정한 상황하에서 중앙정부의 도움이 필요하다고 요구한다면, 중앙은 모든 대가를 감수하고라도 홍콩의 번영과 안정을 유지하며 이에 연계된 환율제도를 보호할 것입니다.

외부에서 저를 '중국의 고르바초프'라거나 '경제 차르'라고 지칭하는 것이 저는 유쾌하지 않습니다. 이번 제9기 전국인민대표대회 1차 회의는 저에게 중임을 부여했습니다. 저는 이 임무가 간고하고도 막중함을 느끼며 저에 대한 국민들의 기대를 저버릴까 두렵습니다. 그러나 앞길이 지뢰밭이든 만장 낭떠러지든 간에 어떤 어려움도 두려워하지 않고 당당히 나갈 것입니다. 정의를 위해 나서되 후회하지 않고, 국가를 위하여 혼신을 다할 것입니다. 저는 비록 국민의 기대를 저버리게 될까 두렵지만 그러나 자신이 있습니다. 우리가 덩샤오핑 이론의 위대한 기치를 높이 들고 장쩌민 동지를 핵심으로 하는 당 중앙의 정확한 영도하에 전 국민에게 굳건히 의지하면 본 정부는 장차 어디를 가든지 간에 모두 승리할 것이라고 믿습니다.

일본 《니혼게이자이 신문》기자 : 아시아 금융위기는 중국의 금융시장 개방에 영향을 줄는지요? 2000년 이전에 위안화는 완전한 자유교환성 실현이 가능할 것으로 보십니까?

주룽지 : 아시아 금융위기는 예정된 중국 금융개혁 진행과정에 영향을 주지 않으며 중국 금융과 보험사업의 대외개방 정책에도 영향을 주지 않습니다. 중국의 위안화는 이미 경상 계정하에서 통화의 자유교환성을 실행하고 있습니다. 위안화의 완전한 자유교환성은 즉 자본계정하의 자유교환성이며 우리가 예정한 개혁 진행 과정에 비추어 중국 중앙은행의 감독관리 능력이 충분한 수준에 도달한 후에 실행하게 될 것입니다.

신화사 기자 : 외국 여론은 중국을 하나의 커다란 시장이라고 여기지만 이 몇 년 간 중국시장은 상대적으로 포화 조짐이 있는데 중국시장의 잠재력에 관하여 어떻게 생각하십니까?

주룽지 : 중국은 전 세계 최대의 잠재적 시장이지만 몇 년 동안 중복 건설 문제를 해결하지 못해 현재 수많은 제품의 공급과잉 상황을 초래했습니다. 비록 이렇다 해도 중국은 현재 수많은 제품에 있어서 여전히 세계 최대의 시장입니다. 중국 철강 생산량이 1억 톤 이상인데 이 시장이 작다고 할 수 있습니까? 중국은 매년 SPC 전화기가 2천만 대 이상 증가하고 있어 세계 제일인데 이 시장이 작다고 할 수 있

1998년 3월 19일 주룽지가 제9기 전인대 1차 회의에서 거행된 기자회견에서 중국 내외신 기자들의 질문에 답하고 있다.(사진=신화사 자오잉신趙迎新 기자)

습니까? 그러나 애석하게도 VCD 생산량이 너무 많아 세계 제일이지만 팔 수가 없습니다. 중국이 현재 필요한 것은 경제구조조정으로 우리는 금후 인프라 구축 사업을 더욱 강화해야 하며, 농촌의 광대한 시장개발을 강화해야 하며, 국민들의 관심사인 주택건설을 강화해야 하는데 이 시장은 엄청나게 큽니다. 중국시장이 포화 상태에 이르려면 아직 한참 멀었으므로 우리는 외국 투자자들이 앞다투어 중국에 와서 투자하는 것을 환영합니다.

영국 《파이낸셜 타임스》 기자 : 중국 국영기업 개혁과 금융개혁은 어떤 어려움에 부딪히고 있는지요? 총리께서는 3년 안에 이 개혁을 완성하겠다고 하시는데 중국의 WTO 가입이 연기되는 것입니까? 중국이 은행 시스템에 관하여 더욱 철저한 개혁을 해야만 비로소 더욱 많은 외국은행과 보험회사에 영업허가를 발행할 수 있지 않겠습니까?

주룽지 : 우리는 3년을 목표로 금융개혁을 하려 하는데 실제적으로 올해 기본적인 개혁 임무를 완수하고자 합니다. 우리가 3년으로 목표를 정한 것은 개혁에 도달하기까지 많은 어려움이 있다고 가늠했기 때문입니다. WTO 가입에 관한 문제는 지금 리란칭 부총리를 청하여 답변하도록 하겠습니다.

리란칭 : 저는 세 가지로 말씀드리겠습니다.

첫째는 중국의 WTO 가입에 대한 태도는 적극적입니다. 우리는 이를 위하여 11년 간 협상을 진행해 왔으며 우루과이라운드 협상의 전체 과정에 참가하여 최종 일괄협의에 서명했습니다. 우리가 이렇게 적극적인 태도를 취하는 이유는 세계의 무역과 경제협력에는 통일된 규칙이 있다고 보기 때문입니다. 만일 그렇지 않다면 지역보호주의를 야기하고 심지어는 무역충돌을 촉발시킬 수도 있는데 이는 어느 누구에게도 불리합니다.

두 번째는 중국은 WTO가 필요합니다. 그러나 세계 무역 순위 10위인 우리 중국이 WTO에 참가하지 않고 있기 때문에 제가 보기에 이 기구는 마땅한 역할을 발휘하기가 힘듭니다. 현재 몇몇 회원국은 중국은 WTO가 몹시 필요하다고 여기고 있지만, WTO는 중국을 그다지 필요로 하지 않는 것 같습니다. 저는 이는 정확한 관점이 아니라고 생각합니다.

세 번째로 우리는 WTO에 가입하면 개도국이 마땅히 감당해야 할 의무를 짊어질 준비가 되어 있습니다만 동시에 응당히 향유해야 할 권리도 향유할 것입니다. 중국의 개혁은 이미 대대적으로 진전되었으며 이 10여 년 동안 우리는 비록 WTO에 가입하지는 못했지만 그러나 수많은 개혁은 이미 원래 약속한 것보다 발전이 더욱 빠릅니다. 우리의 개혁은 반드시 예정된 목표와 계획에 따라서 일보 일보 진행될 것이며 실천은 이것이 완전하고 정확한 것임을 이미 증명했습니다. 우리는 또한 예정된 목표에 의거하여 지속적으로 일보 일보 개혁할 것입니다. 현재 협상은 이미 중대한 진전을 거두었으며, 이 문제가 최대한 빠른 시일 내에 해결되기를 희망합니다.

타이완 《중국시보》기자 : 앞으로 5년 간 총리께서 이끄는 새로운 정부는 어떤 조치를 취해 양안 경제관계를 해결할 준비를 하시는지요? 얼마 전에 왕다오한王道涵 선생이 이끄는 대륙의 해협회에서 타이완 해협기금회에 구전푸辜振甫 선생의 대륙 방문을 희망하고 환영한다는 서한을 보냈습니다. 구전푸 선생의 대륙방문에 관하여 어떤 전제조건이 있는지, 언제가 비교적 적당하다고 생각하시는지요?

주룽지 : 해협양안의 발전관계에 대해 장쩌민 주석은 1995년에 중요한 신년 담화를 발표했으며 그중에 8항 원칙[1]을 제기하셨는데 이는 해협양안 관계발전을 지도하는 기본 방침입니다.

양안 무역발전 문제에 있어 타이완의 상공업계 및 샤오완창蕭萬長[2] 선생이 이에 관하여 모두 적극적인 반응을 보이고 있으므로 이 관계는 반드시 개선되리라고 믿습니다. 구전푸 선생 방문에 관한 문제는 첸치천 부총리에게 정황을 듣도록 부탁하겠습니다.

첸치천 : 양안무역에 관한 우리의 통계에 의하면 타이완의 무역흑자는 대략 170억 달러로 타이완에 큰 어드밴티지가 되고 있습니다. 양안 경제발전 관계는 쌍방이 공동노력을 해야 하며 가장 좋은 방법은 단계적으로 '삼통'[3]을 실현하는 것입니다. 구전푸 선생은 중국을 방문하겠다고 했으며 해협회는 이미 환영을 표시한 바 있습니다. 타이완 쪽에서 이 문제를 상의하기 위하여 몇 분을 먼저 파견한다고 하는데 우리도 환영합니다.

---

1) 8항 원칙 : 1995년 1월 30일에 장쩌민 주석이 중공 중앙 타이완 공작 사무실 · 국무원 타이완 사무 부서 등의 기관에서 주최한 신년 하례식에서 현 단계에서의 양안관계 발전, 중국 평화통일 추진과정에 관하여 언급한 여덟 가지 주장을 말한다.
2) 샤오완창 : 당시 타이완의 행정원장이었다.
3) 삼통三通 : 해협 양안의 우편교류 · 물적 인적 교류 · 직교역을 말한다.

인도 PTI 통신 기자 : 인도에서는 오늘 신임 총리가 취임하는데 총리께서는 전하실 말씀이 있으신 지요?

주룽지 : 저는 어제 당선된 인도 신임 총리께 축전을 보내드렸습니다. 저는 앞으로 적당한 시기에 신임 총리를 만나서 가르침을 받고 싶습니다. 제가 1983년 인도를 방문한 것은 WEC(세계 에너지 총회)에 참가하기 위해서였는데 인도는 제게 아름다운 추억을 남겨 주었습니다. 저는 기자분을 통해 인도정부의 수뇌부와 인도 국민들에게 가장 아름다운 축원을 보내드립니다.

제9기 전국인민대표대회 2차 회의
내외신 기자회견

(1999년 3월 15일)

이탈리아 《일솔레 24 오레》 기자 : 사람들은 10년 후 세계에는 세 가지 주요 화폐가 있을 것으로 봅니다. 즉 달러와 유로 그리고 또 하나는 아시아의 엔화가 될지 위안화가 될지 모른다고 하는데 총리께서는 위안화가 가능성이 있다고 보십니까?

주룽지 : 위안화가 세계 화폐가 될른지에 관한 문제는 제가 대답할 성질의 것은 아니며 더군다나 지금 말하는 것은 시기상조입니다. 그러나 저는 현재 위안화가 지속적으로 오름세이며 평가절하는 되지 않을 것이라는 것만은 말씀드릴 수 있습니다.

중국 CCTV 기자 : 지난 1년 간 중국정부는 가혹한 시련을 겪었으며 또한 폭넓은 칭찬도 들었습니다. 지난 1년 동안 총리께서 가장 곤란했던 점은 무엇이고, 가장 불만족스러웠던 점은 무엇이며, 또한 가장 감동적인 것은 무엇이었습니까?

주룽지 : 지난 1년 간 저는 몹시 어려웠다고 생각합니다. 이 어려움은 제가 예상한 정도를 넘어선 것이었습니다. 첫째, 저는 원래 아시아 금융위기의 영향이 이렇게까지 클 줄은 예상하지 못했습니다. 둘째, 중국에서 발생한 역사상 드문 특대형 홍수와 침수 재해 역시 저의 예상을 뛰어넘는 것이었습니다. 그러나 제가 만족스러웠던 점은 장쩌민 동지를 핵심으로 하는 당중앙의 지도하에 전체 국민의 노력

으로 우리는 다시 일어섰으며 이 두 가지 어려움을 모두 버텨 냈다는 것입니다. 이는 쉽지 않은 일로 〈정부업무보고〉에서도 저는 이를 "쉽게 이룰 수 있는 것이 아니다"라고 말했습니다.

만족스럽지 못한 점은 제가 제대로 일을 못한 것입니다. 그러나 저는 일부 극소수 부서와 지역이 중앙의 정책 방침을 제대로 관철하지 못했다고 생각합니다. 가장 감동한 일은 홍수에 대비하고 긴급조치하는 제일선에서 우리의 인민해방군이 어떤 어려움에도 아랑곳하지 않고 국민을 보호하고 심지어는 자신의 몸으로 제방을 보호하는 장면을 목격한 일입니다. 이 장면을 보고 뜨거운 눈물이 흐르는 것을 금할 수 없었습니다.

미국 《타임》지 기자 : 총리께서는 며칠 후에 미국을 방문하실 텐데 지금 워싱턴에는 일종의 좋지 않은 반중 정서가 있다는 것을 고려하시는지요? 총리의 미국행은 마치 또 다른 '지뢰밭'을 밟는 것과도 같습니다. 워싱턴에서는 중국이 간첩활동을 했거나 혹은 민감한 정보·하이테크 정보를 빼내 중국의 군사기술 향상에 사용했다고 규탄하고 있습니다. 이는 미국의 안전에 위협이 된다고 보기 때문입니다. 총리께서는 이러한 질책에 어떻게 반응하시겠습니까? 총리께서는 어떻게 중국에 대한 미국인의 견해를 바꾸실 작정이십니까? 미국 워싱턴에 있는 몇몇 정객들은 미국이 고수하고 있는 대중국 접촉정책을 다시 심사할 것을 요구하고 있습니다. 미국인이 중국을 그다지 좋아하지 않는 상황하에서 총리께서는 중국이 그래도 미국을 중국의 친구로 여기는 것이 가치가 있다고 여기십니까?

주룽지 : 중미 양국의 정상들은 상호 방문을 실현한 후에 중미 간에 건설적인 전략적 동반자관계 수립에 힘을 썼으며 발전추세는 본래 아주 좋았습니다. 그러나 제가 말하지 않아도 여러분들이 다 알고 있는 각종 원인으로 인하여 중국에 반대하는 풍조가 미국에서 생겼으며 이는 우리를 몹시 불안하게 합니다. 저는 미국 방문이 지뢰밭에 들어가는 것이라고 여기지 않습니다. 그러나 확실히 많은 적의와 우호적이지 않은 분위기에 봉착할 것입니다. 금년 2월 22일의 《Business Week》에 "China : What's Going Wrong?"이라는 제호의 글이 등재되었습니다. 이 글은 몹

시 특별한데 중국은 이미 발등에 불이 떨어졌다고 여기고 있습니다. 저는 미국의 다른 잡지에서 이런 글을 발표한 것을 보지 못했습니다. 이 글 역시 현재 미국에서 나타나고 있는 조류를 반영한 것으로 사실상 미국의 내부투쟁에 중미관계를 희생물로 만들고 있습니다. 이렇게 되니 저도 피해자가 됩니다. 이 잡지 표지에 저의 사진이 나왔는데 마치 제가 죽은 사람처럼 보입니다. 이런 분위기 속에서 방미 요청에 응하는 것은 쉽지 않은 임무며 많은 매체들도 저의 방문은 성공적이지 못할 것이라고 예언하고 있습니다. 그래도 저는 가야 합니다. 미국이 화가 난 이상 제가 가서 그 화를 가라앉혀야 합니다. 이는 '지뢰밭'이 아니라 단지 분위기가 좋지 않을 뿐이고 이번 방문은 바로 진상을 설명하기 위한 것으로 저는 건설적인 전략적 동반자관계 수립에 진력을 다하여 중미 정세를 회복하고자 합니다.

방금 기자께서 소위 중국의 미국군사기밀 유출에 관한 문제에 관해 설명하라고 했는데 이 문제에는 미국 측 인사들이 두 가지 '과소평가'의 오류를 범하고 있다고 생각합니다.

첫째는 미국 자신의 기밀보호 능력을 과소평가한 것입니다. 제가 알기로는 미국 로스 알라모스Los Alamos 국가실험실의 기밀보호는 몹시 엄격하여 근본적으로 어떤 기밀도 누출할 수 없습니다. 그래서 지금까지 그들도 리원허李文和 박사가 기밀을 누출했다는 증거를 찾지 못해 기소하지 못하고 해고만 한 것으로 알고 있습니다. 우리는 역사를 잊지 말아야 합니다. 자라 보고 놀란 가슴 솥뚜껑 보고 놀라듯이 역사상에도 일찍이 각자 위기의 시기가 있습니다. 미국에도 이런 시기가 있었고 중국 역시 이런 시기가 있었습니다.

두 번째는 중국의 군사기술 개발 능력을 과소평가한 것입니다. 중국인은 매우 총명하고 근면한데 수많은 재미 중국인의 성공이 그 점을 증명하고 있습니다. 또한 중국이 독립적·자주적으로 개발한 '양탄일성兩彈一星'(원자탄과 미사일·인공위

성:역주) 역시 이를 증명하고 있습니다. 중국이 그 어떤 군사기술도 개발할 수 있는 완전한 능력을 갖추는 것, 이는 단지 시간문제일 뿐입니다. 그러나 중국은 핵무기를 먼저 사용하지 않겠다고 최초로 성명한 국가임을 기억해주십시오. 우리는 이미 핵실험을 중지했으며 우리와 미국은 이미 핵미사일 상호 조준해제 협정에 서명했습니다. 우리가 어째서 정치적·도덕적 위험을 무릅쓰고 남의 군사기밀을 훔치겠습니까? 그래서 소위 중국이 미국군사기밀을 빼냈다는 문제는 일종의 '천일야화' 같은 허황되고 근거 없는 이야기라고 하겠습니다.

타이완 인권신문통신사 기자 : 1993년 후반기에 시작된 거시조정 통제는 탁월한 효과가 있었습니다. 첫째 아시아 금융위기 대처에서 커다란 차단 역할을 했습니다. 두 번째는 중국 내부 금융시장의 안정·물가 안정·사회 안정을 있게 했습니다. 거시조정 통제는 금후 어떻게 지속적으로 빈틈없이 계획되는지요? 그밖에 총리께서는 이번에 미국에 가시면 인권문제에 부딪힐 텐데 이 문제 역시 하나의 초점이 될 것입니다. 인권문제에 관해서 총리의 의견을 말씀해주십시오.

주룽지 : 1993년 하반기부터 거시조정 통제를 강화하는 조치를 취하기 시작했는데 당시는 바로 중국이 개혁개방에 박차를 가하고 거대한 성취를 거둘 때입니다. 이와 동시에 어느 정도 과열도 있었는데 바로 부동산·개발구역·주식시장 방면에 있어 과열현상이 나타났습니다. 이런 과열 때문에 1994년에는 인플레이션이 21.7%까지 이르렀습니다. 당시 생존해 계셨던 덩샤오핑 동지의 지지하에 장쩌민 동지를 핵심으로 한 당중앙에서는 거시조정 통제를 강화하기로 결정하고 16개 조항의 조치를 채택했는데 그중 13조는 경제 조치고, 11조는 금융 방면에 관한 것입니다. 거시조정 통제를 강화함으로써 중국은 이 2년 남짓한 시간내에 경제과열 문제를 해결했으며, 개혁개방과 사회주의 건설에 커다란 업적을 거둘 수 있었습니다. 작년에 중국이 아시아 금융위기의 충격을 충분히 저지할 수 있었던 것은 1993년에 이미 이런 금융문제가 발생했었기 때문으로, 다행히 우리는 금융위기가 확대

되기 전에 이를 제지할 수 있었습니다. 거시조정 통제의 경험이 있었기 때문에 중국은 작년 아시아 금융위기 와중에도 굳건히 일어설 수 있었습니다. 저는 여기서 2월 16일 《뉴욕타임스》에 발표된 글을 하나 소개할까 합니다. 이 글에서 말하고자 하는 바는 미국이 아시아에서 대대적으로 추진하고 있는 자본의 과잉유동이 위기의 발생을 촉진했으며 위기 발생 이후에 일련의 국가에서 국제금융공사(IFC) 대출금을 받아서 긴축재정과 금리인상 등을 실행한 것은 이들 국가의 정책에 부적합하여 결국 금융위기가 심해졌다는 점입니다. 이 문제와 이런 관점에 관해 저는 일찍이 작년에 이미 언급한 적이 있습니다. 중국에 와서 저를 만난 모든 귀빈들, 《타임》지 2월 15일의 표지에 나온 그린스펀Alan Greenspan · 루빈Robert Rubin · 서머스 Lawrence Summers 세 사람을 포함한 귀빈들에게도 이와 같은 저의 관점을 말했습니다. 사람들은 그들을 "세계금융 붕괴를 막을 수 있는 세 사람"이라고 합니다. 이 세 사람과 저는 작년에 이야기를 나눈 적이 있으며 그들도 역시 저의 관점에 동의하리라 생각합니다. 제가 이런 말씀을 드리는 목적은 《뉴욕타임스》의 두 필자 분과 원고비를 나누려는 것이 아닙니다. 저의 이런 관점은 전매특허를 신청한 것도 아니기 때문입니다. 저는 단지 경제 발전 · 금융개방은 반드시 거시조정 통제를 해야 하며 매 국가의 구체적인 정황에 근거하여 서로 다른 거시조정 통제 정책을 실행해야 한다는 것입니다. 한 국가의 자본시장 개방을 급히 요구하는 것은 자본의 유동성을 지나치게 확대하여 왕왕 일을 너무 서두르게 되어 오히려 목적을 이루지 못하고 이들 국가의 경제를 파괴할 수도 있습니다.

방금 거론한 인권문제는 제 생각에는 여기에 계신 모든 기자분들이 제게 묻고 싶은 문제일 겁니다. 우리 중국 지도자들과 회견한 많은 외빈들 중에 인권을 말씀하지 않는 분은 거의 없습니다. 마치 중국의 인권문제를 거론하지 않으면 귀국후에 할 말이 없는 것처럼 말입니다. 이 문제에 관해 저는 너무나 여러번 반복했기 때문에 오늘은 정말 다시 말하고 싶지 않습니다. 저는 그저 한 가지만을 이야기하고 싶습니다. 즉 미 국무장관 올브라이트Madeleine Albright가 최근 중국을 방문했을 때 저는 그분께 한마디 했습니다.

"제가 인권운동에 참여한 역사는 당신보다 훨씬 이릅니다."

그러자 올브라이트 장관이 "그렇습니까?"라고 했는데 이는 저의 의견에 동의하지 않는다는 것을 표시합니다. 저는 그래서 다시 말했습니다.

"아닌가요? 제가 장관님보다 열 살이나 많습니다. 제가 목숨을 무릅쓰고 국민당 정권과 투쟁하면서 중국의 민주·자유·인권을 쟁취하는 운동에 참가했을 때에 장관님은 겨우 중고등학생이었다구요."

우리는 인권 관점에서 여러 가지가 일치한다고 생각합니다. 저는 중고등학교 때에 프랑스의 루소가 쓴 《사회계약론》·《에밀》·《참회록》을 읽었습니다. 사람은 태어나면서부터 평등하다는 것, 천부인권의 관념에 관해 저는 일찍 알았습니다. 우리는 중국 5·4운동의 영향을 받았는데 5·4운동은 바로 민주·과학을 위한 투쟁입니다. 그래서 후에 우리는 공산당 영도하에 줄곧 전제독재에 반대하고 반동정권의 인권 침해에 반대하는 투쟁을 해왔는데 우리가 지금 어떻게 반대로 인권을 탄압할 수 있겠습니까? 게다가 중국에서 어떻게 해야만 인권보장이 실현될 수 있는지 우리만이 알고 있습니다. 물론 우리가 인권문제에 있어 결함이 없다는 것은 결코 아니며 결함이 없을 수도 없습니다. 중국은 몇천 년 간 봉건사회였고 또한 반봉건 식민지 역사를 갖고 있으며 중화인민공화국 성립은 겨우 50년밖에 되지 않았습니다. 50년 간 어떻게 모든 문제를 해결할 수 있겠습니까? 그러나 우리는 각 방면의 의견을 수렴하고 특히 우리 국민의 의견을 청취하기를 희망합니다. 우리는 매일 국민들이 보내온 편지를 읽으며 어떻게 그들의 바람을 만족시킬 것인지, 그들의 요구를 실현할 수 있을지를 연구합니다. 우리는 또 외국 친구들의 의견을 듣고자 하여 많은 대화 채널을 갖고 있습니다. 중국은 미국·유럽·오스트레일리아에 인권 방면의 대화 채널을 갖고 있습니다. 중국은 인권 방면의 업무에서 매일 진보하고 있습니다. 방금 폐막한 제9기 전국인민대표대회 2차 회의에서 통과된 헌법수정안에는 법에 따른 통치, 사회주의 법치국가의 건설이라는 내용이 첨가되었습니다. 중국은 전국 인민대회 상무위원회에서도 입법하고, 국무원도 입법하는데, 국무원이 세운 법을 행정법규라고 합니다. 우리는 매일 중국의 법제를 완비하고 중국 국민의 인권을 보장하려고 노력하고 있으며 지속적으로 수행해 나갈 것입니다. 우리는 외국 친구들이 우리 일을 비평하는 것을 환영하지만 너무 다그치지는 마십시오. 저는 여러분보다 더 급합니다.

일본 교토통신 기자 : 일-미 양국은 작전지역 미사일 방어시스템을 공동 연구하는 데에 동의했습니다. 이 일이 일-중 양국 우호협력 동반자관계에 어떤 부정적인 영향을 초래한다고 보십니까? 정치 평론가에 의하면 광둥국제신탁투자회사 도산 건은 일본 내에 있는 외국 금융기구를 포함하여 중국의 신뢰도에 손해를 주었다고 하는데 여기에 대해선 어떻게 논평하십니까? 또한 총리 임명 이후 첫 번째 일본 방문은 언제쯤 실현될 수 있습니까?

주룽지 : 우리는 TMD[1]에 반대하며 특히 타이완의 TMD 수용을 단호히 반대합니다. TMD는 유관 미사일의 국제 협의를 위반할 뿐만 아니라 또한 중국의 내정을 간섭하는 것으로 중국 주권과 영토에 대한 완전한 침범입니다. 어째서 TMD를 해야 합니까? 듣자하니 중국이 과거에는 동남 연해에 몇십 기에 불과했던 미사일을 600기로 확대 배치했기 때문이라고 합니다. 기자께서는 어떻게 중국이 600기의 미사일을 배치한 것을 아는지 모르겠군요. 저도 모르는 일이기 때문입니다. 우리의 영토에 미사일을 배치하는 것은 우리 자신의 주권이지만 우리의 미사

---

1) TMD : Theater Missile Defense의 약어로 즉 작전지역 미사일 방어시스템을 말한다.

일은 절대 타이완 형제자매를 겨냥하고 있지 않습니다. 우리는 미사일을 가볍게 사용하지 않을 것이지만 배치하지 않을 수는 없습니다. 우리는 중국의 평화통일을 원하지만 무력사용 포기는 절대 승낙하지 않을 것입니다. 만일 그렇게 한다면 타이완은 영원히 분리되어 나갈 것입니다. 미－일이 TMD를 수립한 또 다른 이유는 바로 조선민주주의 인민공화국이 미사일을 발사하고, 핵무기를 연구 제조하는데도 중국이 북한에 어떤 영향도 가하지 않기 때문입니다. 우리는 이 일에 관해 모릅니다. 게다가 북한은 독립된 국가인데 우리가 어떻게 관여할 수 있겠습니까? 세계에서 가장 선진적인 무기는 모두 미국에서 생산되는데 무엇이 두려운 것일까요?

1999년 3월 15일, 주룽지 총리가 제9기 전국인민대표대회 2차 회의 내외신 기자회견을 하고 있다.(사진=신화사 쥐펑鞠鵬기자)

광둥국제신탁투자공사에 관한 문제는 모두 관심이 있을 것입니다. 광신(광둥국제신탁투자공사의 약칭:역주)의 파산 신청은 중국 금융개혁 과정 중의 개별 사건입니다. 그러나 이 일은 몹시 중요하며 이는 전 세계에 하나의 뉴스를 제공했습니다. 중국정부는 만일 각급 정부기관이 이런 채무에 담보를 제공하지 않았다면 일개 금융기업을 위하여 채무를 대신 상환하지는 않습니다. 이는 외국의 은행과 금융 기구도 이런 금융기업에 대출해 줄 때 반드시 위험 분석을 해야 하며 신중하게 일을 처리해야 한다는 것을 의미합니다. 대다수 여론은 중국의 이런 조치는 금융개혁의 원칙을 견지하는 것이며 국제관례에 부합하다고 여기고 있습니다. 저는 이들 채권은행 및 모 금융기구의 이 문제에 대한 예측이 너무 비관적이라고 생각합니다. 즉 그들은 중국은 이미 금융위기가 발생했으며, 지불능력이 없으며 신용이 없다고 여깁니다. 중국 경제는 급속한 발전을 유지하고 있으며 현재, 1,450억 달러의 외화를 비축하고 있고 국제수지는 균형을 이루고 있어 채무 상환 능력을 완벽하게 갖추고 있습니다. 문제는 이런 채무를 정부가 상환해주어야만 하는가에 있습니다. 동시에 저도 비록 파산이 합법적이고 도리에 맞다고 하더라도 그렇게 제멋대로 파산할 수는 없으며, 파산하여 이득을 취해서도 안 되며, 너도 나도 모두 파산을 해서도 안 된다고 봅니다. 저는 중고등학교 시절에 셰익스피어의 《베니스의 상인》을 읽었습니다. 작품 속의 상인 샤일록은 안토니오에게 금화 3천을 빌려주고 3개월 이내에 계약서에 명시된 대로 갚지 못하면 안토니오 신체의 어떤 곳에서라도 1파운드의 살을 가져간다고 했습니다. 물론 지금은 부채를 안 갚았다고 하여 살을 도려낼 수는 없습니다만 해당 채권은행 역시 손을 놓고 가만히 두지는 않을 것입니다. 이렇기 때문에 저는 금후 수많은 금융기구가 파산할 것이라고는 생각지 않습니다. 그러나 여기에는 각 채권은행은 빚독촉을 하지 말고, 그들에게 기한을 앞당겨 채무를 상환하도록 빚독촉을 하지 말아야 한다는 것이 전제되어야 합니다. 이들을 몰아세우면 파산할 수 밖에 없습니다. 모두가 둘러앉아 국제관례에 따라 논의하여 자산의 재편·자금 투입·대출금의 출자전환 등의 방법을 채택하면 이 문제는 해결을 볼 수 있으며 채무 역시 능히 상환할 수 있으므로 파산할 이유가 없습니다. 기자분은 방금 이 일이 일부 일본은행의 채무에 영향을 미칠 것이라고 했는데 저는 이에 대해 유감으로 생각합니다. 그러나 저는 모두가 공동 노력한다면 앞으로 이런 일은 다시 발생하지 않을 것이라고 생각합니다.

방일 문제에 관해 말씀드리자면 작년은 〈중일평화우호조약〉이 체결된 지 20주년이었습니다. 장쩌민 주석은 공식 방문을 성공적으로 마치셨으며 양국은 '역사를 거울 삼아 미래를 향한다'는 정신에 입각하여 평화와 발전의 우호협력 동반자관계를 최선을 다해 수립할 것을 선포했으며 이는 중일 양국 국민의 근본적 이익에 부합되는 것입니다. 이 공동성명을 어떻게 실현시킬 것인가라는 문제에서 중국은 우리의 노력을 다할 것이며 저 역시 구체적인 현실화 작업이 진행되기를 희망합니다. 제가 언제 일본을 방문할지에 관하여는 외교적 경로를 통하여 상의할 것입니다.

러시아 《인디펜던트》 기자 : 일부 정치평론가는 현재 중대한 전략적인 국제적 현안일 경우 단지 러시아만이 중국을 지지하는 것 같다고 합니다. 가장 명백한 예로써 중국의 전역 미사일 방어시스템(TMD) 반대는 러시아의 입장과 아주 비슷합니다. 총리께서는 중국이 TMD를 반대하는 측면에서 언젠가 러시아와 공동으로 더욱 실제적이고 더욱 구체적인 조치를 취할 수 있다고 예상하시지는 않는지요? 만일 그렇게 된다면 총리께서는 국제관계에서 중국은 앞으로 미국보다 러시아와 더욱 가까워질 것으로 보십니까? 또 중-러가 서명한 일련의 관련 문건, 특히 경제무역협정에서 러시아가 그 협정을 이행할 만한 충분한 능력이 있다고 보십니까?

주룽지 : 최근 저는 프리마코프Yevgeny Primakov 총리의 요청에 응하여 러시아를 방문했으며 제4차 중러 총리 회담을 했습니다. 이번 회담은 장쩌민 주석과 옐친 Boris Yeltsin 대통령이 중러 전략적 협력 동반자관계 수립상 구체적 내용을 현실화

하기 위한 것입니다. 우리는 적지 않은 성과를 거두었으며 이는 주로 경제무역 협력 방면에 있어 십여 개의 협정에 조인한 것입니다.

러시아는 중국의 TMD 반대를 지지하고 있지만 어떻게 TMD에 대처할 것인지에 관한 연구를 할 시기가 아니어서 우리는 이 문제에 대해서는 토론하지 않았습니다.

저는 중국과 미국의 관계는 현재까지는 아주 좋다고 생각하며 양국이 최선을 다해 건설적인 전략적 동반자관계를 수립하고 있다고 생각합니다. 중국과 러시아의 관계도 아주 좋으며 쌍방 역시 전략적 협력 동반자관계를 수립했습니다. 저는 여러분에게 말할 수 있습니다. 저는 확실히 러시아에서 열렬한 환영을 받았습니

1999년 2월 25일, 주룽지 총리는 모스크바 크레믈린 궁에서 옐친 러시아 대통령을 회견했다. (사진=신화사 라오아이민饒愛民 기자)

다. 여러분도 TV에서 보셨겠지만 옐친 대통령이 저와 회견할 때에 저의 손을 끌어다가 그의 가슴에 대었습니다. 회담이 끝날 때는 옐친 대통령이 제게 와서 뜨거운 포옹을 했습니다. 이는 우리가 진정한 친구임을 증명하는 것임에 틀림없다고 생각합니다.

제가 이번에 미국을 방문하면 역시 똑같은 환대를 받고 열렬한 환영을 받을 것이기 때문에 '지뢰밭'에 뛰어드는 것은 아니라고 생각합니다. 어쩌면 저는 클린턴 대통령과 포옹하지 않을 수도 있지만 악수하는 손만은 아주 굳게 잡을 것입니다. 이 역시 동일한 의미이기 때문입니다.

홍콩 봉황위성 TV기자 : 저의 질문은 홍콩의 생활과 투자에 관계 되는 것입니다. 예를 들겠습니다. 제가 홍콩에서 미국 대통령 클린턴에게 전화를 한다면 분당 0.98 홍콩달러인데 반해 만일 중국에 계신 주 총리님께 전화를 건다면 분당 9.8 홍콩달러로 10배의 가격입니다. 이번에 베이징에서 홍콩으로 전화를 걸면서 발견한 것인데 본래 분당 8.1원이던 것이 5원으로 가격이 떨어졌더군요. 우리는 경쟁을 해야만 통화료가 내리고 서비스 질이 좋아진다는 것을 압니다. 질문 드리겠습니다. 총리께서는 어떤 방법으로 중국 통신시장의 경쟁의 발걸음을 가속화시킬 것인지요? 또 현재 일련의 외자은행이 이미 위안화 업무를 취급하고 있는데 그렇다면 총리께서는 가장 빠르다면 대략 언제쯤 위안화 취급 업무가 전면적으로 개방될 것으로 보십니까?

주룽지 : 중국 통신업무는 지금 가격인하 중이지만 인하율이 충분하지는 않아 지속적으로 인하해야 하며 방법은 바로 경쟁 도입입니다. 우선 우리는 지금 중국 통신업체제 개혁 중에 있는데 하나의 중요한 원칙은 독점 타파와 경쟁 독려입니다. 두 번째는 단계적으로 중국의 통신시장을 개방하여 외국자본을 중국의 통신시장에 진입하도록 하는 것입니다. 우리는 또한 장차 외국은행이 중국에서 위안화 업무를 취급하게 할 것입니다. 구체적인 세부 항목은 현재 말씀드릴 수가 없으나 어찌되었든 단계적으로 개방할 것입니다. 홍콩 은행가들도 어서 신청하십시오. 신청이 빠르면 빠를수록 비준도 빠를 것입니다.

영국 《파이낸셜 타임스》 기자 : 총리의 미국 방문 기간 중에 혹은 미국 방문 이후 몇 개월 이내에 중국과 미국이 중국의 WTO 가입에 관한 협의 달성할 가능성은 어느 정도인지요? 현재 중미 관계가 악화된 점을 고려할 때 중미 간에 협의를 달성할 가능성은 높아졌나요? 아니면 감소했나요? 그밖에 중국에서 볼 때 시장개방이나 외국의 경쟁을 유입할 시 가장 어려운 것은 어느 영역입니까?

주룽지 : 중국이 GATT[2]의 지위를 회복하고 WTO[3]에 가입하는 일은 이미 13년 동안 협상해오고 있어 검은머리가 흰머리로 바뀔 지경이니 이제는 결말을 맺어야 합니다. 지금 이런 찬스가 존재하고 있습니다. 첫째는 WTO 가입국가들은 중국이 가입하지 않으면 WTO가 대표성이 없다는 것을 잘 알고 있습니다. 중국이라는 세계 최대의 잠재시장을 간과하고 있는 것이니까요. 두 번째는 중국 개방개혁의 심도 있고 축적된 경험은 WTO 가입으로 초래될 수 있는 일련의 문제와 관련된 우리의 관리감독능력과 수용능력을 제고시켰습니다. 이렇기 때문에 중국 역시 최대한 양보를 준비하고 있습니다. 최근에 우리는 미국 및 EU 등과 진지한 회담을 진행하여 쌍방의 거리는 좁혀지고 있지만 그래도 여전히 상당한 차이가 있습니다. 오직 쌍방이 대국적 견지에서 출발하고 국제시장의 번영과 안정에서 출발하여 모두 조금씩 양보하면 협상 달성은 아주 희망적입니다.

---

2) GATT : General Agreement on Tariffs and Trade의 약칭으로 관세 및 무역에 관한 일반협정을 말한다.
3) WTO : World Trade Organization의 약칭으로 세계무역기구를 말한다. 이 기구는 1995년 1월 1일에 성립되었으며 세계경제와 무역질서를 관리 책임지고 있으며 총본부는 스위스 제네바에 있다. WTO의 전신은 1947년 체결된 관세 및 무역에 관한 일반협정이다. WTO와 세계은행 · 국제통화기금(IMF)과 함께 현재 세계경제 시스템의 3대 지주다.

제9기 전국인민대표대회 3차 회의
내외신 기자회견

(2000년 3월 15일)

주룽지 : 이번 기자회견은 제가 총리에 부임한 이후 세 번째 기자회견입니다. 저는 이 기회를 빌어 여기 계신 국내외 신문 방송계의 옛 친구와 새 친구들에게 충심으로 안부를 표함과 동시에 여러분에게 질의에 선정될 수 있는 행운이 있기를 바랍니다.

신화사 기자 : 서부대개발은 이번 '양회兩會'(인민대표대회와 정치협상회의의 약칭:역주)의 핫이슈였습니다. 우리가 이해하기로는 미국의 서부대개발은 두 번에 걸쳐 이루어졌으며 100년의 시간이 걸렸습니다. 총리께서 〈정부업무보고〉에서도 말씀하셨듯이 중국 서부대발은 시스템 프로젝트이자 장기적인 임무입니다. 그렇다면 총리께서는 중국이 어떻게 동·서부의 조화로운 발전을 실현할 수 있다고 생각하시는지요? 이번 임기 내에 중국 서부대개발이 어떤 단계적 목표를 이룰 수 있는지요?

주룽지 : 중국 서부지역 개발은 일찍이 80년대에 덩샤오핑 동지의 '두 개의 대국' 1) 전략사상의 내용입니다. 작년 이후로 장쩌민 총서기는 여러 차례 서부대개

---

1) 두 개의 대국(兩個大局) : 1988년 9월 12일에 덩샤오핑이 1차 담화 중에 지적한 것이다. "연해 지역의 대외 개방을 가속화하여 2억 인구를 가지고 있는 광대한 지역을 우선적으로 발전시켜야 한다. 이렇게 함으로써 내륙의 더욱 큰 발전을 이끌 수 있으니 이는 대세와 관계된 문제이다. 내륙은 이러한 전체국면을 두루 살펴야 한다. 반대로 어느 정도까지 발전했을 때에 연해는 더욱 큰 역량으로 내륙 발전을 돕도록 요구해야 하는데 이것도 대세다. 그때가 되면 연해도 이 대세를 따라야 한다."(《덩샤오핑 문선》 제3권, 인민출판사 1993년 판, 277~278쪽 참조)

발을 강조했으며 개발 앞에 '대大' 자를 더했습니다. 중국의 경제발전이 이미 이런 단계에 도달했기 때문에 이 전략사상은 이미 실시되고 있습니다. 연해지역 경제발전, 특히 전통산업의 발전은 이미 포화상태가 되어 새로운 시장을 찾고 있으므로 서부지역의 개발은 지금 눈 앞에 닥친 매우 긴박한 문제입니다.

서부대개발에 관하여 저는 두 가지 내용을 말씀드리겠습니다.

하나는 인프라 구축사업입니다. 서부지역은 광활한데 교통이 불편하므로 우선 인프라 구축사업을 해야 합니다. 현재 우리는 이미 국가 투자의 많은 양을 서부지역에 쏟고 있는데 그 예로 우리가 최근에 선포한 '서기동수(西氣東輸:서부의 천연가스를 동부로 수송하는 것:역주)' 프로젝트를 들 수 있습니다. 우리는 신장 위구르의 타림에 대량의 천연가스가 매장되어 있는 것을 발견하고 이미 위그루에 4,200 킬로미터의 파이프를 시공하여 8개의 성·자치구·직할시를 거쳐 상하이까지 직접 연결되도록 결정했습니다. 이렇게 연안지역의 에너지 구조·산업구조는 모두 큰 변화가 생기고 있습니다. 여기에는 대량의 자금이 필요하므로 우리는 국내외의 투자자들, 특히 외국의 투자자의 건설 참여를 환영합니다. 여러분은 투자도 할 수 있고, 경영권 지배도 할 수 있고, 관리도 할 수 있습니다. 저는 이 파이프의 효과와 이익은 아주 클 것이며 투자 수익률도 아주 높을 것이라 믿습니다.

두 번째는 생태환경 개선입니다. 중국은 현재 식량문제는 이미 기본적으로 해결되었다고 할 수 있으며 상대적으로 공급이 수요를 초과하는 문제까지 나타났습니다. 과거 식량이 부족하여 산의 나무를 모두 베어 버리고 농작물을 심었습니다. 그러나 지금은 식량이 풍족하여 완전 무상으로 농민에게 식량을 제공할 수 있게 되어 농민들에게 농작물을 심었던 산을 되돌려 나무를 심거나 풀을 심도록 하고 있습니다. 즉 농경지를 삼림으로, 농경지를 초지로, 농경지를 호수로 바꾸고 있으며 이는 서부지역에 아주 이롭고 아름다운 생태환경을 만들어 주며, 외국 투자를 끌어들일 수 있는 좋은 환경을 갖추게 될 것입니다.

서부는 동부와 비슷한 대외개방 정책을 실시할 것이며 우리는 외국의 투자가, 은행·증권·보험업이 중국 서부에 와서 발전하기를 희망합니다. 그럼 언제 효과가 나타날까요? 저는 인프라 구축사업은 이미 효과가 나타나고 있다고 봅니다. 중국의 고속도로와 철로 건설은 가장 자신 있는 부문이고, 4,200 킬로미터의 천연가스 파이프 건설은 구역을 나누어 세그먼트로 시공하는데 저는 2년이면 완공할 수 있다고 봅니다. 식수植樹 문제에 관해서는 시간이 좀 더 필요합니다. 저는 직접 쓰촨四川성 아베이의 티베트족, 창족羌族 자치구의 삼림에 가서 시찰했는데 나무를 심은 후 8년에서 10년이면 숲이 됩니다. 그래서 저는 서부지역의 개발 효과는 곧 나타나리라 생각합니다. 물론 이는 몹시 어려운 사업으로 한 세대에 완성할 수 있는 일이 아니며 서부지역의 진정한 개발은 아마 몇 세대의 노력이 필요할 것입니다.

홍콩 봉황위성 TV 기자 : 최근 양안해협 문제는 전 세계가 주목하고 있으며 특히 〈하나의 중국 원칙과 타이완 문제〉 백서가 발표된 후 국제사회 및 타이완에서 큰 반향을 일으키고 있는데 각 방면에서 서로 다른 독해법이 있습니다. 특히 '세 가지 만일'[2] 의 문제에서 각 지역에서 서로 다른 반응이 있는데 총리님의 의견은 어떤지 모르겠습니다. 그밖에 이 백서가 단기적 전략인지 아니면 장기적 정책인지 알고 싶습니다.

주룽지 : 저는 여러분에게 '양국론'이 있은 후에 백서가 있다는 점을 상기시키고 싶습니다. 만일 '양국론'의 공표가 없었다면 어쩌면 백서의 발표도 없었을 것입니다. 백서는 비교적 전면적으로 중국의 타이완 문제에 관한 원칙적 입장과 정책 개괄에 불과한 것으로 덩샤오핑의 '평화통일·일국양제'의 사상 및 장쩌민 주석의

---

2) 세 가지 만일(三個如果) : 2000년 2월 21일, 중국정부에서 발표한 백서 중 〈하나의 중국 원칙과 타이완 문제〉에 나온다. 원문은 다음과 같다. "만일 타이완이 어떤 명분으로라도 중국에서 분리되는 중대 사변이 발생하거나, 만일 외국이 타이완을 침략하거나, 만일 타이완 당국이 무기한으로 평화적 협상을 통한 양안통일 문제 해결을 거절하면, 중국 정부는 부득이 무력 사용을 포함한 모든 가능한 단호한 조치를 취하여 중국의 주권과 영토를 완전하게 유지하여 중국의 통일대업을 완성할 것이다."

8항 주장을 포괄하고 있습니다.

타이완 문제는 무기한으로 끌고 갈 수는 없는 일이며 일찍이 1980년대에 덩샤오핑 최고 지도자 역시 이와 거의 같은 말로 이 문제에 대해 천명했습니다. 타이완 문제 해결을 영원히 미룰 수는 없습니다. 질질 끌고 가면 무력을 사용하지 않습니까? 오래전부터 이렇게 말해 왔는데 왜 이처럼 큰 반향이 일어나는 겁니까? 심지어 중국에 대해 줄곧 우호적인 미국 인사들도 여기에 대하여 이의를 제기하고 있습니다. 그래서 나는 그들에게 백서를 보았느냐고 물었습니다. 우리가 열 사람에게 물어 보면 열 사람 모두 보지 않았고 그저 다른 사람이 하는 말을 들었다고 했습니다.

반향이 왜 이렇게 크냐고요? 어떤 국가에는 중국에 반대하는 일련의 인사들이 있는데 그들은 줄곧 중국을 잠재적인 적으로 보고 타이완이라는 가라앉지 않는 '항공모함'을 이용하여 중국에 반대합니다. 그들은 타이완 문제를 무기한으로 끌고 가기를 원하거나 주장하는데 오늘 무기한으로 끌고 갈 수 없다고 하면 이미 큰 일이 난 것 아니겠습니까? 이리하여 여러 가지 위협이 나오고 만일 중국이 타이완 문제를 해결하려 한다면 그 모모 국가는 무력을 이용하여 간섭할 것이라고 말합니다.

3월 12일, 클린턴 대통령이 존스홉킨스 대학에서 강연을 했습니다. 클린턴 대통령은 반드시 해협양안 사이를 위협에서 대화로 바뀌는 변화가 실현되어야 한다고 했습니다. 저는 클린턴 대통령의 이 말은 몇 자를 바꿔야만 비교적 정확하다고 봅니다. 즉 반드시 태평양 양안 사이를 위협에서 대화로 바꾸는 변화를 실현해야 한다고 해야 합니다.

싱가포르 《연합조보》 기자 : 요 며칠 사이 타이완의 선거 추세에 큰 변화가 있었고 민진당의 후보

2000년 3월 15일, 제9기 전인대 3차 회의 내외신 기자회견. 사진은 주룽지가 기자회견장에 도착한 후
기자들에게 인사하는 모습이다. (사진=신화사 리쉐런李學仁 기자)

인 천수이뻰陳水扁의 명성과 위세가 대단합니다. 총리께서는 타이완 선거의 최신 형세를 어떻게 보시는지요?

주룽지 : 타이완의 선거는 지방선거이며 타이완인 자신들의 일이므로 우리는 간섭할 생각이 없습니다. 단 분명히 말하는데 누가 당선이 되든 절대로 '타이완 독립'을 획책할 수 없으며 어떠한 형식의 타이완 독립도 허락하지 않을 겁니다. 이는 우리의 한계선이며 또한 12억 5천만 중국인의 마음에서 우러나오는 소리입니다. 우리가 타이완 문제를 해결하는 일관된 방침은 '평화통일 · 일국양제'지만 절대로 무력사용 포기를 승낙하지 않을 것입니다. 누구든지 하나의 중국 원칙에 찬성하면 그를 지지할 것이며 그와 이야기할 것입니다. 그 어떤 문제라도 이야기할 수 있으며 양보할 수 있습니다. 중국인이라서 양보하는 것이지요. 그러나 '타이완 독립'을 말한다면 그 누구라도 좋지 않은 결말을 볼 것입니다. 왜냐하면 그는 인심을 얻지 못하고, 양안해협 중국인의 마음에 반하며, 또한 전 세계 화교들의 마음에 어긋나기 때문입니다. 우리 중국인은 1840년 아편전쟁 이후 중국의 근대사 일부에서 외부 침략세력에게 기만과 능욕을 받았던 역사를 기억하고 있습니다. 타이완 역시 오랫동안 일본군국주의자들의 통치와 점령을 받았습니다. 그때를 생각해 보면 중국이 얼마나 오랫동안 가난하고 허약했는지 알 수 있지만 그러나 결국 우리는 "일어서자, 노예가 되지 말자"고 외쳤으며 앞 사람이 쓰러지면 뒤 사람이 뒤를 이어 영웅적인 투쟁을 계속했습니다. 항전이 전면적으로 폭발했을 때 저는 겨우 아홉 살이었지만 나라를 구하자는 노래를 저는 아직도 똑똑히 기억하고 있습니다. 매번 이 구국의 노래를 부를 때면 눈물을 참을 수가 없고 조국을 위해 의롭게 죽을 수 있는 늠름한 기상으로 충만해집니다. 오늘날 중국인은 이미 분연히 일어섰는데 옛날부터 중국 영토에 속해 있던 타이완이 조국에서 분열되어 떨어져 나가는 것을 우리가 허락할 수 있겠습니까? 절대 그럴 수 없습니다.

현재 어떤 사람들은 중국에 비행기가 얼마가 있고, 군함이 얼마가 있고, 미사일이 얼마나 있는지를 계산하고 있습니다. 그 결론은 중국인은 감히 싸우지도 못하고 싸울 줄도 모른다는 것입니다. 이런 계산법이라면 히틀러는 이미 전 세계를 통치했습니다. 그들은 중국의 역사를 모르고, 중국인은 반드시 붉은 피와 목숨으로 조국의 통일과 민족의 존엄을 수호한다는 것을 모릅니다.

요 며칠 타이완의 선거 상황이 변화무쌍하고 급전직하입니다. 어떤 사람이 권위 있는 매체를 최대한 이용하고 있는데 이것이 바로 중국 속담의 "사마소司馬昭의 야심은 길가는 사람도 다 안다(대장군이었던 사마소는 위나라 마지막 황제 조모曹髦의 자리를 찬탈하고자 했는데 이를 비난하는 말임:역주)"는 경우입니다. 그 어떤 사람이 '타이완 독립' 세력을 등장시키는 것이 아니겠습니까?

얼마 전에 타이완의 주식시장은 617포인트로 심각한 타격을 입었는데 이는 '타이완 독립' 세력이 들끓는 것에 대한 타이완 사람들의 우려가 집중적으로 반영된 것입니다. 그들은 '타이완 독립' 세력이 등장하여 양안에 전쟁을 도발하고, 양안의 평화를 파괴할까 두려워합니다. 우리는 이런 걱정과 우려는 논리상 필연적이며 모든 타이완의 운명과 직접적으로 관계된다고 봅니다. 지금 타이완 사람들은 급박한 역사적 시점에 당면하여 무엇을 버리고 무엇을 선택할지 결코 일시적 충동으로 결정하지 말아야 후회막급을 면할 수 있습니다. 그러나 우리는 타이완인들의 정치적 지혜를 믿으며, 또한 타이완 동포들이 명철한 역사적 선택을 하리라 믿습니다. 지금 선거일이 3일 남았는데 세상사는 가늠하기가 어렵습니다. 타이완 동포들이여! 경각심을 가지십시오.

독일 공영 ARD 기자 : 독일에서는 부패문제가 여러 해 동안 비교적 심각한 문제입니다만 현재 비교적 큰 사건은 모두 심의 처리하여 해결하고 있습니다. 그 이유는 우리에게는 하나의 독립된 법원과 독립된 사법 시스템이 있고 또 비교적 독립적이고 강력한 힘이 있는 의회가 있으며, 게다가 신문계의 보도 자유가 있기 때문입니다. 총리께서는 자신 있게 중국이 능히 부패문제를 해결할 수 있다고 하시는데 만일 중국이 유관 방면의 견제를 실현하지 못하고 일당집정을 폐지하지 않는다면, 만일 중국이 이 방면에서 변화를 가하지 않는다 해도 총리께서는 이 문제를 해결할 수 있다고 여기십니까?

주룽지 : 반부패 문제는 각국 정부가 당면하고 있는 중대한 문제로 중국 역시 예외는 아닙니다. 그러나 저는 여지껏 중국정부가 가장 부패한 정부라고 여긴 적은 없으며 어느 잡지사에서 부패 순위를 매긴 것처럼 그렇지는 않습니다. 중국의 부패 사건이 많기는 하지만 중국 인구가 워낙 많지 않습니까? 우리는 부패 추방에 큰 성과를 거두고 있는데 여러분 나라에서도 우리처럼 법대로 그렇게 많은 사람을 처벌합니까? 중국정부와 중국의 사법계는 더러운 뇌물을 받는 부패 사건에 대하여 법에 따라 엄중한 처벌을 합니다. 물론 우리는 이런 일에 대해 십분 만족하지는 않습니다. 오늘도 방금 최고인민검찰원과 최고인민법원의 보고가 통과했지만 2,700여 명의 대표 중 700여 명이 반대하거나 기권을 표시했습니다. 즉 국민이 우리의 이런 업무에 아직도 만족하지 못한다는 뜻입니다.

그러나 반드시 우리가 반부패에서 얻은 큰 성과를 보아야만 합니다. 예를 들면 밀수를 근절하기 위하여 우리는 법에 의해 잔장湛江세관 사건·샤먼(廈門:푸젠성福建省에 있는 도시)의 위안화 사건(1999년에 있었던 위안화遠華그룹의 밀수사건으로 중국 최대의 경제사건임. 밀수액은 530억 위안, 세금탈루액 300억 위안, 국가손실액 830억 위안이었음:역주)을 철저히 조사하여 처리했습니다. 이처럼 단호하게 밀수 근절을 한 후 우리 세관의 세수는 작년에 비해 두 배 증가했습니다. 우리는 이 돈을 8,400만 저소득층에게 주어 수입을 증대시켜주었으니 이것이 큰 성과가 아니겠습니까?

저는 반부패 문제가 일당집권이나 다당이 돌아가면서 집권하는 것과 무슨 관계가 있는지 모르겠습니다. 다당이 돌아가면서 집권하는 여러분의 국가에는 부패가 없는지요? 관건은 법제의 입법만이 아니라 확실하게 법을 집행하는 데에 있습니다. 중국은 이 방면에서 이미 큰 성과를 거두고 있으며 우리는 지속적으로 우리의 법제를 완벽하게 할 것입니다. 물론 우리가 미디어에 발표하는 면에서는 반부패 업무의 진전보다 더디며 여러 가지 실제적 곤란이 있지만 우리는 지금 개선하고 있는 중입니다. 여러분은 앞으로 더욱 많은 사건이 공포되고 국민들의 감독을 받는 것을 볼 수 있을 것입니다.

일본 NHK 기자 : 일본은 올해 일본에서 거행되는 G8[3] 회담 전에 주 총리께서 일본을 방문하시기를 희망합니다. 총리께서는 올해 상반기 중에 방일하실 계획인지요? 그리고 현재의 중일 관계를 어떻게 보고 계신지요?

주룽지 : 현재 중일관계의 발전은 아주 좋습니다. 저와 오부치 게이조小淵惠三 총리와는 여러 번 만났으며 저도 중국에서 오부치 총리 방중 시 접견하며 좋은 관계를 수립했습니다. 오부치 총리는 여러 차례 저의 일본 방문을 요청하셨고 저는 금년에 일본을 방문할 준비 중에 있습니다. 그러나 저의 방문과 G8 회담과는 어떤 연관도 없습니다. G8 회담에 대한 입장에서 중국은 이미 여러 차례 G8 회담에 참가하지 않겠다고 표명한 바 있습니다. 그러나 우리는 과거처럼 이들 국가와의 관계를 유지하기를 희망합니다.

중국 CCTV 기자 : 총리께서 금년의 〈정부업무보고〉 제4부분에서 전면적인 관리강화 방면에 관하여 말씀하시는 가운데 18개의 '엄嚴'자를 사용했으니 '엄'자를 정면에 내세웠다고 할 수 있습니다. 이는 당연히 관리가 해이한 것과 관련이 있음을 나타내고 있습니다. 총리께서는 어떻게 해이한 관리 문제를 해결하실 생각이십니까?

주룽지 : 어떻게 해이를 해결할까 하는 문제에서는 곧 '엄', 즉 엄격해야 합니다. 그 부분에서 저는 18번이나 '엄'자를 말했지만 아직도 부족합니다. 저는 금년 국

---

3) G8 : 미국·영국·프랑스·독일·이탈리아·캐나다·일본과 러시아로 구성되었으며 그 회원국의 수뇌들이 매년 1회 회의를 하는데 이를 G8 정상회담이라고 한다.

무원 제1차 전체회의에서 금년은 '관리의 해'임을 제기했습니다. 이는 바로 전면적으로 관리를 강화해야 한다는 말입니다. 어떻게 관리를 강화해야 할까요? 바로 입법이 필요하고 법제가 있어야 하며 각 영역의 법제업무를 강화해야 합니다. 제가 비교적 많은 관심을 갖고 있는 것은 금융 방면입니다. 저는 여러분에게 최근 2년 간 우리가 처리한 금융 방면의 사건이 5천여 건에 달했으며 50여 개의 은행분점의 행장을 해고했음을 알려드립니다. 저는 올해 지금 이 시간부터 '엄'자가 시종일관 관철되기를 희망합니다.

미국 CNN 기자 : 중국 정부는 만일 타이완 당국이 대륙과 평화통일 회복을 실현하는 회담을 무기한 연기하거나 혹은 동의하지 않는다면 타이완에 무력을 사용할 것이라고 했습니다. 외국인들은 이에 대해 이해하기 어렵습니다. 중국은 만일 타이완에 무력을 사용하겠다고 말하면 아마도 수많은 타이완인들이 중국대륙과의 통일 실현을 희망하리라고 생각하는 모양인데 이는 아래와 같은 논리를 보지 못하기 때문입니다. 이는 마치 어떤 사람이 부인이 이혼을 제기하자 부인을 위협하는 것과 같은데, 만일 당신이 돌아와 나와 함께 하지 않고, 나와 함께 이전의 인연을 지속하지 않는다면 나는 너를 죽이고 말겠다고 하는 것과 같습니다. 총리께서는 여기에 무슨 논리가 있다고 여기십니까?

주룽지 : 타이완 문제에 관해서 저는 더 이상 언급할 것이 없습니다. 기자분이 말씀하신 예는 몹시 재미있지만 저의 발언과는 별로 관계가 없습니다. 왜냐하면 우리는 일관되게 무력사용 포기를 승낙하지 않을 것이라 분명하게 말했기 때문입니다. 그러나 이는 타이완 사람들을 겨냥하는 것이 아니라 외국의 간섭세력과 타이완 내의 '타이완 독립'을 획책하는 분열세력을 겨냥한 것입니다.

영국 로이터 기자 : 작년에 중국 국무원은 중국 통신사의 CDMA[4] 이동전화 시스템 건립 개시를

---

4) CDMA : Code Division Multiple Access의 약어로 코드분할 다중 접속의 디지털 기술이다.

승낙했습니다. 지금까지도 중국 차이나텔레콤은 여전히 허가 받지 못하고 있는 반면 중국 인민해방군이 가지고 있는 몇 개의 통신사는 이미 이런 업무를 제공하고 있습니다. 중국 차이나텔레콤은 장래에 이런 사업계획을 추진할 수 있을지요? 또한 근자에 30명의 인대 대표들이 이 안건을 제출하여 중국 정부가 WTO에 가입하기 전에 민간기업의 중국 통신업 참여를 인가하도록 요구했는데 이 의안은 통과할 가망이 있는지요? 또한 현재 중국의 수많은 인터넷 회사는 해외에서 상장하고자 하지만 유관 규정이 아직 나오지 않았는데 어떤 규정들이 언제 나올지 말씀해 주실 수 있으십니까? 그 내용은 어떤 것이 있습니까?

주룽지 : 중국의 이동전화는 현재 GSM[5]시스템을 채택하고 있으며 이동전화 용량은 세계 제2입니다. 우리는 이와 동시에 CDMA 시스템을 채택하기로 이미 결정했습니다. 이 업무는 국무원이 차이나텔레콤이 통일적으로 대외 관계를 처리하도록 지정했으며 미국으로부터 이 기술을 도입할 것입니다. 차이나텔레콤은 최근에 CDMA 시스템 도입 입찰공고를 했는데 이 입찰공고는 수속 부분에서 유관 주관 부문 즉 정보산업부와 국가발전계획위원회 간의 연계가 부족했으며 또한 반드시 처리해야 할 보충 절차 문제를 처리해야 합니다. 저는 이 문제는 그다지 긴 시간이 걸리지 않고 해결되리라고 봅니다. 중국이 미국으로부터 CDMA 기술 도입을 중지했다는 외부의 소식은 정확하지 않으며 그런 일은 없습니다.

30명의 전인대 대표의 안건은 제가 본 적이 없지만 민간기업의 통신산업 발전 참여에는 어떤 문제도 없습니다. 우리는 외국의 개인기업가에게도 중국 통신업 건설 참여를 허락하고 있는데 본국 민간기업의 참여를 허락하지 않을 까닭이 있겠습니까? 논리에 맞지 않지요. 중국의 인터넷 발전 속도는 전 세계 1등일 것입니다. 현재 인터넷 접속자는 이미 1천만 가구를 넘어섰으며 더 빠른 속도로 발전하고 있습니다. 따라서 인터넷의 입법 문제는 몹시 중요한 문제로 기자 분이 말씀하신 것이 맞습니다. 우리는 지금 이 방면의 입법 업무를 강화하고 있습니다.

---

5) GSM : Global System for Mobile의 약어로 유럽식 디지털 이동통신 방식이다.

타이완 《연합보》 기자 : 중국대륙에서는 최근 타이완 문제를 무기한 연기할 수 없다고 강조했습니다. 타이완에서는 3일 후에 새 총통이 선출됩니다. 만일 이 새로 취임하는 총통이 앞으로 단임, 혹은 재임해서 4년에서 8년의 임기 동안 중국통일 문제에 대한 양안 담판 진행을 거부하고 현 상태 유지를 선택한다면 양안에 전쟁이 날 것인지요? 통일문제에 있어서 스케줄을 마련하고 계시는지요? 3일 안에 대륙은 모종의 군사연습을 취하실 건지요? 예를 들면 1996년의 미사일 시험발사 같은 행위를 통해 영향력을 발휘할 것인지요?

주룽지 : 타이완 문제에 관해서는 방금 제가 아주 분명히 말했으며 가상의 질문에 대답할 필요는 없다고 봅니다. 군사연습을 할지는 서두르지 말고 두고 보십시오. 이제 겨우 이틀 남았습니다.

프랑스 AFP 통신 기자 : 저는 중미관계에 대해 질의하고자 합니다. 방금 말씀하신 중국이 무력사용을 포기하지 않는다는 선포는 타이완의 분열세력과 외부의 간섭세력을 겨냥한 것이라고 했는데 거기에 미국이 포함되는지요? 지금 중국은 끊임없이 미국이 양안해협 관계발전에 영향을 주고 있다고 비판하고 있습니다. 게다가 중국 《해방군보》에 발표된 평론에 의하면 미국이 타이완을 가라앉지 않는 '항공모함'으로 삼을 것이라고 합니다. 그렇다면 타이완 문제는 중미관계에 영향을 주고, 중미 WTO 문제 담판에 영향을 주는지요? 사람들이 관심을 갖는 것은 타이완 문제가 미 의회에서 중국의 WTO 가입과 관련된 입법을 통과시키는 데에 장애가 될 수 있을까 하는 것입니다.

주룽지 : 이번 기자회견에서 저는 클린턴 대통령의 발언 중의 두 자를 바꾼 것 이외는 미국을 언급하지 않았습니다. 저는 지금 타이완 문제를 미국과 연계하고 싶지 않으며 타이완 문제를 기타 중미관계 문제와는 더욱 연계시키고 싶지 않습니다.

CNR(차이나 내셔널 라디오) 기자 : 중국은 올해 사회보장제도의 완비와 규범 방면에서 어떤 구체적인 조치를 취하실 작정이신지요? 어떤 목표를 달성할 전망이신지요?

주룽지 : 중국의 사회보장제도는 일찍이 수립되었으며 양로 · 실업 · 의료보험 등이 포함되지만 완비되었다고는 볼 수 없습니다. 예를 들면 우리가 산업구조를 조정할 때 직장을 그만두어야만 하는 근로자가 반드시 생기고 이들은 다시 재취

업해야 합니다. 이에 대해 기존의 사회보장제도는 역부족임이 드러나고 있습니다. 수많은 해고 근로자는 현재 그들이 다니던 기업의 재취업 서비스 센터에 있으며 그들의 수입원은 국가재정과 사회 보조에 기업이 더해 제공하고 있는데 이런 보장은 믿음직하지 않습니다. 그래서 우리는 기업 이외의 독립적이며 사회화를 관리하는 사회보장제도를 건립하기로 이미 결정했습니다.

우리는 이미 결정했고 각종 자금 통로를 통하여 사회보장기금을 마련하고 있으며 이 법률은 아마도 올해 연말에 나올 것입니다. 우리는 중국이 완벽한 사회보장제도를 수립할 것으로 믿으며 이 시기는 멀지 않습니다.

덴마크 기자 : 의문의 여지없이 중국은 기층민주건설 방면에서 큰 성공을 이루었다고 할 수 있는 이유는 현재 사람들이 기층에서 직접적 경쟁적 민주선거를 실시할 수 있기 때문입니다. 그렇다면 총리께서는 몇 년 후에 중국이 이런 민주선거제도를 진일보 확대하여 현縣 1급·성省 1급, 더욱 진일보

2000년 3월 15일, 주룽지 총리가 제9기 전국인민대표대회 3차 회의에서 개최한 기자회견에서 내외신 기자의 질문에 답하고 있다. 사진은 기자회견장의 모습 (사진=신화사 라오아이민 기자)

하여 전국 1급의 전국 인대 대표 선거까지 추진할 수 있을까요? 또한 총리의 임기가 이미 반을 넘었는데 총리께서 이임하신 후에 중국인들에게 어떤 면에서 기억되기를 희망하십니까?

주룽지 : 우리의 기층 직접선거에 대한 좋은 평가에 감사드립니다. 직접선거가 어떤 급으로까지 확대되어갈지 얼마나 빠르게 될지, 저도 당연히 가능한 한 빠르기를 희망하지만 이는 경제·문화·사회 발전의 조건에 달려 있습니다.

저의 임기는 정말 이미 반이 지났습니다. 앞으로 3년도 남지 않은 기간에 저는 신중하고 진지하게 본인의 임무를 다할 것이며, 있는 힘을 다하여 끝까지 투쟁할 것이며, 국민들의 저에 대한 신뢰를 저버리지 않을 것입니다. 저는 장쩌민 동지를 핵심으로 하는 당중앙의 지도 아래, 국무원 전체 동지의 도움하에 업무를 진행하고 있습니다. 저 자신이 하는 일은 한계가 있습니다. 저는 퇴임 후에 전국민이 저에게 "탐관이 아니라 청렴한 관리였다"고 한마디만 해주면 정말 만족합니다. 만일 국민들이 조금 더 흔쾌히 "주룽지는 정말 실제적인 일을 했다"고 해준다면 더할나위 없이 감사할 뿐입니다.

《중국증권보》 기자 : 중국 증권시장은 현재 이미 1천 개 이상의 상장회사와 4천여 만 투자자에 이르고 있습니다. 총리께서는 중국 증권시장의 10여 년 내의 발전에 대해 어떤 평가를 내리시는지요? 국영기업 개혁이 오늘날 이미 '결전決戰'의 해에 진입했는데 총리께서는 중국 증권시장이 국영기업 개혁을 위하여 어떤 일을 더 할 수 있다고 여기십니까?

주룽지 : 중국의 증권시장 발전은 몹시 빠르며 성적 또한 좋지만 아직 규범적이지 못합니다. 만일 전국 인민의 신임과 개인투자자의 신임을 얻으려고 한다면 많은 일을 해야 합니다. 중국의 주식시장은 매우 중요하며 특히 국영기업의 개혁에 있어 상당히 중대한 의의를 갖고 있습니다. 저는 국내외의 전문가들, 특히 홍콩의 전문가·타이완의 전문가·싱가포르의 전문가들이 모두 우리 증권시장의 규범화와 발전에 도움을 준다면 많은 월급을 받아가도 괜찮으니 그들이 자발적으로 오기를 희망합니다.

영국 《파이낸셜 타임스》기자 : 최근 중국의 일부 학자들은 중국이 하나의 시간표를 공표하여서 위안화가 자본 계정하에서 완전한 태환성이 실현되도록 해야 한다고 합니다. 총리께서는 이것이 좋은 아이디어라고 생각하시나요? 중국은 언제 외국의 공조기금을 허가할 것이며, 외국기업은 언제 중국의 자본시장에 와서 투자해야 하는지요? 또한 중국은 언제 비로소 A주와 B주를 통합하는지요? 중국에서는 언제쯤에야 위안화의 완전한 태환성이 실현되겠습니까?

주룽지 : 우리는 이미 경상 계정하의 위안화 자유태환성을 실현했으며 줄곧 말해왔습니다만 반드시 자본 계정하의 위안화 자유태환성도 실현할 것입니다. 그러나 이는 시간이 필요합니다. 자본 계정하의 위안화 태환성을 실현하려면 반드시 충분한 감독관리 능력이 필요한데 우리는 이 방면의 조건이 구비되어 있지 않아서 지금 이 시간표에 대해 기자 분께 말씀드릴 수가 없습니다.

미국 《월스트리트 저널》기자 : 저는 중국의 이동통신에 관하여 다시 한 번 질문드리고자 합니다. 현재 인민해방군과 관계가 있는 산업은 여전히 상업적 CDMA를 기초로 하는 이동전화 부문의 통신 서비스를 진행하고 있습니다. 그들은 4개 도시에서 테스트를 했으며 이 서비스의 범위를 다른 지방으로 더욱 확대하고자 합니다. 그들이 이렇게 하는 것은 중국정부의 허가를 받은 것인지요? 군부에서는 그들의 이런 상업성 이동전화서비스로부터 정상적인 수입을 획득하는지요? 중국 군대는 중국 이동전화의 제3의 운영자가 될 수 있는지요?

주룽지 : 과거에 중국의 통신은 군대의 하급기관으로 4개 도시에서 CDMA 테스트를 한 적이 있습니다. 그러나 후에 중앙군위원회에서 군대와 소속된 기업의 연결고리를 분리했으며 군대는 민영기업을 경영할 수 없다는 결정을 내렸습니다. 이에 CDMA가 어떻게 군대의 수요를 만족시킬 것인지를 포함하여 금후 어떻게 CDMA의 제휴를 진행할 것인가에 대하여 우리는 현재 연구와 협조를 하고 있습니다. 이 문제는 빠른 시일 내에 해결될 것입니다.

홍콩 재경채널아시아 CNBN 기자 : 타이완 문제에서 무기한이 몇 개월·몇 년·몇십 년 아니면 몇 세기를 가리키는지 총리께서 확실하게 말씀해주시기를 부탁드립니다. 또한 중국 측에서는 일찍이 큰 노력을 들여서 미국과 중미 간 무역협정을 달성했는데, 만일 미국 의회가 중국에게 항구적 정상무역관계(PNTR) 대우 비준을 거부한다면 중국은 어떤 반응을 하실 것인지요? 미국이 중국을 지지하지 않는 상황하에서 중국은 WTO에 가입할 수 있는지요? 게다가 그렇게 된다면 중국은 미국 상업계가 중국시장에 진입하는 것을 거부할 것인지요?

주룽지 : 무기한의 문제에 관해 영어로 어떻게 번역하는지 모르겠습니다. 어떤 사람은 indefinitely라고도 하고, 라틴어 원문은 sine die라고 알려주는 사람도 있습니다. 어찌되었건 저와 기자분은 모두 무슨 뜻인지 아니 더 이상 말하지 않겠습니다.

미국이 중국에게 항구적 정상무역관계 대우를 부여하는 문제는 중미가 달성한 중국의 WTO 가입에 관한 쌍방협의의 기초와 전제입니다. 이 쌍방 협의는 13년 간의 담판을 거쳐 결국 장쩌민 주석과 클린턴 대통령이 친히 통솔하여 달성한 '윈윈' 협약으로 쉽게 이룰 수 있는 것이 아닙니다. 이는 엄숙한 협약이자 정부 간의 협약으로 우리 양국 정부는 의회의 비준을 얻어 법률을 만들 책임이 있습니다. 중국정부는 이미 그에 관한 노력을 다했고 중국 전인대 쪽 역시 어떤 문제도 없습니다. 클린턴 대통령도 이미 승낙했을 뿐 아니라 미국 의회에서 중국에 대한 항구적 정상무역관계 대우가 통과될 수 있도록 노력하고 있습니다. 클린턴 대통령은 만일 지금 비준하지 않으면 앞으로 20년을 후회하게 될 것이라 말했습니다. 저는 여기에 한마디 더 붙이겠습니다. 20년의 후회 정도가 아닐 것입니다. 아마도 수천 수백 년 후에 미국인들은 이런 역사의 한 페이지를 펼쳐 보게 될 때에 왜 당시에 이런 잘못을 했는지 후회하게 될 것이며 책을 덮으며 장탄식을 할 것입니다. 그렇기 때문에 저는 미 의회 의원들은 명철하고 이성적인 분들이며 따라서 중국에 항구적 정상무역관계 지위를 부여하는 법안은 분명 의회를 통과할 것이라고 믿습니다.

제9기 전국인민대표대회 4차 회의
내외신 기자회견

(2001년 3월 15일)

신화사 기자 : 총리께서는 이번 회의 보고에서 가까운 시일 내에 적극적인 재정정책을 지속적으로 실시할 것을 제기하셨습니다. 현재 중국 재정적자를 어떻게 보시는지요? 만일 다시 몇 년 간 연속적으로 국채를 증액발행한다면 재정 위험이 점차 가중되지 않을까요? 인플레이션이 출현하지 않을는지요?

주룽지 : 1997년 아시아에서 금융위기가 발생했을 때 중국경제 역시 커다란 곤란에 직면했습니다. 1997년 중국의 수출은 20% 증가했는데, 1998년 수출은 거의 제로 성장이었으며 수출입은 마이너스 성장이었습니다. 어떤 중소 금융기관은 일련의 위기를 맞거나 예금주가 돈을 인출하려고 몰려드는 상황이 발생했습니다. 국영기업은 1천만 근로자들을 강제퇴직시켰습니다. 수요가 부족하기 때문에 대다수의 공산품·농산품 생산능력은 공급이 수요를 초과했습니다. 이러한 곤란에 직면하여 도대체 어떤 대책을 세워야 할지 당시에 각양각색의 건의가 있었습니다. 예를 들면 어떤 사람은 위안화를 평가절하하여 수출을 진작시키자고 했고, 또 어떤 사람은 국영자산을 매각해 이 위기를 넘기자고 했습니다. 그러나 당중앙과 국무원은 적극적인 재정정책과 온건한 화폐정책을 채택하기로 과단성 있게 결정했고, 이 결정을 3년 간 집행한 후 정확했다는 사실이 증명되었습니다. 어째서 정확하냐고 하면 당시의 역사조건상 우리는 사람·돈·물건이 모두 부족하지 않았습

니다. 돈으로 말하자면 은행에 저축예금이 많았습니다. 그러나 가공업 생산능력의 과잉으로 이미 이익이 얼마 되지 않는 항목도 은행 예금을 대출할 수 있었던 반면 은행은 여전히 예금주들에게 원래대로 이자를 지불해야 했습니다. 만일 국영은행의 이런 비축자금을 운용할 수 없다면 국가재정에 있어 심각한 부담이 될 것입니다. 그리하여 우리는 국가재정이 은행에 국채를 발행하는 형식을 취하여 은행의 자금을 운용한 것입니다. 또 다른 한편으로 일부 국영기업의 생산능력 과잉이 심각하여 오직 인프라 구축사업 진행만이 이런 과잉 생산능력을 이용할 수 있었습니다. 이런 정황하에서 우리는 3년 간 3,600억 위안의 국채를 발행하여 1조 5천억 위안의 인프라 구축 사업을 해 전체 국민경제를 선도하며 활력을 불어 넣었습니다. 현재로 볼 때 성적이 아주 뛰어납니다.

우선 이런 자금은 모두 인프라 구축사업에 투입되었습니다. 이 3년 간 우리는 17만 킬로미터의 도로를 건설했는데 그중에 1만 킬로미터는 고속도로입니다. 1만 킬로미터는 전기 철도의 신설이거나 확장이었습니다. 양쯔강 몇천 리의 대제방은 홍수방재의 표준이 되었으며 설령 1998년과 같은 대홍수가 난다 해도 우리는 두렵지 않습니다. 모든 도시에서도 인프라 구축사업이 진행되어 전국의 생태와 환경보호도 개선되었으며 이런 효과는 아주 분명합니다.

다음으로 인프라 구축사업은 공업생산에 시동을 걸었고 국영기업은 세수와 이윤이 증가되었으며, 국영기업 개혁과 곤경 탈피 3년 목표는 기본적으로 실현되었습니다. 국가의 재정수입 역시 대대적으로 증가했습니다. 우리는 적극적인 재정 정책을 실행한 지 3년째 되는 해인 작년부터 이런 효과를 보고 있습니다. 작년에 전국 재정수입은 1조 388억 위안이었는데 1999년에 비해 1,960억 위안이 수입증가분입니다. 이는 큰 계단을 하나 넘어선 것으로 우리는 능히 채무를 변상할 수 있습니다.

따라서 중국의 재정적자는 비록 증가했고, 증가분도 많지만 확대된 적자는 모두 인프라 구축사업에 쓰였으므로 우리는 국채를 두 배로 상환할 능력이 있습니다. 그래서 저는 국채를 증가 발행했지만 그 어떤 위험도 없다고 여깁니다. 작년에 저는 미국의 로빈 전 재무부 장관을 신장 위구르에서 만난 적이 있는데 저는 그분께 중국이 적극적으로 실행하고 있는 재정정책에 관해 어떤 의견이 있는지 물었습니다. 로빈 장관은 지금 국채의 잔액이 얼마나 되느냐고 물었지요.

저는 1조 2천억 위안이라고 대답했습니다. 이 액수는 과거 수년 간 빌려 준 국채를 포함한 것으로 국내 GDP의 14%를 점하고 있습니다. 그러자 그는 아주 시원스럽게 대답했습니다. 여기에는 어떤 리스크도 없으며 공인된 억제선인 20%와 아직 많은 차이가 난다고 했습니다. 물론 저는 그가 이런 말을 했다고 해서 안심하는 것은 아닙니다. 저는 작년의 실천, 즉 재정수입이 1년에 1,960억 위안 증가했고 돈이 손안에 들어오고, '금은'이 모두 돌아온 것을 실감했기 때문에 비로소 안심하는 것입니다.

이번 전국인민대표대회에서는 금년에 다시 1,500억 위안의 국채를 발행하기로 결정했는데 기존의 국채 항목인 건설과 신 건설 항목인 서부지역대개발에 쓰일 것입니다. 내년에는 아마도 다시 1,500억 위안의 국채를 발행할 것으로 예상하고 있습니다. 2년이 지난 후에는 기존의 국채 항목이 모두 마무리될 것이고 서부지역대개발도 대강의 규모를 갖추게 되어 국영기업은 선순환으로 진입하게 되며 재정수입이 증가하고 사회자본 루트가 개통됩니다. 따라서 저는 금후 이렇게 많은 국채를 발행할 필요가 없다고 믿습니다. 어쩌면 이런 건설적인 국채를 발행할 필요가 없게 될지도 모르겠습니다. 지켜봐 주십시오.

그러나 저는 또 다른 걱정이 있습니다. 국민들은 국채발행 소식만 들으면 한밤중이라도 은행으로 달려가 장사진을 이루며 국채는 오전에 모두 팔려나갑니다.

저는 앞으로 만일 국채를 발행하지 않는다면 국민들은 우리에게 불만을 갖지 않을까 걱정이 됩니다. 이 이치는 아주 간단한데 현재 은행의 1년 만기 예금이율은 2.25%지만 국채는 3년 만기 연이율이 2.89%고 5년 만기 연이율은 3.14%입니다. 국채발행 후 은행의 저축액은 감소하지 않았을 뿐만 아니라, 이자 소득세 징수 이후에도 저축은 여전히 증가하고 있습니다. 이는 국민들이 우리에 대한 믿음이 있다는 것을 보여주고 있습니다.

독일 《파이낸셜 타임스》기자 : 현재 점점 많은 중국인들이 정치체제 개혁을 진행할 것이라고 말하기 시작합니다. 요 몇 주일 전에 독일 국방부장인 루돌프 샤핑Rudolf Scharping이 베이징을 방문하여 장쩌민 주석과 당의 역할문제에 관하여 회담했습니다. 어제 저는 중국의 고위관리가 말하는 것을 들었는데 중국이 동유럽 전 사회주의 국가들의 사회민주당의 상황을 연구하는 중이라고 했습니다. 중국이 이미 정치체제 개혁에 근접하고 있는지를 여쭙고 싶습니다. 만일 그렇다면 어느 부분부터 개혁이 시작되는지요? 당부터 시작하는지 아니면 헌법제도에서 시작하는지 여쭙고 싶습니다.

주룽지 : 중국의 정치체제 개혁은 줄곧 진행되어 왔으며 또한 지속적으로 진행될 것입니다. 그러나 우리의 정치체제 개혁은 절대로 서방을 표절하지는 않을 것입니다. 즉 정당이 돌아가면서 집권한다든지 양원제를 실시하거나 하지는 않을 것입니다. 간부조직 인사제도를 포함하여 우리 당내의 각 항목별 제도는 개혁을 해야 합니다. 우리의 국가기관 · 우리의 정치기관 역시 개혁이 필요합니다. 따라서 기자분이 말한 누가 먼저 개혁하고 누가 나중에 개혁하느냐의 문제는 존재하지 않습니다.

일본 NHK 기자 : 일본은 이미 역사 교과서를 일부 수정했는데 일본 교과서의 수정에 관하여 어떻게 생각하시는지요? 그밖에 교과서 문제가 일중 양국 지도자의 상호 방문에 영향을 줄 것인지요? 현재의 일중 관계에 어떤 평가를 할 수 있습니까?

주룽지 : 기자분의 중국어가 매우 유창하군요. 그러나 제가 완전하게 알아듣지

2001년 3월 15일, 주룽지가 제9기 전인대 4차 회의에서 개최된 기자회견에서 내외신 기자들의 질문에 답하고 있다. (사진=신화사 류젠성劉建生 기자)

못했습니다. 통역사는 중국어로 다시 한 번 말해 주세요.

중일관계는 1998년에 장쩌민 주석 방일 시 평화와 발전의 우호 협력 동반자관계에 힘쓸 것을 공동으로 확정했고 중일 양국 관계는 대대적으로 개선되었습니다. 과거 제가 일본을 방문했을 때에 장쩌민 주석이 제기한 "역사를 거울 삼아 미래로 향하자"는 정신에 입각하여 일본정부 지도자와 우호적인 회담을 진행했고, 각계 인사들과도 신뢰를 쌓고 의혹을 푸는 일들을 했습니다. 저는 현재 중일 양국 관계의 주류는 양호하다고 생각합니다.

교과서 문제는 중일 양국 간의 문제만이 아니라 일본과 관련된 전체 아시아의 국가와 아시아인들의 문제입니다. 만일 일본의 군국주의자들이 침략전쟁을 발동한 이 사실을 왜곡한다면 중국인들의 마음에 상처를 줄 뿐만 아니라, 전 아시아인들의 감정을 상하게 하는 것입니다. 이런 교과서는 일본정부의 문부성에서 심의 수정한 것입니다. 따라서 일본정부는 교과서 개정에 대해 회피할 수 없는 책임을 지고 있습니다. 왜곡된 것을 수정하는데 있어 관점이 다르며 언론자유라는 구실로 이 책임을 회피할 수는 없습니다. 제가 듣기로는 이미 수정을 했다고 합니다. 그러나 각국 아시아인들의 반응에 근거하면 이번 수정은 충분치 않다고 합니다. 이는 어느 누가 일본의 정부에 간섭하려는 것이 아니라, 일본인들이 중국인을 포함한 아시아인들과 자손 대대로 우호적인 관계를 맺어갈 수 있는가 하는 문제며 또한 일본인들의 이익과도 관계된 문제라고 생각합니다. 물론 저는 이 문제가 고위층의 왕래를 포함한 중일 양국 간의 왕래에 어떤 영향도 주지 않을 것이라고 생각합니다. 작년에 오부치 게이조 전 총리가 저를 초청했는데 아쉽게도 제가 일본에 가기 전에 돌아가셨습니다. 우리는 이에 애도를 표하는 바입니다. 후에 모리 요시로森喜朗 총리가 재차 초청을 해주셔서 저는 일본을 방문했고 일본국민들과 우호적인 교류를 가졌습니다. 저는 여기서 다시 한 번 모리 요시로 총리께서 금년 내에 중국을 방문하시도록 초청합니다.

중국 CCTV 기자 : 본 정부의 임기 내에 정부기구 개혁과 직능전환 방면에서 중대한 진전을 얻었습니다. 총리께서는 이번에 '제10차 5개년(본서에서는 앞으로 이를 '10-5'로 표기함:역주)' 계획 요강에 관한 보고에서 정경분리를 진일보 실행해야 하고 정부 직능전환이 절실하다고 제기했습니다. 현재 정부기구 개혁과 직능전환에 관해서는 어느 부분이 비교적 만족스럽고 어느 부분이 만족스럽지 못한가요? 또 어느 방면에 전력으로 추진하실 것인지요?

주룽지 : 본 정부기구 개혁은 성공적이라고 생각합니다. 1998년 이후 우리는 단기간 내에 기구개혁을 통해 국무원 계통의 기관 간부가 3만 3천 명에서 1만 6천명으로 감소해 반으로 감축된 셈이지만 어떤 동요도 없었습니다. 각 성·자치구·직할시의 정부 기구 역시 같은 비율로 감원했습니다. 금년에 우리는 다시 시와 현기구에 대해서도 20%의 비율로 감원하며 편제 이외 모든 인원은 일률적으로 해고하기로 확정했습니다. 이런 정부기구의 개혁은 정부의 효율과 정부 직능의 변화를 제고하는데 큰 장점으로 작용하고 있습니다. 현재 국무원기구의 업무효율은 상당히 향상되었습니다.

물론 저도 만족스럽지 못한 점이 있는데 우리 정부기구의 직능전환이 아직 완성되지 않았다는 것입니다. 어떤 간부들은 계획경제체제 하의 업무 방식이 습관이 되어 사회주의 시장경제 조건하의 정부직능에 대해 잘 알지 못하여 하지 말아야 할 일을 하고 있는데 저는 이를 역할이탈이라고 합니다. 우리는 아직도 개혁진행 중으로 작년에 이미 10개의 국(局은 과거의 10개 부部에 해당) 중 9개를 철폐했고 1개를 개혁했으니 이는 대단한 변화입니다. 동시에 우리는 사회주의 시장경제의 요구에 적응하기 위하여 일부 부서들을 강화했는데 여기에는 국가공상행정관리국·국가질량기술감독국과 국가출입국검사검역국·신문출판서가 포함됩니다. 이들 부서를 우리는 강화하고 승격시켜 원래 부급副級 단위를 현재는 정급正級으로 바꾸었습니다. 물론 직능전환은 쉬운 일은 아니고 시간이 필요하지만 우리는 지속적으로 노력할 것입니다.

러시아 《노동보》 기자 : 올해 상하이에서 '상하이 5개국'[1] 정상회담을 거행합니다. 중러 경제협조의 전망은 어떠하며 중국의 서부대개발에 어떤 역할을 할 거라고 보시는지요?

주룽지 : '상하이 5개국' 제6차 정상회담에서는 경제협력 성과 촉진을 포함한 과거의 성과를 이어갈 것으로 생각합니다. 정상들 간의 교류를 통해 이 성과는 더욱더 발전하고 있습니다. 서부대개발은 중국의 10-5 계획의 중요한 내용입니다. 제 생각에 정상회담에서 이 문제를 토론할 것이며 아울러 장래 우리들의 협력을 촉진하는 조치를 채택할 것으로 봅니다.

미국 CNN 기자 : 방금 끝난 전국인민대표대회의 폐막식에서 우리는 최고인민법원과 최고인민검찰청에 대한 보고를 보았는데 적지 않은 대표들이 반대표 혹은 기권표를 던졌습니다. 그들의 이런 반응은 정부의 부패척결 능력에 관한 믿음이 결여된 것인가요?

주룽지 : 저는 오늘 표결결과에 내심 마음이 무겁고 또한 기쁘기도 합니다. 작년 상황과 비교하면 그래도 좋아졌기 때문으로, 3분의 2라는 다수로 이 두 개의 보고가 통과되었습니다. 우리는 반드시 더욱 각성해야 하며 우리의 정치·법률업무·반부패업무를 진일보 개선해야 합니다. 이 투표 결과는 국민들의 우리에 대한 믿음 상실을 나타내는 것은 아니라고 보며, 국민은 우리를 믿을 것이라고 생각합니다.

홍콩 《성도일보》기자 : 얼마 전에 홍콩의 금융전문가를 중국인민은행의 부행장으로 초빙한다고 하셨는데 이미 물색하셨는지요? 중앙은행과 증감회(중국증권감독관리위원회의 약칭:역주) 이외에 기타 부문에서도 이와 같은 계획이 있으신지요? 이런 인사가 대륙 관리들의 불만을 야기하지는 않는지요? 해외

---

1) '상하이 5개국' : 현재의 '상하이 협력기구'의 전신이다. 1996년 4월 중국·러시아·카자흐스탄·키르기스스탄·타지기스탄 5국 정상이 상하이에서 회담을 개최하고 '상하이 5개국' 회담 체제를 창설하여 매년 1회 회담을 거행한다.

에서 영입한 인재들에게 어떤 요구와 기대가 있으신지요?

주룽지 : 지금 세계의 경쟁은 바로 인재의 경쟁입니다. 이리하여 중앙은 해외에 있는 우리 유학생 중, 즉 홍콩·마카오·타이완으로부터 인재를 영입하고 채용하여 세계에서의 경쟁력을 강화하기로 결정했습니다. 이런 인재들을 도입하는 곳은 개방 정도가 점점 커지고 경쟁이 점점 격렬해지는 부문, 예를 들면 은행·증권·보험 등의 업종 및 국영대형기업의 관리층입니다.

홍콩 증감회의 부회장인 스메이룬史美倫 여사가 중국증감회의 부회장으로 부임할 것입니다. 이는 시작에 불과하며 우리는 지속적으로 이런 정책을 실행할 것입니다. 현재 정확한 인선은 없지만 기자분을 포함한 각계의 의견을 수렴하여 우리가 충분히 고려하고 비교할 수 있도록 할 작정입니다.

싱가포르 《연합조보》 기자 : 제가 질문 드리고자 하는 것은 NMD[2]와 TMD에 관해서입니다. 우리는 중국이 강렬하고도 견고하게 미국의 NMD 발전 및 중국 대만 지역을 TMD에 포함시키려 하는 것에 반대하는 것을 알고 있습니다. 어떤 사람은 미국이 너무 강대하여 아무도 이를 어떻게 할 수 없다고 말합니다. 만일 미국이 단독으로 이를 시행한다면 중국은 어떻게 할 것입니까?

주룽지 : 이 문제는 한 마디로 대답하기가 곤란한데 중미관계 문제를 제가 말해도 괜찮겠습니까? 이것도 여러분들의 관심사라고 생각됩니다만. 부시 대통령이 취임한 이래 미국정부는 새로운 사람으로 바뀌어 어떤 사람들은 우리에게 낯설고, 또 모르는 사람들도 있습니다. 그렇기 때문에 중미관계를 맞춰 가려면 과정이 필요합니다. 우리는 워싱턴으로부터 많은 정보를 입수하여 신중하게 열심히 읽고 연구하며 세밀하게 분석하고 있습니다. 어느 때는 이런 정보가 모순되어 규명이 필요함을 느낄 경우에는 우리가 만족할 수 있는 분명한 설명을 얻기도 합니다. 어

---

2) NMD : National Missile Defense의 약어로 즉 국가미사일 방어 시스템이다. 1993년에 미국 대통령 클린턴이 '스타 워' 시대의 마감을 선포하면서 대신 취한 것이 NMD와 TMD다.

떤 문제들은 우리가 오해한 것도 있어 소통이 필요함을 느끼면 역시 효과적으로 소통을 진행합니다. 첸치천 부총리께서 곧 미국 방문예정인데 이는 고위급 소통입니다. 저는 파월Colin Powell 국무장관의 서신을 받았습니다. 저는 정중하게 여러분에게 말씀드리겠는데 장쩌민 주석과 부시 대통령의 대화채널은 원활하게 소통되고 있어 두 분은 긴밀한 관계를 유지하고 있습니다. 우리가 얻은 직접적인 소식은 부시 대통령은 중미관계를 중시하며 이런 관계는 21세기를 구축하는데 도움이 될 거라 생각한다는 것입니다. 또한 부시 대통령은 장쩌민 주석과 함께 공동으로 중미 양국의 관계가 안정되고 건전하게 발전되도록 촉진하기를 희망한다고 들었습니다. 우리는 미국이 앞으로 하나의 중국 정책을 견지하고 중미 3개 연합공보[3]에서 수락한 내용을 지속적으로 이행할 것임을 명확히 듣고 있습니다. 양국 간에 존재하는 의견 차이에 관해서는 부시 대통령도 표명한 바와 같이 평등 · 상호 존중 · 협상 방식으로 해결할 것입니다. 그분도 타이완 문제는 타당한 해결을 얻을 것이라는 것을 믿고 있습니다.

물론 의견 차이도 있습니다. 예를 들면 미국 새 정부의 고위급 인사들은 중미 쌍방이 확정한 21세기를 향한 건설적인 전략적 동반자관계는 잘못된 것이며 경쟁 상대 관계로 바꾸어야 한다고 여깁니다. 그러나 그들도 경쟁상대가 반드시 적은 아니라는 것을 압니다. 이 문제는 소통이 필요하며 어떻게 전략적 동반자관계를 이해하는가에 관건이 달려 있습니다. 우리가 말하는 전략은 장기간 안정이라는 뜻입니다. 중국의 외교정책은 동맹을 맺지 않으며 또한 제3자를 겨냥하지도 않습

---

3) 중미 3개 연합공보 : 1972년 2월 28일, 닉슨 미국 대통령의 방중 기간 중에 중미 쌍방이 양국관계 정상화 실현을 상하이에서 발표한 〈연합공보〉, 1978년 12월 16일, 중미 양국 정부가 발표한 〈중화인민공화국과 아메리카 합중국 외교관계 수립에 관한 연합공보〉, 1982년 8월 17일, 중미 양국 정부가 단계적인 감소 · 일정 기간을 거쳐 최후 미국의 대타이완 무기판매 문제를 철저히 해결할 것에 관해 발표한 〈중화인민공화국과 아메리카 합중국 연합공보〉를 말한다. 이 3개 연합공보를 간략하게 중미상하이 공보 · 중미 건교공보 · 중미 '8 · 17' 공보라고 한다. 이것들은 중미관계 발전의 정치적 기초를 확립했다.

니다. 동반자관계와 경쟁상대는 결코 배타적이지 않습니다. 현재 평화와 발전은 시대적 주제입니다. 경제 글로벌화의 정세하에서 국가 간에는 경쟁이 있으며 또한 협력도 있습니다. 저는 파월 장관이 중미는 비록 경쟁상대지만 무역 방면에서는 여전히 파트너라고 말한 것을 듣고 기뻤습니다. 또 기타 영역에서도 중미는 협력해야 한다고 생각합니다. 그래서 저는 이런 의견 차이가 그리 큰 것은 아니라고 봅니다. 1998년에 저는 런던 ASEM 정상회의에 참석했을 때 마침 런던에 있던 미국 전 대통령 부시와 회견했는데 그분이 제게 물은 첫마디는 중국의 사유화가 어떻게 진행되고 있느냐? 순조로우냐는 것이었습니다. 저는 당시 깜짝 놀랐지요. 그래서 저는 "부시 선생! 중국은 사유화를 하지 않습니다. 우리가 하는 것은 주주제며, 주주제는 공유제의 여러 가지 형식 중의 하나입니다"라고 했습니다. 저는 부시 대통령이 말한 중미 양국이 우호협력관계를 맺어야 21세기 구축에 유리하다는 입장에 찬성합니다. 또한 중미 양국의 16억이 넘는 국민들 간의 장기적이고도 안정된 우호협력관계는 분명 전세계 60억 인구의 평화 발전·번영과 안정에 도움이 될 것이라고 믿습니다.

우리는 부시 대통령이 장쩌민 주석의 초청에 응하여 금년 10월 20일에 상하이에서 거행되는 APEC[4] 정상회담 참가 후 비공식회담차 북경을 방문하신다니 매우 기쁩니다. 이는 우리의 상호 소통에 있어 좋은 기회가 될 것이라 믿습니다.

NMD에 관한 중국의 입장은 명확합니다. 반대입니다. 왜냐하면 이는 〈탄도탄 요격미사일조약〉에 위배되며 동시에 국제적 군비경쟁을 야기시킬 뿐이기 때문입니다. 우리는 여러 차례 명확하게 미국에 우리의 태도를 표명했습니다. 우리는 또한 부시 대통령이 중국과 협상을 진행할 것임을 알고 있습니다.

---

4) APEC : Asia-Pacific Economic Cooperation의 약어로 아시아태평양경제협력체이다. APEC은 아시아 태평양 지역 경제협력을 위한 각료들의 협의 기구로, 1989년에 설립되었다.

프랑스 《르 몽드》 기자 : 최근 중국 주식시장 문제에 대하여 격렬한 논쟁이 벌어지고 있습니다. 어떤 사람은 중국의 주식시장은 도박장 같다고 하며, 어떤 이는 중국의 주식시장은 붕괴될 위험에 있다고 합니다. 중국정부는 주식시장의 발전에 어떤 정책을 시행하는지 묻고 싶습니다. A주와 B주의 합병 시간표가 있는지요? 상하이와 선전 두 곳의 주식시장 합병 계획이 있으신지요? 또한 우리는 몇 개의 중국 상장회사가 경영이 나쁜데도 현재까지 영업정지를 당하지 않은 것에 주의를 기울이고 있습니다. 상장회사가 경영부실로 인해 영업정지 당하는 경우는 중국 시장에서 발생하지 않는지요? 이런 경영부실 상장회사에 관해 중국은 어떤 엄격한 조치를 취할 것인지요?

주룽지 : 중국 주식시장에 관한 각양각색의 관점이 있는데 이는 중국에 언론자유가 있다는 것을 증명하는 것이 아니겠습니까? 그래서 저는 중국 주식시장의 상황에 어떤 평론도 하지 않겠습니다. 우리의 기존방침은 증권시장의 법제 · 규범 · 감독 · 자율을 강화해야 한다는 것입니다. 최근에 중국 증감회의 B주에 관한 개혁은 주식시장에 대한 개편과 개혁의 새로운 시험으로 그 목적은 현재의 국민 수중의 근 8백억 달러의 외화를 이용해 그들을 위하여 새로운 투자 루트를 열어주려는 것입니다. 동시에 이렇게 하여 더욱 많은 외국 투자자들이 B주에 투자하여 B주의 발전이 촉진되기를 희망합니다. A주(중국 내국인 및 허가받은 해외투자자만 거래할 수 있는 주식:역주)와 B주(외환으로만 거래하는 주식으로 원래 외국인에게만 거래를 허용했지만 현재는 중국 내국인도 투자 가능함:역주)를 합병할 것인가 말 것인가의 문제에 대하여 중국 증감회는 언급하지 않았습니다. 저는 합병의 가능성을 배제하지 않습니다만 이는 상당한 시간이 필요합니다. 상장회사의 개편은 주식시장 감독을 강화하는 것이 핵심문제입니다. 중국 증감회는 각종 조치를 채택하여 이 방면의 업무를 강화하고 있으며 아마도 영업정지라는 조치를 고려할 것입니다.

《인민일보》기자 : 지금 사회에서 소득분배 문제에 관해 비교적 많은 의견들이 있습니다. '10－5' 계획 요강 보고에서 사회분배 질서를 규범화해야 하고 소득격차가 과대하게 벌어지는 것을 방지해야 한다고 했습니다. 총리께서는 현재의 소득격차 문제를 어떻게 보십니까? 정부는 어떤 유력한 조치를

주룽지 : 과도한 수입 분배 격차 문제는 진지하게 주의할 만합니다. 그러나 현재는 그리 심각한 지경까지는 오지 않았습니다. 1999년의 조사에 의하면 중국은 국제관례에 근거하여 계산한 지니계수Gini Coefficient[5]는 0.39인데 이는 국제공인의 경계선 수준에 근접한 것입니다. 그러나 문제가 아직 그렇게 심각하다고는 보지 않습니다. 그 원인은 첫째 역사적으로 도시와 농촌의 소득격차는 컸습니다. 현재 식량공급의 상대적인 과잉으로 인한 곡물가 하락으로 농민 소득의 증가폭이 하락했는데 특히 곡물 주생산 지역의 농민 소득 하락이 더욱 큽니다. 이 문제를 당중앙·국무원은 중대사안으로 보고 이미 농민 소득 증가를 현 경제업무의 제일 임무로 여겨 부각되는 위치에 놓고 이 문제를 해결할 일련의 조치들을 공포할 것입니다. 두 번째는 국영기업개혁이 아직 완성되지 않아 도시 주민 중에는 퇴직자와 실업자가 비교적 많습니다. 그래서 재직 근로자와 퇴직 근로자와의 수입격차 역시 점점 커집니다. 이 문제는 규범화된 사회보장체계를 완전하게 건립하고 또한 재취업 업무를 개진함으로써 해결해야 합니다. 세 번째로 어떤 업종은 역사적 원인, 혹은 독과점의 우위로 소득이 지나치게 높습니다. 우리는 전력·통신·철로·민항 등을 포함한 이런 독과점 분야에 대하여 체제개혁을 진행하고 있으며 이 분야의 독과점 지위를 바꿀 것입니다. 물론 우리는 세수 수단을 통해 소득격차를 줄일 수도 있는데, 예를 들면 건전한 개인 소득세제에서는 최고 소득자는 45%의 세를 납부해야 합니다. 이런 면에서 우리의 집행은 그다지 완벽하지 않지만 앞으로는 더욱 완벽하게 개진할 것이며 법대로 징수할 것입니다. 소득분배 격차 문제는 유의해야 하지만 현재 그다지 심각하지 않으며, 지금 해결하고 있는 중이라

---

5) 지니계수 : 이탈리아 경제학자 지니가 개발한 것으로 소득분배가 불평등한 정도를 측량하는 일종의 통계지표로 0부터 1사이에 있다. 지니계수가 0이면 이는 소득분배가 절대평균임을 표시한다. 0.4는 국제적으로 공인된 억제선이다.

는 세 마디 말로 요약할 수 있겠습니다.

영국 스카이뉴스 TV 기자 : 총리께서는 정말로 괴팍하고 정신에 문제가 있는 사람이 폭탄 두 자루를 짊어지고 장시성江西省의 한 초등학교를 폭발시켰다고 믿으시는지요? 총리께서 이렇게 말씀하시는 것은 국제사회의 중국 경제개혁에 대한 주의력을 분산시킬까 걱정하셔서 그러는 것은 아닌지요?

주룽지 : 저는 장시성의 완자이현萬載縣의 팡린芳林 초등학교에서 발생한 폭발사건에 대해 마음이 몹시 무거우며 재난을 당한 분들에게 심심한 애도를 표하며 그들의 가족들을 위로하는 바입니다. 이런 사건이 발생하여, 특히 장쩌민 주석께서 이와 같은 폭발사건에 대하여 여러 차례 서면으로 지적한 상황하에서 국무원이 책임을 다하지 못함에 대해 저는 마음이 무겁습니다. 반드시 깊이 반성해야 할 것입니다. 폭발사건이 발생한 후 장시성의 성장省長은 즉시 베이징에서 장시로 돌아가 완벽하게 사후 처리를 했고 공안부 역시 전문가 조사팀을 파견해 폭발 정황을 조사했습니다. 이들이 정식으로 조사한 결과는 며칠 전에 제가 신문계에 발표한 것과 같습니다. 저의 발언 이후 홍콩의 어느 매체를 포함하여 국내외의 신문계에서는 이번 폭발사건이 학교에서 폭죽을 생산하다가 일어난 것이라고 하며 저의 발표에 동의하지 않고 있다는 것을 압니다. 그래서 저는 친히 공안부장인 자춘왕賈春旺에게 요청하여 다시 전문가 6명이 장시에 가서 미복잠행을 하도록 했습니다. 그들이 돌아와 단서를 찾았다고 보고했습니다. 예를 들면 이 학교는 1999년에 고학(중국 일부 학교가 취하는 학교 운영방식으로 학생이 재학기간 노동을 하고, 그 노동 수입을 학교 운영자금으로 쓴다. 중국어로는 근공검학勤工儉學이라고 한다:역주)이라는 명분하에 학생들에게 폭죽에 기폭장치의 심지를 꽂는 일을 하게 했지만 작년에 핑샹萍鄉에서 폭발사건이 일어난 후에 이 작업을 금지시켰습니다. 그밖에 현장에서는 이런 폭죽을 생산했거나 조립한 증거는 찾지 못했습니다.

오늘 여기서 제가 이 사건에 대해 의심을 갖고 있는 내외신 기자분들에게 변론할 필요는 없습니다. 저는 사실이 어떻든 간에 국무원과 저 본인이 책임을 회피할 수는 없다고 생각합니다. 다시 말하자면 당중앙과 장쩌민 주석의 지시에 대한 집행이 부족했다고 여기고 있습니다. 아무튼 사실은 은폐할 수 없다고 믿습니다. 우리는 이 사건을 계속 조사하여 진상을 밝혀낼 것입니다. 그러나 현재 원래의 결론을 부정할 만한 증거는 없습니다.

오늘 저는 전국민에게 우리는 장차 이 사건을 충분히 교훈으로 삼아 이미 제정된 법규를 재차 천명하고 완벽히 만들어 절대로 학생과 미성년 아동에게 생명 위험이 있는 노동을 못하게 하겠다는 것을 약속드립니다. 만일 그들의 생명안전을 위협하는 일이 일어난다면 반드시 현장縣長·향장鄕長·진장鎭長을 즉각 해임하고 또한 법에 의해 이들의 형사책임을 끝까지 추궁할 것이며 성장省長 역시 이에 상응하는 행정처분을 받을 겁니다. 우리는 반드시 이를 실현할 것을 국민들에게 약속합니다.

타이완 《중국시보》 기자 : 현재 양안관계는 여전히 대치국면에 있는데 총리께서는 어떤 다른 구체적인 방식으로 양안의 대치국면을 화해시킬 생각이신지요? 예를 들면 어떤 선결조건도 제기하지 않은 상황하에서 양안 '삼통三通'을 추진하거나 작년 하반기에 첸치천 부총리가 말한 것처럼 대륙과 타이완이 하나의 중국에 속하는 것에 대하여 더욱 탄력적인 방식으로 하나의 중국을 해석하는 것과 같은 것 말입니다.

주룽지 : 타이완 문제에 관해서 중국 지도자들의 발언은 모두 명확하고 일치합니다. 즉 '일국양제'와 장쩌민 주석의 8항 주장에 근거하여 업무를 처리합니다. 지금 관건이 되는 문제는 하나의 중국이라는 원칙에 동의하지 않는 사람이 있다는 것입니다. 만일 하나의 중국에 동의하지 않는다면 무슨 말을 할 수 있겠습니까? 그러나 만일 하나의 중국을 인정한다면 어떤 문제라도 모두 말할 수 있습니다. '삼통' 문제에 있어 우리는 1979년 이래 '삼통' 실현을 촉진하기 위하여 최대한 노력했습니다. 우리의 원칙은 늘 명확한데 바로 '일국양제'·직접적인 '삼통'·

쌍방교류 · 호혜호리互惠互利를 말합니다. 우리는 타이완 당국이 하나의 중국 입장으로 돌아오기를 희망하며 그렇다면 어떤 문제라도 토론할 수 있습니다. 만일 하나의 중국에 동의하지 않고 심지어 자신이 중국인임에 동의하지 않는다면 어떻게 이야기가 되겠습니까?

한국 《중앙일보》 기자 : 중국인이 '10-5' 계획을 완성하는 그 해에 총리께서는 어디에 계실 것 같습니까? 여전히 총리직에 계실 것인지, 아니면 학교에 계실 것인지, 아니면 은퇴하시고 댁에 계실 것인지요? 총리께서는 총리 공직을 맡기에 적당치 않은 나이는 몇 살이라고 보십니까?

주룽지 : 저는 요즘 신문 매체, 특히 영국의 《파이낸셜 타임스》에서 주룽지는 이미 늙었다, 이제는 안 된다고 하는 것을 보았습니다. 홍콩 신문에서는 아마도 이번 주룽지의 〈정부업무보고〉가 마지막 보고일 거라고 했습니다. 저는 그들이 이렇게 말하는 것도 맞다고 생각합니다. 저는 이 자리에 계신 여러분보다 많이 늙었습니다. 지금 말씀드릴 수 있는 것은 단지 저의 임기는 2003년까지라는 것입니다. 지금 금후의 인사문제를 이야기한다는 것은 시기상조입니다. 모든 분께 말할 수 있는 것은 내년의 〈정부업무보고〉 역시 제가 할 것이며 후년의 〈정부업무보고〉도 역시 제가 할 것이라는 것입니다. 이리하여 내년 기자회견에서도 역시 제가 대답할 것이니 올해 질의하신 것이 충분치 않으면 내년에도 여러분이 다시 오시는 것을 환영합니다. 제가 언제 은퇴할 것이고 은퇴 후에 무엇을 할 것인지는 1998년에 이미 말했습니다. 용감하게 전진하며, 정의를 위해 분연히 나서며, 죽을 때까지 혼신의 힘을 다할 것입니다. 지금도 이렇게 하고 있지만 살아있는 한 저는 국민을 위하여 죽을 때까지 혼신의 힘을 다할 것입니다.

프랑스 《유럽시보》 기자 : 작년 가을 중국 펀드에 많은 문제가 발생했고 그후 엄격한 정돈을 거쳐 감독관리를 강화했습니다. 금후 5년 간 증권시장의 감독관리의 중점을 어디에 두시는지요? 상장회사인가요? 아니면 거래질서인가요?

주룽지 : 금년부터 중국 증권시장의 임무 혹은 중국 증감회의 임무는 바로 감독 관리 강화로 법제규범의 방법을 통하여 공정·공평·공개를 실현하는 것입니다. 중점적으로 감독관리를 하는 곳은 상장회사·증권회사와 투자펀드입니다. 이는 장기적 임무지만 금년에 두드러지거나 혹은 비교적 뛰어난 성적을 거둘 것입니다.

중국 CNR 기자 : 중국 농업 문제에 관해서 문의드리고 싶습니다. 세비稅費개혁은 "토지개혁과 가정 도급경영을 이은 제3차 농촌혁명"이라고 칭해집니다. 의문의 여지없이 이는 근본적으로 농민의 부담 을 경감하는 것입니다. 그러나 현 시범실시 지역의 상황으로 볼 때 어떤 사람은 이런 개혁은 새로운 문제를 야기시킬 뿐이라고 걱정합니다. 예를 들면 향鄕과 진鎭이 직면한 재정곤란 및 농촌 교육경비 부족 등이 있습니다. 국가는 앞으로 어떤 조치를 취하여 이런 문제를 해결하실 것인지요?

주룽지 : 농촌 세비개혁은 아주 큰 혁명으로 우리는 이의 중요성·복잡성과 막중 함을 과소평가하지 않습니다. 현재 농민 수중에서 300억 위안의 농업세를 징수하 고, 600억 위안의 향통주·촌제류(鄕統籌·村提留:준비금·공익금·관리비를 포함:역주) 등을 제멋대로 거둬들이니 아마도 농민에게서 1년 간 1,200억 위안이나 심지어는 더욱 많은 액수를 징수한다고 봅니다. 이번의 세비개혁은 바로 현재 거두는 300억 위안의 농업세를 500억 위안으로 올리는 것으로 이렇게 되면 농업세율이 5%에서 8.4%가 됩니다. 이와 동시에 600억 위안의 향통주나 촌제류 및 각종 제멋대로 거 두는 세제를 일률적으로 감소시키려고 합니다. 이렇게 되면 막대한 수지격차가 나타납니다. 이에 중앙 재정은 200억에서 300억 위안을 준비하여 어려움이 있는 성·자치구·직할시의 농촌에 보조할 겁니다. 그러나 이런 격차는 여전히 너무 큽니다. 이런 비용은 주로 농촌교육에 사용됩니다. 그래서 만일 농촌교육체계를 개혁하지 않는다면 이 정도의 보조비는 부족합니다. 우리는 이미 농민의 부담을 경감하고 다른 한편으로는 농촌의무교육의 수요를 보장토록 결정했습니다. 이것 은 확고부동해 조금도 흔들림이 없을 것입니다. 우리는 우선 안후이성安徽省에서

시범적으로 진행한 후에 전국으로 확대할 것이며 이는 몹시 중대한 임무입니다. 이 개혁이 만일 성공을 거둔다면 우리의 농업 기초는 확고해지고 농촌은 안정이 될 것이며 국민경제 발전 역시 굳건한 기초를 형성할 것입니다.

1999년 12월 20일 아침에 중화인민공화국 마카오특별행정구 성립 및 특구정부 취임 선서의식이 마카오 종합예술관에서 성대하게 거행되었다. 마카오특별행정구 허허우화何厚鏵(왼쪽) 행정장관이 취임선서를 하고 있고 주룽지 총리가 서약을 받고 있다. (사진=신화사 류위劉宇 기자)

영국 로이터 기자 : 총리님의 보고 중에 장쩌민 주석의 '3개 대표'의 사상과 '덕으로 치국한다(以德治國)'는 사상을 언급하셨는데 일반인들에게 있어서 '3개 대표'는 어떤 의미가 있나요? 덕으로 치국한다는 '이덕치국'은 그들에게 어떤 의미가 있습니까?

주룽지 : 장쩌민 주석이 언급한 '3개 대표'의 사상과 '이덕치국'의 이념은 모두 마르크스주의 이론을 발전시킨 것입니다. 이 문제에 있어서 우리 중앙의 의견은 완전히 일치합니다. 그러나 저에게 여기서 이 사상을 천명하라고 한다면 지금은 때가 아니라고 생각합니다. 우리는 아마도 심포지움을 열어야 할 것입니다.

《마카오일보》기자 : 마카오가 중국에 귀속된 지 1년여가 되었으며 각 방면의 업무도 비교적 큰 진전이 있어 시작이 아주 좋습니다. 그러나 해협양안 관계의 개선과 변화에 따라서 또 중국과 중국 타이페이(타이완을 말하는 것임:역주)가 WTO에 가입한 이후에 마카오는 경제상의 지위와 역할에서 어떤 변화가 있을지, 마카오의 발전 전망은 어떤지요? 이는 마카오의 수많은 사람들의 관심사인데 이에 대한 관점과 의견은 어떠신지 말씀해 주십시오.

주룽지 : 마카오 지역은 작고 경제규모는 크지 않지만 고도로 개방되어 대륙과 타이완 지역의 경제 연계에 있어 큰 역할을 발휘하고 있습니다. 저는 중국이 WTO에 가입하고 타이완도 WTO에 가입한 이후에도 마카오는 더 한층 자신의 우월성을 발휘하여 이런 관계를 강화할 것이고, 유대역할을 더한층 발휘해 마카오의 경제 역시 더욱 빠르고 양호하게 발전할 것을 믿습니다.

《중국일보》기자 : 오늘은 '3·15' 소비자 권익의 날입니다. 최근에 위조지폐가 제조되고 면화·식량마저도 가짜를 끼워 넣어 팔고 있는 일이 발생하고 있어 국민들의 이에 대한 반응이 민감합니다. 국무원은 이런 가짜 저질상품의 제조를 단속하거나 제지하여 소비자의 권익을 보호하고 국제시장에서 중국 상품의 명성과 경쟁력을 증강시키기 위해 어떤 효과적인 조치를 채택하실 것인지요?

주룽지 : 사회주의 시장경제가 발전하는 과정 중에 시장의 사기행위·위조 모방·사취 사기가 속출하고 있습니다. 모두들 '자오뎬팡탄(焦點訪談)'(중국 CCTV의 심층보도 프로그램. 텔레비전 뉴스 평론 코너로 중국 지도자 및 일반인이 관심을 갖고 있는 프로그램임:역주)과 그밖에 텔레비전 프로그램에서도 이런 정황을 볼 수 있습니다. 저는 이를 본 후 비분강개하여 밤에 잠을 이룰 수가 없었습니다. 현재 우리 정부 직능전환은 바로 시장의 감독관리·조사처리를 강화하는 것이고 소비자와 국민의 이익을 보호하는 것입니다. 이 방면에 있어 우리의 업무는 대대적으로 강화될 필요가 있습니다. 우리는 시장 감독관리를 강화하는 입법 업무 외에 또한 법집행 부문의 지위와 역할을 강화하여 시장의 감독관리 역할을 발휘하도록 해야 합니다. 우리는 금년에 전국적인 정돈과 시장경제 질서를 규범화하는 대회를 개최해 이런 업

무를 강화할 준비를 하고 있으며 여기에는 문화시장의 정비도 포함됩니다. 물론 무슨 운동을 벌이는 것은 아니지만 시작할 때는 기세를 좀 잡아야만 하고 그런 후에 지속적인 법 집행 업무로 바뀔 것입니다.

싱가포르 AFX-ASIA 기자 : 방금 농촌 세비개혁을 말씀하실 때 개혁 이후에 자금 결핍이 생기기 때문에 농촌교육에 대한 개혁이 필요하다고 하셨습니다. 그런데 자금이 부족한 상황에서 어떻게 농촌 교육 개혁을 진행하실는지요? 이렇게 되면 농촌지역의 모든 어린이들도 도시의 어린이처럼 응당 받아야 할 교육을 확실히 보장받게 됩니까?

주룽지 : 우리는 반드시 농촌의무교육 목표를 실행하고 보장할 것입니다. 돈이 부족하면 돈을 증액하면 됩니다. 이렇게 돈을 사용하는 것은 매우 효과적입니다. 즉 교육체계 개혁을 진행해야 합니다. 내년에 기자회견 시 저는 아마도 이 문제에 대해 더욱 구체적인 대답을 할 수 있을 겁니다.

제9기 전국인민대표대회 5차 회의
내외신 기자회견

(2002년 3월 15일)

주룽지 : 여러분 질문을 해주십시오. 분초를 다툽시다.

중국 CCTV 기자 : 세계경제 침체의 상황하에서 금년 중국 경제성장률은 예상목표를 7%로 잡았습니다. 총리께 질문 드리겠습니다. 이 목표를 달성할 수 있겠습니까? 주요 정책은 무엇입니까?

주룽지 : 금년 국민경제 성장률의 예상목표 7%는 우리가 주도면밀하게 고려한 수치입니다. 세계경제 성장속도 완화 등의 요인을 포함하여 각 방면의 불리한 요인까지 고려하여 작성되었습니다. 저는 실현할 수 있을 것으로 봅니다. 구체적인 조치는 이미 저의 〈정부업무보고〉에 간단히 서술되었으므로 다시 중복하지 않겠습니다. 금년 1분기의 정황으로 볼 때 제가 예상한 것보다 좋습니다. 국가통계국의 예측에 근거하면 올해 1분기의 GDP는 작년 대비 7.5% 성장할 것으로 봅니다. 그렇기 때문에 저는 이에 대해 더욱 자신이 있으며 이는 경제성장 7%의 목표에 대해 자신이 있다는 것입니다.

독일 DPA 통신 기자 : 올해는 중국에 있어 매우 중요한 한 해가 될 것입니다. 우선 후임 총리를 포함한 지도자단을 선거해야 합니다. 어떤이는 원자바오 부총리가 총리가 된다고 하던데 이에 관해 논평해 주실 수 있습니까? 그밖에 주 총리의 후임자에 관해서는 어떤 건의사항이 있으신지요?

주룽지 : 기자분이 제기한 문제의 답안은 저도 모르기 때문에 이 문제를 꺼내는 것은 아직 이른 감이 있다고 봅니다. 그래서 말씀드릴 방법이 없습니다. 미안합니다.

신화사 기자 : 금년 중국 재정적자는 3,098억 위안으로 GDP 비중 3%를 점하고 있습니다. 총리께서는 중국의 재정 위험을 어떻게 보며 이것이 다음 정부에 어떤 영향을 준다고 보십니까?

주룽지 : 그저께 제가 홍콩 신문을 보니 '적자총리'라는 '명예로운 칭호'를 제게 부여했습니다. 저는 이제껏 명예로운 칭호 혹은 명예학위도 받아들이지 않았으므로 이에 대해 몇 마디 해명할 필요가 있습니다. 제가 갖고 있는 자료 중에서 저는 20여 개 국가를 조사했습니다. 2000년에 19개 국가는 모두 적자였는데 그중에는 선진대국도 있습니다. 그래서 문제는 재정이 적자인가 아닌가 하는 데에 있지 않고 적자 수준이 감당할 능력 범위 내에 있는가 하는 것입니다. 특히 이 적자는 어느 곳에 사용하느냐에 있는 것입니다. 중국의 금년 예산 적자는 3,098억 위안으로 당해 GDP의 3% 안팎에 해당됩니다. 국채 잔액 총계는 2조 5천 6백억 위안으로 GDP의 16% 안팎을 차지하고 있습니다. 이 숫자는 모두 공인된 방어선 이내입니다. 중요한 것은 중국의 이 적자는 경상적 예산을 보충하는 데 쓰인 것도, '먹어치워버린 것'도 아니며, 인프라 구축사업에 사용하고 있다는 점입니다. 본 정부에서 이미 발행한 5,100억 위안 국채는 은행자금과 기타자금을 동원해 전체 2조 5천만여 억 위안의 공사를 완공했습니다. 여기에는 새로 건설한 10만 킬로미터의 도로가 포함되는데 그중 1만 3천 킬로미터는 고속도로고, 새로 건설한 5천 킬로미터의 간선철도에 복선, 전기철도를 더하면 1만 킬로미터 이상입니다. 또한 9,500만 킬로와트의 발전소를 건설하여 농촌의 전력망을 모두 바꾸었습니다. 이동전화와 유선전화 가입자는 이미 3억 2천만 호에 이르렀습니다. 이는 모두 확실히 실제로 그곳에 배치된 것입니다. 이리하여 저는 다음 정부에 채무만이 아니라 2조 5천여 억

위안의 우수한 자산도 남겨주게 되었으며 이는 미래 중국의 경제발전에 있어 장기간 거대한 경제적 효력과 사회적 효과를 발휘할 것입니다. 더욱 중요한 것은 요 몇 년 5,100억 위안의 국채 위에 더해진 은행의 추가대출은 모든 공업생산을 촉진시키고 전체 국민경제의 급속한 발전을 이끌었으며 재정수입은 매년 대폭 증가하여 우리는 아마도 대대적으로 국민생활을 개선할 수 있을 것입니다. 최근 몇 년간 근로자의 임금은 거의 배로 증가하여 우리는 비교적 건전한 사회보장 제도를 구축할 수 있게 되었으며, 대량의 자금을 교육과 과학기술 전선에 투입할 수 있게 되었습니다. 이와 동시에 최근 몇 년 간 국민들의 은행예금 잔고 역시 부단히 증가하여 매년 7,000억~8,000억 위안 위안화 수준을 유지하고 있습니다. 만일 우리가 적극적인 재정정책과 온건한 화폐정책을 채택하지 않았다면 중국 경제는 어쩌면 붕괴되었을 것입니다. 이로 볼 때 적극적인 재정정책의 강도도 적당했다는 것을 알 수 있습니다. 1998년 이래 4년 간 물가는 전혀 오르지 않았고 내린 폭도 크지 않아 1% 정도 오르락내리락하므로 중국의 '공력'이 괜찮다는 것을 알 수 있습니다. 그래서 미안합니다만 저는 '적자총리'라는 이 명예 칭호의 수락을 거부하고 돌려드리겠습니다. 저는 중국을 위하여 적극적인 재정정책을 실행하여 아시아 금융위기가 중국에 미친 영향을 극복했을 뿐만 아니라 이 위기를 이용하여 전례 없는 국민경제 발전을 이룩한 것에 뿌듯함을 느낍니다.

한국 〈조선일보〉 기자 : 어제 20여 명의 북한인이 주중 스페인대사관에 진입했는데 중국 측에서는 이 일을 어떻게 처리할 생각이십니까?

주룽지 : 중국 외교부는 이미 관련 주중대사관과 협상해 협의를 달성했으며 법률에 의거하여 해결할 것입니다. 조금만 기다려 주시면 곧 해결될 것입니다.

일본 교토통신 기자 : 두 가지를 문의드리겠습니다. 첫째는 일중관계 문제입니다. 올해는 일중 수교

정상화 30주년으로 일중 양국 고위층의 왕래가 비교적 많아졌습니다. 중국 측에서 이미 외교채널을 통해 일본 황태자와 황태자비의 중국 방문 희망을 표시했습니다. 만일 그분들이 방중한다면 일중관계 발전을 촉진시킬 수 있을까요? 그리고 그분들이 중국 국민들의 환영을 받을 수 있겠습니까? 두 번째는 내정문제입니다. 중국은 현재 사회계층의 양극분화가 심각하며 전문가들도 이렇게 여기고 있습니다. 이 현상을 개선하기 위해 중산층을 육성하고 확대하는 것이 필요한데 이런 관점에 동의하시는지요? 만일 동의한다면 어떤 조치를 취하여 이런 중산층을 육성하시겠습니까?

주룽지 : 올해는 중일 수교 정상화 30주년이 됩니다. 재작년에 저와 모리 요시로 총리가 회견할 때 올해를 '중일우호의 해'로 확정했고 양국은 일련의 기념활동을 거행하여 수교 정상화 30주년을 경축하기로 했습니다. 여기에는 교류와 왕래 강화를 포함해 중국에서는 '일본문화의 해' 활동을, 일본에서는 '중국문화의 해' 활동을 치를 것입니다. 황태자와 황태자비를 중국에 초청하는 문제에 관해서 우리는 일찍부터 추진해 왔으며 당연히 그분들이 중국 초청을 수락해 주시기를 희망하며 중국에서 열렬한 환영을 받을 것이라고 저는 믿습니다.

중국에 존재하는 심각한 빈부격차 현상에 대해서 말씀하셨는데 저도 존재한다고 생각합니다. 기자분은 덩샤오핑 동지가 일부 사람들을 먼저 부유하게 만들어야 한다고 하신 말씀을 아마 기억하실 겁니다. 그렇다면 필연적으로 일부 사람들은 아직 부유하지 못합니다. 그래서 빈부격차의 확대는 일정한 역사시기 속에 어쩌면 피할 수 없는 것입니다. 그러나 우리는 일부 사람을 먼저 부유하게 만드는 정책을 실행하는 동시에 또 끊임없이 저소득 집단이나 약자들을 지원하고 있습니다. 예를 들면 농민수입 증대 문제가 〈정부업무보고〉의 많은 부분을 차지하고 있는 것은 바로 이 일이 우리의 중심업무가 되고 있음을 말하는 것입니다. 또 예를 들면 사회보장제도 건립을 중시하고 있으며 강제퇴직자 · 실업자 · 이직과 퇴직한 근로자들 지원은 모두 우리 업무의 중심이 되고 있습니다. 정부가 재정예산을 통하여 이런 빈부격차를 축소하는 것 외에도 가장 중요한 수단은 바로 세수입니다.

우리는 세수정책과 세제개혁을 통하여 아직 부유하지 못한 국민들을 지원할 것입니다.

저는 이 시기만 지나면 이런 빈부격차 확대 현상은 해결될 것으로 믿습니다.

2002년 3월 15일, 주룽지 총리가 제9기 전인대 5차 회의에서 기자회견을 개최하여 내외신 기자들의 질문에 답하고 있다. (사진=신화사 야오다웨이姚大偉 기자)

홍콩 《이코노믹 타임스》 기자 : 지금 홍콩은 중국대륙과 자유무역지대와 유사한 보다 긴밀한 무역관계 건립을 상의 중에 있습니다. 중앙은 어떤 정책으로 홍콩의 아시아 금융중심의 지위를 공고히 할 생각인지요? 또 중국이 WTO에 가입한 후 홍콩은 어떻게 대륙의 경제 발전을 도와야 하는지요?

주룽지 : 홍콩특구정부 성립 후 아시아 금융위기의 영향으로 홍콩은 잠시 경제위기에 봉착했습니다만 저는 시종일관 홍콩은 대체할 수 없는 우세한 지위를 구비했다고 여겼습니다. 홍콩의 GDP는 광둥성과 맞먹습니다. 어떤 대도시도 단기간 내

에 홍콩을 추월할 수 없습니다. 저는 홍콩이 분명히 당면한 잠시의 경제적 곤란을 극복하리라 믿으며 이에 관해 우리는 자신이 있습니다. 중앙정부가 홍콩에 어떤 도움과 협력을 제공할지에 관해서는 중앙정부와 홍콩특구정부의 관리들이 현재 긴밀한 협상을 진행하고 있습니다. 홍콩의 실익에 합당하며 또한 실행가능하기만 하다면 중앙정부는 반드시 혼신의 힘을 다할 것입니다. 저는 홍콩이 온전히 아시아 금융중심 지위를 유지할 것이며 특히 중국이 WTO 가입 후 기회는 더욱 많을 것으로 믿습니다.

러시아 이타르타스 통신사 기자 : 주 총리께서는 금년에 러시아 대통령과 재차 회담을 개최하십니다. 중러 양국 경제무역 협력관계의 발전과 전망을 포함하여 양국의 관계 현황에 대해 말씀해 주십시오.

주룽지 : 중러의 전략적 협력 동반자관계는 최근 몇 년 간 많은 발전이 있었습니다. 특히 작년에 장쩌민 주석과 푸틴 대통령은 〈중러 선린우호협력조약〉을 체결하여 우호협력관계를 더욱 공고히 했으며 경제 영역에 있어 실제효과를 창출했습니다. 작년에 중러 양국 간의 무역액은 재작년 대비 3분의 1이 증가했습니다. 많은 국경무역이 통계에 잡히지 않았기 때문에 이 무역액은 불완전하지만 공포된 무역액으로만 말해도 이 발전은 막대한 것입니다. 작년에 중러 양국 총리는 상트페테르부르크에서 정기회담을 거행했는데 우리는 경제무역과 각 영역에서 진일보 협력을 강화하기로 협약했습니다. 2년 어쩌면 3년 이내에 우리는 현재의 중러 무역협력 수준을 두 배로 끌어올릴 수 있을 것으로 예견하고 있습니다.

금년에 양국 총리는 상하이에서 정기회담을 갖기로 했으며 우리는 경제무역협력을 포함한 중러 양국의 우호협력의 신속한 발전을 추진하기 위하여 진일보 공동 노력할 것입니다.

미국 CNN 기자 : 1998년 제1차 기자회견과 비교해 볼 때 총리께서는 여전히 멋지지만 약간 피곤한 듯이 보입니다. 한 사람이 13억 인구의 국가 대사를 처리하는 것은 어떤 상황일까 상상하기 어렵습니다. 국가 대사를 관리할 때 가장 머리 아프고 가장 잠못들게 하는 것은 무엇인지 말씀해주실 수 있으신가요? 총리가 되신 이후 큰 성과를 거두셨지만 어떤 것은 현재 아직 완성되지 않고 있습니다. 어느 방면이 아직 충분치 못하다고 생각하십니까? 다시 한 번 연임하실 생각은 없으신가요?

주룽지 : 1998년과 비교할 때 많이 피곤해 보이나요? 여기 계신 기자분들이 어떻게 논평하실지 모르겠습니다. 시간이 이미 4년이 흘렀고 사람은 결국 늙는 것이라고 저는 생각합니다. 그런데 이 4년 간 저는 시종 전혀 피곤을 모른 채 제가 담당한 정부 업무를 해왔습니다. 이 4년 간 본 정부는 많은 일을 했는데 특히 방금 말한 것처럼 아시아 금융위기가 중국에 끼친 영향을 극복했고, 또 요 몇 년 간 끊임없이 우리는 발전했습니다. 물론 수많은 일들이 아직 완성되지 않았습니다. 저를 가장 머리아프게 하는 것은 무엇일까요? 저는 하루종일 머리가 아픈데 가장 심각한 문제는 지금으로 말하자면 농민소득의 증가입니다. 이 4년 간 국가 공무원은 월급이 거의 두 배로 올랐고 물가는 오르지 않았습니다. 대다수의 중대형 국영부실기업은 3년 안에 이미 기본적으로 곤란함에서 탈피했으며 많은 기업 근로자의 월급도 인상되었습니다. 사회보장제도의 완비로 이·퇴직자들에 대한 대우 역시 향상되었으니 저는 그들이 모두 기쁠 것이라 생각합니다. 그러나 이들과 비교할 때 농민의 소득증가는 몹시 완만하고 어떤 지역에서는 또한 감소까지 했습니다. 이 문제에 관해 몇 년 간 중국정부는 막대한 노력을 기울였고 〈정부업무보고〉에도 대량의 편폭을 사용해 언급했지만 이 문제 해결은 쉬운 것이 아닙니다. 가장 근본적인 조치는 농업재배 구조조정과 농촌산업 구조조정에 의존해야 합니다. 중국은 현재 식량 공급과잉으로 농산품은 점점 많아지고 뭐든 많이 심고 있습니다. 생산품 가격이 오르지 않으면 농민의 수입은 증가하지 않습니다. 특히 중국이 WTO 가입 후에 미국 농산품이 대량으로 중국 시장에 유입되고 있어 국내 농산품

가격은 더 내려갈 것이니 농민은 더욱 곤란해지겠지요. 이것이 제일 골치 아픈 문제입니다. 현재 미국이 중국에 수출하는 대두는 이미 중국 대두의 연 생산량인 1,500만 톤과 같습니다. 우리가 유전자변이 농산품관리 방법을 채택하려고 할 때, 이 방법도 국제적으로 수많은 국가가 실행하고 있는 방법입니다만 당신네 미국 지도자들도 저와 대두 문제를 논의하러 와서 미국 10억 달러 수출에 미칠 영향을 말하고 우리에게 신중하라고 했습니다. 그러나 미국은 중국이 수출하는 강철제품에 대한 관세를 8%에서 30%로 증세한다고 발표하는데 이렇게 되면 중국은 3억 5천만 달러의 철강을 미국에 수출할 수 없습니다. 미국 지도자들이 대두에 관심을 갖는 것처럼 나도 우리의 철강에 관심을 가질 수 없는 것일까요? 저도 미국 대두에 30% 증세를 해도 될까요? 이런 것들은 모두 골치 아픈 문제인데 저는 비록 골치가 아파도 역시 해결할 수 있으리라 생각합니다. 현재 전국 식량재고는 2억 5천만 톤으로 우리는 창고를 열어 빈민을 구제할 수도 있고 경작지를 숲으로 되돌리고, 경작지를 풀밭으로 되돌리고, 경작지를 호수로 되돌리는 정책을 실행하여 농민의 소득을 직접 혹은 간접적으로 증가시킬 수도 있습니다. 동시에 우리는 지금 농촌의 세제개혁 정책을 실행하여 농민 부담을 경감시키고 있습니다. 저는 이런 조치들이 능히 농민이 목전에 처한 곤란한 국면을 완화시킬 것이라고 믿습니다. 얼마간의 시간이 경과하면 농산업의 구조조정이 효과를 볼 것이며 농민의 소득도 증가할 것입니다. 물론 이는 일정한 시간이 필요합니다.

《인민일보》 기자 : 현 정부가 시작될 때 내건 목표는 '한 개의 확보, 세 개의 예상목표 실현, 다섯 항목의 개혁'이었습니다. 현 정부 임기 내에 이 목표는 전부 실현될 수 있는지 묻고 싶습니다.

주룽지 : 제가 1998년 현 정부가 시작될 때 내건 '한 개의 확보, 세 개의 예상목표 실현, 다섯 항목의 개혁'은 이 4년 안에 이미 기본적으로 완성되었습니다. '한

개의 확보'는 1998년 경제성장률 8% 달성과 위안화가 평가절하되지 않도록 확보하는 것입니다. 결과는 위안화가 평가절하되지 않았다는 것입니다. 당해의 경제성장률은 7.8%로 8%에 비해 약간 적었는데 원인은 다들 아시다시피 1998년에 심각한 수재를 당했고 게다가 아시아 금융위기의 영향을 받아 약간의 차이가 있었습니다. '세 개의 예상목표 실현'에서 첫 번째는 대다수 국영 중대형 부실기업들이 3년 안에 적자를 흑자로 돌리는 것으로 이 목표는 3년 안에 이미 완성했습니다. 만일 이런 국영기업이 납부하는 대량의 세수가 없었다면 재정수입 상황이 이렇게까지 좋지는 않았을 것이며 매년 GDP 성장속도도 배 이상의 폭으로 증가하지는 않았을 것입니다. 두 번째 예상목표는 금융개혁이었는데 우리는 이미 상업은행을 대대적으로 개혁했습니다. 우리는 미국 RTC[1]의 경험을 거울삼아 불량대출을 분리해내고 자산관리회사를 설립해 상업은행의 경영상황을 대폭 전환하여 작년 한 해만 해도 불량대출의 비율은 3% 하락했습니다. 세 번째 예상목표는 정부기구 축소였는데 이는 그해에 이미 인원을 반으로 감원하여 완성했습니다. 현재 기구 축소는 이미 성·시·현정부까지 추진되고 있습니다. '다섯 항목의 개혁'은 식량유통체제 개혁·투자융자체제 개혁·주택제도 개혁·의료법제 개혁·재정과 세무제도 완비의 개혁을 포함합니다. 이 다섯 항목의 개혁은 어떤 것은 완성되었고 어떤 것은 진행 중에 있는데 개혁의 진전에 대해서는 만족합니다. 이렇기 때문에 저는 현 정부 임기 내에 전국인민·전국인민대표대회에서 약속한 것을 실현할 것으로 봅니다. 그렇지 않다면 왜 매번 〈정부업무보고〉가 높은 표로 통과했겠습니까? 양심에 물어 조금도 부끄럽지 않다고 말할 수 있습니다. 그러나 아직도 완수하지 못한 일이 많으며 우리는 계속 잘해나갈 것입니다.

---

1) RTC : Resolution Trust Corporation의 약자로 정리신탁공사를 말한다.

영국 로이터 통신 기자 : 총리직을 맡으신 이래 중국은 경제 영역에서 광범위한 개혁을 하고 있습니다. 중국은 앞으로 중국공산당의 십육대十六大를 개최할 것인데 십육대 이후에 정치 영역에서 개혁을 강조할 것인지요? 또 CNN기자의 질문에 이어 다시 질문하고 싶은 것은 연임하실 생각이신지요? 만일 연임하지 않게 되면 그러면 장 주석, 리펑 위원장도 퇴임하는 것인가요?

주룽지 : 중국의 정치개혁 즉, 민주법치국가 건립을 위한 개혁은 계속 진행되어 오고 있습니다. 금후에는 더욱 높은 강도로 진행될 것입니다. 연임을 할 것인가 말 것인가, 이 질문에 대하여 저는 이미 무수히 대답을 했건만 매번 괜한 억측이 나오고 있습니다. 그래서 저는 다시 한 번 방금 한 말을 반복합니다. 여러분은 인내심을 가지고 기다리십시오. 대답이 곧 나올 겁니다.

타이완 《연합보》 기자 : 총리께서 발표한 금년의 〈정부업무보고〉 중 타이완에 관한 부분에서 이전에 늘 사용하던 말들이 나오지 않은 것에 대해 우리는 주의를 기울이고 있습니다. 예를 들면 "절대 타이완에 대한 무력사용 포기를 승낙하지 않는다"는 말도 없고 또 최근에 자주 듣던 "점진적 타이완 독립"같은 말도 쓰지 않았습니다. 어떤 고려가 담겨 있는 것인지요? 타이완에 대한 대륙의 새로운 구상이 반영된 것인가요? 타이완 민진당이 집권한다는 사실에 기초해서인가요?

주룽지 : 중국은 타이완문제를 해결하는 정책에 어떤 변화도 없으며 우리는 시종 '평화통일 · 일국양제' 방침과 장쩌민 주석이 제기한 8항의 구체적인 해결 조치를 견지하고 있습니다. 제가 강조하지 않았다 해서 그에 대한 우리의 정책이 변했다는 것은 아닙니다. "무력사용 포기를 승낙하지 않는다"는 것은 '타이완 독립'을 견지하는 완고한 세력을 겨냥하여 말한 것이며 이 말은 변함이 없지만 또한 날이면 날마다 말할 필요도 없습니다.

미국 불룸버그 통신 : 몇 개월 전에 우리는 중국은행의 일부 해외지점이 법규를 위반하고 대출해준 비리 현상이 폭로된 것을 보았습니다. 이밖에도 중국에 있는 같은 은행에 대해서도 동일한 보도가 있었으며 중국은행 광둥지점 역시 비슷한 문제가 있었습니다. 제가 문의하고 싶은 것은 중국의 은행계는 이러한 문제가 아직도 존재합니까? 이런 문제는 심각합니까? 중국은 무슨 방법으로 이런 문제를 해결하시는지요? 그리고 기왕에 이런 보도가 나왔는데 이는 총리께서 과거에 줄곧 제창하신 방식, 즉 은행과 보험회사를 포함한 중국 금융기구의 해외상장 격려에 영향을 줄 것인지요? 지금 이런 문제가 터지고, 또 이런 보도가 나오는데 이 방면의 구상에 영향을 미칠 수 있는지요?

주룽지 : 중국 4대 국영 상업은행에는 십여 조 위안의 자산이 있는데 개별 지점에서 위법사건이 발생한 것은 그렇게까지 이상한 문제는 아니라고 봅니다. 당신네 미국에도 '엔론Enron 사건'이 있었지 않습니까? 당신네들이 진지하게 '엔론사건'을 처리하는 것을 보고 중국의 신문·잡지·여론계에서는 이 일을 마구잡이로 다루지는 않았습니다. 같은 이치로 중국은행의 개별 지점에서 발생한 일련의 위법사건 역시 그렇게까지 마구잡이로 확대할 만한 일이 못됩니다. 이 사건에 대한 우리의 태도는 몹시 엄격하며 법대로 처리할 것입니다. 제 생각에 각 은행분점에서 이런 법규위반 사건이 발생했다 해도 중국은행 및 중국 금융계의 신용과 명예에 영향을 주지 않을 것이며 또한 중국은행의 국내 혹은 해외 상장이라는 목표에 영향을 주지는 않을 것입니다.

프랑스 AFP 통신 기자 : 주 총리님, 우리는 수많은 중국 국민들이 총리께서 연임하시기를 희망한다고 들었습니다. 그런데 방금 이 문제에 대답하시기를 원치 않으셨는데 다음번 총리는 어떤 우수한 자질이 있어야 한다고 보시는지요? 만일 다음번 총리가 주 총리님이 아니라면 다음번 총리는 주 총리께 무엇을 배워야하며, 무엇을 배우지 말아야 할까요?

주룽지 : 정말로 신문기자 여러분의 집착과 끈기에 감탄합니다. 끝까지 이 문제를 밝히려고 하시는군요. 그러나 방금 제가 말한 것처럼 저 자신도 이 대답을 모르는데 어떻게 대답을 하겠습니까? 저 본인은 온 마음을 다하여 일하는 것 이외에 무슨 특별한 장점은 없으며 다른 사람이 저를 배우기를 원치도 않습니다. 특히 어느 홍콩 신문에서 저의 능력은 책상이나 치고, 나무걸상이나 내려치며, 눈이나 부라리는 거라고 했는데 저에게 무엇을 배우겠습니까? 그런데 이 신문에서 말한 것

2002년 3월 15일, 제9기 전인대 5차 회의 내외신 기자회견. 사진은 회견에 참석한 내외신 기자 (사진=신화사 왕예바오王曄彪 기자)

은 틀렸습니다. 저는 책상도 쳤고 눈도 부라렸습니다. 눈을 뜨지 않는다면 식물인간이 아닙니까? 그런데 나무의자는 내려치지 않았습니다. 나무의자를 내려치면 너무 아프거든요. 제가 국민들을 위협하려고 이런 행위를 했다고 말하는데 이런 말을 믿는 사람은 없을 거라고 생각합니다. 저는 이제껏 국민들을 위협한 적이 없으며 오직 부패 관리들만 위협했습니다.

홍콩 ATV 기자 : 방금 홍콩이 대륙의 기타 도시와 비교해 볼 때 일정 정도 우수하다고 하셨습니다. 그러나 우리도 하나의 사실을 보고 있는데 그것은 바로 현재 대륙의 많은 대도시의 발전 속도가 몹시 빠르며 추격 또한 빠르다는 것입니다. 특히 그런 도시들은 국가의 전체 경제전략 발전 속에서 그 도시만의 위치를 찾았습니다. 그런데 홍콩은 이 방면에서 자신이 어떤 배역을 맡아야 하는지 명확치 않습니다. 총리께서 구체적으로 우리에게 말씀해 주셨으면 좋겠습니다. 홍콩이 미래에 어떤 배역을 맡아야 한다고 보십니까? 홍콩인은 과거 20년 간 해왔던 외자유치 역할을 잃어버리는 것이 아닌지 걱정이 되기 때문입니다.

주룽지 : 홍콩은 아시아 금융중심이라는 역할을 맡아왔으며 동시에 문명화된 국제도시였습니다. 이런 우수한 홍콩의 지위는 결코 사라지지 않을 거라고 생각합니다. 특히 1970년대에 홍콩은 중국의 개혁개방에 공헌을 한 제1인자입니다. 앞으로 세계경제의 발전에 따라서 홍콩의 지위는 약간의 조정을 해야 합니다. 홍콩의 모든 엘리트들은 이 문제를 위해 연구토론을 해야 합니다. 우리도 홍콩특구정부와 홍콩인들이 이 문제를 연구 검토하기를 원합니다. 저는 시종일관 홍콩의 우수성이 아직 다 발휘되지 못했으며 장래의 지위 역시 무한대라고 굳게 믿고 있습니다. 제가 방금 말한 것처럼 대륙의 어떤 도시도 단시일 내에 홍콩의 자리를 대신할 수 없습니다. 우리 모두 자신을 가져야 하며 우리의 목표는 분명 달성될 겁니다.

2

제 2 부

외국기자 인터뷰

독일《한델스블라트》자이틀리츠 기자 인터뷰[*]
(1993년 5월 6일)

자이틀리츠 : 저는 중국 지도자가 미국 대통령 레이건처럼 셔츠를 벗어버리고 TV에 나와 자신의 건강상태를 과시하는 것을 결코 기대하지는 않습니다만, 들리는 바에 의하면 리펑 총리가 심장병으로 입원했다고 합니다. 그래서 저는 질문을 하기 전에 리펑 총리의 건강상태에 대한 주 부총리의 의견을 듣고 싶습니다.

주룽지 : 관심에 감사드립니다. 리펑 총리는 현재 건강을 회복했다고 말씀드릴 수 있습니다. 사실 저도 리펑 총리와 동시에 감기에 들었습니다. 그래서 저도 저의 건강상태를 보여드리고 싶지는 않습니다. 저도 감기에 걸렸습니다. 아마도 요즘 베이징의 날씨 변화가 너무 크고 기온차가 심해서 그런 듯 합니다. 만일 의사가 저 보고 휴식을 취하라고 한다면 기꺼이 받아들이고 싶지만 저는 여기에 앉아서 이 인터뷰를 받아야만 합니다. 오늘 오전에 이미 약 두 시간 반 동안 이야기를 하여서 지금 목이 아주 아픕니다.

자이틀리츠 : 부총리님, 사람들은 중국경제가 과열되어 극도의 통화팽창이 걱정되며, 또 1988년의 혼란이 재연출될까 걱정된다고 합니다. 상하이 폭스바겐은 작년에 급료를 20% 올린데 이어 올해도

---

* 1993년 5월 6일 오후, 주룽지 부총리는 중난하이中南海 쯔광거紫光閣에서 중국경제 문제에 관해 독일《한델스블라트 Handelsblatt》베이징 주재 피터 자이틀리츠Peter Seidlitz 기자와 인터뷰했다.

25%를 올리지 않으면 안 된다고 알고 있습니다. 이 현상에 대해서 어떻게 보십니까?

주룽지 : 작년에 중국 국민경제는 급속한 성장기에 진입했고 우리의 GDP는 12% 이상 성장했습니다. 지난 몇 년 간의 낮은 성장속도에 비하면 이 속도는 확실히 빠릅니다. 저는 올해도 여전히 이 빠른 성장 속도를 유지할 것으로 보지만 12%를 초과하지는 않을 것입니다. 지금 세계경제는 쇠퇴하고 있으며 일부 국가의 경제는 경기가 좋지 않은데 중국경제 성장은 이처럼 빠르니 자연히 외국인들의 관심을 끌고 있습니다. 어떤 사람은 중국이 기적을 만들었으며 한층 더 발전할 큰 잠재력이 있다고 말하고, 또 어떤 사람은 중국의 발전속도가 너무 빨라서 경제발전이 과열되었다고도 말합니다.

자이틀리츠 : 그렇다면 부총리님의 의견은 어떠십니까?

주룽지 : 현재 각양각색의 예측이 존재하며 저는 매일 많은 말을 듣습니다. 저는 중국의 경제발전 속도는 점차 느려질 것이라고 봅니다. 작년 경제의 쾌속성장은 이전 10년 간의 성과가 누적되었기 때문이며 또한 몇 년 전에 경제환경을 정비하고 경제질서를 바로잡은 필연적인 결과입니다. 이와 같은 경제정비와 시정을 거쳐 충분한 준비를 했기 때문에 비로소 경제가 발전할 수 있었습니다.

겨우 1~2% 혹은 많아야 3%인 서방경제의 성장 속도와 비교해 보면 확실히 중국의 두 자리수의 경제성장 속도는 많은 사람들을 놀라게 하고 있습니다. 그러나 이는 중국인으로 말하자면 하나도 희한한 일이 아닙니다. 만일 기자분이 우리의 과거 십여 년 간의 개혁개방의 여정을 회고해 본다면 그때 우리의 경제 연평균성장은 7%~9% 사이로 아주 빠르다는 것을 발견하실 수 있을 겁니다. 물론 작년 12%의 성장속도는 평균치에 비하여 약간 높습니다. 그러나 제가 방금도 말했지만 우리는 1992년처럼 그렇게 빠른 성장속도를 계속 유지하고 싶지는 않습니다.

8~9%, 많아도 10%를 초과하지 않는 속도가 우리에게는 비교적 적당하며 빠르지도 않습니다. 저는 다른 사실을 거론하고 싶은데 우리 국민경제의 기초는 상대적으로 빈약하다는 것입니다. 즉 우리의 종합국력이 비교적 강하다고는 하지만 개인의 GDP는 아주 적습니다.

중국은 비교적 빠른 속도로 경제가 발전할 겁니다. 우리는 지금 아주 양호한 국제환경을 갖고 있습니다. 외국 투자자는 중국 투자환경에 대해 점점 믿음을 갖고 있으며 중국에 투자하기를 원하고 있습니다. 10여 년의 개혁개방을 거쳐 우리의 기술 수준도 끊임없이 향상되고 있으며 생산 코스트도 여전히 낮은데 이는 중국 생산품이 국제적으로 더욱 큰 시장점유율을 얻게 하고 있습니다.

자이틀리츠 : 통화팽창을 걱정하십니까?

주룽지 : 우리는 외국의 유명한 경제학자와 IFC 전문가들이 제출한 건의와 경고를 몹시 중시합니다. 경제과열의 재발을 예방하기 위하여 우리는 노력하고 있습니다. 저는 기자분에게 이 점만은 보증할 수 있는데 즉 중국의 당과 정부 지도자들은 분명하고 명석한 머리를 가진 사람들로 이런 추세에 대하여 경각심을 유지하고 있다는 점입니다.

통화팽창율이 지난해보다 높다고 해도 총체적으로 중국경제는 결코 과열이 아닙니다. 중국 국민들은 이를 감당할 수 있습니다. 금년 1분기의 사회상품 소매가격 지수는 8.9%포인트 상승했는데 그중 3월 폭이 가장 커 10%포인트 올랐습니다. 이는 홍콩의 상황과 비슷하며, 그 원인은 우리가 물가체제에 대한 대담하고도 중대한 개혁을 했기 때문입니다. 현재 우리는 이미 대부분의 소비재 가격을 자유화했는데 그중에는 심지어 일반 중국인에게 없어서는 안 되는 농산품도 포함됩니다. 과거에 완전히 정부가 가격을 책정하던 자본재를 현재는 이미 시장에서 가격을 정합니다. 이러한 대담한 조치는 과거에는 결코 없던 일입니다. 우리의 현행 가격책정 방법과 당신들이 시장경제에서 채택하는 방법은 거의 같습니다. 이러한 대담한 물가개혁 조치는 필연적으로 물가지수의 대폭적인 상승을 초래합니다.

1988년 8월의 혼란한 국면이 다시 연출될 조짐은 없다고 말할 수 있는데 국민 경제의 기초 즉 농업생산이 비교적 안정되고 소비품의 공급 역시 충분하며 심지 어는 공급이 수요를 초과하고 있습니다. 중국정부는 이미 국민의 소득수준을 끌어올리는 일련의 조치를 취하여 국민들이 상대적으로 안정된 생활을 유지할 수 있도록 했습니다. 그래서 우리는 현재의 통화팽창의 영향을 감당하고 대응할 수 있는 능력이 있습니다.

자이틀리츠 : 브레이크를 걸 필요는 없다는 말씀이시죠?

주룽지 : 이는 중국 전체에 경제과열의 조짐이 전혀 없다는 것을 뜻하지는 않습니다. 사실상 어느 지역과 어느 업계에는 여전히 과열 조짐이 있습니다. 연해지역에서는 개발구건설·부동산업계 및 증권발행 방면에서 일정 정도의 과열이 나타나고 있습니다. 일부 지역에서는 심지어 충분한 외국자본이 유입될지도 아직 확정되지 않은 상황하에서 현지 정부가 대규모 면적의 토지를 새로운 개발구로 확정하기도 합니다. 어떤 지역에서는 수많은 호화별장과 관광지를 건설하고 있습니다. 이런 대규모 확장 건설은 실제수요를 초과합니다.

이밖에도 거의 모든 성에서 유가증권을 발행하여 자신들의 발전을 위하여 자금을 마련하려고 하는데 우리는 이에 상응하는 경험과 필요한 법률조치가 구비되지 않아 공공 이익을 보호할 수 없습니다.

이런 모든 문제를 해결하기 위하여 거시적 조정통제 조치를 취하여 국민경제가 비교적 빠른 속도 성장을 확보토록 하면서 동시에 경제의 지속적인 발전을 유지할 것입니다. 우리가 취한 제일보는 실은 많은 국가들이 광범하게 채택한 것으로 예금과 대출이율을 높여 저축을 장려해 투자성장을 억제하는 것입니다. 우리는 신속히 이런 조치를 취할 것입니다. 증권시장의 발전에 있어서 우리는 더욱 많은 조치를 시도할 것인데 이런 조치들이 비교적 온건할지언정 급격한 것은 원치 않습니다. 우리는 예금유치에 의지해 국가발전을 위한 자금을 마련하고자 합니다. 물론 우리도 직접 돈을 조달하거나 융자를 이용할 수도 있지만 이것이 최선의 방식은 아닐 겁니다. 금융개혁을 진행하고 증권시장을 건립·발전시킨다는 목표는 앞으로도 유지되고 변하지 않을 것이지만 너무 빨리 진행되는 것은 바라지 않습니다. 중대형 국영기업이 홍콩에서 상장하는 계획 역시 변함 없습니다.

자이틀리츠 : 우리는 독일 동부(독일 통일 이후이므로 이런 표현을 사용했음:역주)에서 대형 국영공장의 개혁이 추진되지 못하는 것을 보았습니다. 이런 공장들은 대량의 정부 보조금을 소모하는데 운영 패턴이 경제적이지 않고 운영 코스트가 과도하며 초과인원의 문제가 심각합니다. 중국에서 이런 국영기업을 폐쇄할 수 있습니까? 이는 어쩌면 근로자의 실업과 사회소요를 야기할 수도 있을 것입니다.

주룽지 : 1990년 제가 상하이 시장이었을 때 독일의 기업가가 상하이에 와서 저를 방문했는데 그 역시 정치가였습니다. 그는 당시 몹시 흥분하여서 독일이 이미 통일을 실현했으며 또한 곧 세계에서 제일 강대한 경제국이 될 거라고 제게 말했습니다. 그는 동독은 신속히 발전해 서독을 따라잡을 수 있을 거라고 했습니다. 그때 저는 대답했어요. "너무 일찍 기뻐하지 마세요. 나는 당신보다 더 독일 동부의 정황을 파악하고 있습니다. 중국과 동독은 모두 사회주의 계획경제를 실행했기 때문에 두 나라는 비슷한 유형의 국영기업이 있습니다."

독일이 채택한 이런 신속한 사유화의 방법은 지금까지도 성공했다고는 할 수 없습니다. 비록 독일의 동·서부가 하나의 민족이지만 두 지역의 가치관·이데올로기, 특히 생활수준에 격차가 존재합니다. 그렇기 때문에 독일 동부는 비단 서부의 힘을 증강시키지 못했을 뿐 아니라 도리어 서부의 부담이 되었습니다. 우리는 이런 경로를 걷지도 않고 사유화의 방법을 채택하지도 않을 것입니다.

중국은 국영기업이 개인에게 주식을 판매하는 것을 허용할 수 있지만 대부분 주식은 여전히 국가가 장악할 것입니다. 우리는 국영기업도 민간기업 같은 이익을 창출할 수 있다고 전적으로 믿습니다. 우리의 방법은 국영기업에서 소유권과 경영권 분리를 실현하는 겁니다. 바꿔 말하면 국영기업의 소유권은 국가에 귀속되지만 자본주의 국가의 민간기업의 모델에 따라 운영할 것입니다. 현재 완전히 성공했다고 말할 수는 없지만 이런 방향을 향하여 전진하고 있습니다. 저는 우리의 국영기업이 저들 외자기업과 민간기업처럼 이익을 내지 못한다고는 믿지 않습니다. 지금 보기에는 비록 국영기업이 표면적으로는 손실에 직면하고 있고 외자기업과 민간기업이 이윤을 내고 있지만 사실상 이들 간의 경쟁은 불공평합니다. 예를 들어보면 더욱 많은 외자를 중국에 유치하기 위하여 우리는 외국기업에 대단한 특혜 조건을 제공해 거의 모든 세수를 면제해 주었습니다. 민간기업에 대해서도 특혜 정책을 취했습니다. 그러나 국영기업은 국가 재정수입의 막대한 부담을 어깨에 메고 간신히 버티고 있습니다. 국영기업과 외자기업의 납세 세율비는 5:1입니다. 이는 만일 외자기업이 부담하는 세율이 1이라면 국영기업은 5의 세율을 부담한다는 뜻입니다.

자이틀리츠 : 그러나 많은 중국의 국영기업은 홍콩에 등록한 후 홍콩 외자회사 자격으로 다시 대륙으로 돌아가 투자를 하고 있습니다. 이들 국영기업이 취하는 이런 조세회피 방법을 인정하시는 겁니까?

주룽지 : 이는 경쟁이 얼마나 불공평한가를 표명하는 겁니다. 우리는 이런 회사를 '가짜 외국상사'라고 부르는데 명의는 외자회사지만 실질적으로는 중국 투자회사입니다. 이런 회사는 먼저 외국으로 갔다가 다시 돌아옵니다. 저는 당연히 이

런 공평성을 상실한 방법을 인가하지 않습니다만 중국 법률은 이 같은 유리한 조건을 허용하고 제공하기 때문에 저도 이들의 이런 방식을 저지할 방법이 없습니다. 중국이 지금 발전하고 있는 것은 사회주의 시장경제이기 때문에 우리는 그들을 문밖으로 내몰거나, 혹은 돌아오지 못하게 할 방법이 없습니다.

자이틀리츠 : 중국 개혁의 신속한 추진에 따라서 부총리께서는 중국의 사회주의 시장경제와 유럽의 사회시장경제에 어떤 차이가 있다고 보십니까? 공산당원과 사회민주당원 간의 차이는 현재 사라지고 있는 것인가요?

주룽지 : 가장 큰 차이는 우리는 여전히 국민경제에서 주체적 지위를 점하는 공유제를 견지하는 겁니다. 우리와 저들 사회민주당 인사의 관점은 다릅니다. 중국은 여전히 전대미문의 탐색과정 중에 처해 있으며, 목적은 고효율 사회주의 시장경제로 발전하는 겁니다. 1949년에 혁명 승리 이래로 중국은 국민경제를 발전시키는 여정에서 각종의 시험을 모색해보고 있습니다. 처음 시작은 소련 모델에 의지하여 사회주의 계획경제체제 건설을 시도했습니다. 물론 우리는 기계적으로 소련의 모델을 답습한 것은 아니며 중국 특색의 계획경제로 발전시켰습니다. 여러 해의 시험을 거쳐 우리는 이런 모델이 많은 문제를 초래하며 평균주의까지 조성되었음을 발견했습니다. 여기에는 우리가 소위 말하는 '한솥밥' 먹기, 즉 능력이나 실적과 무관한 나눠먹기가 있습니다. 이것으로 경제의 고속성장 · 지속적 성장을 유지할 수 없음은 명확합니다. 1978년 덩샤오핑 동지가 개혁개방 정책과 중국특색 사회주의건설 이론을 제기한 후에야 우리는 비로소 우리의 발전 모델을 찾기 시작했습니다. 우리는 국민경제에서의 주체 지위인 공유제를 지속적으로 유지해 경제 고효율 발전을 실현하는 동시에 사회 공정을 보장해야 합니다. 비록 이전에 시험해 본 사람은 없지만 우리는 이런 모델은 실행가능하다고 믿습니다. 우리는 기타 당파나 혹은 국가의 방법을 답습하지는 않을 것이며 선명한 중국특색을

가진 이런 모델을 건립하기 위해 현재 노력하고 있습니다.

자이틀리츠 : 중국은 싱가포르나 일본 같은 성공한 아시아 국가에서 어떤 것을 배우는지요?

주룽지 : 우리는 싱가포르와 일본의 발전 경험을 충분히 참고했으며 사실상 그들의 경험을 거울삼았습니다. 그러나 중국과 다른 나라들은 큰 차이가 있습니다. 중국은 큰 국가지만 싱가포르는 아주 작습니다. 중국은 방대한 농촌인구가 있지만 싱가포르는 그렇지 않습니다. 그래서 두 나라를 비교할 수가 없습니다. 또 싱가포르의 경제발전은 완전히 외부자원에 의지한 것이지만 중국은 부득이 자급자족에 주로 의지할 수밖에 없습니다. 그러나 싱가포르의 경험은 많은 면에서 참고할 만한 가치가 있는데 예를 들면 도시발전 · 개발구 건설 · 금융과 관광산업 발전 같은 것입니다.

자이틀리츠 : 많은 사람들이 경제대국 중국을 염려하고 있는데 민족주의 정서가 강렬한 국가는 국제사회와 파트너십이 어렵다고 합니다. 이에 대해 어떻게 대답하시겠습니까?

주룽지 : 이런 염려가 생기는 원인은 두 가지가 있다고 봅니다. 우선 많은 사람들이 진정으로 중국을 이해하지 못하고 중국의 정황에 대해서도 잘 알지 못합니다. 그들은 그저 역사적 교훈에 의지하여 다음과 같은 하나의 결론만을 내립니다. 바로 어떤 국가는 경제발전 후 확장의 길을 걷는다는 것입니다. 이런 예가 너무 많기 때문에 그들은 이런 걱정을 합니다. 그러나 중국의 정황을 잘 살펴보면 중국의 경제가 아직 발달하지 않았으며 우리는 여전히 개발도상국이라는 사실을 발견할 수 있습니다. 우리의 경제성장 속도가 비교적 빠르지만 경제총량은 아직 적습니다. 중국은 과거에 열강의 모욕을 충분히 받았지만 이제껏 다른 국가를 괴롭힌 적이 없습니다. 설사 중국이 오랜 시간이 지난 후에 경제가 발전하고 강대해진다 해도 우리는 앞으로 지속적으로 세계평화를 보호하기 위하여 힘을 다할 것이며

영원히 타인에게 위협을 조성하지 않을 겁니다.

자이틀리츠 : 국영기업에 또 다른 문제가 존재하는지요?

주룽지 : 사람 수가 일에 비해 많은 것이 국영기업이 직면한 중대문제입니다. 대체적으로 말하자면 국영기업의 정상적 가동을 보장하려면 현재 인원의 3분의 1만 남겨놓아도 충분하며, 나머지 3분의 2는 남아도는 인원입니다. 그러나 우리는 손쉽게 이들을 거리로 내몰아 실업대군으로 만들 수는 없습니다. 그렇게 되면 사회 안정에 영향을 줍니다. 만일 그들이 생활보장에 의지해 생활한다면 국가는 큰 부담을 지게 됩니다. 설령 서방의 선진국가라 하더라도 사회보장은 이미 정부의 심각한 부담이 되고 있습니다. 작년에 저는 북유럽을 방문했는데 저랑 이야기한 사람들 거의가 그와 같은 거액의 지출을 감당할 수 없다고 불평했습니다. 이런 방식은 중국에 많은 문제를 가져옵니다. 그래서 우리는 지금 이 문제를 해결할 다른 방법을 시험해 보고 있는 중입니다. 설령 그 일자리에 직공이 불필요하다 해도 기업에서 내쫓을 수는 없고 다른 일자리로 보내어 일을 계속하도록 해야 합니다. 기업은 직원을 합리적으로 인사 안배를 해줘야 할 책임이 있습니다. 이밖에 중국의 제3차산업은 아직 발달하지 않았기 때문에 기업은 상업과 서비스 영역으로 경영활동을 확대하여 직공들에게 일자리를 안배할 수 있습니다. 이것이 우리가 말하는 "자리는 떠나도 직장은 떠나지 않는다"는 것입니다. 현재 국영기업의 부담이 심각한데 이들 기업은 국가와 사회를 도와 수많은 사람들을 부양하고 있습니다. 만일 우리가 이 점을 고려한다면 국영공장의 효율은 우리가 말하는 것처럼 그렇게 낮지는 않습니다.

자이틀리츠 : 세상에는 중국의 수출이 지속적으로 확대되기를 원하지 않는 사람도 있습니다. 그들은 중국이 좋은 것은 모두 추구하면서 일본처럼 다른 국가는 중국 시장에 진입할 수 없다고 말합니다.

주룽지 : 세계무역에서 우리는 겨우 아주 작은 비율만 점하고 있는데 대략 2~3%입니다. 비록 우리의 무역총액이 1,000억 달러라고는 하지만 그중의 상당 부분은 해외투자자들이 홍콩을 통해 벌어들인 것입니다. 기자분이 말한 것처럼 중국 국영기업의 생산품의 질과 경쟁력은 외자기업과는 비교가 안 됩니다. 그래서 중국이 수출하는 생산품 중 상당 부분은 외자기업에서 생산한 것입니다. 지금 미국인과 유럽인은 모두 대중對中 무역적자 문제로 불만이 많습니다. 사실상 그들의 자국 기업이 그와 같은 커다란 적자를 초래했기 때문에 그들은 중국을 질책해서는 안 되며 자국의 기업을 탓해야 합니다. 점점 더 많은 우리의 상품이 홍콩을 통해 중계무역을 하므로 미국인과 유럽인은 이 부분의 수출을 모두 중국의 수출로 계산하지만 사실상 대부분의 수익은 중국의 호주머니에 들어오지 않습니다. 매 100달러의 이윤 중에 우리는 겨우 2달러만 갖게 되며 나머지 98달러는 모두 홍콩에 있는 미국·일본·영국 회사들이 버는 돈입니다.

현재 홍콩인은 우리보다도 중국의 최혜국대우 문제에 관해 관심이 많습니다. 패튼[1](중국이름은 펑딩캉彭定康임:역주) 씨는 미국에 무조건 중국의 최혜국대우를 연장하라고 호소하고 있습니다. 만일 최혜국대우를 취소한다면 중국 대륙보다는 홍콩이 받는 타격이 가장 심하다는 것을 그는 잘 알고 있습니다. 이는 또한 홍콩에 있는 미국과 영국기업이 재앙을 만난다는 것을 의미합니다.

자이틀리츠 : 부총리님의 말 속에서 우리는 이러한 결론, 즉 패튼도 완전히 그렇게 망치는 것만은 아니라는 결론을 도출해도 되겠습니까?

주룽지 : 그가 하는 것은 모두 자신의 이익에서 출발합니다.

자이틀리츠 : 위안화의 자유태환 실현을 계획하고 계십니까? 위안화의 평가절하 추세를 제지하실 건가요?

---

1) 크리스토퍼 패튼Christopher Francis Patten : 1992년에서 1997년까지 홍콩 총독을 역임했다.

주룽지 : 위안화는 장차 자유태환 화폐가 될 것이지만, 조건이 아직 성숙되지 않았기 때문에 이는 아마도 시간이 필요할 겁니다. 현재의 위안화 공정환율은 사실을 토대로 하여 만들어진 것으로 외환수입과 수출액의 비례에 상응합니다. 외환조절센터의 고환율에 관하여 저는 이런 환율수준은 비정상이며 장기간 유지되어서도 안 된다고 생각합니다. 현재 외환조절센터의 이렇게 높은 환율은 많은 잠정적 요소로 인하여 조성된 것입니다. 첫째 모든 사람이 경제가 급속히 발전하기를 원할 때 외화의 수요량은 증대됩니다. 둘째 많은 외자기업들은 본래 그들의 상품을 수출해야 하는데 오히려 중국에서 판매하고 있습니다. 외환균형을 유지하기 위하여 그들은 외환조절센터로 가서 외환을 획득하는데 이것도 외환에 대한 수요를 끌어올립니다. 세 번째는 위안화가 오래지 않아 더욱 평가절하될 것이라고 여기는 사람들이 현재 투기매매를 하고 있어 외환조절센터의 고환율이 조성되고 있습니다. 그러나 제가 볼 때 위안화 공정환율은 상대적으로 안정을 유지할 것이며 공급과 수요는 얼마간의 시간이 흐르면 평형을 달성할 것입니다.

자이틀리츠 : 경제 문제 이외에 사회의 급속한 변화도 사회문제를 초래하고 있습니다. 이 방면에서 어떻게 지탱하실 겁니까? 현재 중국은 모든 사람들이 돈만 벌려고 하는데 가정관념 이외의 기타 가치관은 설마 완전히 간과되는 것입니까?

주룽지 : 확실히 중국에서는 시장경제체제 건립을 위하여 끊임없이 대외개방을 확대하는 동시에 외부의 영향도 증가하고 있습니다. 이 방면에서 동서양 문화는 모종의 의미로 충돌하고 있으며 동서양의 도덕관념도 다릅니다. 그래서 일부 사람들, 특히 젊은이들 사이에 문제가 생겼습니다. 이밖에 우리는 또 부패문제가 있습니다. 그래서 당과 정부는 애국주의 교육·중화민족 전통 미덕교육·중국의 우수한 문화교육 등의 국민의 정치교육을 몹시 중시하고 있습니다. 당연히 사회주의 이념의 교육도 있습니다. 이것이 중국사회의 주류입니다.

우리 당과 정부안에는 확실히 부패한 사람과 부패한 현상이 존재하지만 그러나 일단 발각되면 그들은 법에 의해 엄벌에 처해집니다. 장쩌민 총서기는 어제도 국민들에게 배금주의와 투쟁하라고 호소했습니다. 부패현상은 자본주의 국가에도 있으며 중국은 시장경제의 발전 과정 중에 이런 문제가 출현했습니다. 그러나 저는 만일 우리가 더욱 노력하고 교육을 강화하고 한층 경제를 발전시킨다면 이런 문제는 단계적으로 해결될 것이며 사회 주류가 되지는 않을 것으로 믿습니다.

자이틀리츠 : 감사합니다. 부총리님.

주룽지 : 저는 독일 기업계가 중국경제의 발전에 관해 확신을 유지하기를 건의합니다. 재차 강조하는데 중국 경제는 사람들이 말하는 것처럼 과열은 아니며 이런 가능성에 대해 우리는 명석한 두뇌를 갖고 대처하고 있습니다. 우리는 너무 빠른 발전을 원치 않으므로 누구라도 중국 발전이 완만한 것에 놀랄 필요는 없습니다. 중국은 8~9%의 성장률을 유지할 것으로 믿고 있으며 이는 참으로 대단한 것입니다.

얼마 전에 저는 헨리 키신저[2] 박사를 만났는데 지금 기자분이 앉아있는 곳에 앉아 계셨습니다. 저는 그분에게 중국 성장속도가 지나치게 빠른 것에 대해 우려를 표시했습니다. 그랬더니 키신저 박사는 많은 국가의 장관과 총리를 만났는데 제가 유일하게 높은 성장률을 걱정하는 사람이라고 말했습니다. 다른 사람들은 모두 완만한 성장률 때문에 근심에 쌓여 있다고 했습니다.

독일 국민과 독일 친구들에게 제 안부를 전해주십시오.

---

2) 헨리 키신저Henry Alfred Kissinger : 미국 국무장관을 역임했다. 1992년 12월 11일, 주룽지는 중난하이 쯔꽝거에서 키신저를 접견했다.

미국 《비즈니스 위크》 기자 인터뷰*

(1994년 1월 15일)

기자 : 오늘 저에게 부총리님을 뵐 기회를 주셔서 대단히 감사합니다. 우리 《비즈니스 위크》지는 귀국의 경제발전의 중요한 사건을 보도하는데 진력을 다하고 있습니다.

최근에 경제체제 개혁계획에 관해 밝히셨는데 커다란 반향을 불러일으키고 있습니다. 오늘은 금후 몇 년 간의 구체적인 계획에 대해서 말씀해주시기를 부탁드립니다. 그밖에 부총리께서 중국이 1994년 및 내후년에 어떤 성적을 거둘 것인지 상세하게 말씀해 주십시오.

주룽지 : 중국 개혁개방의 과정은 1978년부터 시작했는데 당시 덩샤오핑 최고 지도자께서 처음으로 개혁개방을 제안하셨습니다. 그때부터 중국은 계획경제가 시장경제로 넘어가기 시작했다고 말할 수 있겠습니다. 물론 그때 덩샤오핑 동지는 우리에게 시장경제체제 건립에 관해 명확하게 제안하지 않았는데 그것은 당시의 역사조건하에서 이렇게 말할 수 없었기 때문입니다. 당시 시장경제는 자본주의와 연계되었고 계획경제는 사회주의와 연계되어 있었습니다. 그러나 우리는 덩샤오핑 동지의 과거 십여 년 간의 담화에서 줄곧 시장경제체제 건립을 향하여 변해왔음을 알 수 있습니다.

1992년 10월, 중국 공산당은 제14차 전국대표대회를 개최했고 정식으로 완전한

---

* 1994년 1월 15일 오전, 주룽지 부총리는 중난하이 쯔팡거에서 중국거시경제 및 중미 경제무역관계 등의 문제에 대하여 미국 《비즈니스 위크》 총 편집장인 마크 모리슨Mark Morrison 일행의 인터뷰에 응했다.

사회주의 시장경제체제라는 이 목표 건립을 언급할 수 있는 시기가 성숙되었습니다. 장쩌민 주석은 목표를 정했는데 이는 덩샤오핑 동지가 언급한 중국특색의 사회주의건설이론과 일맥상통하는 것입니다. 그래서 중국의 시장경제를 '사회주의 시장경제' 라고 부릅니다.

그때부터 우리는 줄곧 사회주의 시장경제체제를 확립하기 위한 방안을 제정하여 왔으며 동시에 이 방안을 실시 가동시킬 메커니즘 또한 세웠습니다. 작년 겨울에 거행된 중국공산당 제14회 3중전회에서 우리는 중국에 사회주의 시장경제체제를 건립하는 전면적인 방안을 제안했습니다.

이는 역사에 전례가 없던 것으로 전면적이고 광범위하며 심도 있는 개혁입니다. 이러한 개혁은 필연적으로 사회 각층의 사람들에게 파급되며, 또 중국의 여러 다른 지역에 파급되어 중앙정부와 지방정부의 이익관계를 어떻게 타당하게 처리하느냐 하는 문제가 생깁니다. 이렇게 되니 자연히 서로 다른 관점이 생겼습니다. 그러나 중국 공산당의 정치적 권위 및 중국 정치와 사회가 안정되었기 때문에 우리는 성공적으로 단기간 내에 전체 당의 사상을 통일했습니다. 바로 이렇게 하여 작년 겨울에 우리는 사회주의 시장경제체제를 건설하고 개혁을 실시하는 방안을 통과시켰습니다.

저는 서양에서 온 기자님은 이런 개혁이 전혀 이상한 것은 아니라고 생각하실 것으로 믿습니다. 개혁을 통하여 건립된 우리의 시장경제 가동 메커니즘과 당신들의 경제 가동 메커니즘은 같다고 생각하기 때문입니다. 단지 다른 것은 당신들의 경제체제가 민간을 기초로 한 것이라면 우리의 시장경제체제에서 우리는 여전히 공유제 기초를 견지하며 또한 공유제가 주체적 지위에 있다는 것입니다.

개혁방안은 전방위로 우리는 재정·은행업·기업 이 세 가지 영역에서 개혁이 실행됩니다.

재정개혁에 대해 말하면 그것은 중앙정부와 지방정부의 이익을 조정하기 위한 것입니다. 중국의 현행 체제하에서 재정수입은 중앙정부와 지방정부가 공동으로 꾸리는데 귀국의 연방정부와 지방정부 간의 관계와 비슷합니다. 그래서 재정개혁을 추진하려면 우리는 반드시 중앙정부와 지방정부의 이익관계를 잘 처리해야 합니다.

은행업계 개혁의 목적은 독립적인 은행 시스템을 건립하는데 있습니다. 우리는 중국 위안화의 화폐가치 안정을 확보하기 위해 노력할 겁니다. 사실 이 영역의 개혁은 얼마 전에 이미 시작되었으며 작년에는 속도를 가속화시켰습니다.

이제 말하고자 하는 개혁의 제3영역은 기업개혁으로 이 개혁의 목적은 국가와 기업 간의 관계를 조절하는 것입니다. 거론할 만한 것은 우리가 작년 이전부터, 특히 작년에는 개혁을 위해 더욱 노력했지만, 올해 실시되는 주요 개혁을 위해 오랫동안 준비를 해왔다는 것입니다. 이는 장기간의 준비 과정으로 이 기간 동안 중앙정부와 지방정부는 일치를 보았고 정부와 기업 간 협조도 일치를 보았습니다. 총체적으로 말하자면 준비 과정 중에 일치를 달성했습니다. 그래서 금년 1월 1일, 우리는 전국적 범위에서 전면적으로 중대 개혁조치를 실시했습니다.

우리는 각 영역과 분야에 걸쳐 심도 있는 개혁조치를 시행한 후에, 국내의 총체적인 형세와 각 분야 업계의 정황이 안정을 유지하고 중대한 문제가 출현하지 않는 것을 보게 되어 몹시 기쁘며 우리의 자신감도 더욱 커졌습니다.

중앙정부와 지방정부가 재정수입을 나누는 재정체제개혁을 확대 실시하는 과정 중에 각 지방정부는 모두 기꺼이 협조했습니다. 우리는 또한 위안화 대對 달러의 환율 일원화를 성공적으로 실행했으며 큰 폭의 환율파동은 생기지 않았습니다. 재미있는 현상이 하나 있다면 그것은 암시장의 환율이 시장환율보다 낮다는 것입니다.

이런 개혁조치는 몹시 중요하며 반드시 국민의 이해와 지지, 승인을 얻어야만 합니다. 그런데 우리 국민들에게 이런 개혁조치를 이해시키고 받아들이게 하는 것은 절대 쉬운 일이 아니어서 이런 조치들을 착실히 수행하는 과정에서 우리가 예상하지 못한 상황들이 나타났습니다. 그래서 작은 문제도 생겼습니다.

예를 들면 1993년 12월 29일, 우리는 위안화의 단일환율제 도입을 선포했습니다. 그러나 이 결정을 통고할 때 우리는 '환율통일 후에도 외환태환권의 가치는 불변으로 즉 금년 1월 1일 이후에도 외환태환권과 달러 간의 환율은 여전히 5.8:1이다.'라는 말을 빠뜨렸습니다. 이 점은 우리가 이전에 이미 지적한 바 있지만 공고할 당시에 빠뜨려서 사람들은 1월 1일 후에 외환태환권과 달러의 환율 역시 8.7:1이라고 오해하여, 상점에 몰려와 황금과 보석을 사고, 어떤 이들은 은행에 가서 자신들의 외환태환권을 모두 달러로 바꾸었습니다. 이런 현상은 베이징에서 특히 보편적으로 이루어졌는데 사람들은 외환태환권이 평가절하될 거라고 여겼기 때문입니다. 우리는 즉시 이런 문제를 발견하고 작년 12월 31일에 또 다른 공고를 하여 외환태환권은 평가절하되지 않을 거라고 말했습니다. 그러자 하루도 안 되어 문제가 해결되었습니다. 어찌 되었든 이는 모두 우리가 부주의하여 초래된 일입니다.

또 다른 문제 역시 중대개혁 실시로 인하여 야기된 것입니다. 세제개혁을 수행하는 과정 중에 우리는 전세계에서 보편적으로 도입하고 있는 부가가치세를 추진했는데 중국 소비자는 이 소비세라는 개념이 습관이 되지 않아 그다지 이해를 못해 세제개혁을 하면 물가가 오른다고 생각했습니다. 모든 상품가격에 세금이 포함되는 귀국과 달라 중국에서는 물가에 세금이 포함되지 않았습니다. 그래서 사람들은 부가가치세와 소비세를 실시하면 물가가 폭등한다고 생각하여 즉시 상점으로 몰려가 가전제품을 앞다투어 구매했습니다. 우리는 지속적인 설득작업을 했는데 국가세무총국 국장이 TV에 출현하여 국민들에게 설명하여 지금은 이런 사재기 현상은 사라졌습니다.

이런 현상들은 모두 우리가 개혁을 실시한 후 단기간 내에 일어난 문제들입니다. 이런 정황을 거울삼아 저는 금후에도 각양각색의 문제가 일어날 것이며, 또한 모종 상품에 대한 사재기 현상이 재차 발생할 것이라고 예견합니다. 이런 현상의 출현을 방지하기 위해 전문가를 조직하여 우리가 이미 공포했거나 장차 공포할 개혁조치에 관한 교재를 만들고 있습니다. 이런 교재의 내용을 매일 TV나 라디오에서 방송하여 사람들이 이 개혁 조치를 더욱 잘 이해하도록 도와줄 겁니다.

기자분이 방금 제게 개혁 전망을 어떻게 보느냐고 문의했습니다. 제 생각에는 만일 금년에 중대한 문제가 발생하지 않는다면 정말 더할 나위 없이 감사할 따름입니다. 내년에는 국민들이 이런 개혁조치에 대해 더욱 잘 이해할 것이라고 봅니다. 이렇게 중국은 사회주의 시장경제의 궤도를 걸어갈 것입니다. 그때가 되면 중앙재정의 상황은 대대적으로 개선되고 지방재정도 수입에 따라 지출의 한도를 정할 수 있는 능력이 생깁니다. 이밖에 은행업계도 정상적인 운영을 하게 됩니다. 국가의 경제 운영은 앞으로 정확한 조절억제 메커니즘으로 억제하고 조절할 것이며 경제의 총제적인 과열발전을 억제하여 물가도 안정을 유지시킬 것입니다. 우리는 개혁조치가 성공적이어서 자신감이 충만합니다. 사실 우리도 실패한 결과에 대해 감당하기 어렵습니다.

당연히 우리는 금융질서를 회복하고 투자규모의 과대화를 억제하기 위하여 거시조정 통제조치를 취한 것은 일시적이지 결코 근본적으로 우리의 경제과열 문제 해결을 도와주지 못한다는 것을 분명히 인식하고 있습니다. 이런 문제를 근본적으로 해결하려면 우리는 중대한 개혁조치를 취해야만 하며 중국에 사회주의 시장경제체제를 건립해야 합니다. 이와 같은 사회주의 시장경제체제 수립을 취지로 하는 중요한 개혁조치들이 금년에 이미 기본적으로 실행되기 시작했습니다.

저는 외국매체에서 우리가 작년 10월부터 화폐공급억제정책 변경을 시작하여 거시조정 통제조치를 포기했다고 보도한 것을 알고 있습니다. 심지어는 제 개인이 압박에 의해 어쩔 수 없이 한 것이라는 보도도 있는데 정말 이는 오해입니다. 중국 실정을 진정으로 알고 있는 사람은 바로 우리 중국인뿐입니다. 더욱 중요한 것은 과거 십여 년의 개혁정책을 통하여 중국은 이미 시장경제로의 궤도전환상 많은 경험을 누적했다는 사실입니다. 중국인에게는 '연착륙'이 필요하며, 경제에 큰 파동이 출현하지 않도록 피해야 함을 우리는 잘 알고 있습니다. 우리가 필요한 것은 경제성장률이 점차적으로 완화되는 '연착륙'입니다. 만일 대폭적으로 경제성장률이 하락한다면 사회 안정은 대가를 치를 겁니다. 일단 사회 안정이 파괴되면 개혁조치를 실시할 방법이 없게 됩니다.

작년 8월에서 10월까지 저는 중국인민은행 행장으로서 8번의 회의를 소집하고 주재했습니다. 이 회의에서는 거시조정 통제조치 실시의 과정과 화폐 투입량 통제에 관해 집중적으로 토론했습니다. 저는 줄곧 주의 깊게 모든 진전 상황에 관심을 가졌는데 예를 들면 우리가 화폐를 얼마나 발행했는가 등입니다. 이런 방법과 노력을 통해 우리는 기본적으로 경제성장의 완만한 감속을 성공적으로 실현해 급속한 경제성장률 하락은 발생하지 않았고, 또한 대규모의 가격파동도 발생하지 않았습니다.

사실 우리가 이런 조치를 실시할 때에 부동산 항목 외에 국가건설 항목은 결코 중지하지 않았으며 대량의 근로자 해고도 없었습니다. 국민들은 이런 조치에 대해 상당히 만족하고 있으며 이런 조치들을 통해 우리도 성공적으로 화폐 투입량을 감소할 수 있었습니다. 이전과 비교할 때 현재의 화폐 투입량은 이미 대폭 하락했습니다. 제가 몇 개의 통계 데이터로 이 문제를 쉽게 설명하겠습니다. 1991년에 우리는 도합 590억 위안을 투입했고 1992년의 화폐 투입량은 1,200억 위안으로 전년에 비해 갑절이 되었습니다. 이는 잠재적 위험을 보여주는 것으로 경제가 과열될 수도 있음을 설명합니다. 1993년 상반기에 이르러는 화폐 투입량이 심지어 550억 위안을 초과했습니다. 이리하여 위험이 상당히 뚜렷해졌습니다. 만일 상반기의 이런 추세가 계속된다면 1993년의 화폐 투입량은 2,000억 위안을 넘을 것이고 1992년에 비하여 다시 갑절이 됩니다. 그러나 1993년 연말까지 거시조정 통제조치를 취한 후 우리의 화폐 투입량은 겨우 1,500억 위안으로 이는 전년 대비 단지 25%만 증가했을 뿐입니다. 이리하여 우리는 경제과열의 위험을 성공적으로 피했습니다. 작년에 1,500억 위안의 화폐 투입량은 재작년의 1,200억 위안의 투입량 대비 25% 증가이지만 25%도 결코 적은 수치라고는 할 수 없습니다.

우리가 투입한 화폐 중에 은행예금 지급준비금이 대량으로 증가했다는 사실을 간과할 수 없습니다. 작년의 예금지급준비율은 5%였는데 지금은 13%로 증가했습니다. 금년 상반기에 우리는 중앙은행이 상업은행에 해준 재대출을 일부 환수할 작정인데 이는 긴축자금에 도움이 되고 통화팽창의 압력을 경감시킬 수 있습니다.

작년 11월에 식품·식량 가격의 상승이 있었으며 이는 다른 일반 상품의 가격 인상을 가져왔습니다. 시장에 충분한 식품과 식량이 공급되고, 우리 역시 식량비축이 충분함에도 불구하고 이런 현상이 생기는 원인은 농민 및 식품·식량 구매 업종에서 곡물가격이 인상되기를 바라는 심리적 기대가 있기 때문입니다. 사실 이런 현상은 발생하지 말았어야 합니다. 작년 12월에 제가 전국의 식량과 식용유 가격 억제 및 시장 공급 안정 회의석상에서 담화를 공포하자 식품과 곡물가격은 곧 하락했습니다.

홍콩의 경제학자 한 분이 어제 주룽지 부총리는 가격자유화를 일관되게 지지하고 개혁을 주장하지만 이번에 식품·식량가격 문제에서 뒷걸음치는 조치를 취하여 식품가격의 인상을 제한했다고 합니다. 저의 말이 만일 시장경제 규율에 부합하지 않다면 식품·곡물가격이 어떻게 즉시 하락할 수 있겠습니까? 식품과 곡물가격으로 말하자면 우리는 이런 사실을 소홀히 할 수 없습니다. 즉 식품과 곡물은 공급과 수요에서 균형을 잃을 수 없습니다. 실제 상황은 곡물 공급이 수요보다 크기 때문에 곡물가격 인상이 나타날 수는 없으며 그렇다면 곡물가격 인상은 기실 심리적 요소 때문에 생긴 것입니다. 어째서 제가 가격 인상 제한을 언급한 후에 가격이 즉시 하락했을까요. 만일 저의 말이 시장경제 규율에 부합하지 않다면 이런 효과는 있을 수 없으니, 저의 말이 시장경제 규율에 부합한다는 것을 알 수 있습니다.

금년 우리의 목표는 전면적으로 착실하게 개혁조치를 시행하는 동시에 개혁조치에 대한 국민들의 정확한 인식을 확보하는 것입니다. 우리는 개혁조치를 수행하는 과정 중에 커다란 파동이 나타나지 않도록 보장해야 합니다. 최대한 노력해 경제가 다시 과열되는 것을 방지하고 가격이 대폭적으로 인상되지 않도록 할 것이며, 경제발전 속도나 성장률이 그렇게 낮지는 않을 것입니다. 만일 우리가 이런 목표를 실현한다면 우리로서는 성공이라고 할 수 있습니다. 저 개인으로 말하면 이에 관해 자신감이 충만합니다.

기자 : 구체적으로 어떻게 경제 온도를 내릴 것인지 소개해주시겠습니까? 지금 중국 경제의 연평균 성장률은 13%지만, 정부가 언급한 목표는 7~8% 사이입니다. 구체적으로 앞으로 어떻게 이런 목표를 실현하실지 말씀해 주십시오.

이 문제의 두 번째 부분은 개혁을 달성하려는 공감대에 달려 있습니다. 이전에 부총리께서는 현재 전개되고 있는 많은 개혁은 중국의 체제에 거대한 변환을 가져다 준다고 언급했습니다. 세제개혁을 추진하는 과정 중에 부총리님과 각 성·자치구·직할시 사이에 격렬한 논쟁이 있었으며 부총리께서는 심지어 부득불 현지로 내려가 그들을 설득했다는 수많은 보도가 있었습니다. 그렇다면 부총리께서는 장차 어떤 확실한 조치를 취하여 이 개혁을 진행하실 것인지요? 장래 어떤 방법으로 각 성·자치구·직할시를 독려하여 이런 개혁조치를 수행하실 건지요? 각지에 국가세무국과 지방세무국을 각각 설치한 후에 10만 명을 고용하여 이 업무에 종사하게 할 작정이십니까?

주룽지: 금년 정부가 국내 GDP 성장률에 관해 언급한 목표는 9~10%고 작년은 13%였습니다. 만일 우리가 금년에 이 목표를 실현할 수 있다면 저는 상당히 만족합니다. 경제 성장률을 7%로 억제하는 것이 불가능한 이유는 제가 앞에서 지적한 대로 이것이 중국경제에 대폭적인 파동을 가져오고 이로써 사회적 불안정을 야기하기 때문입니다.

과도하게 빠른 경제성장을 억제하는 주요 방법은 인프라 투자의 쾌속성장을 억제하는 것입니다. 투자 확대를 억제하려면 우리는 두 가지 방면에 대처해야 합니다. 우선은 부동산업 문제로 특히 고급주택시장을 억제해야 합니다. 작년에 우리는 이 문제에 대해 조치를 취했으며 그래서 금년에 이쪽 시장의 온도가 내려가는 것을 이미 보았습니다. 또 하나 통제조치가 필요한 곳은 바로 인프라 구축사업 규모의 확대 부분입니다. 전국 각지에서는 모두 신속히 그들 지역의 경제발전이 이루어지길 희망하고, 새로운 도로·새로운 공항·수심이 깊은 항구 등이 건설되기를 희망합니다. 실제적으로 각 지역의 이 방면에서의 건설은 국가경제력을 초과했습니다. 이런 추세를 통제하는 우리의 방법은 자금 긴축입니다. 우리는 국가 거시조정 통제정책에 따라 은행 시스템을 통하여 효과적으로 이에 대해 관리해야 합니다.

작년에 중국은 은행업계 질서를 회복하는 일련의 조치를 공포했습니다. 은행업계의 개혁을 더욱 심화해 갈 것이며 저는 중국의 은행 시스템이 투자규모와 과도한 투자 확장을 통제하리라 믿습니다. 저는 이런 방법을 통하여 우리가 능히 물가의 성장폭을 10%로 안정시킬 수 있기를 희망합니다. 비록 최종 수치가 10%보다 약간 높을지라도 저는 이 수치는 국민이 받아들일 수 있으리라 생각합니다.

　재정과 세제개혁에 관해서 작년에 우리는 각 성·자치구·직할시 정부와 수차
례 설득 작업에 들어갔습니다. 현재 이 작업은 이미 완수되었고 문제 역시 해결되
었으며 그들은 이 개혁을 모두 지지합니다. 우리는 지금 이런 개혁 조치를 수행하
는 단계에 있습니다. 지금까지 우리는 어떤 큰 문제에 부딪치지는 않았으며 재정
과 세제개혁조치는 모두 순조롭게 수행될 것으로 봅니다. 그러나 이 방면에 장애
와 문제가 없다고 말하는 것은 실제와 부합되지 않습니다. 당신이 다른 사람의 호
주머니에서 돈을 꺼낸다면 그 사람은 거부할 것이고 그것은 아주 자연스러운 일
입니다. 물론 우리가 취한 개혁조치는 그렇게까지 격렬하지는 않고, 실제적으로
는 매우 온건합니다. 지금 우리는 지방정부의 호주머니에서 많은 돈을 꺼냈고 앞
으로도 점점 증가할 것입니다. 이런 상황하에서 그들은 자신의 호주머니에서 꺼
내간 돈은 적은 액수가 아니지만 동시에 자신은 국가를 위하여 공헌하는 것이라
고 여겨 이에 대해 자랑스럽게 생각할 겁니다.

　저는 지방정부를 설득할 수 있는 다른 이유도 있었습니다. 작년 지방정부의 재
정수입은 35%가 넘게 성장했지만 중앙정부의 재정수입은 오히려 6.3% 하락하여
중앙 재정적자가 확대되었습니다. 그래서 저는 지방정부에 만일 국가·지방 두
곳에 세무국을 설치하여 분리된 이 두 개 세무국에서 각기 징수하지 않는다면, 만
일 중앙정부의 수입이 증가되지 않으면 파산 이외에 중앙정부가 갈 길이 없다고
말했습니다.

　우리가 두 개 세무기관을 설치하여 세금을 징수하는 방법은 미국 방법을 본보
기로 했습니다. 이런 방법을 수행하는 과정 중에 일련의 문제가 출현하지만 저는
무슨 큰 문제는 아니라고 감히 단정지었습니다. 두 세무기관을 통하여 세금을 징
수하니 우리의 관리와 징수 능력이 향상되고 강화되었습니다.

기자 : 중국에 거액의 외국 투자자금이 있는데 부총리께서는 이에 대해서도 장려하셨습니다. 현재 중국의 외자 수준 및 중국사회에서의 외자 역할에 만족하시는지요? 외국기업 투자는 현지 투자와 양호한 균형을 이루고 있는지요?

주룽지 : 1992년에 외국기업의 직접 투자액은 전에 없이 급증해 110억 달러에 이릅니다. 이 숫자는 우리가 개혁개방 실행 10년 이래의 외국기업의 투자 수준을 훨씬 초과했습니다. 1992년 이전 10년 간 누적된 중국의 외자 유치액은 220억 달러였으나 1992년 한 해 동안에 중국이 유치한 외자액은 이전 10년 간 우리가 유치한 외자 총액의 반을 차지했습니다. 작년에 중국은 대략 170억에서 200억 달러의 외자 유치를 했는데 이것도 비교적 큰 성장이며 좋은 현상입니다.

외자는 중국의 번영을 촉진하는데 있어 중요한 역할을 하며 중국 경제의 쾌속 성장에 유익한 중요한 요소입니다. 이는 세계를 향해 중국의 투자 환경이 줄곧 개선된다는 것을 말해 줍니다. 이는 왜 과거 몇 년 간 점점 많은 외국 투자가들이 중국에 와서 투자하는지를 설명해 주는데 특히 미국의 투자자들은 중국 투자에 매우 활발하고 적극적입니다.

저 개인은 외국의 중국 투자 현황에 대해 상당히 만족합니다. 우리는 외국의 투자를 격려하고 또한 환영하지만 기타 국가의 무역 역조를 중국 탓으로 돌리지 말아야 하며 동시에 중국 역시 대외 수출의 확대에 대해 질책을 받지 말아야 합니다. 이번 인터뷰를 수락하기 전에 저는 미국 국무위원 대표단을 회견했습니다. 게파트Richard Gephardt 의원은 저에게 미중 간의 무역적자에 관해 지대한 관심을 갖고 있으며 최혜국대우는 단지 중국에게만 유리하다고 말했습니다. 저는 이 기회를 빌어 다시 이에 관한 정황을 소개하고자 합니다.

작년에 중국의 수출입총액은 1,957억 달러로 그중 수출은 900여 억 달러였고, 수입은 1,000억 달러를 초과했으며 수입은 수출에 비해 120억 달러 많습니다. 작년 중국의 수출액 900여 억 달러 중 450억 달러는 중국의 1차상품으로 예를 들면 원자재·농산품과 미가공 생산물의 수출이었습니다. 나머지 절반의 수출은 외자 기업에 그 공을 돌려야 하는데 많은 외국기업이 이미 중국에 공장을 설립하고 그 상품을 수출했기 때문입니다. 미국 자본 기업이 이 방면에서 비교적 큰 비중을 차지합니다.

이런 외자기업은 수입자재와 부속품을 사용해 중국에서 수출상품의 생산을 완성하므로 그 외자기업이 수립한 이 450억 달러 수출액 중 수입자재와 부속품 코스트를 공제하면 약 400억 달러가 됩니다. 바꾸어 말하면 외자기업이 중국에서 가공하여 창출한 부가가치는 겨우 50억에서 60억 달러인데 그중 대부분은 외국의 기업가와 상인들의 이윤소득이 되었으며 겨우 10억에서 20억 달러 만이 중국 노동자와 직원들에게 월급으로 지급되었을 뿐입니다. 중국에 있는 외자기업이 만든 이 450억 수출액 중 중국의 달러 수입은 실제적으로 아주 작은 액수에 불과합니다.

물론 외국기업이 중국에 투자를 하여 중국인에게 더욱 많은 취업기회를 제공했습니다. 그러나 외국기업의 이런 조치가 해당 국가 혹은 미국에 실업을 야기하지는 않으며 이들 재중在中 외자기업의 생산품은 미국시장도 포함된 세계 각지에서 판매됩니다.

중국의 노동력 원가와 생산 코스트는 비교적 낮기 때문에 최종 생산품은 시장에서 경쟁력을 갖추게 되고 외국투자자는 그렇기 때문에 더욱 많은 이윤을 얻게 됩니다. 동시에 이는 미국 내 취업 기회를 증가시키는데 유리하지 미국 내 일자리를 감소시키지 않습니다. 만일 외국자본의 재중 투자생산을 통한 이런 경쟁력을 갖춘 상품이 없다면 미국은 더욱 많은 회사와 공장들이 문을 닫을 겁니다. 최혜국 대우를 취소하면 중국에만 지극히 나쁜 영향을 줄 거라는 관점은 정확하지 않습니다. 만일 중국의 최혜국대우를 취소한다면 가장 큰 피해를 입는 쪽은 미국 사람들, 미국 소비자라고 생각합니다. 이리하여 저는 진심으로 중미 무역관계가 지속적으로 발전하고 기복이 심하지 않기를 희망합니다.

기자 : 장 주석과 클린턴 대통령의 시애틀 회담은 미중의 양호한 관계 유지에 대하여 많은 기대로 충만했습니다. 그러나 그때부터 미국정부는 지속적으로 중국에 최혜국대우를 줄 것인지의 여부와 소위 '인권' 문제에 진전이 있는지의 여부에 관해 끊임없이 이야기를 하고 있습니다. 가장 최근에는 또 그 초점이 방직업으로 옮겨졌습니다. 이처럼 미중 관계 전망이 심히 우려스러운데 부총리께서는 위에 든 문제를 쉽게 다룰 수 있다고 생각하십니까?

주룽지 : 장쩌민 주석과 클린턴 대통령의 시애틀 회담은 양국 우호관계 발전에 새로운 단계를 맞게 했습니다. 시애틀 회담 이후 양국 고위층 관리들의 상호 방문이 끊임없이 증가했으며 장래 양국관계는 더욱 좋은 방향으로 진전할 것이므로 이에 관해 저는 낙관적 태도를 갖고 있습니다.

물론 우리는 최혜국대우와 인권문제가 연계되는 것을 원치 않으며 중국의 인권 상황은 지속적으로 개선될 것이라고 확신합니다. 이 방면에 있어 우리는 분명히 진보가 있을 것입니다. 그러나 인권문제를 최혜국대우 문제와 연결시킬 수는 없는데 이 둘은 두 개의 성질이 다른 별개의 문제이기 때문입니다.

최근에 미국 측은 중국 방직품 수입 쿼터를 25~30%로 삭감했습니다. 방직품 수출 대국인 중국에 있어 이는 심각한 타격입니다. 오늘 중미 양국은 이 문제에 관해 계속 담판을 합니다. 저는 이 담판이 좋은 결과를 얻기를 희망합니다. 우리는 결국 양국 이익에 부합하는 해결방안을 찾을 겁니다.

우리도 확실히 일부 불법적 중계무역이 있다는 것을 인정하지만 이런 활동은 중국이 통제할 수 없습니다. 그래서 우리는 중미 양국이 상대방의 처지와 정황을 서로 이해하여 공통인식에 도달하기를 희망합니다.

기자 : 부총리님은 최혜국대우 문제 역시 해결되리라고 여기십니까?

주룽지 : 저는 줄곧 낙관합니다. 저는 쌍방이 이 점을 인식하고 진일보 협의를 달성할 것이라고 확신하는데 그렇지 않으면 중미 양국에 모두 불리합니다.

오늘 저는 많은 미국 의회의원을 만났는데, 그들의 관점과 저의 관점은 완전히 다르니 기왕 이럴진대 우리는 회담이라도 잘 진행하여 상호 간의 이해를 증진해야 할 것입니다. 그들은 매우 솔직하게 그들의 관점을 제게 말했고 저도 솔직하게 저의 관점을 말했습니다. 저는 지금 기자분의 보도 역시 미국 의회가 중국을 이해하는데 도움이 되기를 희망합니다.

분리과세제도를 실시할 때 우리는 미국의 경험을 참고했습니다. 은행업계 개혁 방면에 있어 우리는 IMF 관리를 포함한 많은 외국 전문가를 초빙하여 우리가 〈중국인민은행법〉을 기초할 때 도움을 받았습니다. 우리는 세 곳의 경험을 도입했는데 첫째는 미국의 경험이고, 둘째는 일본의 경험이고, 셋째는 유럽의 경험입니다. 우리는 미국의 경험이 상당 부분 중국에 적용될 수 있다고 여겼으며 일본의 경험도 고려했습니다. 일본 역시 동양 국가며 특히 재정투자와 금융 방면의 경험은 우리에게 의의가 있습니다. 그러나 우리는 미국과 일본의 경험을 단순히 답습하지는 않았습니다. 일본을 예로 들어보면 일본의 재무성은 재정과 은행업무를 책임지지만 우리는 재정부와 독립된 중앙은행이 각각 있으며 이는 미국의 방법과 유사합니다.

기자 : 만일 중국이 독립된 중앙은행을 생각한다면, 그렇다면 다른 부총리가 주관하십니까?

주룽지 : 제가 중앙은행 행장이냐 아니냐의 여부를 떠나 재정과 은행업의 책임이 제게 주어졌습니다. 은행업계 개혁을 실시할 때 저는 외국의 은행가와 전문가를 초빙하여 토론했습니다. 토론 과정 중에 각국의 은행가는 모두 자국의 중앙은행이 가장 독립적이라고 저를 설득했습니다. 그래서 저는 어느 국가의 중앙은행이 가장

독립적인지 판단이 어려웠습니다. 중국 상황은 중앙은행이 아무리 독립적이라 해도 국무원과 분리되어 독립할 수는 없습니다. 중국 중앙은행의 독립성은 지방정부와 국무원의 기타 부문에서 독립되는 것을 뜻하므로, 이런 의미에서 볼 때 제가 은행장이냐의 여부를 떠나 중국 중앙은행의 독립성은 모두 보장됩니다.

외국은행이 중국에서 위안화 업무에 종사할 수 있는가의 여부에 관한 문제에 있어 우리는 이미 여러 차례 고려하고 연구했으며 저도 외국의 은행가를 초빙하여 제게 건의를 하도록 했습니다. 결국 결론이 나왔는데 그것은 현재 결정적인 고비에서 우리는 신중하게 이 문제를 대할 필요가 있다는 것입니다. 왜냐하면 현재 중국의 각 은행은 여전히 상업은행과는 거리가 멀며 사실상 중국에 명실상부한 상업은행이 없기 때문입니다. 그래서 이런 때에 외국은행이 중국에 진입하여 위안화 업무를 전개하면 불공정 경쟁이 초래됩니다. 그러나 결국 우리는 외국은행이 중국에서 위안화 업무 전개를 허가하는 쪽으로 고려하겠지요. 하지만 현재 우리가 할 수 있는 것은 시범운영일 뿐입니다. 바꾸어 말하자면 현재 우리는 한두 개 외국은행이나 혹은 약간의 외국은행을 선택하여 이 방면에서 시범적으로 운영해보고 그런 후에 점진적으로 확대하다 중국의 은행이 진정한 상업은행이 되었을 때 외국은행이 중국에 진입하도록 할 것입니다.

기자 : 중국은 언제쯤이 되어야 진정한 현대적 금융 시스템을 갖출 것이라고 여기십니까?

주룽지 : 이건 시험문제군요. 아마도 3~5년 정도는 걸리겠지요.

기자 : 부총리께서는 이미 제게 아낌없이 시간을 주었습니다. 이제 마지막 질문을 드리겠습니다. 부총리님의 직위는 부총리님께서 개혁에 협력하고 개혁을 이끌어야 하는 사명을 부여합니다. 이는 개인적으로 어떤 의미가 있는 것인지요? 이 직위가 가져다 주는 기회에 어떤 느낌이 있으신지요? 이 직위는 중국의 미래를 창조함과 동시에 또한 더 큰 의미에서 금후 수년 간 세계경제가 쾌속발전하도록

추진하는 기회이기도 합니다.

주룽지 : 국무원 안에서 저는 리펑 총리의 제일 조수입니다. 중국 공산당 내에서 저는 경제업무를 책임지는 중앙정치국 상무위원의 하나입니다. 그러나 정책을 제정하고 개혁방안을 설계하고 개혁조치를 수행하는 것과 관련된 모든 사항은 당 중앙지도자 그룹과 국무원에서 결정합니다. 물론 저는 줄곧 저의 모든 에너지를 국가의 경제업무에 쏟아부었기 때문에 저의 관점이 장쩌민 주석과 리펑 총리 및 국무원에게 영향을 줄 수도 있지만 그러나 단 한 가지 결정이라도 제 개인이 한 것은 없습니다.

지난번 《월스트리트 저널》의 기자가 저를 인터뷰한 후 그녀는 저를 '경제차르'라고 묘사했는데 사실 저는 이 '차르' 라는 단어를 싫어합니다.

기자 : 그러면 본인을 어떻게 묘사하시겠습니까?

주룽지 : 저는 그저 상대적으로 말하자면 비교적 중국의 경제업무에 익숙하다고 할 수 있습니다. 저는 당 중앙과 국무원이 경제 영역에서 정책을 제정할 때 참가했고, 현재까지 어떠한 중대한 실책도 범하지 않았습니다. 이외에 저는 우리 개혁의 앞날에 대해 매우 낙관합니다. 저의 직무는 '부총리' 라고 부릅니다.

불가리아 《언론보》 기자 인터뷰[*]

(1995년 11월 9일)

기자 : 요 몇 년 간 중국 경제는 대단히 높은 성장률을 유지하고 있습니다. 중국의 경제체제개혁의 진척을 어떻게 보십니까?

주룽지 : 최근 몇 년 간 중국 경제는 고성장 시기로 진입했습니다. 1992년에서 1993년까지 GDP는 2년 연속 13% 성장했고, 1994년 상반기는 작년 동기 대비 10.5% 성장했습니다. 양호한 경제발전 추세를 유지하기 위하여 중국정부는 개혁을 추진하고 심화시켜 사회주의 시장경제를 발전시켰습니다. 다른 한편으로는 거시적 조정통제 시스템을 완벽하게 만들어 거시적 조정통제력을 강화했습니다. 경제 총량 통제를 통해 적정 긴축재정정책과 화폐정책을 실행했고, 고정자산 투자규모를 통제하여 경제가 적당하고 안정적인 성장에 도달하도록 하여 통화팽창 등의 경제생활 속 문제를 효과적으로 해결했으며 또한 개혁의 전진을 추진했습니다.

작년 이후 우리는 성공적으로 제세 · 금융 · 외환 · 대외무역 · 투자 · 가격과 식량 유통체제 등의 방면에서 중대한 개혁을 했으며 사회주의 시장경제체제를 건립하기 위한 결정적인 일보를 내디뎠습니다. 1995년, 국영기업개혁 심화를 중점으

---

[*] 1995년 11월 9일, 주룽지 부총리는 중난하이 쯔광거에서 중국경제 형세 및 중국과 동유럽 경제 무역관계 등의 문제에 관해 불가리아 《언론보》 기자의 인터뷰에 응했다.

로 한 각 항의 경제체제 개혁은 지속적으로 발전하여 현대적 기업제도를 건립하는 시험적 업무가 전면으로 확대되었습니다. 국가는 단계적으로 500에서 1,000개의 대형기업을 선택하여 종합개혁과 개선을 실시해 국내외 시장 환경에 적응할 수 있는 대기업·대그룹이 되도록 했습니다. 이외에도 주식제 시험업무도 지속적으로 확대했고, 사회보장제도와 주택제도 개혁에도 새로운 발전이 있었으며, 거시적 관리 시스템 개혁은 진일보 심화 개선되었고, 유통시스템 개혁은 점차적으로 심화되었고, 시장 시스템 역시 안정적으로 발전했습니다. 이 모든 것은 우리의 각 항목의 경제개혁이 모두 순조롭게 진행된다는 것을 설명해줍니다.

기자: 중국은 통화팽창을 억제하는지요? 이 방면에서 현재 또 어떤 새로운 조치를 취하실 건지요?

주룽지: 중국정부는 높은 경제성장 파고의 출현을 피한다는 전제하에 적정 긴축재정과 화폐정책을 견지하고, 고정자산 투자 규모와 소비기금의 과도성장을 엄격히 통제하고, 농업의 기초적 지위를 강화하며 농산품의 효과적 공급을 증가시켰고, 식량과 부식품의 위험 기금을 건립하여 식량과 부식품 가격을 안정시켰습니다. 또한 각급 정부가 공포한 가격 조정 항목을 엄격히 통제하는 등의 조치를 채택했습니다. 이와 같이 2년여의 노력을 거쳐 확실한 효과를 얻었습니다. 작년 11월부터 물가 상승폭이 다달이 하락하여 올 8월에는 12.3%, 작년 12월 대비 다시 9.4% 하락했습니다.

금후 중국정부는 지속적이고 안정적인 경제 발전의 기초를 유지하며 지속적으로 유효한 조치를 취하여 통화팽창을 관리할 겁니다. 그 첫째는 거시경제 총량의 기본적인 평형을 유지하고 적정 긴축재정, 화폐정책을 견지하며, 인프라 구축사업과 소비기금의 과속성장을 엄격하게 통제하는 것입니다. 둘째는 농업에 대한 투자를 확대하여 농업 생산수단 가격을 안정시키고 농업 작황이 비교적 좋은 결과를 낼 수 있도록 힘쓰는 것입니다. 셋째는 가까운 시일 내에 새로운 가격개혁 조치를 추진하는 것, 넷째는 유통질서 정돈에 대한 강도를 높이고, 투기와 폭리행위를 방지하고 반대하는 것, 다섯째는 법제 건설을 가속화하여 시장행위를 규범화하고 시장가격을 안정시켜 국민생활을 안정시키는 것입니다.

기자 : 국영기업에 어떤 변화가 발생했는지요? 자본주의 형태의 현대적 기업 건립은 일부 보도에서 말하는 그런 진전을 이루었는지요?

주룽지 : 개혁개방 17년 이래 중국은 여러 경제 요소가 신속히 발전했습니다. 그러나 국영기업, 특히 국영 중대형 기업은 국민경제에서 주도적인 지위를 점하고 국가 경제 명맥을 장악하고 있어 국가 재정수입의 주요한 원천입니다. 국영기업은 십여 년의 개혁을 거친 후, 총체적으로 말하자면 활력이 증강되었고 상당수의 기업들은 구조전환을 실현하여 자주경영·독립채산·자아발전·자기규제의 법인체이자 시장경쟁의 주체가 되었습니다. 현재 이미 국내외 시장에서 활력과 실력으로 상당한 명성을 갖춘 국영 중대형 기업이 출현했습니다.

우리가 현대적 기업제도 건립을 제기했고 이들 기업에 대한 요구는 재산권의 정확함·권력과 책임의 명확함·정경분리·경영과학이지 '자본주의 형태의 현대적 기업 건립'이 아닙니다. 사회화된 대규모 경제 기업조직 형식에 적응하는 과정에서 자본주의를 이용할 수도 있고 사회주의 역시 이용할 수 있습니다. 시장경제가 결코 자본주의 전유물이 아닌 것과 같습니다. 공유제를 주체로 한 현대적 기업제도는 중국 사회주의 시장경제체제의 기초이며 사회화 대생산과 시장경제 발전의 필연적 요구이자 국영기업 개혁의 방향이기도 합니다. 국영기업 개혁의 전략 목표는 금세기 말까지 대다수 국영 핵심기업이 초보적으로 현대적 기업제도를 건립하여 사회주의 시장경제에서 진일보 주도적인 역할을 발휘하는 것입니다.

기자 : 국영기업개혁은 노동자의 사회적 지위에 어떤 영향이 있습니까?

주룽지 : 중국이 건립하고자 하는 현대적 기업제도는 공유제를 주체로 한 기업제도입니다. 근로자는 국가와 기업의 주인이며 그들은 기업에서 아주 중요한 지위와 역할을 차지하고 있습니다. 우리는 개혁을 심화하는 과정 중에 전체 근로자의 노동 적극성을 동원하고, 근로자의 이익을 보호할 것입니다. 또한 근로자 대표대회를 통하여 근로자 대표가 법에 의거하여 이사회와 감사회에 들어오고, 노동조합을 조직하는 등의 형식을 통하여 민주적 관리를 실시하고 근로자의 권익을 보장합니다.

기자 : 부총리께서는 이미 중국 중앙은행 행장을 맡지 않고 있는데 중앙은행 및 전체 은행 체계에 장차 어떤 격렬한 변화가 발생할까요?

주룽지 : 저는 1993년 7월부터 중국 인민은행 행장을 겸임했고 금년 6월 말에 사임했으니 2년 임기였습니다.

2년 동안 중국 인민은행은 국무원이 거시적 조정통제를 강화하고 개선하는 일련의 조치들을 단호하게 관철하고 집행했습니다. 화폐 총량의 엄격한 통제, 대출 구조의 대대적인 조정, 금융감독관리의 확실한 강화를 통하여 신속하게 금융질서 혼란 상황을 전환시켰습니다. 현재 금융 형세는 평온하며 거시조정 체제개혁을 향하여 예정 목표대로 발전하고 있습니다. 따라서 적극적으로 국민경제의 지속·쾌속·건전한 발전을 지지합니다. 더욱 중요한 것은 우리는 금융체제 개혁의 목표를 확립했으며 금융개혁은 현재 온건하게 추진 중이고 외화관리체제 개혁도 눈에 띄는 성적을 얻었으며 국가 외환보유고는 대량으로 증가했습니다. 중국의 개혁개방 정책은 변하지 않을 것이며 금융개혁개방 방침정책 역시 변하지 않을 것입니다. 이리하여 제가 중앙은행 행장을 하든 않든 간에 우리 은행 및 전체 은행 시스템의 정책 방침은 모두 커다란 변화가 있지는 않을 겁니다.

올해 우리는 몇 가지 금융 방면의 법률을 공포했는데 중국 중앙은행은 이 법에 의해 화폐정책을 제정 집행하고, 위안화의 화폐가치 안정 유지를 실현할 것입니다. 또한 이로써 경제성장의 화폐정책목표를 촉진하고 법대로 감독관리 기능을 이행하며, 금융업의 온건한 경영 보호를 법률적으로 보장합니다. 저는 우리 금융업에 대한 개혁과 발전에 자신이 충만합니다.

기자 : 중국은 어떻게 신 경제정책을 추진할 새 간부들을 육성하는지요? 그들은 어디에서 양성되나요? 중국에서 합니까? 아니면 외국에서 합니까?

주룽지 : 중국은 사회주의 시장경제체제 적응에 필요한 간부를 양성하는데 주로 국내의 역량과 조건에 의지합니다. 물론 국제자금·기술과 두뇌를 이용하기도 하며 경제관리와 기업관리들을 외국에 파견하여 훈련을 받도록 하거나 또는 계획적으로 외국 전문가를 초빙하여 공개강의나 단기간 업무를 맡기거나, 혹은 우리와 공동으로 양성반을 개최하기도 합니다. 우리는 원활하고 다양한 형식과 방법으로 경제관리 간부를 배양합니다. 예를 들면 대학원·당학교·간부학교·양성반 센터 등을 이용해 사회주의 시장경제에 익숙하고 능히 대형기업을 관리하며 국제경쟁에 참여할 수 있는 공장장(사장) 인재와 각종 전문인재를 중점적으로 배양해 점차적으로 비교적 높은 소양을 갖추고 직업화된 기업가 대오를 형성할 것입니다.

기자 : 국영 부문의 사유화는 중국이 제출한 일정표에 들어갔는지요?

주룽지 : 사유화는 중국의 국정에 부합되지 않으며 중국의 개혁은 사유화의 길을 걷지 않습니다. 우리는 공유제를 주체로 한 다양한 경제적 요소의 공동발전 방침을 고수하며 개혁 중에 공유제 경제는 부단히 발전하고 강하게 될 겁니다. 공유제 경제발전을 적극적으로 추진하는 동시에 민간기업과 외자경제의 발전도 독려하여 각종 소유제 경제가 시장 경쟁에 평등하게 참여할 수 있는 조건을 만들었습니다.

국영경제에 관해 우리는 주로 정경분리 입장을 취합니다. 즉 국영기업의 소유권은 경영권과 분리하며 수권경영 등의 형식으로 국영경제 관리의 책임을 강화하며 국영경제의 효율을 제고합니다. 국영경제는 앞으로도 기타 경제적 요소 등과 함께 평등경쟁 중에 부단히 발전할 겁니다.

기자 : 중국 농촌은 어떤 문제에 봉착했는지요? 국민들의 식량문제는 어떻게 해결하십니까?

주룽지 : 중국의 개혁은 농촌에서부터 시작되었습니다. 십여 년 동안 개혁은 농업과 농촌경제및 농촌의 각종 사업 발전을 촉진했습니다. 최근 몇 년간 농업생산은 온건하게 발전했으며 농산품 품종도 증가하고 품질도 개선되어 기본적으로 인구 성장과 도시와 시골의 주민생활개선 수요를 만족시키고 있습니다. 향진鄕鎭 기업은 지속적으로 비교적 빠른 성장속도를 유지하며 농민소득도 지속적으로 증가하여 생활조건은 나날이 개선되고, 농촌의 심화개혁과 관련된 각종 조치도 온건하게 추진되고 있습니다. 그러나 부인할 수 없는 것은 경제가 고속 발전하는 중에 농업과 농촌업무에도 역시 현재 형세와 적응하지 못하는 문제가 출현했습니다. 예를 들면 농업 기초가 취약하여 농업과 공업 발전이 조화롭지 못한 점, 농산품 공급이 여유가 없고, 농촌인구 기수基數가 커서 잉여노동력이 많아 취업안배의 난이도가 큰 점, 농업 생산수단 공급의 부족 등이 있습니다. 현존하는 이런 문제에 대처하기 위하여 중국정부는 이미 일련의 조치를 취했습니다. 우리의 역량에 의지하여 중국 12억 인구의 먹는 문제를 해결하기 위하여 우리는 다음의 몇 가지 사항의 조치를 제정했습니다.

첫째, 농경지의 생산 잠재력을 찾아내 단위 면적당 생산량을 향상시키는 것으로 주로 농업종합개발입니다. 농사에 적합한 황무지를 개간하고 수확량이 낮은 땅을 개조하여 안정된 식량 파종의 기초 위에서 단위면적당 생산량을 제고시킵니다. 둘째, 과학기술에 근거하여 곡물생산의 수량과 품질을 향상시킵니다. 셋째, 농업 자금 투입을 증가시킵니다. 근 몇 년간 나타난 식량생산의 이익이 비교적 낮은 문제를 해결하기 위하여 1994년부터 국가는 또 특별지급대출금을 안배하고 아울러 중앙재정이 부분적으로 이자를 보조했습니다. 또한 식량과 면화 상품이 많은 현縣은 곡물 등 농업 부산품 가공업을 발전시켜 가공·유통이윤으로 각 생산부문에서 발생한 이익손실을 보상하도록 합니다. 넷째, 식량정책을 조정하고 농민의 생산량 증가와 수익 증가를 격려합니다. 적시에 식량 수매가격을 높여 농민의 생산 적극성을 유도하고, 농민이 시장에서 곡물 교역량을 확대하여 식량생산에 종사해 얻는 소득을 증가시킵니다.

기자 : 부총리께서는 외부세력, 특히 세계의 어느 대국이 중화인민공화국이 WTO에 접근하고 정식으로 WTO에 가입하는 것을 저지·방해한다고 여기십니까?

주룽지 : 중국은 '복관' [1]을 위하여 장장 9년을 노력했습니다. 이 기간에 미국은 중국의 '복관'을 지지한다고 말했지만 그러나 실제적으로는 대국이라는 지위를 이용하여 여러 차례 담판의 진전을 저지·방해했습니다. 또한 미국은 중국에 각종 각박하고 실제에 맞지 않는 조건을 제시했고, 심지어는 중국이 개발도상국이라는 것조차 인정치 않아 중국의 '복관' 문제를 지금까지 해결하지 못하게 했습니다. 중국의 WTO 가입 담판에 관한 입장은 일관되고 명확합니다. 첫째, 중국과 WTO의 관계는 서로 필요한 관계입니다. 둘째, 중국이 WTO에 가입하면 국가의 근본이익에 손해가 되는 차별적인 조건을 받아들이지 않을 것입니다. 만일 중국이 WTO에 가입할 수 없다면 중국은 여전히 지속적으로 개혁개방의 기본 국책을 실행하며 중국의 경제발전의 수요에 근거하여 적당한 무역 조치와 산업정책을 취할 것입니다.

---

1) 복관復關 : 중국이 관세무역협정조약체결국 지위를 회복하는 것을 말한다.

기자 : 중국의 러시아 및 미국과의 경제무역 협력에는 어떤 평가를 하시겠습니까?

주룽지 : 중러 양국은 이미 서로 간에 중요한 무역 파트너입니다. 1993년, 양국의 무역액은 77억 달러에 이르러 역사 이래로 가장 높은 수준이었습니다. 그러나 1994년 중러 무역에 비교적 큰 폭의 퇴조가 나타나 무역액이 1993년 대비 33.8% 하락했습니다. 이런 하락의 주요 원인은 양국이 시장경제라는 조건하에서 자국의 경제·대외무역을 조정하고 정비하여 양쪽 시장에서 새로운 변화가 발생했지만, 양국의 기업·대외무역 조직이 제때에 이런 변화에 적응하지 못한데 있습니다. 쌍방은 이를 매우 중시하며 이런 하락 국면을 전환시키기 위하여 해결 방도를 찾아 적극적인 성과를 얻었습니다. 작년 동기 대비 금년 상반기의 양국 간 무역액은 3~4% 성장했습니다. 금년 6월, 리펑 총리가 러시아를 방문하여 러시아 측과 쌍방의 실력 있고 신망이 두터운 큰 회사 및 대기업 간의 직접관계를 강화하여 되도록 빨리 현물거래로 이행하는 문제에 의견 일치를 보았습니다. 중러 경제는 상호 보완성이 강하며 독특한 지연적인 우위에 놓여있어 양국 경제무역 관계의 전망은 양호합니다.

중국과 미국의 경제무역 관계는 중미관계의 중요한 구성부분으로 장기적이고 온건한 경제무역 거래와 협력을 보호하고 발전하는 것이 중미 양국 및 양국 국민과 결부된 절실한 이익에 부합됩니다. 1979년, 중미가 외교관계를 수립한 이래 특히 금년에 중미 경제무역 관계 발전이 신속해졌습니다. 1994년, 양국 간 무역액은 354억 달러에 이르렀고, 금년 상반기의 무역액은 183억 5천만 달러로 작년 동기 대비 28.4% 성장했습니다. 현재의 발전속도라면 금년의 중미 양국 간 무역액은 400억 달러를 초과하리라 봅니다. 경제무역협력 영역은 점차 확대되어 상호 간 투자도 나날이 증가되고 미국의 재중在中 투자기업은 이미 양호한 수익을 얻었습니다. 현재 중국경제는 고속성장단계에 처했으며 거대한 시장 잠재력은 날이 갈수록 현실로 변하고 있습니다. 중미 양국 경제는 각기 우세하며 상호보완성이 강한데 이는 양국 경제무역 협력을 위하여 폭넓은 미래를 제공했습니다. 물론 양국 경제무역관계는 발전하고 있는 동시에 또한 일련의 마찰과 문제도 나타나고 있습니다. 우리는 쌍방이 실사구시 · 평등호혜의 원칙에 입각한다면 이런 문제는 절충을 통해 해결할 수 있으리라고 믿습니다. 어떤 다른 방법도 취할 수가 없습니다.

기자 : 경제무역 방면에서 부총리께서는 불가리아를 포함한 동유럽 국가에 어떤 임무를 제기하시겠습니까?

주룽지 : 중국은 불가리아를 포함한 동유럽 국가와는 전통적인 경제무역관계가 있어 왔습니다. 중국과 동유럽 각국의 시장과 생산품이 모두 비교적 강한 상호보완성이 있으므로 이런 양국 간 경제무역 관계는 과거 40년 동안 커다란 발전을 이룩했습니다.

1990년 이후 중국과 불가리아를 포함한 동유럽 각국의 무역방식은 원래의 정부 간 협정무역이 현물거래로 바뀌었습니다. 쌍방은 현재 이런 변환을 겪고 있으며 노력을 통하여 빠르게 이런 변화에 적응할 것입니다.

중국과 불가리아 무역은 양국 정부 및 유관 대외무역 기업과 조직의 공동 노력 하에 일정한 진전을 얻었습니다. 1993년, 양국 무역액은 1억 7천 3백만 달러로 유사 이래 최고 수준을 이룩했으며 1994년에는 1억 9백만 달러였습니다. 중국과 불가리아 무역은 잠재력이 아주 큽니다.

중국과 동유럽의 경제무역 관계를 발전시키기 위하여 저는 다음의 몇 가지 방면에서 노력을 강화해야 된다고 생각합니다.

첫째, 쌍방의 무역 주관 부문 간의 직접적인 연계를 강화하고 쌍방은 양국 간 무역 관계 조치를 발전시킬 협력을 강화해야 합니다.

둘째, 쌍방의 회사와 기업 간에 직접적인 연계를 맺도록 격려하고 직접무역을 전개하며 상대방 국가의 박람회·전시회·협상 등에 참가하여 상호 이해를 증진하고 무역 루트를 확대해 양국간 무역이 비교적 안정된 대량의 상품을 확보하도록 힘써야 합니다.

셋째, 여러 등급·여러 루트의 경제무역협력을 전개하고 현물환·바터barter를 병행하여 원활하고 다양한 경제기술협력을 전개하여 쌍방의 경제무역 관계에 새로운 활력을 불어넣어야 합니다.

기자 : 중국은 아시아 태평양 지역에 어떤 역할을 발휘하실 생각이신지요? 어떤 국가들과 먼저 경제협력을 발전시킬 생각이십니까?

주룽지 : 중국은 독립적 자주적 평화 외교정책을 시행하며 아시아 태평양지역의 평화 안정을 유지·보호하는 중요 역량으로 국제사회에서 보편적인 중시를 받고 있습니다. 아태, 특히 동아시아 지역은 근 몇 년 간 정치적으로 상대적인 안정과 경제의 지속적인 발전이라는 양호한 추세를 유지하고 있습니다. 중국은 개혁개방 정책을 실행하여 정국이 안정되고 경제는 고속·건전 성장을 유지하고 있으며 아시아 태평양 지역의 번영과 안전에 관해 적극적인 추진 역할을 하고 있습니다. 안정적이고 발전적인 강성한 중국은 어떠한 국가에도 위협을 조성하지 않을 것이며 아태지역 및 세계의 평화와 발전을 위하여 더욱 큰 공헌을 할 것입니다.

중국의 대외경제 협력정책은 전방위적이며 중국은 아시아 태평양 국가와 유럽 국가를 포함한 세계 각국과 경제무역 협력관계를 강화하기를 희망합니다.

우루과이 《옵저버》 기자 인터뷰[*]

(1996년 2월 3일)

기자 : 중국은 1997년 홍콩 반환과 1999년 마카오 반환을 앞두고 있습니다. 이를 바라보는 중국 정부의 관점과 시각은 어떻습니까?

주룽지 : 홍콩과 마카오가 정해진 시기에 중국으로 반환된 뒤 현지에서 큰 문제는 발생하지 않을 것으로 생각됩니다.

〈중 – 영 공동성명〉에 따라 홍콩이 중국에 반환되면 중국은 '일국양제—國兩制' 원칙을 확고하게 관철시킬 것입니다. 홍콩은 '항인치항港人治港(홍콩인이 스스로 홍콩을 다스림 : 역주)'과 고도의 자치를 실현하게 됩니다. 1997년 7월 1일 홍콩이 반환되어도 홍콩의 경제와 정치, 사회제도는 물론이고 홍콩인의 생활방식에도 아무 변화가 없을 것입니다. 홍콩은 중국 특별행정구의 하나인 동시에 독자적 관세지역의 지위를 계속 유지하게 됩니다. 〈홍콩특별행정구기본법〉 규정에 따라 중국은 국제금융과 해운, 무역의 중심인 홍콩의 지위를 수호하기 위해 노력할 것입니다. 중국은 홍콩의 안정과 번영을 보장하며 홍콩이 세계에서 그 고유한 역할을 계속 발휘해 나갈 것이라고 확신합니다. 또한 홍콩의 기존 법률과 제도는 변하지 않으

---

[*] 우루과이 정부 초청으로 1996년 2월 1일부터 5일까지 주룽지 부총리는 우루과이를 공식 방문했다. 방문기간 동안 주 부총리는 투숙 중인 빅토리아 호텔에서 《옵저버》 국제판 편집장과 인터뷰를 하면서 우루과이 방문 성과 · 양국 관계 · 중국의 개혁개방 성과 및 중국의 홍콩과 타이완 정책 등에 관해 답변했다.

며, 모든 특색과 우위도 유지될 것입니다. 홍콩 반환 후 홍콩에는 변동이 없으며 발전의 길을 계속 걸어가게 될 것입니다.

마카오의 상황도 홍콩과 같습니다. 어떤 문제도 발생하지 않을 것입니다.

기자 : 타이완은 현재 총통 선거를 앞두고 있습니다. 몇 주 전 미국 정부는 "중국이 타이완에 강한 압력을 행사하고 있다", "중국이 타이완 무력 침공을 준비 중이다" 등의 발언을 여러 차례 공개적으로 발표한 바 있습니다. 그렇다면 현재 중국 정부의 타이완 정책은 무엇입니까? 중국 정부는 중국에 대한 미국의 비난을 어떻게 보십니까?

주룽지 : 타이완 문제에 있어 중국은 리덩후이李登輝(전 타이완 총통:역주)가 내놓은 '타이완 독립론'과 '일중일대一中一臺(중국과 타이완은 각각 별개라는 뜻:역주)' 정책을 단호하게 반대합니다. 그 정책은 잘못된 것입니다. 타이완은 예로부터 중국 영토의 일부분입니다. 따라서 타이완은 어떤 방식으로든 중국의 품으로 다시 돌아올 것입니다.

물론 중국은 타이완과의 평화통일 추진을 위해 최선을 다하고 있지만 무력사용의 가능성도 배제하지 않고 있습니다. 그 이유는 외세가 중간에서 통일을 방해하고 타이완이 중국에서 떨어져나가 독립을 시도하도록 타이완 정부를 부추기고 있기 때문입니다. 하지만 상황이 급박하게 돌아가지 않는 한 중국은 무력을 행사하지 않을 것이라는 점을 분명히 밝히고 싶습니다. 그리고 무력사용 여부도 완전히 중국의 주권에 속한 문제이므로 다른 나라가 간섭할 권리는 없습니다.

소위 "중국이 타이완을 침공할 것이다"는 등의 소문은 다른 국가들이 퍼뜨린 연막에 불과한데 이는 전혀 근거가 없는 것이 아닙니다. 미국의 제7함대가 타이완해협 부근을 줄곧 순시하고 있기 때문입니다.

중국은 우루과이 정부가 '하나의 중국' 정책을 견지하고 타이완과 어떠한 정치적 관계도 맺지 않는 점을 높이 평가하고 있습니다. 타이완은 '달러 외교'를 통한 유엔 가입을 시도하고 있습니다. 이는 유엔에게 있어 모욕적인 일입니다. 중국은 반드시 통일의 대업이 실현될 것이라 굳게 믿습니다.

기자 : 부총리께서 중국의 경제정책을 주도할 당시 중국의 경제체제 개혁과 무역개방은 큰 발전을 이루었습니다. 중국은 개혁을 진행하면서 어떤 성과를 거두었습니까? 또 어려움은 무엇입니까?

주룽지 : 1978년, 중국은 덩샤오핑 동지의 지도 아래 개혁개방 정책을 실시하고 중국 특색의 사회주의 건설을 강력하게 추진했습니다. 10여 년 동안의 개혁개방 과정에서 중국은 거대한 성과를 거두었습니다. 연평균 GDP 성장률은 9.3%이며, 특히 최근 4년 동안 중국의 경제성장률은 10~13%를 기록했습니다. 이것은 중국 공산당의 지도 아래 정부가 이미 국민경제의 지속적이고 빠르며 건전한 발전 목표를 실현시켰다는 의미입니다. 중국은 앞으로도 계속해서 새로운 성과를 얻을 것입니다.

개혁개방 정책을 실시하면서 중국은 경제과열과 소매물가 상승 등 적지 않은 난제들을 극복했습니다. 물론 이 문제들이 아주 심각했던 것은 아닙니다. 역사상 중국의 물가가 최고로 상승했던 시기는 1984~1985년, 1993~1994년 두 차례입니다. 당시의 물가 상승률은 평균 20%에 달했습니다. 그러나 이 시기에 중국은 인플레이션 지수를 성공적으로 끌어내렸습니다. 특히 1994년 이후 중국은 거시경제에 대한 전면적인 구조조정을 실시했다는 점을 강조하고 싶습니다. 금융과 재정, 세무뿐 아니라 대외무역 정책에까지 구조조정을 실시했고 이는 중국이 거둔 성과를 뒷받침해 주었습니다.

무엇보다 금융 시스템 개혁이 성공적이었습니다. 통화제도 개혁으로 중국의 외환보유액은 대폭 증가했습니다. 작년 중국의 외환보유액은 750억 달러이며, 1995년 대외무역 총액은 2,800억 달러를 돌파했습니다. 지난 3년 동안 중국에 대한 외국인 직접투자액(FDI)은 매년 300억 달러 선을 유지하고 있으며, 3년 간의 FDI 총액은 1,300억 달러에 달합니다. 재정수지도 뚜렷하게 호전되었습니다. 앞으로 5년에서 10년 내에 중국의 연평균 GDP 성장률은 8% 이상을 기록할 것으로 예상됩니다. 인플레이션 지수는 한 자리 수 이내로 억제되어 경제성장률보다 낮아질 것입니다.

기자 : 중국과 우루과이의 현재 관계를 어떻게 보십니까? 무역에서부터 외교 · 정치 분야까지 말씀해 주십시오.

주룽지 : 중국과 우루과이가 1988년 정식으로 수교한 후 양국 관계는 순조롭게 발전해오고 있습니다. 최근에는 정치뿐 아니라 경제무역 · 문화 · 군사협력 등 분야에서 상당한 성과를 이뤘습니다. 중국 정부는 '하나의 중국' 원칙을 견지하고 중국의 인권정책에 지지를 보내주고 있는 우루과이 정부에 깊은 감사를 드립니다. 다각적인 국제협력 분야에서 양국 정부는 언제나 서로를 지지하고 있습니다. 이번 방문 역시 양국의 우호협력 관계를 더욱 심화하기 위한 것입니다.

기자 : 양국의 경제무역 관계는 어떻게 평가하십니까?

주룽지 : 수교 8년 동안 양국의 경제무역 관계는 순조롭게 발전해오고 있습니다. 작년 양국의 무역액은 1억 3천만 달러에 달합니다. 중국은 이미 우루과이의 3대 무역파트너이자 최대 양모 수입국으로 떠올랐습니다.

양국 경제무역 관계는 전체적으로 양호합니다. 앞으로 중국은 우루과이로부터 더 많은 양모를 수입할 계획입니다. 그것은 양국 무역이 비교적 안정적이기 때문입니다. 하지만 우루과이가 단순히 중국에 농축산품을 수출하는 것만으로는 자국의 수요를 충족시킬 수 없을 것입니다. 양국 간 경제무역 관계 역시 단일 산업만을 기반으로 해서는 실질적인 발전을 거둘 수 없습니다. 중국은 이번 방문을 통해서 우루과이에 전자 · 기계 조립과 경공업 관련 합자기업을 설립하자는 의견을 제시했습니다. 이 기업은 우루과이에서 제품을 제조해 다른 국가에 수출하는 방식으로 경영될 것입니다. 해당 프로젝트가 실현될 경우 재정수입이 증대되고 실업 문제도 일부 해소할 수 있어 우루과이에도 상당한 이득을 가져다줄 것입니다.

결론적으로 중-우루과이 양국 관계는 매우 좋습니다. 앞으로도 분명 좋은 관계를 유지할 거라 믿습니다.

기자 : 양국 협상에서 얻은 결과와 이번 방문 중 양국이 이룬 협의를 어떤 방법으로 조속히 실현하실 생각이신가요?

주룽지 : 중국 정부대표단의 이번 우루과이 방문은 성공적이었습니다. 우루과이 정부와 국민들의 환대에 저희는 감동했습니다. 진심으로 감사하다는 말씀을 드립니다.

1996년 2월 2일, 몬테비데오 대통령 관저에서 우루과이 상기네티 대통령과 만난 주룽지 부총리.
(사진=신화사 한샤오화韓曉華 기자)

이번 주 토요일, 중국 대표단은 양모 가공공장을 참관하고 농장도 방문했습니다. 이 활동을 통해 우루과이의 상황과 국민들에 대해 더 깊이 알 수 있었습니다.

또한 우루과이 정부와 국민들께도 감사 인사를 드리고 싶습니다. 특히 훌리오 마리아 상기네티Julio Sanguinetti 대통령께 감사드립니다. 우루과이 외무장관은 연내에, 부통령은 10월에 중국을 방문할 예정입니다. 저는 상기네티 대통령께도 장쩌민 주석의 초청 의사를 전달했습니다. 대통령께서 내년에 중국을 방문해주셨으면 좋겠습니다. 그분들이 중국에 오시면 저희와 마찬가지로 따뜻하고 우호적인 환대를 받게 될 것입니다. 이번에 저와 함께 우루과이를 방문한 각 부처 장관들도 우루과이 해당 부처 장관들을 중국에 초대했습니다. 그분들이 모두 연내에 중국을 방문해서 양국 관계가 더욱 발전하기를 바랍니다.

마지막으로 양국 관계는 좋기만 한 것이 아니라 매우 좋다는 사실을 다시 한 번 힘주어 말씀드리고 싶습니다.

미국《월스트리트 저널》 발행인
피터 칸 부부 인터뷰*
(1999년 4월 2일)

주룽지 : 방금 라디오 방송에서 제가 4월 6일부터 미국을 방문한다는 소식을 발표했습니다. 저는 미국 방문 전에 언론을 통해 먼저 미국 국민들에게 인사를 하고 싶었습니다. 그리고 좋은 분위기를 조성해서 이번 방문으로 중미 양국의 우호협력 관계를 발전시키기를 희망했습니다. 제가 인터뷰 대상으로《월스트리트 저널》을 선택한 것은 월스트리트 저널이 대형 신문사이자 유력 언론인 이유도 있지만 1993년 허 여사[1]와 인터뷰를 한 적이 있어 이미 친분이 있다는 점도 작용했습니다. 두 분께서 주신 사전 질문지를 보고 제 비서들이 이미 답변을 작성했지만 제가 보니 '표준 답안'에 불과해서 아무래도 별 뉴스 가치는 없을 것 같습니다. 그래서 여러분께 이 답변을 드리지는 않겠습니다. 이 자리에서 두 분이 직접 질문하고 제가 답변을 드리는 것이 아무래도 그쪽 요구에 더욱 부합할 것입니다. 질문 전에 미국 방문에 대한 최근의 제 생각을 말씀드리겠습니다. 이것 역시 좀 더 뉴스 가치가 있을 것 같군요.

---

* 빌 클린턴 미국 대통령의 초청으로 주룽지 총리는 1999년 4월 6일부터 14일까지 미국을 공식 방문했다. 미국 방문 전 주 총리는 중난하이 쯔광거에서 미 다우존스사 회장 겸《월스트리트 저널》 발행인인 피터 칸Peter kann 부부와 인터뷰를 갖고 중미관계 · 미국 방문 · 중국의 경제체제 개혁 · 경제 상황 등의 문제에 관해 답변했다.

1) 피터 칸의 부인인 카렌 엘리어트 하우스Karen Elliott House의 중문 이름은 '허카이위賀開宇' 다. 따라서 '허 여사' 라고 지칭했다.

1999년 3월 31일 오전, 주룽지 총리는 베이징 인민대회당에서 토마스 미 상원 외교위원회 동아시아태평양 소위원회 위원장을 수반으로 한 미 의회대표단을 접견했다.

올해 3월 15일, 제9기 전국인민대표대회 2차 회의에서 가진 기자회견에서 이번 미국 방문은 어려움이 많을 것 같다는 얘기를 했습니다. 미국에서 저는 환영받지 못할 것이며, 심지어 제게 적개심을 품은 사람들도 있습니다. 하지만 그래도 저는 계속 미국행을 원했습니다. 제가 가서 미국 국민들에게 일부 문제를 해명하고 진상을 설명한다면 양국의 이해를 촉진할 수 있을 거라고 생각했습니다. 그 당시는 자신감에 차 있었습니다. 그러나 이후 상황이 급변했고, 예상치 못한 문제들이 생겼습니다. 상황은 점점 복잡해졌습니다. 첫째, 미국을 중심으로 하는 북대서양조약기구(NATO)는 코소보 사태에 개입하고 코소보에 병력을 파견했습니다. 장쩌민 주석은 여러 차례 성명을 발표하고 이에 대한 중국의 입장을 명확하게 표명했습니다. 그러나 감정이 격앙된 중국 국민들은 제게 전화나 편지로 미국행을 중지하라고 주장했습니다. 둘째, 미국은 제네바 소재 유엔인권위원회에 중국 인권상황을 비난하는 결의안을 제출하기로 결정했습니다. 이 사건으로 중국 국민들의 분노가 폭발했습니다. 셋째, 중국의 WTO 가입 협상은 원래 순조롭게 진행되고 있었습니다. 그러나 최근 미 의회의 압력 때문에 협상에서 미국 정부의 태도가 변화하고 있는 것 같습니다.

1999년 3월 31일 오전, 주룽지 총리는 베이징 인민대회당에서 로스 상원의원(왼쪽에서 두 번째)이 이끄는 미 의회 의원대표단을 접견했다. 오른쪽에서 두 번째는 로스 의원의 부인, 왼쪽 첫번째는 치화이위안齊懷遠 대외우호협회 회장, 오른쪽 첫번째는 양제츠楊潔篪 외교 부부장.

1999년 4월 2일, 주룽지 총리는 중난하이 쯔광거에서 미 다우존스 회장 겸 《월스트리트 저널》 발행인인 피터칸 부부와 인터뷰를 가졌다. (사진=신화사 란훙광蘭紅光 기자)

　미국 정부도 WTO 가입 협상에서 중국이 많이 양보했다는 사실을 잘 알고 있을 것입니다. 3년이나 5년 전에는 상상도 못할 일이었습니다. 중국 측의 양보로 양국 협상이 타결된다면 중미 무역협력발전에 유리할 것이며, 또 중미 무역적자도 줄일 수 있어 미국에게도 이득이 될 것입니다. 협상 타결이 발표되면 분명 미국 기업계에서는 환영과 지지를 보낼 것입니다. 최근 미국 기업가와 접촉을 했기 때문에 그 점은 잘 알고 있습니다. 그러나 미 의회 일부 의원들의 반대 때문에 지금까지 중국의 협상 상대인 미국은 WTO 협상 타결에 적극적인 태도를 표명하지 못하고 있습니다. 그저께 오전, 저는 미 의회의 두 대표단을 만났습니다. 그중에는 상원의원과 하원의원 총 20명도 포함되어 있으며, 두 대표단은 각각 로스 의원과 토마스 의원을 단장으로 하고 있습니다. 저는 오전 내내 대표단과 대화를 나누었습니다. 우선 의원들에게 중국이 반드시 WTO에 가입하려는 것은 아니라고 말했습니다. 물론 중국은 WTO 가입을 희망하고 있습니다. 그것을 위해 13년 동안이나 협상을 해왔지요. 하지만 WTO 가입을 못 한다고 해서 중국이 생존할 수 없는 것은 아닙니다. 13년의 역사가 말해주듯 중국은 WTO 없이도 살 수 있고, 점점 더 부강해졌습니다. 두 번째로 의원들보다 제가 WTO 협상의 전 과정을 더 잘 알고 있다는 말도 했습니다. 13년의 세부적인 과정을 잘 알기에 중국이 굉장히 많은 양보를 했다는 것도 의원들보다 더 잘 압니다. 협상이 타결되면 분명 미국 기업계의 지지를 받을 것입니다. 하지만 의원들은 클린턴 정부와 샬린 바셰프스키[2] 대표가 원칙대로 교역을 하는 것을 비판하고 있습니다. 그것은 불공평합니다. 사실 바셰프스키 대표는 협상 내내 강경한 입장을 보였습니다. 그래서 지나치게 욕심을 부린다고 제가 한마디 하기도 했습니다. 지금까지 그렇게 강력한 상대는 만나본 적이 없습니다. 협상이 발표되면 미국인들은 더 이상 미국 정부가 원칙대로 교역한 것을 비난하지 않겠지만, 대신 중국 국민들이 절 비난하지 않을까 걱정이 됩니다.

피터 칸 : 말씀하시는 것으로 보아 중미 양국은 이미 합의에 도달한 것 같은데 맞습니까?

주룽지 : 합의 달성까지는 얼마 남지 않았습니다. 다만 미국 측 무역대표가 각 분야에서 압력을 받고 있어서 그 거리를 좁히지 못하고 있어요.

피터 칸 : 방금 중국이 최대한 양보를 했다고 하셨습니다. 그렇다면 이 시점에서 중국은 더 이상의 양보는 못한다는 말씀이신가요?

주룽지 : 그런 뜻이지요. 중국이 왜 그렇게 많이 양보했는지 묻고 싶으신가요?

---

2) 샬린 바셰프스키Charlene Barshefsky : 당시 미국무역대표부(USTR) 대표였다.

그렇다면 오해하지 말라고 말씀드리고 싶군요. 중국은 절대 WTO 가입을 위해 애걸복걸하지 않습니다. WTO에 가입하지 않았어도 잘살고 있지 않습니까? 중국이 미국의 요구 조건을 대폭 수용한 이유는 중미 양국의 우호협력을 고려했기 때문입니다. 중국은 장쩌민 주석과 클린턴 대통령이 확정한 목표에 따라 건설적인 전략적 동반자관계를 구축하기 위해 노력하고 있습니다. 중국은 양국의 양호한 협력 추세를 발전시켜 나가기를 희망합니다. 그렇다면 지금처럼 후퇴할 위험은 없을 것입니다. 따라서 중미 간의 협상 타결 반대는 미국의 국익에 저해되는 일임을 미국 의원들에게 말씀드리고 싶습니다. 중국은 이 협상을 꼭 성사시키려고 하는 것도 아니고, 제가 미국을 방문하기 전에 협상을 타결하려고 하는 것도 아닙니다. 중국은 중미 양국의 우호관계를 우선으로 생각합니다. 협상이 타결되지 않아도, WTO에 가입하지 않아도 중국은 세계 각국과 양자관계를 발전시킬 수 있습니다. 방금 칸 선생도 중국이 더는 양보할 수 없는지 물었죠. 아닙니다. 확실히 말해두지만 더 양보를 못하는 것이 아니라 미국이 우리에게 더 양보하라고 요구하는 것은 도리에 어긋납니다. 통신산업 개방을 예로 들어보죠. 과거 중국은 통신산업을 절대 대외에 개방하지 않았지만 지금은 개방하기로 약속을 했습니다. 최근 몇 년 동안 합자기업의 외자 지분한도는 25~30%까지 허용되었습니다. 과도기 이후 외국인 투자 비율도 확대할 수 있습니다. 단 한 가지 조건이 있습니다. 중국이 반드시 일정 지분을 소유하고 지배해야 한다는 것입니다. 그러나 미국에서는 그쪽에서 지분을 소유하겠다고 요구하고 있습니다. 사실 미국의 많은 산업들도 중국의 지분 보유를 허용하지 않고 있습니다. 미국 민간항공산업의 외국인 투자비율은 25%에 불과합니다. 현재 한국과 타이완을 포함한 세계 모든 국가에도 외국인 투자규제가 있습니다. 중국만 있는 것이 아닙니다. 그리고 은행과 보험 등의 분야는 미국의 원래 요구조건보다 훨씬 더 큰 폭으로 개방했습니다. 주식시장은 동남아시아의 금융위기를 교훈으로 삼아 지나치게 빨리 개방하지는 않을 것입니다. 이런 중국의 입장을 미국도 잘 알고 있을 것입니다. B주는 개방할 수 있지만 A주 개방은 불가능합니다. 미국에서 A주를 개방하라고 요구해도 그것은 받아들일 수 없습니다. 미국 요구대로 개방을 한다면 중국은 동남아시아 금융위기 대열에 합류하게 될 것입니다.

피터 칸 : A주와 B주의 개방은 어떤 의미가 있습니까?

주룽지 : 그것은 전문적인 문제라서 지금 설명하기에는 시간이 부족합니다. 어쨌든 제 생각에는 경제문제, 즉 WTO 협상은 경제문제죠, 그것이 정치문제로 변질된 것 같습니다. 그럼 문제가 매우 복잡해집니다. 이틀 전, 미국 의회대표단을 만났습니다. 그 자리에서 한 의원은 WTO 협상은 분명 인권문제, 핵확산방지문제 등과 연관이 있다고 단도직입적으로 말하더군요. 전 다른 의견을 제시했습니다. 우리가 모든 경제문제를 인권문제나 핵확산방지문제와 연관시킨다거나, 경제문제를 정치문제와 같이 거론한다면 중미 양국은 우호협력 관계를 발전시킬 수 없습니다. 농업 분야 협상 중 밀의 TCK병[3] 문제 · 오렌지 문제 · 육류검역 문제에서 중국은 충분히 미국 측 요구를 수용했습니다. 미국 측에서는 양국이 이 분야에서 완벽하게 합의를 보았다고 생각하고 있습니다. 그렇다면 농업 분야의 합의 사항을 국민들에게 공개하는 것은 어떨까요? 국민들의 지지를 얻는다면 다른 분야의 합의도 더욱 순조로울 것입니다. 물론 농업 분야의 합의 공개가 WTO의 완전 타결을 의미하지는 않습니다. 농업 분야는 전체 협상이 타결된 후에야 발효될 것입니다. 단지 지금 발표하면 경색된 분위기를 개선하고 동시에 다른 합의 달성을 촉진할 수 있기에 제안한 것입니다. 하지만 미국 측은 이 제안을 거절했습니다. 'It's

---

3) TCK병 : Tilletia contraversa Kähn의 약자로 밀 깜부기병을 말한다.

impossible(이는 불가능하다)'이라고 말하더군요. 이런 상황에서 제가 미국에 간다고 해서 뭘 할 수 있을까요? 또 무슨 의미가 있겠습니까? 중국은 여러 차례 양국 관계를 고려했습니다. 미국은 초강대국이고 중국은 세계 최고의 인구 대국입니다. 이 두 나라가 우호협력관계를 발전시킨다면 세계 평화와 국제 협력 판도에 영향을 줄 것입니다. 따라서 장쩌민 주석과 중국 지도층은 제 미국행을 결정했습니다. 이번에 저는 클린턴 대통령의 초청으로 미국을 방문합니다. 이번 방문을 통해 양국과 양국 국민들의 의견을 교류하고, 일부 문제에 대한 심도 있는 토론을 해서 중미우호협력관계의 발전 가능성을 모색하는 기회가 되었으면 합니다.

피터 칸 : 주 총리의 방미 기간 중에는 WTO 협상 타결이 불가능한가요? 방금 말씀하신 '불가능하다'가 그런 뜻입니까?

주룽지 : 제가 아까 말한 "It's impossible"은 일부 합의한 분야를 먼저 공개하자는 제안을 말하는 것입니다. 그러나 미국 측이 말하는 "It's impossible"은 우리가 말하는 "It's impossible"과는 뜻이 다릅니다.

피터 칸 : 이미 합의를 달성한 내용에 관해 자세히 말씀해주시죠. 주 총리의 말씀을 미국 기업계에 전달해서 현재 양국이 어떤 분야에서 WTO 합의를 달성했는지 알리고 싶습니다.

주룽지 : 그럼 바셰프스키 대표가 더욱 강경하게 나올 겁니다. 이번 미국행이 마음 편하지만은 않습니다. 중국에는 '양쪽에게 다 좋은 소리 못 듣는다'는 말이 있습니다. 한편으로는 미국 국민들이 절 환영하지 않기 때문이고, 다른 한편으로는 중국 국민들이 미국 방문을 반대하기 때문입니다. 따라서 제 임무는 very difficult job이 될 것입니다.

피터 칸 : 아직 10개에서 20개 정도의 질문이 남아있는데 괜찮으시겠습니까?

1999년 3월 30일, 주룽지 총리가 중난하이 쯔광거에서 미국 무역대표 바셰프스키(가운데)를 접견했다.
(사진=신화사 류젠성 기자)

주룽지 : 뒤이어 캐나다 《글로브 앤드 메일》과의 인터뷰 일정이 잡혀 있습니다.

피터 칸 : 미국 상업계와 기업계가 중미관계 개선을 지지한다고 보시는데 실제로는 대중對中 투자액이 줄어들고 있다고 합니다. 그것이 사실입니까? 사실이라면 그 원인은 무엇입니까? 이런 상황을 개선하기 위해서는 어떤 조치를 취해야 할까요?

주룽지 : 사실 미국을 포함한 외국의 대중 투자액은 매년 늘어나고 있습니다. 작년에도 재작년에 비해 다소 증가했습니다. 방금 대중 투자액이 줄어들었다고 말씀하셨는데 그것은 사실과 다릅니다. 작년 중국에 대한 외국인 직접투자액은 459억 달러로 재작년의 450억 달러 수준을 넘어섰습니다. 올해 1월과 2월만 작년 동기대비 감소세를 보였을 뿐입니다. 그러나 단지 2개월 줄어든 것 가지고는 문제가

되지 않습니다. 올해 대중 투자액은 더욱 증가할 것으로 예측하고 있습니다. 현재 대중 투자환경이 동남아 일부 국가에 투자하는 것보다 훨씬 낮기 때문입니다. 방금 언급했던 여러 분야에 대한 개방정책 실시도 그 이유 중 하나일 것입니다. 특히 통신산업을 개방한 후 중국에는 해외 투자액이 대량으로 유입되고 있습니다.

피터 칸 : 철학적인 질문을 하나 드리고 싶습니다. 중국은 현재 경제 자유화를 부단히 심화하고 있습니다. 그 경우 정치 다원화가 강화되는 것을 피할 수 없지 않을까요? 혹은 정치 다원화는 경제 자유화 추진과 성공의 전제가 아닐까요. 둘 사이의 관계를 어떻게 보십니까?

주룽지 : 정치와 경제는 상호작용을 하죠. 물론 경제는 정치의 향방을 결정하고 정치는 경제에 대해 반작용을 일으킵니다. 문제는 우리 두 사람이 소위 말하는 '경제 자유화'와 '정치 다원화'의 개념을 어떻게 이해하고 있는가 하는 점입니다. 그것은 또 다른 것이죠.

피터 칸 : 클린턴 대통령과 장쩌민 주석이 건설적인 전략적 동반자관계 구축을 공동의 목표로 확립했다고 말씀하셨습니다. 하지만 일각에서는 양국 관계가 아직은 소원하다고 보고 있습니다. WTO 문제 외에 다른 구체적인 문제가 있다고 생각하십니까? 이 문제를 해결하기 위해 미국이 어떤 방법을 취해야 건설적인 전략적 동반자관계를 실현할 수 있을까요?

주룽지 : 중국은 양국 정상이 심혈을 기울이고 있는 건설적인 전략적 동반자관계 구축목표를 이룩하기 위해 시종일관 노력하고 있습니다. 중국은 미국의 잠재적인 적수가 아니며 미국의 적은 더더욱 아닙니다. 중국은 미국의 믿음직한 친구입니다. 그러나 중국이 그런 관계를 구축하기 위해 노력한다고 해서 미국의 모든 대외정책과 대내정책에 찬성한다는 뜻은 아닙니다. 그 반대의 경우도 마찬가지입니다. 설사 미국의 가장 가까운 동맹국이라고 해도 미국의 모든 정책과 행동에 동의한다고는 할 수 없습니다.

피터 칸 : 미국은 현재 세계에서 유일한 초강대국입니다. 그렇다면 미국이 특수한 역할을 과연 잘 수행하고 있는지 평가를 내려주십시오. 점수를 매긴다면 몇 점이나 될까요?

주룽지 : 미국이 초강대국이라는 것은 분명한 사실이죠. 하지만 인류의 역사를 돌아보면 초강대국의 역할은 쉬운 일이 아니며 상당한 위험도 따릅니다. 그리고 초강대국이라고 해서 영원히 그 자리를 지킬 수 있는 것도 아닙니다. 따라서 미국은 초강대국으로서 알아서 잘 행동해야 할 것이며, 타인에 대한 태도도 자신들이 주장하는 것처럼 민주적이고 자유로우며 평등해야 합니다.

피터 칸 : 그 말은 미국의 역할이 아직 부족하고 더 잘하길 기대한다는 뜻인가요?

주룽지 : 자기 스스로 잘했다, 만족했다고 말할 수 있는 사람은 없습니다.

피터 칸 : 양국 정부는 아시아 지역의 전역미사일방어체제 문제를 두고 논쟁을 하고 있습니다. 중국은 왜 이것이 중국에 위협이 된다고 보십니까?

주룽지 : TMD(전역미사일방어체제) 구축은 현행 국제 〈탄도탄요격미사일(ABM) 협정〉과 서로 모순되며, TMD의 발전은 세계 평화를 저해한다는 것이 제 생각입니다. 저희는 미국이 타이완을 TMD 체제에 끌어들이는 것을 반대합니다. 그것은 중국의 주권과 내정에 대한 간섭이며, 〈중미 3개 연합공보〉와 양국 정상의 공동성명을 위반하는 행위입니다.

피터 칸 : TMD를 반대하는 이유는 단순히 타이완 문제 때문인가요?

주룽지 : 방금 드린 대답을 분명하게 이해하셨는지 모르겠습니다. 저는 반대 이유를 두 가지로 나누어 말했습니다. 첫 번째는 TMD가 ABM 협정에 위배되며 세계평화를 저해하기 때문이며, 두 번째는 타이완의 TMD 가입을 반대하기 때문입니다.

피터 칸 : 몇 가지 더 여쭤보고 싶은 것이 있습니다. 이 질문은 미국 국민들이 주 총리를 더 잘 이해할 수 있게 해 줄 것입니다. 사람들은 종종 주 총리를 가리켜 현실주의자니 개혁가니 온건파니 그렇게 부릅니다. 하지만 이런 말은 지나치게 단순한 감이 있습니다. 총리께서는 자신이 어떤 사람이라고 생각하십니까?

주룽지 : 저는 보통 중국인인 동시에 중국 총리입니다.

피터 칸 : 총리께서는 한동안 우파로 낙인찍혀서 근 20년 동안 힘든 시간을 보내신 것으로 압니다. 그때 어떤 생활을 하셨는지 저희에게 말씀해 주시겠습니까? 아니면 저희를 통해 미국 국민들에게 알려주셔도 좋습니다. 그리고 가장 핵심적인 질문인데 당시의 경험이 현 중국 정부에 어떤 영향력을 발휘하고 있다고 생각하시나요?

주룽지 : 저는 그 당시의 불유쾌한 경험에 대해 말할 생각도 없고 말하고 싶지도 않습니다. 또 말할 필요도 없다고 봅니다.

피터 칸 : 이미 관련 보도를 보았지만 다시 여쭈어본 이유는 좀 더 가치 있는 정보를 얻고 싶었기 때문입니다.

주룽지 : 한마디 덧붙이자면 그 시간들은 고통스러웠지만 유익한 경험이었습니다. 많은 것을 배웠고 폭넓은 시야를 갖게 되어 사회의 깊숙한 단면을 볼 수 있었습니다. 오늘날 중국 공산당과 정부는 제가 얻은 교훈을 충분히 수용했습니다.

피터 칸 : 그 당시 경험을 통해 다른 관점을 더욱 잘 수용하고, 더 다양한 관점을 갖게 되신 건가요?

주룽지 : 아마 그럴 겁니다.

피터 칸: 미국인은 최근 반세기 동안 중국하면 떠오르는 것은 1989년 발생한 톈안먼天安門 사건 당시 한 젊은이가 탱크 앞에 서던 사진이라고 합니다. 그만큼 깊은 인상을 주었다는 뜻일 겁니다. 그 사람을 어떻게 생각하십니까? 그 사람은 용감한 건가요, 어리석은 건가요? 아니면 잘못된 건가요?

주룽지 : 그 사진은 처음에는 미국과 다른 나라 영화나 TV에 자주 등장하더니 요

새는 거의 보지 못했습니다. 제게도 깊은 인상을 남긴 사진 한 장이 있습니다. 벌거벗은 베트남의 한 소녀가 미국 폭격기의 공격을 피해 달아나는 사진입니다. 그 소녀는 지금 미국에 있습니다. 그런 일이 다시는 일어나지 않기를 바랍니다. 그러나 이 일은 경우가 다릅니다. 생각을 해 보세요. 젊은이는 탱크 앞에 있었지만 탱크가 그 젊은이를 깔아뭉갠 것도 아니고 오히려 피해갔어요. 어떻게 된 일인지 다들 생각해보셨나요?

피터 칸 : 전에도 몇 번 중국의 상황에 대한 정확한 통계수치를 얻지 못한다고 언급하신 적이 있습니다. 그것 때문에 조금 곤란하다고 하셨죠. 중국경제의 통계수치가 정확하지 않다면 이는 정부의 정책 제정에 어떤 영향을 미치고 있습니까?

주룽지 : 문제는 작년 중국의 경제성장률이 7.8%를 기록한데서 출발합니다. 동남아 여러 국가가 마이너스 성장을 기록한 상황이었기 때문에 많은 사람들이 이 수치의 정확성에 대해 의문을 품었어요. 이미 말씀드렸지만 통계에 거품이 있는 것이 사실입니다. 하지만 그런 거품은 작년에 처음 나타난 것도 아니고, 작년이 정도가 심했던 것도 아닙니다. 왜냐하면 중국은 경제수치의 정확성 여부를 주의 깊게 조사했고 절대 조작하지 말라고 경고했습니다. 계속해서 이 점을 강조했기 때문에 거품은 전보다 오히려 줄어들었습니다. 중국의 통계제도는 1950년대 처음 구소련으로부터 도입했습니다. 1978년 개혁개방 후에는 미국과 국제통계의 관례에 따라 제도를 개정했습니다. 지금은 약 반세기 동안 통계를 내왔기 때문에 수치가 전적으로 부정확하고 거품이 있다고 말할 수는 없습니다. 현재 수백만 명이 통계 업무에 종사하고 있지만 저도 그 작업이 정확하다고 말할 수는 없습니다. 솔직히 중국 기업에 대한 통계는 비교적 정확하지만, 농촌에 대한 통계는 땅이 너무 넓어서 일부는 정확한 통계를 얻기가 불가능합니다. 그러나 매년의 통계 수치는 비교가능성을 갖고 있습니다.

피터 칸 : 저는 1993년에도 주 총리를 인터뷰 했습니다. 그때 중국의 인플레이션은 25%였고, 경제성장률은 12~13년 동안 연속 10%를 초과했습니다. 당시 총리의 막중한 임무는 바로 중국 경제의 '연착륙' 실현이었습니다. 많은 사람들이 총리께서 과연 연착륙을 실현할지 의심의 눈초리를 보냈지만 결국 성공을 거두셨습니다. 이제 직면한 도전은 중국의 경제가 7% 혹은 8%와 같은 만족할 만한 성장률을 어떻게 유지하느냐 하는 것입니다. 총리님은 두 가지 도전 중 어떤 것이 더 어렵다고 생각하십니까?

주룽지 : 1993년, 제 앞에 놓인 가장 큰 난제는 인플레이션이었지만 지금은 디플레이션이 최대의 난제입니다. 물가가 계속 떨어지고 있습니다. 몇 세기 동안 중국인들은 인플레이션을 가장 두려워해왔습니다. 그러나 아직 디플레이션을 경험해본 적은 없습니다. 현재 대다수의 중국인들은 디플레이션이 그들에게 어떤 위험을 가져올지 전혀 깨닫지 못하고 있습니다. 따라서 인플레이션을 관리할 때보다는 훨씬 수월합니다. 국민들은 인플레이션 걱정을 할 필요가 없다고 안심하고 있거든요.

피터 칸 : 디플레이션이 초래할 위험은 얼마나 큽니까?

주룽지 : 현재 국민들은 모두 돈을 은행에 넣어놓고 있어요. 저축률이 아마 40%인가 50%일 텐데 정확한 수치는 모르겠습니다. 하지만 은행은 이 돈을 대출해 줄 곳이 없습니다. 돈을 빌려서 할 만한 좋은 사업이 없기 때문이죠. 따라서 성장률이 떨어질 수도 있습니다. 그리고 상품의 공급이 수요보다 많고 물가가 떨어지면 기업이 경영난을 겪게 됩니다. 따라서 중국은 적극적인 재정정책을 실시하고 있습니다. 인프라시설을 건설하고 소비를 진작시켜서 국민들의 구매를 제고하고 생산을 촉진하는 거죠.

한마디 더 하겠습니다. 미국인을 포함한 많은 외국인들은 작년 아시아 금융위기와 수해의 영향으로 중국의 개혁이 예정된 목표대로 진행되지 못하고 개혁의 속도도 크게 느려졌을 거라고 생각하지만 사실 그렇지 않습니다. 현 정부가 계획한 모든 개혁은 작년에 커다란 진전을 거뒀습니다. 모두 계획대로 진행되었고 예정된 목표를 초과 달성했습니다. 이 문제를 상세히 소개할 시간은 없겠네요. 미국에서 다시 만나면 얘기하도록 하죠.

피터 칸 : 작은 청이 하나 있습니다. 혹시 중국에서도 《아시아 월스트리트 저널》을 발행할 수 있도록 해주실 수 있겠습니까? 현재 아시아 약 10개국에서 저희 신문이 발행되고 있습니다. 신문을 통해 기업인들은 경제와 비즈니스·금융 분야 정보를 얻을 수 있습니다. 따라서 중국에서도 저희 신문이 발행되고, 언젠가는 중국어판이 나오기를 희망합니다.

주룽지 : 관계자들과 상의를 해보겠지만 적어도 저는 분명히 《아시아 월스트리트 저널》의 충실한 독자가 될 것입니다.

캐나다 《글로브 앤드 메일》 회장 겸 발행인
파킨슨 인터뷰[*]
(1999년 4월 2일)

파킨슨 : 어제 늦게까지 미국과 캐나다 방문 여부 결정을 위한 회의를 한 것으로 알고 있습니다. 아마도 방문하시는 것으로 결정이 난 것 같은데 그런가요?

주룽지 : 맞습니다. 최근 사태가 악화되었기 때문에 예정대로 방문을 할 수 있을지 다시 생각해 본 것이 사실입니다. 3월 15일 기자회견에서 미국에 반중 기류가 흐른다고 해도 미국에 갈 거라고 말씀드렸습니다. 가서 일부 문제를 해명하고 진상을 설명해야죠. 그래야 양국 국민의 상호 이해를 돕고 양국 관계 발전을 촉진시킬 수 있습니다. 그러나 최근 사태가 급속히 악화되고 있습니다. 미국을 중심으로 하는 나토가 유고슬라비아를 공격했고, 미국은 제네바 유엔인권위원회에 중국의 인권 실태를 비난하는 결의안을 제출하기로 결정했습니다. 그리고 원래는 WTO 협상이 타결될 것이라는 희망이 있었는데 각 분야의 압력 때문에 미국 정부는 현재 합의안에 서명할 의사가 없어 보입니다. 이런 상황에서 제가 미국에 간들 뭘 할 수 있을까 생각을 했었습니다. 하지만 장쩌민 주석과 중국 지도층은 어떤 어려

---

[*] 크레디앵Jean Chréien 캐나다 총리의 초청으로 주룽지 총리는 1999년 4월 15일부터 21일까지 캐나다를 공식 방문했다. 방문 전날, 주룽지 총리는 중난하이 쯔광거에서 캐나다 《글로브 앤드 메일》 회장 겸 발행인 파킨슨과 인터뷰를 갖고 중-캐나다 관계 및 중국경제체제 개혁과 경제 형세 등에 관한 질문에 대답했다.

움이 있어도 제 미국행을 예정대로 진행하기로 결정했습니다. 중미관계를 우선 고려했기 때문입니다. 따라서 저는 이번에 미국을 방문해 반중 기류를 조금이나마 잠재우고 중미 우호협력 관계를 지속적으로 발전시키기를 바랍니다. 그것은 제게 있어 결코 쉬운 임무는 아닙니다. 미국 국민들이 절 환영해 줄지는 미지수입니다. 왜냐하면 제가 미국과 다른 목소리를 냈기 때문입니다. 중국 국민의 일부는 제 미국행을 달가워하지 않고 있습니다. 심지어 반대하는 사람들도 있습니다. 방금 중국 라디오 방송국에서 저의 미국과 캐나다 방문 일정을 발표했습니다. 예전에 중국 주재 캐나다 대사에게 미국에서의 긴장된 업무를 처리한 후 캐나다에서는 며칠 간 쉴 거라는 말을 했습니다. 물론 캐나다에서도 시위대와 마주칠 수도 있겠지만 캐나다에 가면 마치 집에 돌아온 것 같은 느낌이 들 것 같습니다.

파킨슨 : 방금 언급하신 문제 중 하나는 유고슬라비아, 즉 세르비아와 코소보 등지에서 발생한 사태입니다. 중국이 왜 이 문제에 관심을 갖는지 자세히 설명해 주시겠습니까? 코소보 사태에 관심을 갖게 된 이유는 무엇인가요? 나토의 군사행동이 유엔의 비준을 거치지 않았기 때문입니까? 아니면 사전에 적당한 협상을 거치지 않아서인가요? 아니면 밀로셰비치[1] 대통령이 취한 행동이 지나치다고 생각하십니까? 대체 중국이 왜 이 문제에 관심을 갖는 겁니까?

주룽지 : 장쩌민 주석께서 유럽을 방문했을 때 코소보 사태에 관해 네 차례나 언급하셨습니다. 그것은 흔히 있는 일은 아닙니다. 장 주석은 연설에서 중화인민공화국의 명확한 입장과 중국 국민의 우려를 표명했습니다. 중국은 미국에 모든 군사행동을 즉시 멈추라고 요구했습니다. 미국의 공격으로 많은 인명과 재산피해가 발생했고 그 결과는 참담했습니다. 군사행동은 어떤 문제도 해결하지 못합니다. 그저 고통스럽고 위험한 과정일 뿐입니다. 역사가 그 사실을 증명하고 있습니다.

---

1) 밀로셰비치Slobodan Milosevid(1941~2006) : 당시 유고슬라비아 대통령이었다. 밀로셰비치는 2001년에 체포되어 네덜란드 헤이그의 구유고 국제형사재판소(ICTY)에 인도되었고 후에 옥사했다.

1999년 4월 2일, 주룽지 총리는 중난하이 쯔광거에서 캐나다 《글로브 엔드 메일》 회장 겸 발행인 피터슨과 인터뷰를 가졌다. (사진=신화사 란훙광 기자)

중국은 미국에게 즉시 협상 테이블로 돌아가라고 요구했습니다. 협상만이 문제를 해결할 수 있습니다.

파킨슨 : 철학적인 질문을 한 가지 드리겠습니다. 장 주석은 연설에서 코소보 문제는 국가의 내정문제인데 거기 개입하는 것은 그 국가에 대한 내정간섭이므로 동의하지 않는다고 했습니다. 그럼 철학적으로 봤을 때 총리나 중국 정부는 언제, 어떤 상황에서 외국인이 한 국가의 정부와 국민, 혹은 국민 일부가 하는 일에 간섭을 할 수 있다고 생각하십니까? 현재 일부 국가들은 다른 국가의 사무에 간섭하는 것이 당연하다고 여기고 있습니다. 이 문제에 대해서는 어떻게 보십니까?

주룽지 : 제 생각에 코소보 문제는 결국 민족문제입니다. 민족문제는 당연히 내정이지요. 민족문제는 다른 국가에도 흔히 있는 일이죠. 캐나다에도 퀘벡주 문제

가 있지 않습니까. 그뿐 아니라 영국에는 북아일랜드 문제, 중국에는 티베트 문제가 있습니다. 민족문제는 분명 국내 정치문제에 속하는 것입니다. 외국인도 그에 대해 관심을 가질 수는 있습니다. 관련 평론도 발표할 수 있고 사회 여론과 국제 여론도 형성할 수 있습니다. 하지만 군사행동으로는 문제를 해결할 수 없습니다. 중국은 인권을 존중하지만 그렇다고 한 국가의 주권을 존중하지 않을 수는 없습니다. 어떤 국가의 인권문제든 군사 간섭으로 해결한다면 좋지 못한 선례를 남기게 됩니다. 다시 말해 캐나다의 퀘벡 문제, 영국의 북아일랜드 문제, 중국의 티베트 문제에 외국이 군사행동을 취할 수 있겠습니까?

파킨슨 : 다음 경우에는 다른 국가가 간섭할 수 있을까요? 예를 들어 모종의 재난이나 종족말살의 상황이 나타났다고 가정해보죠. 유고슬라비아와 같은 주권 국가에서 군사를 동원해 소위 말하는 '종족말살'을 진행했다면 이런 상황에서 일부 강대국과 그 지도자들이 관여를 해서는 안 될까요?

주룽지 : 방금 말씀하신 상황은 일종의 추상적인 표현이군요. 구체적인 상황을 모르기 때문에 뭐라고 말씀드릴 수가 없습니다.

파킨슨 : 영국에서 테러를 일으키는 주체는 영국 정부도 아일랜드 정부도 아닌 일부 민족입니다. 유고슬라비아에서는 군이 '종족말살'을 자행하고 있다는 점이 다릅니다. 이에 대해서는 어떻게 생각하십니까?

주룽지 : 이 문제는 누가 시비 판단을 하느냐에 달려 있습니다. 하지만 현재 군사적 개입을 결정할 수 있는 세계적 법정도 세계적 헌병도 없습니다.

파킨슨 : 그럼 누가 결정해야 한다고 보십니까?

주룽지 : 그런 결정을 내릴 수 있는 사람은 아무도 없습니다. 모든 국가의 내부 문제는 그 국가가 해결해야 합니다. 만약 중국이 다른 국가의 주권을 인정하지 않는다면 전쟁이 일어날 수도 있고 심지어 세계 전쟁으로 번질 수도 있습니다.

파킨슨 : 현재 미국은 남미와 북미 및 기타 지역에 미사일 방어체제를 건설하는 문제를 토론 중입니다. 미국이 TMD를 배치할 때는 캐나다에 도움을 요청할 것입니다. 캐나다가 어떤 입장을 취해야 할지 생각해보셨습니까?

주룽지 : TMD 체제 구축은 기존 ABM 협정에 부합하지 않는다고 생각합니다. 실제로 미사일을 구축하면 세계평화 보호유지에도 불리하며 군비경쟁만 촉발시킬 뿐입니다. 이것은 중국의 입장입니다. 캐나다가 어떤 입장을 취하든 그것은 캐나다가 결정할 일입니다. 우리 문제에 있어 중국은 타이완을 TMD 체제에 가입시키는 것을 단호하게 반대합니다. 그것은 중국의 주권을 침범하고 중국 내정을 간섭하는 일이기 때문입니다.

파킨슨 : 그 문제에 있어 저도 미국 정부의 입장을 알고 있습니다. 미국이 크게 우려하는 것은 북한의 미사일 발사입니다. 그 미사일이 일본을 지나가거나 혹은 일본을 목표로 발사되지 않을까 걱정하고 있습니다. 또한 중국이 타이완을 향해 미사일을 배치하는 것도 예의주시하고 있습니다. 중국은 미국의 TMD 체제 구축을 막기 위해 중국의 미사일을 철수하거나 북한을 저지할 의사는 없으십니까? 북한에 대한 영향력을 이용해 미국을 막고 싶지 않으신가요?

주룽지 : 3월 15일 가졌던 기자회견에서 밝혔습니다만 미국에서 중국이 동중국해와 남중국해 연안에 미사일 600기를 배치했다고 하는데 저는 전혀 모르는 사실입니다. 오늘 장쩌민 주석께도 물었는데 모르는 일이라고 하셨습니다. 저도 모르는 일인데 미국에서는 어떻게 알았는지 도무지 모를 일입니다. 중국 영토에 미사일이 한 기도 배치되어 있지 않다고는 말하지 않겠습니다. 하지만 미사일 배치는 중국 주권에 속한 일이고 예의주시할 사안은 아닙니다. 미국이 왜 그 일에 그렇게 관심을 갖는 겁니까? 미사일을 연해에 배치하는 것과 신장에 배치하는 것이 무슨 차이가 있습니까? 미국은 중국이 연해에 미사일을 배치한 것이 순전히 미국의 TMD를 핑계 삼아 한 일이라고 강조합니다. 북한이 발사하는 것이 미사일인지 아니면 위성인지 각국의 말이 다 다릅니다. 미국과 일본은 미사일이라고 하고 러시

아는 위성이라고 합니다. 중국은 그게 무엇인지 잘 모르겠습니다. 북한과 중국 간에는 전통적인 우호관계가 있습니다만 북한은 주권국가입니다. 중국은 북한의 군사문제에 관해서는 잘 모릅니다. 중국은 한반도가 안정과 평화를 유지하길 바랍니다. 그것을 위해 할 수 있는 한 최선을 다했습니다. 중국은 그만큼밖에 못하지만 미국은 중국보다 더 많은 것을 할 수 있을지도 모릅니다. 그러나 미국은 북한의 군사력을 과대평가해서는 안 됩니다. 저는 미국이 북한이 보유한 미사일 종류와 핵무기 보유 여부를 분명히 알고 있다고 믿습니다. 우리는 북한이 어떤 위협이 되지는 않을 것으로 봅니다. 따라서 단지 TMD를 구축하기 위한 핑계로 북한을 끌어들여서는 안 됩니다.

파킨슨 : 총리께서는 미국이 어떻게 TMD를 발전시킬 것이라고 생각하십니까? TMD 구축을 위한 자금은 어떻게 마련할까요? 캐나다도 TMD를 위해 돈을 내야 합니다. TMD는 중국의 타이완 정책에 어떤 영향을 미칠까요?

주룽지 : 미국이 TMD를 어떻게 진전시킬지는 중국도 확실히 모릅니다. 저는 출처가 다른 두 가지 소식을 들었습니다. 첫째는 TMD가 실용적인 체계를 갖추지 못할 것이라는 소식, 둘째는 TMD가 이미 구축되었고 정확도가 매우 높다는 소식입니다. 어떤 것을 믿어야 할지는 모르겠군요. 한 가지 확실한 것은 천문학적인 자금을 쏟아부어야 한다는 사실입니다. 어쨌든 중국은 타이완을 TMD에 끌어들이는 것을 반대합니다. 그런 상황은 매우 위험합니다.

파킨슨 : 왜 위험합니까?

주룽지 : 제가 방금 한 말 못 들으셨습니까? 그것은 중국 주권에 대한 간섭입니다. 타이완은 중국의 일부분입니다.

파킨슨 : WTO 문제에 관해 말씀해 주십시오. 미국·캐나다와 함께 WTO 협상을 진행하면서 생긴 구체적인 문제는 무엇입니까? 그리고 캐나다와 미국의 요구 중 중국이 수용할 수 없는 것은 무엇입니까?

주룽지 : WTO 가입을 위해서 중국은 13년 동안 협상을 해오고 있습니다. 제 생각에는 현재 많은 문제들이 해결되었다고 봅니다. 최근 중국과 미국은 캐나다와도 양자협상을 진행하고 있습니다. 중국의 WTO 가입에 대한 양국의 의견은 상당한 접근을 보이고 있습니다. 특히 캐나다와 호주, 일본과의 협상은 미국과의 협상보다 훨씬 순조롭습니다. 해당 국가와는 거의 이견이 없는 상태입니다. 미국과의 협상에서 문제점은 주로 미국의 정치적인 문제 때문입니다. 즉 현재 미국의 정치적 분위기가 미국과 중국의 협상 타결에 적합하지가 않습니다. 그러므로 주된 문제는 미국 측에 있습니다.

중국과 캐나다는 정치와 경제·문화 각 분야에서 좋은 관계를 유지하고 있습니다. 인권과 일부 분야에서는 아직 이견이 있지만 양국 우호협력 관계 진전에 영향을 미치지는 않습니다. 따라서 이번 캐나다 방문에 확신을 갖고 있습니다. 크레티앵 총리 및 캐나다 정부 인사와의 우호적이고 충분한 대화를 통해서 양국의 상호 이해를 더욱 촉진시키고, 각 분야 양국 협상을 추진할 수 있을 것입니다.

파킨슨 : 데일리William Daley 미 상무부장관과 바셰프스키 무역대표는 최근 중국을 방문했습니다. 양국 간에 아직 이견이 있고 일부 문제에서 합의를 보지 못했다는 보도를 봤습니다. 협상에서 미국이 구체적으로 제시한 요구 중 중국이 이행할 수 없는 것은 무엇입니까?

주룽지 : 데일리 장관은 양국 WTO 협상에 관해 잘 알고 있는 것 같지는 않습니다. 그러나 이번 방문 목적은 달성했습니다. 그가 이끌고 온 대표단은 기업가들을 포함해서 주로 에너지와 정보통신 등 인프라 시설 분야에서 중국과의 협력을 원했습니다. 양측의 협력은 매우 풍성한 성과를 거두었고 많은 계약이 성사됐습니다.

그러나 WTO 협상에서 중미 양국 간에 어떤 이견이 있는지는 현재로서는 한마디로 말하기 어렵습니다. 그리고 협상이 최종 타결되기 전에 제가 일방적으로 협상의 세부 사항을 공개하는 것도 곤란한 일입니다.

파킨슨 : 저는 공개해도 괜찮다고 생각합니다.

주룽지 : 맞아요, 공개할 수도 있습니다. 하지만 공개를 하고 나면 바셰프스키 대표가 노발대발할 것입니다. 그럼 앞으로 협상을 해나가는데 더욱 불리합니다. 이 자리에서 말할 수 있는 것은 시장진입과 농업 분야는 거의 협의를 달성했다는 점입니다. 미국은 증권시장과 통신시장 개방에서 중국이 아직 충분한 양보를 하지 않았다고 생각합니다. 그렇지만 미국도 자신들의 의견을 고집할 만한 충분한 이유가 없습니다. 협정 체결에 있어서도 아직 협상해야 할 문제가 많습니다. 어쨌든 경제 분야에서의 WTO 협상은 어렵지 않지만 문제는 정치적 결정이라고 봅니다. 미국 측이 언제쯤 정치적 조건이 허락되어 협정에 서명할지는 미국에 달렸습니다.

파킨슨 : 또 하나 문제가 있는데 점점 정치적 문제로 빠지는 것 같군요. 캐나다의 대중 무역적자는 약 60억 달러, 미국의 대중 무역적자는 570~600억 달러입니다. 중국의 경제성장이 다소 주춤한 상황에서 중국은 어떤 방법으로 캐나다와 미국의 무역 불균형을 완화할 계획이신가요?

주룽지 : 무역적자 문제는 말하자면 길기 때문에 오늘 밤새 말해도 끝이 없을 것 같군요. 제가 말할 수 있는 것은 중미 무역적자는 절대 600억 달러가 아니라는 점입니다. 중국의 통계수치에 따르면 중국과 캐나다 무역에서 사실은 캐나다가 흑자를 올리고 있습니다. 만약 미국에서 600억 달러, 캐나다에서 60억 달러 흑자를 얻는다면 중국의 외환보유액은 지금보다 훨씬 많겠지요. 작년 초 외환보유액은 1,390억 달러였고 연말에는 1,450억 달러였습니다. 별로 늘어난 것이 없는데 중국

이 무슨 흑자를 거뒀겠습니까? 이밖에도 여러 수치를 통해 제 말을 증명할 수도 있지만 시간 관계상 여기까지 하겠습니다. 마지막으로 중국은 관련 조치를 취해서 무역 균형을 촉진할 것이라는 말씀을 드리겠습니다. WTO 협상 과정에서 중국은 많이 양보했고 여러 조치를 제시했습니다. 모두가 함께 노력한다면 무역 불균형은 극복될 것이라고 믿습니다. 미국처럼 밀이나 과일만 주고 인공위성과 컴퓨터는 제공하지 않는 것은 아닙니다. 사실 그런 것들은 첨단기술이라고 할 수도 없습니다. 아무것도 안 주고 밀과 과일만 먹으라고 한다면 그런 무역을 계속할 수 있겠습니까? 그리고 중국은 미국산 밀만 살 수는 없습니다. 캐나다에서도 밀을 살 것입니다.

파킨슨 : 조금만 사는 것도 아니죠.

주룽지 : 맞습니다.

파킨슨 : 저희 신문 독자들에게 총체적인 중국 경제 상황을 말씀해 주시겠습니까? 현재 중국 경제 성장은 속도가 다소 떨어지고 비교적 심각한 문제들이 발생한 것 같습니다. 서양에서는 주 총리를 '위대한 경제 개혁가'라고 칭합니다. 매우 과감한 경제체제개혁을 실시했기 때문입니다. 하지만 현재 사람들은 개혁의 발걸음이 다소 느려졌다고 느끼고 있습니다. 예를 들어 주택제도개혁과 기타 분야 개혁 등이 그렇습니다. 이에 관해 얘기해 주시겠습니까?

주룽지 : 작년 중국의 경제성장률은 7.8%를 기록했습니다. 이는 매우 높은 수치입니다. 올해는 7%를 기록할 것으로 예상되는데 이 역시 높습니다. 문제는 성장률이 아니라 얼마나 효율성이 높은가에 있습니다. 올해 성장률은 7%를 초과할 것이라고 생각합니다. 설사 7%에 도달하지 못한다고 해도 속도는 정상적입니다. 중국의 개혁은 외부에서 말하는 것처럼 그렇게 주춤거리고 있지 않습니다. 오히려 그 반대입니다. 작년 중국 경제의 개혁은 각 분야에서 예정된 것보다 훨씬 큰 진

전을 거두었습니다. 작년 국영기업 개혁은 유례없는 커다란 성과를 얻었습니다. 과거 중국의 국영기업은 감원을 할 수 없었습니다. 즉 잉여인력 때문에 국영기업의 효율성이 떨어졌습니다. 하지만 작년 초, 국영기업은 1천만 명의 직원을 정리해고 했습니다. 1천만 명의 실직자가 생겼지만 사회보장제도 건립으로 이들은 기초생활보장을 받을 수 있었습니다. 따라서 사회 불안은 야기되지 않았습니다. 작년 연말에는 400만 명의 정리해고자가 이미 재취업을 했습니다. 물론 작년 국영기업의 경영실적은 재작년에 비해 떨어졌지만 그것은 아시아 금융위기와 특대형 홍수피해 때문에 중국 수출에 지장이 생겼기 때문입니다. 그러나 올해 국영기업의 실적은 분명 작년보다 좋을 것입니다. 내년 말에는 중국의 대다수 중대형 국영기업의 실적이 분명 적자에서 흑자로 돌아설 것으로 예상됩니다.

파킨슨 : 내년에는 말씀하셨던 3년의 목표가 완성됩니까?

주룽지 : 목표가 완성되지 않으면 물러나겠다고 이미 공개적으로 선언했습니다. 저는 제 정치생명을 담보로 걸었습니다.

파킨슨 : 인권문제에 관해 질문하겠습니다. 미국에서는 올해 제네바 유엔인권회에 다시 중국의 인권실태를 비난하는 결의안을 제출하겠다고 선언했습니다. 1년 전, 중국은 유엔의 인권협약에 서명했습니다. 하지만 그 후 1년 안에 중국은 또 민주화운동을 일으킨 사람을 체포했습니다. 대체 무슨 일이 일어났기에 그런 상황이 벌어진 것입니까? 중국은 신문자유와 언론자유를 왜 그렇게 두려워합니까?

주룽지 : 아무 일도 없었습니다. 사실 중국의 인권 상황은 부단히 개선되고 있으며 누구도 신문자유와 언론자유를 두려워하지 않습니다. 그 일에 있어서는 각자의 상황과 의견, 이해가 다르기 때문에 여기서 몇 마디로 짧게 얘기할 사안은 아닙니다. 그렇다면 중국과 캐나다 간 인권회의가 필요 없겠죠. 계속 얘기하다가는 오늘 밤 파킨슨 씨가 내일 발표할 자료를 준비 못할까 걱정이 되는군요.

1999년 4월 17일, 캐나다 토론토에서 캐나다 TV와 인터뷰하고 있는 주룽지 총리. (사진=신화사 란훙광 기자)

파킨슨 : 실례를 무릅쓰고 총리께 사생활에 관한 질문 한 가지 더 하겠습니다. 그리 순탄치 못한 유년시절을 보내신 것으로 알고 있습니다. 부모님께서 일찍 돌아가셨는데 그렇다면 유년시절의 가장 중요한 추억은 무엇입니까? 그 당시의 추억이 후에 가정을 꾸리시는데 영향을 주었나요?

주룽지 : 제 아버님은 제가 태어나기도 전에 돌아가셨고, 어머님은 제가 12살 때 세상을 떠나셨습니다. 그래서 스스로 노력해야만 교육을 받을 수 있었죠. 하지만 그 당시 경험 때문에 극복 못할 어려움은 없다는 불굴의 의지를 기를 수 있었던 것 같습니다.

《글로브 앤드 메일》 지면을 통해 캐나다 국민과 정부 지도자들께 진심어린 인사를 드리고 싶습니다. 이번 캐나다 방문이 성공적으로 끝나서 양국 간의 우호협력 관계 발전에 조금이나마 힘이 되었으면 좋겠습니다. 중국은 캐나다와의 관계와 캐나다 국민과의 우의를 매우 중시하고 있습니다.

클린턴 미 대통령과의 공동기자회견[*]

(1999년 4월 8일)

주룽지 : 중화인민공화국 대표단을 미국에 초청해주신 클린턴 대통령께 감사드립니다. 오늘 클린턴 대통령과 함께 언론인 여러분들을 만나 뵙게 되어 영광입니다. 여러분들을 통해 미국 국민들께 진심어린 축복과 인사를 드리고 싶습니다.

저는 로스앤젤레스에 도착해 처음으로 미국 땅을 밟았습니다. 하늘이 저를 반기지 않으시는지 비가 억수 같이 퍼부었지만 미국 국민들은 저를 환영해 주었습니다. 오늘 클린턴 대통령의 환대 속에서 저는 대통령 및 정부 인사들과 우호 회담을 진행했습니다. 정오에는 올브라이트 국무장관이 주최하는 성대한 환영리셉션에 참석했는데 그곳에서 옛 친구들과 재회하기도 했습니다. 중국과 미국의 회담은 우호적이고 솔직하며 건설적입니다. 또 회담을 통해 풍성한 성과를 얻었습니다. 적지 않은 합의를 한 것은 사실이지만 얼마나 많은 합의를 했는가는 중요치 않습니다. 중요한 것은 중국 대표단이 미국 각계 인사를 만나고 미국 국민과 직접 대화해서 중국의 관점을 설명할 수 있었다는 점입니다.

오늘 오전 저는 Say "Yes"만 하는 친구가 꼭 좋은 친구인 것은 아니며 용감하게

---

* 미국 방문 기간 동안 주룽지 총리와 클린턴 대통령은 워싱턴 백악관에서 공동 기자회견을 갖고 기자들의 질문에 답변했다.

1999년 4월 8일, 주룽지 총리가 클린턴 미 대통령과 함께한 공동 기자회견에서 기자들의 질문에 답변하고 있다. (사진=신화사 치톄옌齊鐵硯 기자)

Say "No"하는 친구가 아마도 가장 좋은 친구일 것이라고 밝혔습니다. 저는 워싱턴을 시작으로 덴버·시카고·뉴욕·보스턴을 방문해 많은 미국 국민들을 만날 것입니다. 그들과 대화를 나누고 토론을 하고 싶습니다. 그렇게 해야 중미 국민 간의 교류와 상호 이해를 추진할 수 있으며, 장쩌민 주석과 클린턴 대통령이 애써 구축한 중미 간 건설적인 전략적 동반자관계를 촉진해 양국 우의관계를 계속 발전시킬 수 있습니다.

1999년 4월 6일, 주룽지 총리와 부인 라오안(勞安) 여사는 로스앤젤레스 시장 레이든(왼쪽에서 두 번째)이 주최한 환영리셉션에 참석했다. 왼쪽 첫 번째는 레이든 시장 부인, 왼쪽 세 번째는 크리스토퍼 미국 전 국무장관.

방금 클린턴 대통령께서 말씀하셨지만 오늘 오전 양국은 WTO 문제에서 일정 합의를 달성했고 그에 따른 공동성명을 발표할 예정입니다. 그리고 이미 달성한 농업 협정에 서명할 것입니다. 이것은 중미 우호협력 관계 발전 추진에 더욱 유리하게 작용할 것입니다.

주룽지 : 저기 여자 분은 중국과 미국 양국의 국기를 들고 있군요. 우선 질문할 기회를 드리겠습니다.

기자 : 감사합니다. 저는 홍콩 《원후이보文匯報》의 한화韓樺 기자입니다. 총리께서는 로스앤젤레스에 도착해 워싱턴으로 오셨습니다. 하지만 미국행을 시작하기 전 저희 신문 독자들을 포함한 많은 사람들이 한 가지 의문을 갖고 있었습니다. 현재 중국과 미국 관계는 커다란 난관에 봉착해 있는데 왜 총리께서 예정대로 미국행을 결정하셨는가 하는 점입니다. 주 총리의 진심이 무엇인지 말씀해주시겠습니까? 금세기 말, 중미 관계는 어떤 방향으로 발전할까요?

주룽지 : 솔직히 말하자면 저는 전혀 미국에 오고 싶지 않았습니다.

미국에 오기 며칠 전 저는 미 의회의 두 대표단을 회견했습니다. 토마스 의원과 로스 의원이 각각 이끄는 상원·하원의원 20명으로 구성된 대표단이었죠. 대표단을 만난 자리에서 저는 현재 미국에 반중 기류가 형성되어 있으니 미국에 가기가 두렵다고 했습니다. 그랬더니 의원들은 "그래도 가셔야 합니다. 저희는 주 총리를 환영합니다. 저희는 new face를 좋아합니다"라고 말하더군요. 저는 제 벗인 상무제[1] 대사에게 저보다 먼저 미국에 돌아가 제가 방문할 곳을 다니면서 저에 관해 소개하고 중국을 홍보해달라고 부탁했습니다. 그러자 대사는 분명 심하게 맞아서 미국에서 저와 만날 때는 얼굴에 붕대를 감고 있을지도 모르겠다는 우스갯소리를 하더군요. 저는 아무렴 미국인인데 그런 대우를 받겠느냐며 만약 중국인인 제가 가면 피가 날 정도로 맞겠다고 응수했죠. 의원들이 제 안전을 보장해 주지는 않으니까요. 하지만 장쩌민 주석이 제게 가라고 했으니 온 겁니다. 장 주석은 중국의 'number one'이니 그분 말을 들을 수밖에 없죠.

하지만 처음 도착했을 때보다는 기분이 많이 나아졌습니다. 이곳에서 우호적인 친구들을 만나고 열렬한 환대를 받았기 때문입니다. 이번 제 미국 방문은 양국 간의 우호 협력관계가 지속적으로 발전하도록 추진하는데 공헌할 것입니다. 또 미국 국민의 이해를 얻고 현존하는 많은 쟁점 사항에서 일정한 의견일치를 볼 것이

---

1) 상무제尚慕杰 : 제임스 사서James Sasser 중국 주재 주미대사를 지칭하며 '상무제'는 그의 중문 이름이다.

라고 믿습니다. 양국은 많은 경제 문제에서 합의를 달성했습니다. 방금 언급한 농업 협정도 포함됩니다. 중국과 미국은 이미 13년째 WTO 협상을 진행하고 있습니다. 중국은 이미 많이 양보했다고 말씀드렸습니다. TCK(밀 깜부기병) 문제에서 중국은 미국 7개 주의 대중 밀 수출을 허가했습니다. 또 캘리포니아 주를 포함한 4개 주가 중국에 오렌지 수출을 할 수 있게 했습니다. 중국의 WTO 가입 문제를 두고 양국의 실질적인 이견은 아주 적으며 이제 문제가 되지 않는다고 생각합니다. 물론 클린턴 대통령은 제 의견에 동의하지 않을 수도 있습니다. 미국에서는 아직 큰 차이가 있다고 생각하고 있으니까요. 양국은 현재 공동성명에만 서명했을 뿐입니다. 최종 협정 서명은 아직 남아 있습니다. 제 진심을 말하라면 문제는 '큰 차이'에 있는 것이 아니라 정계의 반중 기류에 있다고 밝히고 싶습니다.

그러나 중국은 중미 양국 우호협력관계의 전망을 매우 낙관하고 있습니다. 중미 간 우호협력관계를 통하면 어떤 문제든 원만하게 해결할 수 있습니다. 인권 문제와 달라이 라마 문제는 이미 클린턴 대통령께서 말씀하셨으니 추후 시간이 있으면 다시 논하기로 하고 여기서는 언급하지 않겠습니다.

기자 : 홍콩 《싱다오일보星島日報》 기자입니다. 주 총리께서 어제 앤드류 공군기지에 도착하기 7시간 전, 클린턴 대통령은 대중정책 관련 연설을 발표했습니다. 클린턴 대통령은 1996년 3월, 미국이 타이완 해역에 항공모함을 파견한 것은 타이완 해역의 안전을 보호하기 위한 일이었다고 밝혔습니다. 주 총리께서는 미국의 군사역량이 양안 관계에 어떤 영향을 미친다고 보십니까? 양안 통일은 시간이 필요한가요? 타이완 방문 계획은 없으신가요?

주룽지 : 장쩌민 주석께서는 성명을 통해 타이완정책과 양안 통일정책에 관해 분명히 밝히셨습니다. 따라서 그에 대해서는 다시 말하지 않겠습니다.

홍콩이 반환된 뒤, 중국은 홍콩에서 '일국양제', '항인치항', 고도 자치방침을 엄격하게 실행했습니다. 전 세계 국민들 모두 이 점은 인정할 것입니다. 그러나 양안이 통일될 경우 타이완에는 이보다 더욱 완화된 정책을 실시할 것입니다. 즉 타이완은 자체적인 군대를 계속 보유할 수 있으며 타이완의 수반에게 중국 정부의 이인자 지위를 부여할 것입니다. 그가 일인자가 될 수 있을지는 확실히 모르겠습니다. 아마도 그에게 찬성표를 던질 사람은 없기 때문입니다.

중국 정부는 최대한 평화적인 방법으로 타이완을 통일하겠다는 성명을 여러 차례 발표했습니다. 그렇지만 무력사용을 배제한다고 발표한 적은 없습니다. 중국이 그렇게 발표할 경우 타이완은 중국에서 영원히 분리될 것이기 때문입니다. 좀 전에 클린턴 대통령 집무실에서 링컨 대통령의 초상화를 봤습니다. 링컨 대통령은 미국의 영토를 유지하기 위해서 무력을 동원했습니다. 중국은 링컨 대통령에게 배워야 합니다.

타이완 방문 의사를 물어보셨죠? 그쪽에서 초청하지도 않는데 어떻게 가겠습니까? 또 무슨 자격으로 가겠습니까? 기자분께서 방법을 한번 생각해봐 주시죠.

클린턴 : 죄송하지만 여기서 제가 한 말씀 드리겠습니다. 아무래도 링컨 대통령이 저보다 훨씬 주목받고 있는 것 같군요. 우선 미국은 하나의 중국 정책을 견지하고 있습니다. 매번 기회 있을 때마다 얘기 하지만 오늘 또 다시 말씀드립니다. 두 번째로 양안 문제는 평화적인 방법으로 해결해야 합니다. 타이완과 중국의 지난 50년 간의 관계는 미국 남북전쟁 시기의 역사적 배경과는 다릅니다. 여러분 모두 그 점에는 동의하실 겁니다. 중국과 타이완은 서로 혈연관계로 묶여 있습니다. 모두 중국인입니다. 그 외에도 서로 상호보완할 수 있는 점이 많습니다. 경제 분야도 그중 하나입니다. 비단 경제뿐만이 아닙니다. 따라서 저는 양안 문제가 해결되길 바랍니다. 그리고 주 총리께서 타이완에 가셔도 오늘처럼 재치 있고 훌륭한 모습을 보여주실 것입니다. 그러니 반드시 타이완을 방문하셔야 한다고 생각합니다.

주룽지 : 사람들에게 뭇매는 맞지 않을까요?

기자 : 중국이 미국의 핵탄두와 중성자탄 기술을 빼내 갔다고 합니다. 그에 관해 말씀해 주시겠습니까? 그리고 누군가 클린턴 대통령께 정치헌금으로 수십만 달러를 제공했다는데 이 문제에 대해서는 어떻게 생각하십니까?

주룽지 : 중국 총리의 자격으로 여기서 엄숙하게 말씀드리겠습니다. 스파이가 미국의 군사기밀을 빼냈다고 하는데 저는 전혀 모르는 일입니다. 사실무근입니다. 그 말을 절대 믿을 수가 없습니다. 장쩌민 주석께 물어봤지만 장 주석께서도 무슨 일인지 모른다고 하셨습니다. 중국은 미국의 군사기밀을 빼내는 그런 정책은 쓰지 않습니다. 미국은 철저한 보안 시스템과 첨단 기술설비를 갖추고 있는데(물론 이 마이크 기술은 그리 좋은 것 같진 않군요) 중국이 어떻게 기밀을 빼내겠습니까? 그것은 불가능한 일입니다.

양국 학자들이 과학기술지식을 교류하는 자리에서 일부 군사기술에 관해 대화를 나눌 수도 있습니다. 하지만 그렇다고 실제 기밀이 유출될 수 있다고는 생각지 않습니다. 또 양국 학자들의 교류가 그런 일에 연관되었을 거라는 사실도 믿을 수 없습니다. 선임 고위급 엔지니어로서 저는 중국의 공업을 수십 년 동안 주관해 왔지만 어떤 첨단 기술이 미국에서 온 것인지 전혀 알지 못했습니다. 물론 기술은 인류 공동의 재화이며, 과학적인 발명은 결국 인류를 위한 것입니다. 중국의 미사일과 핵기술은 분명 외국에서 도입해온 것입니다. 중국의 미사일 기술의 선구자인 쳰쉐썬錢學森 선생은 미국에서 유학하고 귀국했으며, 핵기술의 선구자인 쳰싼창錢三强 선생은 프랑스의 퀴리부인실험실에서 연구하다 귀국했습니다. 하지만 이분들이 귀국했을 때는 종이 한 장 가져오지 않았고 단지 머릿속에 지식을 넣어온 것이 전부였습니다. 그래서 3월 기자회견에서 미국의 안보능력을 과소평가하지 말고, 또한 중국의 군사기술 개발능력을 얕보지 말라고 당부 드렸던 것입니다. 로스앤젤레스 주지사가 제게 식사를 대접하면서 이렇게 묻더군요.

"이번 중국 건국 50주년에는 어떤 행사가 준비되어 있습니까?"

저는 다음과 같이 답했습니다.

"올해에는 성대한 군사 퍼레이드를 거행하고 그 자리에서 중국의 첨단 무기를 공개할 것입니다. 그런데 이 무기들은 미국에서 훔쳐온 것이 아니라 중국에서 자체 개발한 것입니다."

이 말을 듣고 주지사 부인은 이렇게 제안했습니다.

"그럼 미사일 위에 이런 광고를 쓰세요. 'It's made in China, not from USA(중국에서 만들었음, 미국산 아님)' 이라고요."

대단한 유머 감각의 소유자더군요. 그래서 "That is good idea"라고 말씀드렸죠. 전에 클린턴 대통령께서는 미국의 핵무기는 6천여 기가 넘지만 중국에는 20~30기밖에는 없다고 말한 적이 있습니다. 저는 중국에 핵무기가 얼마나 있는지 모르는데 저보다 더 정확하게 알고 계시더군요. 정확한 수치는 모르지만 클린턴 대통령의 결론에 동의합니다. 분명 중국에 비해 미국은 훨씬 많은 핵무기를 보유하고 있습니다. 중국이 핵무기로 미국을 위협하는 것은 불가능합니다.

분명히 말씀드리지만 정치헌금 문제는 저도 장쩌민 주석도 금시초문입니다. 중국 군부의 고위 인사에게 물어본 적도 있지만 돌아온 대답 역시 모른다는 것이었습니다. 그렇지만 그 문제를 통해 미국이 중국을 너무 과소평가한다는 것을 알 수 있습니다. 정치헌금의 실효성이 크다면 현재 중국의 외환보유고 1,450억 달러 중 100억 달러는 헌금으로 낼 수 있습니다. 고작 30만 달러 가지고 뭘 하겠습니까? 너무 어리석은 거죠. 누군가 루머를 만들기 위해 너무 많은 돈을 쓴 것 같군요. 저는 그 루머를 믿지 않습니다. 중국은 상호 토론이나 변론을 통해 미국과 합의를 달성할 것입니다. 이것은 양국 국민에게 유리하며 중미 양국에도 이점이 있습니다. 중국이 그런 일을 했다고 믿는 미국 국민은 없을 것입니다.

미국과 공동 조사를 하는 것도 좋습니다. 미국에서 뭔가 단서를 제공한다면 해당자가 누구든지 간에 반드시 조사할 것입니다. 저는 클린턴 대통령께 중국의 WTO 가입문제에 관해 말씀드렸습니다. 대통령께서는 중국의 WTO 가입은 미국 국민의 이익에도 부합된다고 말씀하셨습니다. 저 역시 중국이 최대한 양보한 것은 중국인의 이익에 부합된다는 말씀을 드리고 싶습니다.

홍콩 신문에서 제가 미국에 '큰 선물'을 가지고 갔다고 보도했던데 그 말은 옳지 않다고 생각합니다. 죄송합니다, 제 말이 또 지나쳤군요. 언론인 여러분들께서 이해해주시기 바랍니다.

중국이 WTO에 가입하고 국제사회에 편입하기 위해서는 반드시 그 '게임 규칙'을 지켜야 합니다. 따라서 중국은 양보하지 않으면 안 됩니다. 물론 중국이 한발 물러서면 중국의 국민경제와 국영기업, 중국 시장에 큰 충격을 가져옵니다. 하지만 개혁개방으로 얻은 성과 때문에 그 정도의 충격은 감당할 수 있다고 자신 있게 말씀드릴 수 있습니다. 그리고 충격으로 인한 경쟁은 중국 경제의 신속하고 효율적인 발전을 촉진합니다.

홍콩 기자분은 다시는 '큰 선물'을 보냈다는 말은 하지 말아 주시기 바랍니다. '큰 선물'은 정치헌금과 같은 말이며 이는 클린턴 대통령께 매우 불리한 영향을 미칩니다.

기자 : 저는 중국 CCTV 기자입니다. 최근 다른 국가에서는 중국의 경제발전과 개혁개방에 대해 의론이 분분합니다. 주 총리께서는 중국의 경제 현황과 발전 전망에 대해 어떻게 생각하십니까? 중국의 경제발전은 아시아와 세계 경제발전에 어떤 영향을 줄까요?

주룽지 : 중국 경제는 작년에 최대의 위기를 맞았습니다. 하나는 아시아 금융위기 때문이고, 다른 하나는 중국 역사상 유례없는 초대형 홍수피해 때문이었습니다. 하지만 중국은 이 어려움을 극복하고 7.8%의 경제성장률을 유지했습니다. 또 중국의 위안화 평가절하가 없었기 때문에 중국의 물가는 안정세를 보이면서 다소

하락했습니다. 많은 외국인들이 중국의 올해 경제상황을 두고 경제위기 발생의 다음 차례는 중국이라는 예측을 내놓고 있습니다. 하지만 분명 그럴 일은 없습니다. 그 이유를 말씀드리겠습니다.

첫째, 중국은 올해 7%의 경제성장률을 달성할 것입니다. 올해 1분기 성장률은 8.3%였습니다. 저는 중국의 올해 경제 상황이 분명 작년보다 호전될 것으로 예상합니다. 단순히 성장률 면에서가 아니라 경제 효율 면에서 작년보다 더 좋을 성과를 거둘 것입니다.

둘째, 많은 외국인들은 중국의 경제개혁이 이미 중단되었다고 생각합니다. 제가 이 자리에서 확실하게 말씀드리겠습니다. 중국의 경제개혁은 작년에도 계속되었을 뿐 아니라 계획보다 더 큰 진전을 이룩했습니다. 우선 정부기구의 개혁 결과를 알려드리겠습니다. 중국은 원래 3년 안에 중앙정부기구의 규모를 절반으로 간소화하겠다고 밝혔습니다. 3만 3천 명을 1만 6천 명으로 줄일 계획이었지만 이 계획을 1년 만에 실현시켰습니다. 4천 명이 연수 중이며 나머지는 기업으로 이동 배치했습니다. 올해 지방정부에서도 개혁을 실시해 인원을 절반으로 줄일 것입니다. 지방정부 인원 500만 명은 250만 명으로 줄어들게 됩니다. 이 계획은 3년 안에 완성하라고 지시했습니다.

셋째, 일부 외국인들은 중국 국영기업의 대량 감원으로 사회 불안이 발생할 수 있다고 말합니다. 하지만 중국에 와 본 사람들은 그렇지 않다는 사실을 잘 알 것입니다. 작년 연초에 중국의 국영기업에서 일자리를 잃은 사람은 1천만 명에 달합니다. 정리해고라고 말하기도 합니다. 그러나 노력을 기울인 결과 중국은 작년에 사회보장제도를 구축했고 감원된 직원들 모두 기본적인 생활보장을 누릴 수 있었습니다. 많은 사람들이 재취업했고 나머지 600만 명만이 취업을 기다리고 있습니다. 사회보장제도의 구축으로 대형 국영기업의 주주제 실시가 더욱 유리해졌습니다. 또 사유제 등 각종 방식으로 중소형 국영기업을 더욱 활성화시킬 것입니다.

마지막으로 중국의 은행들은 사상 초유의 개혁을 실시하고 있습니다. 중국은 미국의 RTC(정리신탁공사)의 경험을 참조해서 은행금융자산관리공사를 설립하고 부실채권을 분리하고 처리할 것입니다. 이 개혁을 통해 중국의 상업은행은 진정한 상업은행으로 거듭날 것이며, 중앙은행은 감독권 강화로 국제 규범에 부합할 것입니다. 그러면 중국 위안화의 평가절하 위험이 없어져 안정을 유지할 것입니다.

저는 미국 기업가들의 중국 투자를 환영합니다. 위안화가 절하될 위험은 절대 없습니다. 제 말을 못 믿으시겠다면 시카고대학의 밀러 교수의 제안을 수용하겠습니다. 위안화가 평가절하되지 않는다는 것을 put option으로 거십시오. 해달라는 대로 다 해드리겠습니다.

기자 : 몇 가지 질문을 드리겠습니다. 우선 주 총리께서는 최근 미 국무원에서 중국 인권침해에 관한 보고서를 발표했고, 미국 정부 역시 유엔인권위원회에 중국 인권 상황을 비난하는 결의안을 제출하기로 결정한 사실을 알고 계실 것입니다. 그렇다면 미국의 조치가 완전히 불공평하다고 생각하시나요? 아니면 일부 문제를 개선할 생각이 있으신가요?

주룽지 : 먼저 저는 미국의 중국 인권관련 결의안 제출에 단호히 반대합니다. 그것은 불공평한 조치이며 중국 내정에 대한 간섭입니다. 그에 관한 세 가지 설명을 드리겠습니다.

첫째, 해방 후 수십 년 동안 중국의 인권은 전에 없이 잘 보장되고 있습니다. 중국 국민들은 공전의 민주정치 권리를 누리고 있습니다. 법에 따라 정부를 비난하고 감독하며 하고 싶은 말은 무엇이든 다 할 수 있습니다. 중국에는 과거에 비해 상당한 언론자유가 있으며 충분히 진보했다고 생각합니다.

둘째, 인권이라는 개념은 역사적으로 고려해야 하며, 국가마다 각기 다른 이해를 가지고 있습니다. 인권의 개념에 관해 중국의 철학자인 맹자孟子는 '백성이 가장 귀하고, 사직이 그 다음이며, 임금은 가볍다(民爲貴, 社稷次之, 君爲輕)'고 말했습니다. 맹자는 프랑스의 루소나 미국의 〈인권선언〉에 비해 훨씬 오래전에 인권에 관해 언급했습니다. 인권 개념은 역사적으로 발전할 뿐 아니라 국가마다 그 상황이 다른 것 같습니다. 중국과 미국을 예로 들어보겠습니다. 양국의 1인당 국민소득은 20배나 차이가 납니다. 미국 대학생의 비율은 중국의 초등학생과 글을 모르는 문맹을 합한 비율보다 더 많습니다. 이렇게 문화 수준과 국민소득에서 큰 격차가 있으니 미국인이 보는 인권이라는 개념 역시 중국과는 다를 것입니다. 가난한 사람과 직접선거에 관해 얘기한다면 그들은 아마도 인권의 다른 측면에 더 관심을 가질 것입니다. 즉 교육권, 생존권, 발전권, 문화·오락향유권, 위생권 등이 그 것입니다. 중국이 말하는 인권은 이를 포함하고 있습니다.

모든 국가는 각자의 고유한 방법으로 인권 상황을 개선하고 있습니다. 급히 서둘러서는 안 됩니다. 솔직히 말하자면 중국의 인권 상황을 어떻게 개선할 것인가 하는 것은 우리가 미국보다 훨씬 급합니다.

셋째, 중국의 인권 관련 업무에 부족한 점이 있다는 것은 인정합니다. 하지만 중국은 수천 년 동안 봉건제도의 영향을 받아왔기 때문에 국민의 관념을 쉽게 바꿀 수가 없습니다. 법조인들의 교육 정도나 재판 능력에도 한계가 있습니다. 이런 상황에서 완벽하게 인권을 보장한다는 것은 현실적으로 어렵습니다. 따라서 중국은 미국의 의견을 듣고 별도의 채널을 통해 대화를 하고 싶습니다. 이것은 절대 반대하지 않습니다.

일부 외국인들은 중국을 방문하면 제게 명단을 내밉니다. 그 명단에는 정치적 이견 때문에 수감된 사람들의 이름이 적혀 있고 제게 석방을 요구합니다. 그 경우 중국은 상대의 의견을 존중해 자세하게 조사를 진행하며, 명단에 적힌 사람이 형사범죄를 저지르지 않았다면 석방시킵니다. 미국에 오기 전 많은 미국 친구들이 제게 다량의 자료를 보내주었습니다. 그들은 미국의 인권에도 문제가 많다면서 그 자료를 클린턴 대통령께 제출해달라고 하더군요. 그렇지만 전 그 자료를 가져오지 않았고, 대통령께 넘길 생각도 없습니다. 그 이유는 미국이 스스로 문제를 해결할 수 있기 때문입니다.

클린턴 : 사실 미국도 때로는 문제 해결을 위해 외부인을 청하기도 합니다. 저도 《뉴욕 타임스》의 보도를 봤습니다. 구체적인 정보는 정책상 이유로 더 이상 언급할 수 없습니다. 하지만 그 보도에서는 미 국립연구소와 간첩활동의 연관 관계를 제대로 설명해 놓지 않았습니다. 저는 관계자들이 이 문제를 조사해 최대한 빨리 해결하길 바랍니다. 또 법집행 기관에서 조사를 가속화했으면 좋겠습니다. 오래 전부터 국립연구소에는 보안 문제가 존재해 왔습니다. 그것은 국립연구소가 장기간 두 가지 역할을 해오고 있기 때문입니다. 국립연구소는 과학 연구와 학습의 중심이며, 에너지 발전과 소프트웨어 개발을 하고 있습니다. 이와 동시에 핵개발 책임도 맡고 있습니다. 그러므로 무엇보다도 철저한 보안이 중요합니다. 1998년 저와 리차드슨 에너지부 장관은 각각 당파를 불문한 양당 자문위원회에 과연 보안상의 문제가 무엇인지 조사하라는 지시를 내렸습니다. 여러 해 동안 국립연구소의 최대 문제는 바로 허술한 보안 조치였기 때문입니다. 미국은 이 문제에 관해 제대로 조사를 하고 있으며 조속히 조사를 마칠 것입니다.

주룽지 : Thank you.

미국 공영방송 PBS 짐 레러 앵커 인터뷰*

(1999년 4월 9일)

레러 : 주 총리님, 미국 방문을 환영합니다.

주룽지 : 고맙습니다. 만나 뵙게 되어 반갑습니다. 1990년 상하이 시장으로 미국을 방문했을 때 '뉴스 아워News Hour' 의 맥닐 앵커와 인터뷰를 한 적이 있어요. 9년 만에 또다시 같은 프로그램에서 인터뷰를 하게 되어 의미가 깊습니다. 이 프로그램은 시청률이 높다고 하더군요. 방송을 통해 미국 국민들께 인사를 전하고 싶네요.

미국 방문 며칠 동안 가는 곳마다 국민들이 절 환영하고 지지해주고 계세요. 특히 이곳 분들은 제게 많은 성원을 보내주셨습니다. 이로 미루어 저는 중미관계의 전망이 매우 밝다고 생각합니다. 이번 기회에 '뉴스 아워'와 인터뷰하게 되어 매우 기쁩니다.

레러 : 대단히 감사합니다. 중국은 나토군이 코소보에 공격을 가한 것을 강하게 비판하고 있습니다. 그 이유는 무엇입니까?

주룽지 : 장쩌민 주석께서는 이미 여러 차례 그 문제에 관한 중국의 입장을 표명

---

* 방미 기간 동안 주룽지 총리는 숙소인 워싱턴 블레어 하우스(영빈관)에서 PBS 짐 레러Jim Lehrer 앵커와 인터뷰를 가졌다.

했습니다. 중국이 유고에 대한 군사행동을 반대하는 이유는 그것이 내정간섭이기 때문입니다. 다시 협상을 하는 것이 유일하고도 정확한 방법입니다. 정치 협상만이 그 문제를 해결할 수 있습니다. 어느 쪽이든 더 이상의 사망자나 부상자가 생기는 것은 원치 않습니다.

레러 : 중국은 밀로셰비치 유고 대통령과 유고 정부의 행동을 지지하시나요?

주룽지 : 성명에서 그 문제는 언급한 적이 없습니다. 중국은 단지 나토의 개입에 대해 비판했을 뿐입니다.

레러 : 며칠 전 《월스트리트 저널》의 사설에는 미국과 기타 나토 가입국의 공통점보다는 중국 공산당 정부와 밀로셰비치의 독재가 더욱 공통점이 많다는 얘기가 실렸습니다. 이 말이 맞는다고 보십니까?

주룽지 : 우선 중국 정부를 공산당 정부라고 지칭한 것은 잘못되었습니다. 그것은 부정확한 표현입니다. 중국은 이 문제를 이데올로기적 관점에서 보고 있는 것이 아니라 국제적인 기준에 부합하는지 여부를 고려하고 있기 때문입니다.

레러 : 주 총리께서도 알고 계시는 것처럼 나토는 현지에서 종족말살과 무고한 주민의 대량 학살이 발생한 것을 보고 공습을 시작한 것입니다. 그렇다면 코소보 발 보도는 믿으시는지요?

주룽지 : 저는 아직 그 보도를 보지 못했습니다. 그러나 중국의 경험에 따르면 종족분쟁에는 종종 야만적이고 잔혹한 일이 따르는 것으로 알고 있습니다. 중국은 민족분쟁을 해결해 본 경험이 있습니다. 가장 좋은 방법은 단결을 전제로 각 민족이 우호적이고 평등한 협상을 통해 문제를 해결하는 것입니다.

레러 : 그렇다면 나토와 미국의 무력 사용이 완전히 도리에 어긋난다고 보십니까?

주룽지 : 양쪽 다 무슨 근거로 무력을 썼는지 모르겠습니다. 저는 무력 사용은 다

른 국가에 대한 내정간섭이기 때문에 옳지 않으며, 민족분쟁은 분명 내정의 범위에 속한다고 생각합니다.

레러 : 그런 일이 발생해도 세계 다른 나라들 모두 관여할 권리가 없다는 말씀이십니까?

주룽지 : 사실 그곳에서 무슨 일이 일어났는지 정확히 모르겠습니다.

레러 : 소문과 최소한의 증거로 볼 때 무고한 주민들이 자신들의 터전에서 쫓겨나거나 학살당한 사실이 밝혀졌다고 가정해 보죠. 하지만 이 일이 한 국가 안에서 벌어진 종족분쟁이기 때문에 다른 국가는 어떤 상황에서도 유엔이나 나토 등의 국제기구를 통한 군사개입을 할 수 없는 것입니까?

주룽지 : 저는 두 가지 보도를 보았습니다. 하나는 이번 종족분쟁에서 양측 모두 무력을 사용했다는 것과 다른 하나는 유고군이 알바니아계 소수민족을 공격했다는 것입니다. 둘 중 어느 쪽이 진짜라고는 말할 수가 없습니다. 올브라이트 국무장관이 제게 관련 자료를 준다고 하셨는데 아직 받지는 못했습니다. 따라서 현재로서는 판단할 근거가 없습니다.

레러 : 하지만 현재 미국 국민들은 이 문제를 처리하기 위해 애쓰고 있습니다. 그리고 세계 각국에서는 이런 문제에서 미국에게 적합한 역할이 무엇인지 고려중입니다. 총리께서는 미국 국민과 지도자에게 건의할 사항이 없으신가요? 예를 들어 새로운 세계에서는 무력을 어떻게 사용해야 될까요?

주룽지 : 지난 경험에 비추어 저는 무력으로 이 문제를 해결할 수 없다고 믿습니다. 특히 발칸반도는 유럽의 '화약고'라고 불리는 곳입니다. 중국은 정치 협상을 통해서만 수용 가능한 해결 방법을 얻을 수 있다고 생각합니다. 또 유고 국민과 미국 국민, 전 세계 국민들에게 가장 좋은 방법입니다. 중국은 종족말살에 반대하며 종족분규와 두 민족 간의 무장충돌도 반대합니다. 협상만이 살 길입니다.

레러 : 중국이 나토를 반대하는 유고의 밀로셰비치 대통령을 지지한다고 보는 것은 잘못되었다는

말씀인가요?

주룽지 : 우리는 그저 상황 자체의 시비와 득실을 논할 뿐입니다.

레러 : 어제 중국과 미국이 아직 무역 협정을 체결하지 못한 이유가 미국 내의 반중 기류 때문이라고 말씀하셨습니다. 이런 기류가 형성된 원인은 무엇이라고 보십니까?

주룽지 : 저보다 더 잘 아실 듯합니다. 앵커시니 반중 정서가 나타난 원인을 잘 파악하실 수 있겠죠. 사실 중국의 WTO 가입과 중미 무역 협상은 최종 단계에 와 있습니다. 거의 서명만을 남겨두고 있죠. 하지만 현재의 정치적 분위기 때문에 클린턴 대통령께서 아직 협상을 타결할 시기가 아니라고 생각하는 것 같습니다. 중국은 어떤 형식으로든 합의를 달성하기 위해 최대한 노력할 것입니다.

레러 : 정치적 문제에는 인권문제가 포함될 것입니다. 미국 정치 지도자와 기타 관계자들은 중국 인권정책을 비난하고 있습니다. 미국 정계는 다들 중국에 대해 비판 일색입니다. 공화당·민주당, 보수파·자유파 모두 그 문제에 관해서는 한 목소리를 내고 있습니다. 과거에 이 문제를 인식하셨습니까? 현 상황이 이해가 가시나요?

주룽지 : 절실히 느끼고 있습니다. 중국이 인권문제를 처리하는데 결점이 있다는 것은 인정합니다. 하지만 미국 역시 중국이 인권문제에서 진전을 거두었다는 점을 인정해야 할 것입니다. 중국 국민의 인권상황은 크게 개선되었으며 전에 없이 인권을 보장 받고 있습니다. 문제는 미국이 중국의 인권 상황이 날로 개선된다는 사실을 알지 못한다는 것입니다. 중국을 제대로 이해하지 못하는 사람들이 중국의 인권 상황이 날로 악화된다고 보고하고 있으니 그릇된 방향으로 나가는 것입니다.

레러 : 그러나 일부 중국 국민은 정당 조직과 종교 활동을 시도했다거나 인터넷에서 정부에 반대했다는 이유로 체포당했다고 하더군요. 그 사건은 미국에서 아주 상세하게 보도가 되었습니다. 이 사실을 알고 계십니까?

주룽지 : 물론 잘 알고 있습니다. 하지만 그 사건은 지나치게 과장된 것 같군요. 어제 저는 미국 종교 지도자 네 분을 만나 종교신앙의 자유에 관해 얘기를 나눴습니다. 그분들은 천주교와 기독교가 중국에서 발전한 지 1, 2세기가 된다고 하시더군요. 1949년 중화인민공화국 건립 당시에는 신도가 80만 명밖에 없었지만 현재는 1천만 명까지 늘어났습니다. 지난 20년 동안 중국에서 인쇄된 《성경》은 총 2천만 부에 달합니다. 만약 종교신앙의 자유가 없다면 어떻게 이런 일이 일어나겠습니까?

레러 : 이런 문제를 질문 받거나 미국인들에게 비난을 당하면 화나지 않으십니까?

주룽지 : 미국에 와서 미국 국민들에게 중국의 상황을 설명하는 것이 제 일입니다. 마음속 반중 감정을 털어버릴 수 있도록 말이죠. 따라서 제게 어떤 질문을 해도 화나지 않습니다. 정말 유감스러운 것은 시간이 너무 짧아서 모든 상황을 분명하게 말할 수 없다는 점입니다.

레러 : 많은 미국인들이 이런 문제를 매우 중요시하는 이유를 이해하시겠습니까?

주룽지 : 그런 관심은 좋은 일입니다. 어제 말했다시피 미국 국민들은 자유를 사랑합니다. 또 개방적이고 낙관적이며 활기에 차 있습니다. 이런 국민들이 중국에 관심을 가진다면 그것은 희소식이지요. 하지만 불행히도 제 목소리에 진심으로 귀 기울이는 사람은 소수에 불과합니다. 이렇게 미국 국민에게 직접 말할 수 있는 기회를 주셔서 감사합니다. 하지만 잘 했는지는 모르겠군요.

레러 : 미중 간의 정치적 문제에는 그밖에도 핵기술 유출 스캔들과 민주당 경선 시 불법 정치헌금 제공 등이 있습니다. 총리께서는 어제 클린턴 대통령께 중국도 관련 사건 조사에 협조하겠다고 밝혔습니다. 그렇다면 미국 조사관들이 중국 정부의 관계자를 심문하는 것을 허가하실 예정인가요?

주룽지 : 제가 먼저 질문을 드리겠습니다. 현재 미국에는 중국이 연관된 문제가 매우 많은데 미국에서는 중국 조사관들이 미국에 와서 증인을 심문하는 것을 허가할 수 있나요?

레러 : 그것은 제가 답할 문제가 아닌 것 같습니다.

주룽지 : 미국 측에서 허가한다면 중국 역시 허가할 수 있습니다. 미국 측에서 안 된다고 하면 중국 역시 안 됩니다.

레러 : 총리를 위해 일하는 관계자들 조사도 허가할 수 있다는 말씀이군요. 어제는 그 일에 대해 전혀 모른다고 하셨지만 미국이 중국 정부 안에 관련자가 있는지 조사하는 것을 도우시겠다는 겁니까?

주룽지 : 물론입니다. 중국은 철저하게 사실을 밝히고 싶기 때문입니다. 단지 조사 방법을 결정할 때는 평등하게 양국이 토론해야 할 것입니다.

레러 : 이런 문제가 총리께는 중요한가요? 특히 정치 분야에서 많은 미국인들처럼 이 문제의 중요성을 인식하십니까?

주룽지 : 제 진심을 말하라면 사실 그리 큰 문제는 아니라고 답하겠습니다.

레러 : 미국에서는 왜 그 문제가 큰 일인지 아십니까?

주룽지 : 방금 말씀드린 것처럼 미국인들은 중국에 불만이 많습니다. 그러나 사람이 기분이 안 좋을 때는 많은 일을 꼼꼼하게 고려할 수가 없다는 사실을 잘 아실 겁니다.

레러 : 많은 미국인들이 중국에 불만을 갖고 있다고 하셨는데 중국인들 역시 미국인들에 불만을 갖고 있지 않습니까? 예를 들어서 말씀해주시겠습니까?

주룽지 : 미국인에 대한 중국인들의 불만이 더 클 것입니다. 특히 코소보 사태 때

문에 많은 중국인들이 제 미국행을 반대했습니다.

레러 : 중국인들은 총리의 미국 방문이 미국 정책을 지지하는 것이라고 해석하고 있는 것이죠?

주룽지 : 맞습니다.

레러 : 총리께서는 중국 국민에게 뭐라고 말씀하셨습니까? 이런 상황에도 불구하고 왜 미국행을 결심하셨나요?

주룽지 : 예정대로 미국을 방문한다고 밝혔습니다.

레러 : 클린턴 대통령과 코소보 사태에 대해 논의하셨습니까?

주룽지 : 클린턴 대통령을 만나기 전 올브라이트 국무장관이 이곳을 방문했고, 한 시간 넘게 코소보 문제를 논의했습니다.

레러 : 올브라이트 장관은 주 총리의 생각을 알고 싶어 하시던가요? 아니면 총리께 자신의 생각을 말씀하셨습니까?

주룽지 : 제 생각을 말해 보라고 하시더군요. 그렇게 하는 것이 맞다고 생각합니다.

레러 : 생각을 말씀하셨습니까?

주룽지 : 아니요. 장관에게 자료를 요청했습니다. 하지만 아직 관련 자료를 받지는 못했습니다.

레러 : 알겠습니다. 아까 제게 말씀하신 것처럼 올브라이트 장관께도 중국이 왜 코소보 사태에 그런 입장을 취했는지 중국이 왜 나토의 무력 개입을 반대하는지 말씀하셨습니까?

주룽지 : 그 문제에 관해서는 장쩌민 주석께서 이미 네 차례나 언급하셨습니다.

장 주석께서 말한 내용은 제가 방금 한 말과 일치합니다.

　레러 : 귀국해서 장쩌민 주석께 코소보에서 발생한 상황을 전달하실 건가요? 이번 방문을 통해 중국의 입장을 새로 고려할 가능성은 없습니까?

　주룽지 : 만약 제가 받은 자료를 통해 민족학살 사실이 증명된다면 당연히 장 주석께 보여드릴 겁니다. 하지만 민족학살 유무를 떠나서 외국 군대가 한 나라의 내정에 간섭해 군사행동으로 문제를 해결하려는 것은 잘못된 방법입니다.

　레러 : 말씀이 조금 애매모호하군요. 중국은 미국과 어떤 관계를 구축하고 싶은지 미국 국민들에게 설명해주시겠습니까? 양국은 친구인가요? 동맹국인가요? 경쟁자인가요? 중국은 미국과 어떤 관계를 유지하길 원합니까? 그 이유는 무엇입니까?

　주룽지 : 중미 양국이 어떤 관계를 구축할 것인지는 장쩌민 주석과 클린턴 대통령이 상호 방문했을 때 분명히 밝혔습니다. 즉 건설적인 전략적 동반자관계입니다.

　레러 : 아시다시피 많은 미국인들은 중국에 두려움을 느끼게 하는 무언가가 있다고 믿고 있습니다. 그런 미국인들에게 하실 말씀 없으신가요?

　주룽지 : 뭐가 두렵냐고 묻고 싶습니다. 클린턴 대통령께서 말씀하셨죠. 미국에는 핵탄두가 6천 기 넘게 있지만 중국에는 20~30기밖에 없다고 말입니다. 실제로 중국에 핵탄두가 몇 개나 있는지 모르겠지만 아마도 클린턴 대통령은 그 수치를 저보다 잘 알고 있을 것입니다. 그렇다면 미국인은 무엇이 두려운 겁니까? 중국은 미국을 위협할 수 없습니다. 만약 중국이 경제적으로 미국의 경쟁자가 될 것을 걱정하신다면 미국의 경제 규모는 중국의 10배라는 점을 상기시키고 싶습니다. 미국의 1인당 평균소득은 중국의 10배 이상입니다. 중국이 이런 경제대국의 상대가 되려면 아주 오랜 시간이 걸립니다. 그리고 중국이 앞으로 경제대국이 되어 중국이 강성해질수록 미국의 시장도 더욱 커지게 됩니다. 미국이 두려워할 것이 뭐가

있습니까? 백악관의 환영식에서 저는 미국 국민은 자유를 사랑하고, 중국 국민은 평화를 사랑한다는 말을 했습니다. 중국은 지금까지 침략을 당한 피해자였습니다. 중국 국민은 다른 나라를 침략한 역사가 없습니다. 물론 어떤 상황에서든 미국 국민이 평화를 사랑하지 않는다거나 중국 국민이 자유를 사랑하지 않는다는 말은 아닙니다.

레러 : 미중 간의 문제는 일시적이고 심각하지 않으며 악화되지 않을 거라는 말씀이시죠? 총리께서 미국에 도착하셨을 때 지금은 매우 어려운 시기라는 말을 하셨습니다. 그럼 현재의 중미관계는 어떻게 정의하십니까?

주룽지 : 현재 미국에는 확실히 반중 기류가 존재하며 이는 장쩌민 주석과 클린턴 대통령이 말하는 우호협력 관계 발전에 심각한 장애가 되고 있습니다. 관계 발전의 장애뿐 아니라 관계가 후퇴할 위험도 있습니다. 따라서 이것은 중대한 문제입니다. 그러나 한편으로 생각하면 기나긴 역사의 여정 속에서 어떤 장애를 발견했다고 해도 그것은 많은 사물의 발전 과정에서는 아주 사소한 일에 지나지 않습니다. 제가 로스앤젤레스에 도착했을 때는 비가 억수 같이 퍼부었지만, 워싱턴에 도착하자 햇살이 찬란하게 빛났습니다. 이 비처럼 몇 가지 문제들도 지나갈 것입니다.

레러 : 대단히 감사합니다.

주룽지 : 감사합니다.

미국 CNN 우드러프 기자 인터뷰[*]

(1999년 4월 13일)

우드러프 : 인터뷰에 응해주셔서 감사합니다. 미국을 방문하기 전 총리께서는 "자신은 보통 중국인이지만 성격이 고약하다"는 말씀을 하셨습니다. 첫 번째 질문입니다. 이번에 중국의 WTO 협상이 타결되지 못했는데 화가 나지 않으십니까?

주룽지 : 저는 미국에 와서 화를 낸 적이 없을 뿐더러 시종 웃는 얼굴을 하고 있습니다. 중국의 WTO 가입 관련 회담은 실패로 돌아간 것이 아닙니다. 클린턴 대통령과 저는 공동성명에 서명했습니다. 미국은 성명에서 1999년 중국의 WTO 가입을 결연히 지지하겠다고 밝혔습니다. 양국의 협상은 최종 단계에 이르렀으며, 중국과 미국의 공동 노력으로 분명 협상이 타결될 것입니다.

우드러프 : 올해 연말 이전에 협상이 타결될 것이라고 보시나요?

주룽지 : 일부 미 의회 의원들과 다른 소식통들은 앞으로 2, 3개월 내에 협상이 타결될 것 같다고 하더군요. 물론 2주 안에 타결된다면 가장 좋겠죠.

---

[*] 방미 기간 동안 주룽지 총리는 숙소인 뉴욕 월도프 아스토리아 호텔에서 미국 CNN의 주디 우드러프Judy Woodruff 앵커와 인터뷰를 가졌다.

우드러프 : 지난 며칠 동안 클린턴 대통령이 용기가 부족해서 미국 내의 정치적 기류에 굴복했다고 하셨습니다. 클린턴 대통령이 주 총리의 예상보다 훨씬 정치적으로 유약하다고 생각하십니까?

주룽지 : 이것은 용기가 있고 없고의 문제가 아니라 기회 판단의 문제이며, 미국 내 정치 기류에 대한 클린턴 대통령의 평가를 반영하는 것입니다. 저는 클린턴 대통령이 의회의 의견과 국내 여론을 고려해서 결단을 내려야 한다고 생각합니다. 분명 정확한 결정을 내릴 것입니다. 미국에 와서 뉴욕을 포함한 5개 도시를 방문했고 내일은 보스턴으로 갑니다. 곳곳을 다니면서 저는 수많은 각계 인사와 만날 기회가 있었습니다. 그중에는 의회 의원, 상공업계 인사와 언론계 인사도 있습니다. 제가 만나 본 분들은 중국에 매우 우호적이었습니다. 이는 중미관계가 계속해서 발전해나갈 것을 예고하고 있습니다. 그분들 모두 중국의 WTO 가입을 지지할 것입니다. 오늘 오후 2시, 클린턴 대통령에게 온 전화를 받고 이런 제 느낌을 말씀 드렸습니다. 대통령께서도 같은 생각이라고 하시더군요. 따라서 머지않아 양국 협상은 타결될 것입니다.

우드러프 : 그 문제에 있어 클린턴 대통령은 중국과의 접촉 유지가 중요하다고 언급했습니다. 총리 께서도 양국 접촉이 중요하다고 보십니까?

주룽지 : 기자님이 말하는 '접촉'을 우리 중국 측에서는 '중미 우호협력 관계'라고 합니다. 중국과의 우호협력 관계 구축은 미 공화당과 민주당 양당의 일관된 정책입니다. 닉슨 대통령이 중미 교류의 포문을 연 후 중미 협력 정책은 양당 모두의 지지를 받았습니다. 닉슨 대통령은 공화당입니다. 민주당 소속이던 카터 대통령 재임 시절 중국과 미국은 정식 외교 관계를 수립했습니다. 이후 공화당인 레이건 대통령과 부시 대통령은 양국의 관계 발전을 지속적으로 추진했습니다. 또 민주당 소속인 클린턴 대통령은 장쩌민 주석과 양국이 건설적인 전략적 동반자관계를 구축한다고 발표했습니다.

일련의 사실에 비추어보면 이 정책이 양당의 공동 지지를 받고 있음을 알 수 있습니다. 양국은 현재 새로운 단계에 진입했습니다. 이는 양국뿐 아니라 전 세계의 이익에도 부합합니다. 중국도 마오쩌둥 주석·저우언라이 총리·덩샤오핑 선생과 현재의 장쩌민 주석까지 지도자 삼대가 모두 이 정책을 지지하고 있습니다.

따라서 미국이 말하는 '접촉'은 정확한 노선이며, '저지'와 일부 사람들이 말하는 '가벼운 저지'는 잘못된 노선입니다.

우드러프 : 중미 협력은 이미 모두의 공감대를 형성했습니다. 그러나 양국이 구체적인 문제에 있어 이견이 있다는 것도 잘 알려진 사실입니다. 그중 하나가 바로 인권문제입니다. 클린턴 대통령과 다른 관계자들은 이 점을 언급했습니다. 최근 중국 정부는 다른 정치적 견해를 가진 사람을 체포했습니다. 그들은 반대당을 세우려고 한 것으로 알고 있습니다. 주 총리께서는 중국이 더욱 부강해지면 다양한 정치적 의견을 수용할 수 있다고 보십니까?

주룽지 : 인권문제에 있어 중미 양국은 같은 개념을 갖고 있지만, 그 실시 방법에 대해서는 이견이 존재합니다. 각국의 상황이 다르기 때문입니다. 그러나 중국은 인권문제를 부단히 개선하고 있습니다. 가야 할 길이 멀기는 하지만 중국은 반드시 인권문제를 계속 개선해 나갈 것입니다. 중국은 외국의 의견을 듣고 싶습니다. 중국은 2천 년 동안 전통 관념의 지배를 받았고 이는 중국 국민의 사상에 영향을 미치고 있습니다. 또 국민의 교육수준도 미국과는 비교가 안 됩니다.

최근 중국 전인대에서는 중국의 헌법을 개정하고 수정안을 승인했습니다. 이는 완벽한 사법제도를 구축하고 법치국가를 건립하려는 중국의 의지를 보여줍니다. 그러나 분명 쉽게 이룰 수 있는 일은 아니며 그에 필요한 인재도 굉장히 모자랍니다. 현재 중국에는 검사와 변호사가 턱없이 부족합니다. 미국에는 많은 변호사가 있지만 중국에는 소수밖에 없습니다.

우드러프 : 미국의 변호사를 중국에 보내 드리겠습니다.

주룽지 : 현재 중국은 법조인을 양성하고 있지만 하루아침에 만들어 낼 수 있는 것이 아니기 때문에 시간이 필요합니다. 미국은 중국의 인권 개선 상황에 대해 우려를 표시하고 있습니다. 하지만 중국도 인권을 빨리 개선하고 싶습니다. 이 문제에서 중국은 미국보다 더 다급합니다. 경제개혁은 정치개혁을 수반할 것입니다. 중국은 방금 말한 헌법 수정안을 포함한 일부 정치개혁을 실시하고 있으며 중국의 법치를 견인하고 있습니다. 중국의 헌법에는 국민이 언론과 집회의 자유를 가진다고 규정되어 있습니다. 이는 그 권리가 고려되었다는 뜻입니다. 물론 공공재산과 공공이익을 훼손하지 않는다는 것을 대전제로 합니다. 중국은 이 방향으로 계속 열심히 나갈 것입니다.

중국은 인권 영역에 있어 아직 부족하다는 것을 인정합니다. 하지만 중국 국민들은 현재 역사상 유례없는 인권을 누리고 있다는 점도 말씀드리고 싶습니다.

우드러프 : 많은 미국인과 미국 정부는 주 총리의 경험을 주목하고 있습니다. 총리께서는 두 번이나 하방下放(마오쩌둥 시대 지식인과 간부·학생들을 지방으로 내려 보내 노동에 종사하게 한 운동:역주)되었고 양돈장에서 여러 해 동안 힘든 육체 노동을 한 것으로 알고 있습니다. 그럼에도 현재 주 총리께서 총리직에 오른 것은 중국이 다른 정치적 의견을 두려워하지 않는다는 뜻입니까?

주룽지 : 여기서 제 경험을 세세하게 말할 필요는 없다고 봅니다. 그런 지엽적인 문제는 말하고 싶지 않군요. 하지만 주의해서 봤다면 중국의 지도자들이 모두 유사한 경험을 했다는 것을 아실 겁니다. 젊은 시절에는 민주화를 위해 투쟁했고, 중국의 자유와 독립, 해방을 위해 싸웠습니다. 우리와 같이 평생 중국 국민의 인권 상황을 개선하기 위해 투쟁한 사람들이 중국 국민의 인권을 침해했다고는 상상할 수도 없습니다. 문제는 우리가 잘했는지 잘못했는지에 있습니다. 열심히만 한다면 더 잘할 수 있을 것입니다.

우드러프 : 총리께서 미국을 방문하고 싶지 않았던 이유 중의 하나는 미국에서 중국이 미국의 첨단 핵탄두 설계와 중성자탄 기밀을 유출해갔다는 보도가 나왔기 때문이라고 말씀하셨습니다. 그러나 중국의 국가안전부장은 주 총리 밑에 있는 사람인데 그런 일이 있었다면 어떻게 총리께서 모르실 수 있습니까? 아니면 듣지 못하신 것입니까?

주룽지 : 이 시기에 미국을 방문하고 싶지 않다는 말을 한 것은 사실입니다. 그러나 지금 미국에 오지 않는다고 해서 영원히 안 오는 것은 아닙니다. 다만 방문을 좀 더 늦추면 더 나을 것이라는 생각을 했습니다. 그 이유는 미국 내의 분위기가 심상치 않았기 때문입니다. 많은 문제에서 반중 정서가 존재하고 이것이 상당히 보편화되어 있었습니다. 이는 기밀유출 스파이 사건과는 무관합니다. 스파이 사건은 미국 내의 문제라고 봅니다.

워싱턴에서 이미 말했다시피 그 일에 관해서는 들은 적이 없습니다. 중국이 스파이를 이용해서 미국의 군사기밀을 빼냈다는 사실은 절대 믿지 않습니다. 미국에 오기 전 이 일에 관해 장쩌민 주석에게 문의했지만 주석께서도 모르는 일이라고 하셨습니다. 장 주석과 저는 군부 지도자에게도 물었지만 그들도 모른다고 하더군요. 또 국가안전부장에게도 물었는데 돌아온 대답은 "모르겠습니다"였습니다. 만약 미국이 조사를 하겠다면 협조할 용의가 있습니다.

우드러프 : 만약 이 일이 사실로 밝혀진다면 미국은 앞으로 중국과 관련된 하이테크 기술 이전에 있어 심사를 강화할 것입니다. 그래도 괜찮다고 생각하십니까?

주룽지 : 현재 미국의 대중 수출 제한은 지나치게 엄격한 조치라고 생각합니다. '하이테크'라 할 수도 없는 많은 제품이 중국으로 수출되지 못하고 있습니다. 아시다시피 중국은 일기예보를 위한 컴퓨터가 필요한데 미국은 그 컴퓨터마저도 수출을 하지 않고 있습니다. 이것은 중미 양국 간 무역적자의 중요한 원인입니다.

우드러프 : 우방 간에 스파이 활동을 하는 것은 적절한가요?

주룽지 : 제게 있어 그 문제는 철학적인 문제 같군요. 저는 스파이 사건에 대해서는 모른다는 대답밖에는 드릴 수 없습니다.

우드러프 : 주 총리의 견해를 알고 싶습니다. 그것은 과연 합당한 일일까요?

주룽지 : 저는 미국의 스파이 활동에 대해서는 모릅니다.

우드러프 : 몇 가지 민감한 문제를 질문 드리고 싶습니다. 첫 번째는 전역미사일방어체제 문제입니다. 미국은 이미 일본과 이 문제에 관해 토론을 했습니다. 전역미사일방어체제가 구축되면 아마도 타이완이 가입할 것이라는 예측이 나오고 있습니다. 만약 그렇다면 중국은 어떻게 하시겠습니까?

주룽지 : TMD(전역미사일방어체제)는 미사일에 관한 국제협정에 위배되며 군비억제에도 불리합니다. TMD 구축은 미국의 문제지만, 타이완을 끌어들이는 데는 단호하게 반대합니다. 그것은 중국 내정간섭이며 중국 주권을 침범하는 것이기 때문입니다.

우드러프 : 중국이 구체적으로 어떤 조치를 취할지 말씀해주시겠습니까?

주룽지 : 중국이 무엇을 할 수 있겠습니까? 그저 반대하는 것입니다. 미국인들이 중국의 의견을 고려했으면 좋겠군요.

우드러프 : 중미 간의 또 다른 문제는 불법 정치헌금 문제입니다. 중국 군부의 정보기관 책임자인 지姬 장군이 다른 사람을 시켜 미국 민주당에 돈을 전달했다는 얘기 못 들으셨습니까?

주룽지 : 정치헌금이 효과가 있다고 생각해 미 경선 후보에 돈을 전달했다면 어리석게 고작 30만 달러만 내지는 않았을 겁니다. 방금 말한 지 장군은 만나 본 적도 없습니다. 그리고 그 사람이 그런 일을 저질렀는지 아니면 그럴 의도가 있었는지도 모르겠습니다. 하지만 중국은 미국과 이 일을 공동으로 조사하겠다고 클린

턴 대통령에게 분명하게 답변했습니다. 한마디 덧붙이겠습니다. 이 일 역시 장 주석께 물었지만 모른다고 하셨습니다.

우드러프 : 코소보 문제에 관해 얘기해 보죠. 중국 정부는 나토의 공습에 명확한 반대 입장을 취하고 있습니다. 그렇다면 밀로셰비치 정부를 지지하는 것입니까?

주룽지 : 중국의 입장은 정의와 국제법에 기초한 것입니다. 중국은 한 국가의 내정과 주권 간섭에 반대하는 것입니다. 민족분쟁은 내정에 속합니다. 이데올로기적 각도에서 이 일을 고려하는 것도 아니고 어떤 누구와 연계시키는 것도 아닙니다. 사사로운 이익을 위해 반대하는 것은 더더욱 아닙니다.

나토의 군사개입으로 이미 대량의 사상자와 경제적 피해가 발생했습니다. 체포된 3명의 미국인 문제도 포함됩니다. 중국은 그 일에 깊은 유감을 표하는 바입니다.

발칸반도는 유럽의 '화약고' 입니다. 이곳에서 전쟁의 불씨가 일어나면 매우 위험합니다. 중국이 내정간섭을 중지하고 정치적인 협상을 재개하자고 주장하는 이유는 정치 협상만이 문제를 해결할 수 있는 진정한 출구이기 때문입니다. 이는 전 세계 국민과 미국 국민·유고 국민·코소보 주민 모두에게 도움이 됩니다.

우드러프 : 종족 간에 어떤 폭력 사태가 일어난다고 해도 정치적으로 해결해야 한다고 말씀하셨습니다. 그렇다면 어떤 폭력 행위가 발생하든 사상자가 몇 명이든 그것은 한 나라의 내정이므로 다른 사람이 개입할 수 없다는 뜻입니까?

주룽지 : 중국은 주체가 누구든 종족 학살 자체를 반대합니다. 중국의 경험에 따르면 많은 종족문제는 역사적으로 이어져온 문제입니다. 종족 간의 충돌로 발생한 상호 학살은 매우 잔혹한 것입니다. 그러나 해결방법은 해당 국가의 정부가 관련 종족을 불러 모아 평등과 우호를 기초로 협상하는 것입니다. 외부의 간섭은 사상자만 증가시킬 뿐 문제를 해결할 수 없습니다.

우드러프 : 어느 상황이든 마찬가지일까요?

주룽지 : 중국은 더 많은 사람들의 희생을 원치 않습니다.

우드러프 : 중국에 관한 질문을 드리겠습니다. 총리께서는 중국이 어떻게 발전하길 바라십니까? 40년, 50년, 60년 후 중국은 어떤 국가가 되어 있을까요? 여전히 사회주의 국가일까요? 아니면 상당한 민주화를 이루었을까요? 중국이 경제적·정치적으로 어떤 발전을 이룩하길 원하십니까?

주룽지 : 40년이나 50년 후, 혹은 60년 후면 중국은 분명 발전된 국가가 되어 있을 겁니다. 그러나 그때가 되더라도 미국을 뛰어넘지는 못할 것입니다. 미국을 위협한다는 것은 더더욱 불가능한 일이죠. 중국은 미국의 친구이자 거대 시장이 될 것입니다.

중국의 정치제도 개혁은 계속되고 있지만 여전히 사회주의 국가입니다. 경제체제 역시 사회주의 시장경제체제를 유지할 것입니다. 그 이유는 사회주의 시장경제체제에서만 경제위기를 피할 수 있기 때문입니다. 물론 미국으로부터 배울 점이 많습니다. 미국은 현재 역사상 가장 오랜 경제성장을 구가하고 있습니다.

우드러프 : 영원히 사회주의를 유지하실 생각입니까?

주룽지 : 그렇습니다. 하지만 제가 말하는 사회주의는 중국적 특색을 가진 것입니다.

우드러프 : 얼마 후면 베이징 민주시위(톈안먼 사건) 10주년이 됩니다. 총리께서는 베이징 출발 전날 밤 가진 《월스트리트 저널》과의 인터뷰에서 "그런 일이 다시는 일어나지 않기를 바란다"라고 말씀하셨습니다. 그것은 무슨 뜻입니까?

주룽지 : 1989년 '6·4 사건'을 말씀하시는 거군요. 중국에서는 이 사건에 대해 명확한 결론을 내렸고, 현재까지 그 결론에는 변함이 없습니다. 그러나 다시는 그런 일이 일어나지 않을 거라고 확신합니다. 왜냐하면 중국은 이미 그에 대한 경험

을 가지고 있기 때문입니다.

우드러프 : 다시는 일어나지 않는다는 일은 민주시위를 가리키시는 겁니까? 아니면 정부의 대응 수단을 말씀하시는 겁니까?

주룽지 : 중국은 현재 충분히 민주화되었다고 믿고 있습니다. 따라서 그런 일은 다시는 일어나지 않을 것입니다.

우드러프 : 중국은 민주화를 두려워하고 있나요?

주룽지 : 저는 민주화를 위해 한평생 투쟁한 사람입니다. 따라서 민주가 겁낼 만한 것이라고 생각하지 않습니다. 중국은 민주화가 필요하고 법제도 필요합니다. 그러므로 민주화 요구 시 법을 위배하면 안 됩니다. 민주와 법제는 함께 발전해야 합니다. 1989년에 정치 풍파가 발생한 이유는 관련자들이 민주화만을 원하고 법제는 원치 않았기 때문입니다. 물론 그들이 원했던 민주화가 진정한 민주화였는지, 어떤 형식의 민주였는지는 분명히 말할 수가 없습니다.

우드러프 : 마지막 질문을 드리겠습니다. 세계 각국 국민들에게 전할 메시지가 있으신지요? 혹은 중국을 잘 모르는 사람들의 이해를 돕기 위해 하실 말씀 없으십니까? 미국 국민 · 유럽 국민 · 아프리카 국민, 혹은 세계 여러 나라 국민들이 중국의 어떤 점을 이해하기를 바라십니까?

주룽지 : 미국에는 현재 반중 정서가 있습니다. 그러나 중국을 가장 싫어하고 이해하지 못하는 사람은 바로 중국에 가보지 않은 사람들입니다. 따라서 중미 양국 관계를 추진하고 개선하는 가장 좋은 방법은 양국이 서로 왕래와 방문을 확대해서 양국 국민들이 서로 교류할 기회를 마련해주는 것입니다. 이번 방미 기간 동안 저는 각 분야의 미국인들을 만났습니다. 여기에는 미국의 일반 국민들도 포함됩니다. 그분들은 중국에 우호적인 감정을 가지고 있었습니다. 의원들이 제시한 인권과 티베트 문제 등 여러 가지 문제에 관해서는 제 설명을 듣고 중국이 왜 그렇

게 했는지 이해가 간다고 말씀하시더군요. 따라서 양국 국민의 상호 이해를 추진한다면 양국 관계는 분명 개선될 것이라고 믿습니다.

우드러프 : CNN과의 인터뷰에 응해주셔서 정말 감사합니다.

주룽지 : 가능하다면 이번 기회를 빌려 CNN을 통해 몇 말씀 더 전하고 싶습니다. 클린턴 대통령과 미국 정부는 저를 환대해주셨고, 건설적이고 풍성한 방문 성과를 거뒀습니다. 저는 미국의 6개 대도시를 방문해 각계 인사들과 만났습니다. 이번 방문으로 미국 국민들이 중국 국민에게 강한 호감을 갖고 있음을 느낄 수 있었습니다. 방송을 통해 클린턴 대통령과 미국 정부, 미국 국민들에게 진심으로 감사의 인사를 드립니다.

우드러프 : 이번에 방문한 도시 중 어떤 도시가 가장 좋았는가 하는 질문도 아직 안 드렸습니다. 도시 간에 서로 경쟁을 하면 안 되니까요.

주룽지 : 모든 도시가 다 좋았습니다.

우드러프 : 외교 전문가 다운 말씀이시네요, 감사합니다.

주룽지 : 감사합니다.

스페인 EFE 통신사 곤잘로 사장 인터뷰[*]

(2000년 6월 21일)

곤잘로 : EFE와의 인터뷰에 응해주셔서 대단히 감사합니다. 저희는 주 총리를 통해서 중국이라는 대국을 직접 이해할 수 있을 것입니다.

주룽지 : 중국 방문을 환영합니다. EFE 통신사를 통해 스페인 국민들에게 우정을 전할 수 있게 되어 기쁩니다.

곤잘로 : 아스나르[1] 총리가 곧 중국을 방문합니다. 총리는 중국과의 관계 발전을 중시하고 있습니다. 주 총리께서는 현재의 스페인과 중국 관계를 어떻게 평가하십니까? 양국 관계에서 어떤 분야를 더욱 개선해야 한다고 생각하십니까?

주룽지 : 중국과 스페인 두 나라는 정치와 경제 · 문화 등 각 분야에서 협력관계를 빠르게 진전시키고 있습니다. 중국은 스페인과의 우호협력 관계 발전을 중요하게 생각합니다. 저는 1998년 아스나르 총리와 이미 한 차례 만남을 가졌습니다. 현재 중국은 아스나르 총리의 중국 방문을 준비하고 있습니다. 총리의 이번 방문으로 분명 중국과 스페인의 양국 관계가 한층 더 발전할 것이라고 믿습니다. 한

---

[*] 2000년 6월 21일, 주룽지 총리는 중난하이 쯔꽝거에서 스페인 EFE 통신사 곤잘로 사장과 인터뷰를 갖고 중-스페인 관계 등 문제에 관해 답변했다.
1) 호세 마리아 아스나르Jose Maria Aznar Lopez : 당시 스페인 총리였다.

2000년 6월 26일 밤, 주룽지 총리와 부인 라오안 여사는 중국을 방문한 아스나르 스페인 총리 내외와 함께 베이징 스지世紀극장에서 스페인 호아낀 꼬르떼스Joaquin Cortes 무용단의 공연 〈영혼〉을 감상했다. (사진=신화사 류젠성 기자)

가지 말씀드릴 게 있습니다. 저는 외국의 총리든 대통령이든 중국에 오시면 주로 회담이나 연회에 함께 참석했지 문화행사에 함께한 적은 없습니다. 이는 제가 문화행사를 싫어해서가 아니라 사실은 시간이 없기 때문입니다. 중국 내에서 문화행사에 참석하는 일은 1년에 한두 번이고 많아야 세 번입니다. 하지만 아스나르 총리의 초청으로 6월 26일 스페인 예술가들의 발레 공연2)을 함께 보기로 했습니다. 저는 발레에는 문외한이지만 제 아내는 젊었을 때 발레를 해서 조금 안다고 하더군요. 발레 공연 다음 날 저희 부부는 유럽 방문길에 오릅니다. 이런 활동을

---

2) 2000년 6월 26일 밤, 주룽지 총리와 부인 라오안 여사는 중국을 방문한 아스나르 스페인 총리 내외와 함께 베이징 스지 극장에서 스페인 호아낀 꼬르떼스 무용단의 공연 〈영혼〉을 감상했다.

통해 아스나르 총리가 중국에 친밀감을 느낄 수 있었으면 좋겠습니다. 중국 국민은 손님 맞는 것을 매우 좋아하지요. 우리는 아스나르 총리를 친절하고 우호적으로 접대할 것입니다.

곤잘로 : 과거 스페인을 두 번 방문하셨지요. 그런데 중국인들은 스페인에 대해 잘 알고 있습니까?

주룽지 : 중국 국민들은 스페인에 대해 아주 잘 알고 있습니다. 저 역시 당시에는 비록 스페인에 가보지는 못했지만 학창시절부터 잘 알고 있었습니다. 영어 교과서에 스페인 국왕이 파견한 콜럼버스[3]가 신대륙을 발견했다는 말이 나왔어요. 저는 그 당시 콜럼버스는 이탈리아 제노바 출신인데 어떻게 스페인 국왕이 그를 파견했을까 하는 궁금증이 생겼지요. 청년 시절에는 세르반테스[4]가 쓴 《돈키호테》를 읽었어요. 이 소설은 중국에도 널리 전파됐지요. 분명 우리 세대뿐 아니라 많은 젊은이들도 《돈키호테》를 읽었을 겁니다. 젊은 사람들에게는 스페인의 투우가 가장 유명해요. 다들 스페인의 투우사는 정말 용감하다고 칭찬합니다.

곤잘로 : 투우를 보신 적이 있나요?

주룽지 : 영화에서 많이 봤습니다.

곤잘로 : 콜럼버스는 아메리카 대륙을 발견했고, 그곳에서는 4억 명이 스페인어를 씁니다. 물론 중국 인구보다는 적은 숫자지요. 총리께서는 스페인이 중국과 라틴아메리카 국가들을 이어주는 교량이 될 수 있다고 생각하십니까?

주룽지 : 라틴아메리카에서는 브라질을 제외한 많은 국가에서 스페인어를 사용

---

3) 크리스토퍼 콜럼버스(1451~1506) : 이탈리아 항해가. 스페인 국왕의 후원으로 1492년부터 1504년까지 네 차례 원정을 떠났고 아메리카 대륙을 발견했다. 콜럼버스는 대서양에서 아메리카를 횡단하는 항로를 처음으로 개척했다.
4) 미겔 데 세르반테스(1547~1616) : 르네상스 시대 스페인의 소설가이자 극작가이며 시인. 그가 쓴 소설 《돈키호테》는 세계 문학사상 최초의 현대소설로 불린다. 책 속의 돈키호테와 부하 산초는 서양 고전문학의 전형적인 두 인물이다.

합니다. 스페인은 특수한 지위를 차지하고 있어요. 따라서 스페인은 중국과 EU 국가의 관계 강화뿐 아니라 중국과 라틴아메리카 국가의 교류에도 많은 공헌을 할 것입니다. 중국은 스페인처럼 광범위한 국제적인 영향력을 가진 국가와 좋은 협력관계를 맺고 싶습니다.

2000년 6월 21일, 주룽지 총리는 중난하이 쯔광거에서 스페인 EFE 통신사 곤잘로 사장과 인터뷰를 가졌다. (사진=신화사 류젠궈劉建國 기자)

곤잘로 : 돈키호테와 산초는 서로 반대되는 인물입니다. 돈키호테는 이상주의를 대표하고, 산초는 현실주의를 대표합니다. 현대화가 진행되면서 중국 젊은이들이 전통적인 가치관을 잃을 위험이 있지는 않을까요?

주룽지 : 젊은이들 교육은 큰 문제입니다. 특히 인터넷이 발달하면서 젊은이들은 국제적인 교육을 받고 있습니다. 그들이 얻는 정보 중에는 좋은 것도 있고 나쁜 것도 있지요. 하지만 일부 젊은이들은 점점 더 중국 전통문화를 배척하고 현대적

인 것만 좋아하는 경향이 있습니다. 우리는 문화의 개방성을 주장합니다. 문명은 세계적으로 가장 우수한 요소를 흡수해야만 전승되고 발전할 수 있습니다. 하지만 현재 젊은이들은 우수한 문화가 아니라 저속한 것을 받아들이고 있어요. 따라서 젊은이들에게 민족문화전통과 세계의 우수한 문화에 대한 교육을 강화하고, 이 교육이 흡인력과 설득력, 전파력을 가지도록 하는 것이 큰 과제입니다. 스페인의 발레 공연을 통해 중국 국민들이 스페인의 우아한 예술을 이해할 수 있었으면 좋겠습니다. 스페인을 방문했을 때 전통 무용을 본 적이 있는데 그것은 스페인의 민족 예술이자 대중 예술이더군요.

곤잘로 : 중국이 경제개혁과 대외개방을 진행하는 과정 속에서 공산주의가 생존할 수 있다고 보십니까? 21세기 중국의 미래에서 공산주의의 의미는 무엇입니까?

주룽지 : 공산주의는 하나의 사상체계이고 일종의 이상이죠. 또한 하나의 운동이기도 합니다. 공산당원들은 공산주의의 실현을 기나긴 역사적 과정이라고 생각합니다. 현재 중국은 공산주의의 낮은 단계인 사회주의사회입니다. 사회주의 초기 단계일 뿐이지요. 중국 공산당원은 마르크스 레닌주의의 보편적 진리와 중국의 실제 상황을 지속적으로 결합시켜 중국 특색의 사회주의를 건설하고자 합니다. 국제 공산주의 운동의 발전은 100여 년의 역사가 있지만 큰 국가 안에서 공산주의가 자국의 실제 상황과 성공적으로 결합된 것은 중국이 최초입니다. 중국은 이미 정확한 노선을 선택해서 걷고 있습니다. 다른 국가도 이런 과정을 이행했지만 성공한 경우도 있고 실패한 경우도 있습니다. 다른 나라의 상황은 말하기 어렵지만 중국에서의 사회주의는 분명 승리를 거둘 것이라고 믿습니다. 현재 중국의 목표는 부강한 국가·사회주의 민주화와 법제를 갖춘 국가를 건설하는 것입니다. 중국은 이 목표를 반드시 실현시킬 것입니다.

그러나 중국이 지금까지 해온 모든 것이 원래의 주장과 완전히 일치하지는 않습니다. 혹은 교조주의가 아니라 실제 상황에 따라 중국의 정책을 끊임없이 수정하고 완벽하게 한다고 말할 수 있겠습니다.

곤잘로 : 노선을 계속 수정한다면 완전한 시장화를 초래하지 않을까요? 사람들의 이데올로기적 필요성을 만족시키는 선거나 다원화 쪽으로 가게 되지 않을까요?

주룽지 : 중국은 정치와 경제를 분리하고 있습니다. 방금 말씀하신 시장은 또 다른 개념이죠. 사회주의는 시장을 배척하지 않습니다. 사회주의는 그저 구소련과 같은 계획경제를 실행하라고 하지는 않습니다. 그런 규정은 없어요. 기업의 국영화를 실행해야 한다고 못 박는 것도 아닙니다. 다만 공유제를 제안할 뿐입니다. 공유제를 실행하는 형식은 여러 가지 입니다. 신중국 건립 이후 중국은 처음부터 구소련의 계획경제와 국영기업을 배웠지만, 지금은 그것에 대해 큰 폭의 수정을 가했습니다. 현재 중국은 사회주의 시장경제를 실행하고 있습니다. 국영기업 역시 주주제를 실시할 수 있습니다. 이것은 공유제의 또 다른 형식이지요. 시장경제와 사회주의를 함께 실행해도 아무런 갈등이 없습니다.

곤잘로 : "흰 고양이든 검은 고양이든 쥐만 잘 잡으면 된다"는 덩샤오핑의 명언은 스페인에도 잘 알려져 있습니다. 현재 중국에서는 공유경제와 사유경제 모두 발전하고 있습니다. 그러나 공유경제는 사유경제의 경영관념이 부족합니다. 앞으로 중국 국영기업의 사유화가 진행될까요?

주룽지 : 중국에서는 사유경제에 대한 인식 역시 발전하고 있습니다. 개혁개방 초기, 중국은 사유경제가 사회주의경제의 보충 역할에 불과하다고 생각했습니다. 그러나 현재 사유경제는 사회주의 시장경제의 중요한 구성 요소를 이루고 있으며 정책적으로 사유기업의 발전을 격려하고 지지하고 있습니다. 외국이 중국에서 운영하는 독점자본기업과 중외합자기업도 사유경제로 본다면 중국 경제에서 사유

경제가 차지하는 비중은 더 커져 약 40% 가까이 됩니다. 그렇다고 중국이 사유화를 진행한다고 볼 수 있을까요? 그런 것은 아닙니다. 아시다시피 사유화를 실시한 다른 사회주의 국가에서는 최악의 결과를 맛보았습니다. 사유화를 실시한다면 중국의 국민경제는 무너질 것입니다. 따라서 중국은 공유제 중심의 국민경제 실시를 주장하고 있습니다. 공유제 실현에는 여러 가지 형식이 있는데 현재는 국영기업을 재편하고 있습니다. 그 이후 주식 상장을 통해 공유제를 실현하게 됩니다. 극소수 국영기업의 경우 국가가 일정한 주식을 소유해서 기업체를 지배하지만 대부분 국영기업은 국민에게 공개적으로 주식을 발행해서 주식의 투명성을 높이고 국민의 감독을 받게 됩니다. 이런 주주제 기업은 사회주의 시장경제에서도 자본주의 시장경제에서와 마찬가지로 발전할 수 있다고 믿습니다.

곤잘로 : 스페인에서는 타이완 해협 정세를 주목하고 있습니다. 중국과 타이완의 협상이 실패해서 중국이 타이완에 무력을 사용하면 양안이 통일될 것이라고 생각하십니까? 천수이볜陳水扁 총통은 남북 정상회담이 성공적으로 개최되어 한반도 통일문제를 논의한 것처럼, 중국과 타이완도 그와 같은 방식으로 이견을 해결할 수 있다는 말을 했습니다. 천 총통의 발언을 어떻게 보십니까?

주룽지 : 중국은 타이완 당국과 협상을 진행한 적이 없으니 협상 실패를 논할 필요도 없습니다. 그쪽에서 '하나의 중국' 원칙을 인정한다면 무슨 협상이든 할 수 있어요. 그쪽에서 와도 되고 중국 쪽에서 갈 수도 있습니다. 중국의 정책은 '평화통일·일국양제'입니다. 매우 관용적인 정책이지요. 통일 후에는 절대 타이완의 정치·경제 제도에 간섭하지 않을 것입니다. 타이완 지도자는 중국 중앙정부에서 보좌역을 맡을 수도 있습니다. 타이완에 군대를 파견하지도 않을 것입니다. 홍콩과 마카오 정책에 비에 훨씬 혜택이 있습니다. 그야말로 충분히 관용적이지요. 타이완 문제는 북한 문제와 완전히 다릅니다. 제2차 세계대전이 끝난 1945년 이후, 모든 국제조약에서는 타이완이 중국의 일부라는 것을 승인했고 사실상 타이완은

중국에 반환되었습니다. 그러나 국제조약에 따라 남한과 북한은 별개의 국가로 규정되어 있습니다. 남북 정상회담이 성공적으로 끝났고 양국은 통일을 희망하고 있습니다. 그러나 그 상황과 타이완 문제는 다릅니다. 현재 타이완 당국의 지도자는 하나의 중국 원칙을 인정하지 않고 있으며, 심지어 자기 자신이 중국인이라는 것도 말하려 하지 않습니다. 한반도의 남북한은 통일을 하면 하나의 국가가 되겠지만 타이완은 원래 법적으로 중국의 일부분입니다. 그러나 타이완 지도자는 이 점을 인정하지 않습니다. Very big difference! 언행이 일치하지 않는 천수이벤은 전 세계를 기만하고 있습니다. 미국의 일부 정치가들은 천수이벤에게 속아서 그가 리덩후이보다 낫다고 생각하고 있어요. 스페인 국민들은 속지 않았으면 좋겠군요. 그는 아직 입지도 제대로 다지지 못해 흔들리고 있습니다. 그가 하는 말을 믿지 마시기 바랍니다. 현재 중국은 그의 말과 행동을 지켜보고 있는 중입니다. 타이완은 당연히 중국과 통일되어야 합니다.

곤잘로 : 티베트 문제에 있어 중국 정부는 정치적 해결점을 찾기 위해 티베트와 모종 형식의 대화를 고려하고 있지는 않으십니까?

주룽지 : 중국과 달라이 라마와의 대화 통로는 항상 열려 있습니다. 다만 달라이 라마는 일반 종교계 인사가 아니라 정치가입니다. 그의 목적은 중국을 분열하고 티베트 독립을 이루는 것이지요. 달라이 라마가 티베트는 중국과 분리할 수 없는 일부분이며, 타이완은 중국의 성省이며 중화인민공화국 정부는 중국 전체를 대표하는 유일한 합법적인 정부라고 공개적으로 인정하고 더 이상 분리주의 활동을 하지 않는다면 양측의 대화가 의미를 가지게 될 것입니다.

곤잘로 : 21세기에 중국이 통일된다면 과거 세계 대국의 지위를 되찾을 수 있을까요?

주룽지 : 중국은 국민의 복지를 위해서 부강하고 번영한 국가, 민주법치 국가를

만들고 싶지 과거의 지위 따위를 찾고 싶은 생각은 없습니다. 중국 국민은 100년이 넘게 제국주의의 압제 속에서 살았습니다. 다행히 제국주의 국가 중에 스페인은 포함되지 않네요. 중국은 일부 국가처럼 패권주의·강권정치를 절대로 추구하지 않습니다. 이미 그 폐해를 충분히 경험했기 때문입니다. 다른 사람을 괴롭히고 다른 국가를 억압한다면 자신에게 무슨 득이 있겠습니까? 중국 국민은 자신의 노력으로 부강해질 수 있습니다. 중국은 절대 다른 나라를 괴롭히지 않을 것입니다. 따라서 중국을 세계의 대국이라고 하든 세계의 소국이라고 하든 우리는 전혀 개의치 않습니다. 그러나 최근 10년 동안 중국이 세계 최고의 인구 대국이 된 것은 사실입니다. 사람이 많으니 괴롭히기가 쉽지 않을 것입니다. 10년 후에 인도의 인구가 중국을 넘어설지는 잘 모르겠네요.

곤잘로 : 총리로서 바쁘게 생활하고 계시지만 분명 자유 시간도 보내실 것입니다. 자유 시간에는 무엇을 하시나요? 1남 1녀를 두신 걸로 알고 있는데 손자나 손녀가 있으신가요? 전에는 테니스도 치셨는데 지금도 치고 계십니까?

주룽지 : 저는 매일 12시간 이상을 일합니다. 수면시간도 부족해요. 운동이나 취미생활을 즐길 시간이 전혀 없어요. 몇 년 전에는 가끔 테니스를 쳤지만 지금은 못하고 있어요. 평소에는 정원에서 산보를 하거나 주위를 한 바퀴씩 돌곤 하지요. 정원이 너무 작아서 돌다 보면 어지럽습니다. 하지만 하루에 1시간씩은 꼭 산보를 합니다. 저는 문학도 좋아하고 음악도 즐기는데 지금은 소설을 읽거나 음악 들을 시간이 없네요. 아주 단조로운 생활을 하고 있어요.

곤잘로 : 정원에서 산보를 하실 때도 경제문제를 생각하실 것 같은데요. 아니면 부패방지 문제를 생각하시나요?

주룽지 : 맞습니다. 산보할 때도 업무에 관련된 많은 문제가 제 머릿속을 맴돌

죠. 그중에는 부패방지 문제도 있고 경제 체제개혁에 관한 문제도 있습니다. 그래서 산보할 때 머리를 식히려고 최근 몇 년 간 한 가지 방법을 생각해 냈어요. 제 아내와 산보할 때 전에 읽었던 중국의 고전 시가를 함께 암송하는 겁니다. 최근에는 〈장한가長恨歌〉5)를 외웠어요. 당 현종과 양귀비 얘기인데 전부 다 외울 수 있습니다.

---

5) 〈장한가〉 : 중국 당나라 때 시인 백거이白居易가 쓴 유명한 장편 서사시로 천고의 절창으로 불린다. 그중에서도 '하늘에서는 비익조가 되고, 땅에서는 연리지가 되길 원하네 在天願作比翼鳥, 在地願爲連理枝' 라는 구절이 유명하다.

일본 경제학자 미야자키 이사무와
일본 NHK 앵커 구니야 히로코 인터뷰[*]

(2000년 9월 21일)

미야자키 이사무宮崎勇 : 바쁘신 중에도 인터뷰에 응해주셔서 정말 영광입니다. 총리께서는 곧 일본을 방문하실 예정입니다. 이번 방문은 중일 양국 우호와 아시아의 평화를 심화시키는데 큰 공헌을 할 거라고 생각합니다. 일본 국민은 주 총리의 방문에 큰 기대를 걸고 있습니다. NHK는 이번 인터뷰를 통해 총리의 일본 방문에 좋은 환경을 조성하고 싶습니다. 인터뷰 요청에 흔쾌히 응해주셔서 감사합니다. 외람되지만 세 가지 요청을 드리고 싶습니다. 첫째, 이번 인터뷰는 일본 전역에 방송됩니다. 말씀을 짧게 해주시기 바랍니다. 둘째, 원래는 '총리 각하'라는 칭호를 써야 하지만 이 프로그램은 일본 국민이 모두 보는 것이고 그렇게 딱딱한 프로그램은 아닙니다. 제가 '주룽지 총리'라고 부르는 것을 양해해 주십시오. 셋째, 이번 인터뷰는 일본 국민들이 총리의 일본 방문을 환영하는 마음을 표시하기 위한 것입니다. 따라서 일본 방문 후 공식 석상에서 토론할 화제는 되도록 피했습니다. 그리고 불쾌하거나 실례되는 질문도 피했습니다. 하지만 뜻하지 않게 이런 문제가 언급되어도 양해해주시기 바랍니다.

주룽지 : 세 가지 요청대로 하겠습니다. 방금 미야자키 선생이 한 질문보다 제 대답이 더 짧을 겁니다. 그리고 호칭도 문제 삼지 않겠습니다. 우리는 오랜 친구니까요. 이분¹⁾은 정말 미모가 출중하시군요. 여러분 모두 예의 바른 분들이라고 믿습니다. 자, 질문하세요.

---

* 일본 모리 요시로 총리의 초청으로 주룽지 총리는 2000년 10월 12일부터 17일까지 일본을 공식 방문했다. 일본 방문 전, 주룽지 총리는 중난하이 쯔팡거에서 미야자키 이사무(일본의 유명한 경제학자, 일본 경제기획청 장관 역임) · NHK 앵커 구니야 히로코와 인터뷰를 가졌다.
1) NHK 구니야 히로코 앵커를 지칭한다.

미야자키 이사무 : 주 총리께서는 1980년대 세 차례 일본을 방문했고, 90년대에도 부총리로서 일본에 한 차례 오신 적이 있습니다. 그러나 매번 체류 기간이 짧아서 경제 분야 얘기밖에 할 수 없었습니다. 이번에는 총리 취임 후 첫 일본 방문입니다. 그리고 곧 21세기에 들어서니 방문 시기도 아주 좋습니다. 또 일본 정부의 귀빈으로 비교적 오랫동안 일본에 머물게 됩니다. 따라서 일본에서는 총리의 방일에 기대를 하고 있습니다. 일본 방문을 앞둔 지금 심정이 어떠십니까?

주룽지 : 모리 요시로 총리의 초청으로 일본을 방문하게 되어 기쁩니다. 총리와 회담을 갖고 일본 국민 및 일본에 있는 많은 친구들과도 만날 예정입니다. 그들과의 만남을 고대하고 있습니다. 또 일본 국민들이 이룩한 경제적 성과를 돌아보고 일부 참고할 수 있게 된 것도 기쁘게 생각합니다. 현재 중일 양국과 양국 국민의 우호협력 관계는 매우 순조롭게 발전하고 있지만 오해가 있는 부분도 있고 민감한 문제에서는 이견이 존재합니다. 저는 이번 기회에 일본 국민과 친구들 앞에서 그에 관해 해명을 하고 싶습니다. 양국의 상호 이해와 상호 신뢰를 심화하기 위해 의혹은 풀고 믿음은 강화하는 일입니다. 이번 일본 방문은 그 어느 때보다도 중요하기 때문에 전보다 훨씬 더 긴장됩니다.

구니야 히로코國谷裕子 : 지금 일본에서는 적극적인 개혁이 진행되고 있습니다. 주 총리께서는 중국 개혁의 기수이며, 개혁을 훌륭하게 추진한다고 들었습니다. 총리 취임한 지 2년 반이 흘렀는데 개혁의 최대 장애물은 무엇이라고 생각하십니까?

주룽지 : 저는 개혁의 기수라고 말할 만한 사람이 못 됩니다. 개혁의 기수라면 단연 덩샤오핑 선생이지요. 그분은 중국 개혁개방의 총설계사십니다. 경제개혁에서 저는 장쩌민 주석을 핵심으로 한 중국 지도부의 지도 아래 구체적인 일부 업무를 수행한 것뿐입니다. 경제개혁을 새로 제창하는 것은 어렵지만 제가 맡았던 구체적인 업무는 그보다 훨씬 수월합니다. 저도 많은 어려움을 겪었지만 지도부의 지도와 전 국민의 지지로 비교적 순조롭게 개혁을 진행할 수 있었습니다.

미야자키 이사무 : 일본에서는 총리는 고독한 사람이라는 말을 흔히 합니다. 주 총리께서는 업무 중에 때로 자기 혼자만 힘들게 일한다고 생각하거나 고통스럽고 외롭다고 느끼신 적은 없으십니까?

주룽지 : 저는 전혀 외롭지 않습니다. 저를 찾는 사람이 아주 많거든요. 매일 무수히 많은 국민들의 편지를 봐야 하고, 수많은 사람들이 전화를 걸어 저를 찾아오겠다고 합니다. 너무 많아서 편지를 다 볼 수도 없고, 사람들도 모두 만날 수가 없습니다. 1년 동안에 결재해야 하는 서류는 국민들의 편지를 포함해 약 1만 건에 이릅니다. 제 집무실에는 거의 매일 사람들이 기다리고 있습니다. 저는 그 사람들을 일일이 만나고 있습니다. 그래서 저는 잠자는 8시간 동안만 진정한 고독을 느낍니다.

미야자키 이사무 : 1998년 3월 총리에 취임하고 가진 기자회견에서 총리께서는 중국이 사회주의 시장경제를 실행하려면 세 가지를 해야 한다고 말씀하셨습니다. 즉 '1개의 확보', '3개의 예상 목표 실현', '5개 항목의 개혁'이 그것입니다. 각종 통계자료를 보면 그 세 가지는 순조롭게 진행되는 것 같습니다. 그렇지만 일본 경제학자들은 속이 좁게 여러 생각을 하게 됩니다. 그중 하나가 '정말 저렇게 잘 할 수 있을까?'라는 생각이지요. 앞으로 개혁 과정에서 어떤 어려움이 있을 거라고 예상하십니까?

주룽지 : 물론 많은 어려움이 있습니다. 이번 정부는 출범하자마자 아시아 금융 위기에 직면했습니다. 상상도 못한 일이었어요. 그 때문에 중국의 경제발전은 좌절을 겪었지만 분명 빠르게 회복되고 있습니다. 제 임기도 거의 절반이 지났지만 현 정부가 원래 제시했던 목표는 분명 임기 안에 달성할 수 있습니다. 현재 목표를 기본적으로 달성한 상태입니다. 제가 제시한 목표치는 높았지만 그 앞에 단서를 달았습니다. 국영기업을 예로 들어보겠습니다. 저는 적자를 보고 있는 대다수 중대형 국영기업을 3년 안에 흑자로 전환하거나 곤경에서 구제하겠다고 말했습니다. 올해 말이면 이 임무를 시작한 지 3년이 됩니다. 반드시 임무를 완수할 것입니다. 방직산업과 인프라산업과 같은 일부 산업에서는 기본적으로 목표를 달성했습

니다. 그렇지만 저는 국영기업의 체제를 완전히 바꾸어서 공유제의 다양한 형식을 실현한다거나, 국영기업에 주주제를 도입한다거나 국영기업에 현대적 기업제도를 구축한다는 말은 한 적이 없습니다. 이것들은 3년 내로는 완성할 수 없으며, 더 많은 시간이 필요합니다. 하지만 이 분야에서도 어느 정도의 진전은 거두었다고 말씀드릴 수 있습니다.

구니야 히로코 : 방금 개혁개방의 설계사이자 개혁의 기수는 돌아가신 최고 지도자 덩샤오핑 선생이라고 말씀하셨습니다. 그분이 아직 살아계셨다면 주 총리를 칭찬하셨을까요?

주룽지 : 그분 성격대로라면 아마 부족하다고 절 나무라셨을 겁니다.

구니야 히로코 : 그렇습니까? 그래도 부족하다고 나무라셨을까요?

주룽지 : Yes.

구니야 히로코 : 부족하다는 것은 개혁의 속도를 말씀하시는 건가요? 아니면 국민들의 의식 전환이 아직 멀었다는 것인가요?

주룽지 : 덩샤오핑 최고 지도자의 사상을 깊이 이해하고 계시는군요. 그분께서는 아마 방금 언급하신 그 두 가지를 들어 저를 나무라실 것입니다.

구니야 히로코 : 그렇습니까? 정말 그럴까요?

주룽지 : 그분께서는 항상 좀 더 신속한 것을 원하셨죠.

구니야 히로코 : 하지만 저는 개혁 추진이 많은 사람들에게 고통을 가져다준다고 생각합니다. 원래의 지위를 잃는 사람도 많고 재원도 끊기게 되죠. 심지어 미래의 희망을 잃는 사람도 많습니다. 이 사람들이 현 체제나 개혁에 대해 불만을 갖는 것이 걱정되지 않으시나요?

주룽지 : 개혁을 하게 되면 사람들의 사상과 조직 · 사회생활에 커다란 변화가 생

기는 것이 사실입니다. 따라서 갈등이나 저항이 없을 수는 없습니다. 때로는 미래를 제대로 이해하지 못한 사람들이 불만을 터트리기도 합니다. 예를 들어 아시아 금융위기의 영향이 최고조에 달했던 1998년 중국의 1천만 국영기업 근로자들이 정리해고로 일자리를 잃고 그 때문에 사회가 불안정해졌습니다. 현재까지 해고 노동자들이 모두 취업을 한 것은 아닙니다. 이 역시 중국의 문제 중 하나입니다. 또 다른 예를 들어보겠습니다. 중국의 농업 정책이 성공을 거두어서 중국인은 먹는 문제를 해결했습니다. 현재 곡식은 부족한 것이 아니라 남아돌고 있습니다. 공급이 수요를 초과하는 상황에서 곡물 가격은 점점 하락하고 농민의 수입은 줄어들어 농민들의 불만을 사고 있습니다. 중국은 이 문제 때문에 곤란을 겪고 있습니다. 따라서 일본 국민들의 도움이 필요합니다. 중국 쌀을 많이 드시고 중국 옥수수를 많이 수입해 주십시오. 그러면 문제 해결에 도움이 될 것입니다. 모든 문제는 장쩌민 주석의 지도 아래 하나씩 해결해가고 있습니다. 아직 해결하지 못한 문제도 분명 해결될 것이라고 믿습니다.

미야자키 이사무 : 제 생각에 일본도 문제점이 있습니다. 일본은 오랫동안 경기 불황을 겪었고, 최근에 회복 궤도로 접어들었습니다. 앞으로 일본은 각종 개혁을 실시해야 합니다. 중국과 마찬가지로 금융 시스템개혁, 구조개혁, 재정개혁 등등이 필요합니다. 방금 총리께서 말씀하신 경험담을 반드시 일본 정부와 경제계에 전달하고 일본을 격려해 주시기 바랍니다.

주룽지 : 일본 경제가 올해 강한 회복세를 보이고 있어 기쁩니다. 일본 경제는 낙관적입니다. 사실 중국의 적극적인 재정정책과 같은 여러 가지 개혁 방법은 일본의 정책에서 영향을 받은 것입니다. 따라서 제가 일본에 가서 경험담을 소개하기보다는 일본의 경험을 배우는 것이 더 좋을 것 같군요.

구니야 히로코 : 개혁을 더욱 가속화해야 한다고 하셨는데 올해나 내년 정도에 WTO 가입이 실현된다면 중국의 개혁이 빨라질 거라고 생각하십니까? WTO 가입은 중국에 어떤 영향을 가져올까요?

주룽지 : WTO 가입은 이익도 있고 손해도 있습니다. 하지만 노력한다면 이익을 극대화 할 수 있을 것입니다. WTO에 가입하면 수출 증대나 경제개혁 추진에는 유리할 것입니다. 이것은 이익이지요. 하지만 중국의 국영기업은 아직 국제적인 경쟁력을 갖추지 못했기 때문에 일부는 문을 닫거나 심지어 중국 경제에 타격을 줄 수도 있습니다. 문제를 극복하기 위해 열심히 노력할 것이며 아무리 큰 어려움이 있다 해도 "중국이 WTO에 가입하면 국영기업은 모두 도산한다"고 하는 사람들의 말처럼 되지는 않을 것입니다.

미야자키 이사무 : 일본은 1960년대에 무역자유화를 시작했고, 이어 자본자유화도 실시했습니다. 그 당시 중국과 달리 일본에서는 의견이 분분했습니다. 무역자유화 실시로 일본 농업이 도산하거나 일본의 중소기업이 전부 문을 닫을 거라는 추측이 나왔습니다. 지금 돌이켜 생각하면 일본은 각종 어려움에 직면했지만 결국 시장의 범위가 확대되었고 많은 이익을 얻었습니다. 따라서 일본은 세계 각국 중 처음으로 중국의 WTO 가입을 지지했습니다. 그러나 중국이 WTO에 가입하면 무역 범위가 넓어져 일본 경제에도 일정한 부작용이 있다는 것은 부인할 수 없는 사실입니다. 일본에서는 중국이 WTO에 가입하면 중일 양국에 각기 장단점이 있겠지만 그래도 장점이 더 많다고 보고 있습니다. 따라서 중국이 조속히 WTO에 가입해서 새로운 시대를 맞기를 바랍니다.

주룽지 : 미야자키 선생의 의견에 동의합니다. WTO에 가입하면 중국은 잃는 것보다는 얻는 것이 더 많을 것입니다. 일본 역시 마찬가지일 것입니다. 그러니 우리 함께 노력해 봅시다.

구니야 히로코 : 화제를 바꿔보겠습니다. 총리께서는 21세기를 어떻게 전망하십니까? 20세기가 저물고 있습니다. 20세기에는 산업혁명 때문에 사람들이 물질적인 풍요를 누렸지만, 각국 경제정책은 자국 위주로 바뀌었거나 보호주의 노선을 걸었습니다. 또 환율을 낮춰 덤핑을 했고 식민주의 정책을 실시했으며 결국 불행한 전쟁이 발발했습니다. 21세기에는 이런 사태는 없어야 할 것입니다. 21세기 중국은 WTO에 가입하고 국가 통일을 추진하며 중서부 지역을 개발할 것입니다. 21세기 중국의 자세와 그것이 중일 관계에 미치는 영향에 관해 말씀해 주십시오.

주룽지 : 중국이든 일본이든 세계든 21세기는 20세기보다 훨씬 좋을 것입니다. 그 이유는 인류가 더욱 똑똑해졌기 때문입니다.

구니야 히로코 : 인터뷰를 시작할 때 총리께서는 일본과 중국의 관계가 좋다고 말씀하셨지만 현재 일부 의견이 엇갈리고 있습니다. 그중 하나가 중국 조사선 혹은 중국 함정이 일본 근해에 나타난 것입니다. 중국의 군비는 최근 12년 동안 계속 두 자릿 수를 유지하고 있습니다. 중국에 대한 일본인의 불신은 커져가고, 일부 사람들은 위협을 느끼고 있습니다. 일본 국민들의 걱정을 어떻게 보십니까?

주룽지 : 중일 양국의 관계는 〈중일 공동성명〉과 〈중일 평화우호조약〉·〈중일 공동선언〉을 기초로 발전하고 있습니다. 전반적인 관계는 좋습니다. 특히 1998년 장쩌민 주석이 일본을 방문한 후 중일 양국은 평화와 발전의 우호협력 관계를 위한 기조를 마련하기로 했습니다. 이를 기초로 양국관계가 순조롭게 발전하고 있다고 생각합니다. 말씀대로 중국과 일본 사이에 일부 문제가 존재하는 것도 사실입니다. 그 문제는 상호 간에 제대로 이해를 못해 오해가 생기고, 일부 민감한 문제에 관한 입장 차이가 있기 때문입니다. 방금 중국 군함 혹은 해양 조사선 문제를 말씀하셨는데 중국의 고위 지도자들은 이것을 왜 문제 삼는지 이해할 수가 없습니다. 그것은 일상적인 활동입니다. 일본 국민들에게 적의가 있는 것도 아니고 국제법을 위반하는 행위도 아닙니다. 그러나 일본 국민들이 이에 대해 강한 반감을 가진다면 활동을 자제하겠습니다. 그리고 활동을 할 때는 사전에 통보하겠습니다. 그렇다면 오해를 피하고 믿음을 줄 수 있겠지요. 일본의 행동 중에도 중국 국민의 반감을 사는 것이 있습니다. 야스쿠니 신사참배가 그것입니다. 일본에서는 그것이 헌법에 위배되지 않는다고 보겠지만 야스쿠니 신사는 A급 전범戰犯의 신주가 있는 곳입니다. 따라서 중국 국민들의 감정을 상하게 합니다. 일본 역사 교과서 문제도 있습니다. 최근 외신 보도에 따르면 교과서 내용 중 제2차 대전과 중일전쟁 등 많은 역사적 사실을 축소했다고 들었습니다. 그것은 일본의 내정문제지만 반드시 역

사를 거울삼아 앞으로 나아가야 한다고 생각합니다.

구니야 히로코 : 이번 일본 방문에서 일본 국민들에게 하고 싶은 말이 있으십니까?

주룽지 : 저는 이번 방문을 통해 양국이 서로 믿고 이견을 줄일 수 있기를 바랍니다. 적어도 저는 오해가 더 커지는 것을 원하지 않습니다. 양국과 양국 국민의 상호 이해와 신뢰를 증진해 양국이 대대손손 우호관계를 이어나갈 수 있도록 돕고 싶습니다. 물론 경제 분야 협력도 중요합니다. 이번 기회를 빌려 양국 간 경제무역 각 분야의 우호협력이 더욱 발전하길 바랍니다. 이는 아시아 지역의 평화와 협력에 유리하며, 국제 평화와 협력에도 도움이 됩니다.

미야자키 이사무 : 시간이 거의 다 됐습니다. 다른 화제로 넘어가겠습니다. 죄송하지만 이번 질문은 총리님에 관한 개인 질문인데 괜찮으실지 모르겠습니다. 주 총리께서는 정치활동의 에너지를 어디서 얻으시나요? 건강을 유지하는 비결이 있으신가요?

주룽지 : 미야자키 선생은 저보다 5살이 많지만 오히려 더 젊어 보이십니다. 그러니 제가 선생께 한 수 배워야 할 것 같습니다. 건강 비결을 가르쳐 주시지요. 제가 선생 나이가 됐을 때 선생처럼 그렇게 건강할 수 있을지는 자신이 없네요.

미야자키 이사무 : 총리의 생일은 10월 23일이고 제 생일은 28일입니다. 나이를 따지지 않는다면 제가 총리보다 젊습니다. 제가 존경하는 슈미트 전 독일 총리는 애연가인데다 커피도 좋아하셔서 제가 건강이 염려된다고 말씀을 드렸습니다. 슈미트 총리는 자신의 주치의가 울며 겨자먹기로 건강을 유지하려면 담배도 피고 커피도 마시고 일하라고 했다고 하더군요. 저는 총리께서 헌신적으로 일하는 모습에 깊은 감동을 받았습니다. 그러나 총리의 몸은 총리 개인의 것만이 아니라 모든 중국 국민의 것입니다. 건강에 유의하시기 바랍니다!

주룽지 : 진심으로 걱정해주셔서 정말 감사합니다.

구니야 히로코 : 주 총리께서는 어렸을 때 부모님이 돌아가셨다고 들었습니다. 1958년부터 1978년

까지, 즉 30대 시기에 당적을 박탈당하고 매우 고생을 하다가 쉰이 넘어서야 일이 순조롭게 풀려 오늘날에 이르셨습니다. 당시 어려움을 어떻게 극복하셨습니까? 인생 경험을 기초로 현재는 어떤 신념을 가지고 중국을 이끌고 계십니까? 앞으로 2년 반의 임기가 남았는데 사람들에게 어떤 총리로 기억되고 싶으신가요?

주룽지 : 저는 지극히 평범한 경험을 가지고 있기 때문에 얘기할 만한 것이 못됩니다. 제가 거의 20년 동안 좌절을 겪은 것은 사실입니다. 그러나 그 좌절이 제게는 꼭 필요했다고 생각합니다. 그런 고난을 겪지 않았다면 현재 총리가 되지 못했을 것입니다. 그러나 어린 시절 이후 어떤 고난을 겪든지 딱 한 가지 변하지 않는 신념이 있습니다. 특히 제가 공산당에 입당한 후에는 제 신념은 바뀐 적이 없습니다. 그것은 성심성의껏 국민을 위해 봉사한다는 신념입니다. 앞으로도 국가를 위해 전력을 다할 것입니다.

마지막으로 부탁이 있습니다. 모리 요시로 총리와 일본 국민들에게 제 안부를 전해주시기 바랍니다. 저는 하루빨리 일본에서 그분들을 만나 뵙기를 간절히 희망합니다. 방금 인터뷰한 시간을 재보세요. 두 분이 말한 시간이 더 긴지 아니면 제가 말한 시간이 긴지 한 번 따져보시기 바랍니다. 제가 말을 더 길게 했다면 방송 나갈 때 두 분의 질문 시간보다 짧게 자르셔도 됩니다.

미야자키 이사무 : 그럴 일은 없습니다. 저희는 총리께서 많은 말씀을 해주시길 바라니까요. 하지만 전체 인터뷰 시간이 조금 길어졌으니 수정을 하기는 해야겠습니다. 중국 측과 상의해서 편집하겠습니다.

주룽지 : 일본 국민들이 편하게 볼 수 있도록 과감하게 삭제해 주세요.

구니야 히로코 : 총리께 청이 하나 있습니다. 좌우명이 있다면 하나 써주셨으면 좋겠습니다. 총리의 좌우명을 일본 국민에게 소개하고 싶습니다. 붓이 준비됐습니다.

(주 총리가 '청정렴명清正廉明'을 쓴다:편집자 주)

구니야 히로코 : 감사합니다, 이것이 총리의 좌우명인가요?

주룽지 : 그렇습니다. 항상 이 기준을 스스로에게 요구하지만 아직 제대로 실현하지 못하고 있습니다.

구니야 히로코 : 총리의 좌우명을 일본 국민에게 소개하겠습니다.

미야자키 이사무 : 주 총리, 감사합니다.

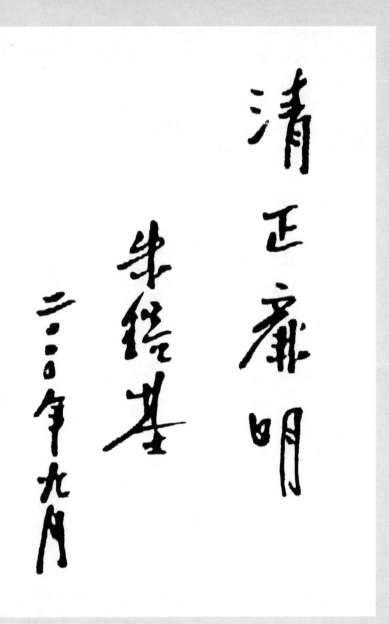

2000년 9월 21일, 미야자키 이사무·구니야 히로코와의 인터뷰 현장에서 주룽지 총리가
직접 쓴 좌우명 '청정렴명淸正廉明'(청렴결백이란 뜻임:역주).

한국 중앙일보사 홍석현 회장 인터뷰[*]

(2000년 9월 21일)

홍석현 : 역사적인 한국 방문을 앞두고, 《중앙일보》와의 단독 인터뷰에 응해주셔서 대단히 영광입니다. 내일이면 《중앙일보》가 창간 35주년을 맞게 됩니다. 35주년 기념일을 맞아 주 총리와 인터뷰를 할 수 있어서 그 의미가 더욱 뜻 깊습니다. 한국에서 주 총리는 존경받는 정치인으로 큰 환영을 받고 계십니다. 《중앙일보》 지면에 주 총리의 인터뷰를 실을 수 있게 되어 매우 기쁩니다.

주룽지 : 우선 《중앙일보》 창간 35주년을 축하드립니다. 김대중 대통령과 한국 국민들에게 안부 전해주십시오. 김대중 대통령 초청으로 한국을 방문하게 되어 기쁘게 생각합니다. 저와 김대중 대통령은 오랜 벗으로 그분이 대통령이 되기 전에 뵌 적이 있습니다. 그분의 인품을 정말 존경합니다. 김 대통령은 저보다 나이도 많으시고 경험도 풍부하신 분이니 제가 배울 점이 많습니다. 한국은 아시아 금융위기를 가장 먼저 극복한 나라입니다. 이번 방문은 한국이 이룩한 경제 성장을 볼 수 있는 좋은 기회가 될 것입니다.

홍석현 : 한국 방문 전 어떤 준비를 하셨습니까? 특별히 구상하신 정책이라도 있습니까?

주룽지 : 이번 한국 방문 임무는 막중하지만 업무는 수월할 것입니다. 장쩌민 주

---

[*] 김대중 대통령의 초청으로 주룽지 총리는 2000년 10월 17일부터 22일까지 한국을 공식 방문하고 서울에서 열린 제3차 아셈 정상회의에 참석했다. 한국 방문 전, 주 총리는 중난하이 쯔팡거에서 한국 중앙일보사 홍석현 회장과 인터뷰를 가졌다.

석과 김대중 대통령은 지난 1998년 이미 21세기를 향한 중한 양국 협력 동반자관계를 확정했고, 양국은 서로 좋은 관계를 유지하고 있습니다. 이번 방문에서는 이런 우호협력을 기초로 해서 지도 사상에 따라 양국의 상호 이해와 신뢰를 더욱 강화할 생각입니다.

홍석현 : 중국은 한국의 제2대 해외투자국입니다. 이번 한국 방문에서 더 많은 한국 기업의 대중對中 투자를 유치하기 위한 전략이 있으십니까?

주룽지 : 중국은 1978년 개혁개방 정책을 실시한 이래 대외개방 수준을 부단히 높이고 있습니다. 최근 몇 년 동안 유치한 외자액은 매년 400억 달러에 이릅니다. WTO에 가입하면 중국은 개방의 문을 더욱 활짝 열 것입니다. 특히 서부대개발을 위해서는 막대한 자금과 외국 기업의 협력이 필요합니다. 한국은 중국의 이웃이며 한국 국민은 중국의 상황을 비교적 잘 알고 있습니다. 따라서 중한 양국은 이 분야에서 협력을 잘해나갈 수 있습니다.

홍석현 : 중국의 서부대개발은 한국 기업에게는 커다란 기회입니다. 한국 기업은 서부대개발 건설에 참여해서 양국 국민의 우의를 더욱 촉진할 수 있습니다. 한국 기업의 참여 활성화를 위한 구체적인 조치를 마련하셨습니까?

주룽지 : 서부대개발의 주요 내용은 세 가지입니다. 첫째, 철도 · 도로 등 인프라시설 건설의 강화입니다. 중국은 10-5 계획에 따라 서부지역에 집중투자할 것입니다. 둘째, 생태환경의 개선입니다. 이를 위해 나무를 심어 숲을 조성하고 풀을 심는 사업을 적극 전개할 것입니다. 셋째, 과학기술과 교육의 발전 추진입니다. 이 분야에서 한국과의 협력 기회가 더욱 많아질 것입니다. 중국 정부는 이미 외국인의 투자와 협력을 장려하는 정책을 제정했습니다.

홍석현 : 한국과 중국이 수교한 지 8년이 됐고 작년에는 양국 무역액이 230억 달러를 넘어섰습니다. 하지만 양국 무역 과정에서 사소한 마찰이 발생하기도 합니다. 올해 6월 마늘파동이 그중 하나입니다. 앞으로도 양국의 무역량은 계속 확대될 것입니다. 무역 마찰을 피하기 위한 양국 정부의 역할은 무엇일까요?

주룽지 : 무역을 하면서 각국 사이에 일부 갈등이 생기는 것은 피할 수 없습니다. 우리 고위층 지도자들은 때로 그 상황을 모르고 넘어갈 때도 있습니다. 앞으로 중한 양국이 대세를 고려하고 장기적인 협력 동반자관계에서 출발해 서로 양보하고 상대방의 관점을 이해해서 갈등을 최소한으로 줄였으면 좋겠습니다. 그러면 갈등이 발생한 후에 바로 해결할 수가 있습니다. 마늘파동의 신속한 해결이 이 점을 증명해줍니다.

홍석현 : 현재 한반도 정세는 긴장에서 화해로 가고 있습니다. 이 과정에서 중국은 매우 큰 역할을 발휘하고 있습니다. 앞으로 한반도가 더욱 고차원적인 화해를 실현하는데 중국이 어떤 공헌을 할 수 있을까요? 이런 변화는 동북아 정세에 어떤 영향을 미칠까요?

주룽지 : 남북정상회담을 실시한 후 한반도에는 적극적인 변화가 발생했고 만족할 만한 진전을 보이고 있습니다. 이는 좋은 일입니다. 남북한이 열정적이고 성의 있게 여러 분야의 문제를 잘 해결해나가는 것을 보니 기쁩니다. 이번 시드니 올림픽에 남북이 하나의 깃발 아래 공동 입장하는 것을 보고 정말 감동했습니다. 양측의 평화통일 과정에서 우여곡절이 없을 수는 없습니다. 남북한은 서로 다른 사회제도를 갖고 있기 때문입니다. 하지만 중국은 남북 평화통일 과정이 중단되지 않을 것이며 남북이 결국 어려움을 극복해낼 거라고 생각합니다. 중국은 남북 평화통일을 진심으로 희망합니다. 이는 한반도의 평화와 아시아의 평화를 실현하는데 유리하며, 전 세계의 평화와 안보·발전을 위해서도 그 의미가 깊습니다. 중국 정부는 이 과정의 진행을 결연히 지지하고 촉진할 것입니다.

홍석현 : 올해 5월, 북한 김정일 위원장이 중국을 방문했을 때 주 총리께서는 김 위원장에게 공업단지를 중국과 북한의 국경지대인 신의주에서 남북 경계선에 더 가까운 곳으로 옮기자고 제안하셨습니다. 어떤 생각으로 그런 제안을 하신 겁니까?

주룽지 : 장쩌민 주석과 김정일 위원장과의 회담은 큰 성과를 거두었습니다. 1988년, 저는 상하이 시장 자격으로 북한의 국경일 행사에 참석해 김일성 전 주석과 김정일 위원장을 만난 적이 있습니다. 이번에 베이징에서 저는 김 위원장과 꽤 오랜 시간 대화를 나누었고 그로 인해 김 위원장을 많이 알게 되었습니다. 그분은 솔직하고 성실하며 날카로운 견해를 가지고 있습니다. 또 해박한 지식과 상당한 정보력을 갖추고 있습니다. 우리 둘은 경제와 중국 개혁개방 문제를 포함해 여러 가지에 관해 토론했습니다. 그중에는 방금 말씀하신 개발구 설립 문제도 있었습니다. 김 위원장은 개방적인 생각과 장기적인 안목을 갖고 있더군요. 또한 다른 사람의 의견을 겸허하게 들었습니다.

홍석현 : 최근 한국에서는 경의선 철도 기공식이 열렸습니다. 김대중 대통령께서도 참석하셨지요. 북한도 며칠 후면 기공식을 할 것입니다. 남북 간 철도는 서울에서 신의주를 통과해 중국 단둥丹東과 베이징까지 갑니다. 매우 의미 있는 일이지요. 주 총리께서는 이 일을 어떻게 평가하십니까?

주룽지 : 경의선 철도가 복원되어 기쁩니다. 아주 잘 된 일입니다. 경의선 개통으로 남한과 북한의 평화 및 우호협력이 촉진되고 한반도와 중국을 연결하는 데도 도움이 될 것입니다.

홍석현 : 1997년 발생한 아시아 금융위기 이후 중국은 위안화를 평가절하하지 않았고 계속 이 정책을 고수해왔습니다. 이것은 한국 등 국가의 경기회복에도 큰 도움을 주었습니다. 최근 세계 유가가 천정부지로 치솟고 있습니다. 아시아 일부 국가에서는 금융위기가 발생할 조짐이 보입니다. 만약 다시 금융위기가 발생한다면 그래도 위안화를 평가절하하지 않으실 겁니까?

주룽지 : 아시아 금융위기 기간 동안 중국은 위안화를 평가절하하지 않는 정책을

고수했고 대단한 성공을 거두었습니다. 이로써 아시아 국가경제가 회복되었고, 중국의 발전에도 도움을 주었습니다. 중국이 실시한 환율제도는 시장을 근거로 환율을 관리하는 변동환율 제도입니다. 즉 시장의 변동에 따라 환율이 일정한 폭에서 등락하는 것입니다. 최근 몇 년 간 중국의 국제수지는 균형을 이루고 있습니다. 외환보유고는 계속 증가해서 현재는 1,600억 달러를 넘었습니다. 또 중국의 은행에도 개인 및 기업의 외화예금이 1,100억 달러 이상 있습니다. 따라서 현재 중국은 국제수지가 여유가 있는 상황이기 때문에 위안화 평가절하 압력은 없습니다. 국제유가의 상승이 중국 경제에 일정한 영향을 미치고 있지만 중국은 1억 6천만 톤의 원유를 자체 생산할 능력이 있습니다. 올해는 원유 수입이 가장 많은 해이지만 그래도 7,000만 톤밖에 안 됩니다. 따라서 유가 상승으로 인한 영향은 크지 않을 것입니다. 저는 앞으로 몇 년 동안은 중국의 환율 변동폭이 크지 않을 거라고 생각합니다.

홍석현 : 미국이 PNTR를 통과시켰습니다, 축하드립니다. 중국은 10여 년의 노력 끝에 WTO 가입을 앞두고 있습니다. 주 총리께서는 이를 위해 크나큰 공헌을 하셨습니다. 하지만 일각에서는 중국이 WTO에 가입하면 자유무역 보장에서 많은 문제가 있을 거라는 우려의 목소리도 있습니다. 총리께서는 이 문제를 어떻게 보십니까?

주룽지 : 미 의회 상원에서 중국에 PNTR[1] 지위를 부여했습니다. 저희로서는 기쁜 일입니다. WTO 가입은 중국에게 각각 장단점이 있습니다. 중국이 노력한다면 장점이 더 많겠지요. 미 클린턴 대통령이 말한 것처럼 WTO 가입으로 중국의 국영기업 도산이 야기되고 중국의 제도 변화가 일어날 수 있습니다. 이는 중국으로서는 단점 아니겠습니까? 하지만 클린턴 대통령의 말처럼 그렇게 심각한 것은 아

---

1) PNTR : Permanent Normal Trade Relations의 약자로 '항구무역관계'를 의미한다.

닙니다. WTO 가입 후 중국이 약속을 이행할지, 모든 규정을 준수할지 우려가 있겠지만 중국은 말한 것은 지킵니다. 중국이 국제조약을 가장 성실하게 준수하는 국가라는 사실은 중국의 역사기록이 증명해 줍니다. 저 역시 중국이 완전한 자유무역을 실행한다고 장담할 수는 없습니다. 미국과 다른 국가들이 중국에게 완전한 자유무역 지위를 부여하지 않았으니까요. 다만 이미 체결한 양자 및 다자 협정과 WTO의 규정은 반드시 이행한다고 약속할 수 있습니다.

홍석현 : 중국은 내년부터 제 10차 5개년 계획을 실시합니다. 이 계획의 목표는 무엇입니까? 이번 방한에서 한국기업들에게 10-5 계획 건설 참여를 어떻게 호소하실 겁니까?

주룽지 : 중국의 10차 5개년 계획은 주로 중국의 제3 전략목표를 실현하기 위한 시작입니다. 가장 주된 내용은 산업구조조정입니다. 그것이 핵심이지요. 산업구조조정은 반드시 경제체제의 개혁 심화와 선진 과학기술의 발전을 통해 실현되어야 합니다. 산업구조조정도 하지 않고 정보기술 중심의 하이테크기술도 발전시키지 않는다면 중국의 경제발전은 막다른 길에 달할 것입니다. 이 분야에서 중국은 한국과의 협력 기회가 많습니다. 김대중 대통령께서는 제게 편지를 보내서 중국과 CDMA(코드분할다중접속)를 발전시키고 이동통신 분야에서 협력하고 싶다고 말씀하셨습니다. 중국은 2세대 CDMA를 발전시킬지 아니면 바로 3세대 이동통신을 발전시킬지 고려한 끝에 우선 2세대 CDMA 기술을 도입하기로 결정했습니다. 이를 기초로 다시 3세대 이동통신기술을 발전시킬 것입니다. 이 분야에서 중국은 미국뿐 아니라 한국과도 협력을 희망하고 있습니다.

홍석현 : 현재 외국인들은 칭화淸華대학을 중국의 '실리콘 밸리'라고 부르고 있습니다. 그곳은 인터넷 경제가 발달했고 많은 하이테크 기술을 보유하고 있다고 하더군요. 총리께서는 인터넷 경제 분야에 대해 어떤 구상을 갖고 계십니까?

주룽지 : 중국에는 칭화대학 같은 과학기술단지가 많은데 모두 일정한 수준을 갖추고 있어요. 정부는 이와 같은 곳을 지원하고 있습니다. 정보기술 발전을 중심으로 하는 중국의 하이테크 기술의 추세를 대표하기 때문입니다.

홍석현 : 주 총리는 중국 개혁개방의 선봉입니다. 개혁을 진행하면서 분명 골치 아픈 일이 많으셨을 줄 압니다. 부패방지 문제도 그중 하나겠지요. 과거 관련 인사들에게 자신의 관을 준비하라고 했다는 얘기를 들었습니다. 총리께서는 좌우명이 있으신가요? 매일 어떤 각오로 일을 하십니까?

주룽지 : 저는 개혁의 선봉이라는 말을 들을 만한 자격이 없습니다. 다만 덩샤오핑 이론의 지도 아래, 장쩌민 주석을 핵심으로 하는 중국 지도부의 영도 아래 구체적인 업무를 수행한 것뿐입니다. 매일 회의를 하고 서류를 결재해야 합니다. 몹시 무미건조한 일이기는 하지만 저는 열심히 일합니다. 한 가지 더 덧붙이자면 저는 일선에 가서 조사합니다. 그렇지 않으면 관료주의에 빠질 수 있어요.

홍석현 : 김대중 대통령께서는 취임 후 4대 개혁을 제창했습니다. 이번 한국 방문에서 김 대통령과 개혁의 경험을 교류한다면 양국 모두 도움을 얻을 수 있을 거라 생각합니다.

주룽지 : 김 대통령께 배우겠습니다.

홍석현 : 방금 김정일 위원장이 민첩한 반응을 하고 상당한 정보력과 장기적 안목을 갖추고 있다고 말씀하셨습니다. 그렇다면 북한이 중국식 개혁개방을 실시할 것이라 생각하십니까? 중국을 모델로 해서 경제특구를 건설할까요?

주룽지 : 중국의 개혁개방이 하나의 모델이 된다는 생각은 해 본 적이 없습니다. 모든 국가는 각각 상황이 다르기 때문에 각자의 특색에 따른 개혁을 실시해야 된다고 생각합니다. 그렇다고 서로 참고할 수 없다는 말은 아닙니다. 중국 역시 한국의 많은 경험을 참고로 삼고 있으니까요. 중국 언론에서는 한국의 경제건설에 관한 기사를 싣고 있습니다.

홍석현 : 미국이 중국을 가상의 적으로 보고 있다고 생각하십니까? 중국은 종종 강권정치와 패권주의에 반대한다고 밝히는데 그 대상은 미국을 지칭하는 것인지요?

주룽지 : 강권정치와 패권주의라는 현상에 반대한다는 것입니다. 그 대상은 모든 국가를 포함합니다. 미국에 그런 현상이 있다면 당연히 그 안에 포함이 되겠지요. 미국에서 실시한 여론 조사 결과 대다수 미국인들은 중국을 가상의 적으로 생각하지 않는다고 답했습니다. 그러나 중국을 전혀 이해하지 못하는 사람을 포함한 소수의 미국인은 중국을 미국의 적으로 여기고 반중활동을 벌이고 있습니다. 분명 미국 내에서 그런 일이 일어나고 있습니다.

홍석현 : 미국 대통령 선거 결과가 미중 관계에 어떤 영향을 준다고 생각하십니까?

주룽지 : 기본적으로 미국 민주당과 공화당 양당의 대중 정책에 근본적인 차이는 없을 것입니다.

홍석현 : 최근 중국에서는 한국 영화와 드라마, 일부 그룹들이 큰 인기를 얻고 있습니다. 이를 '한류'라고 말하기도 합니다. 총리께서도 한국 영화를 보신 적이 있으십니까? 한국 노래는 들어보셨나요?

주룽지 : 시간이 없어서 중국 영화도 제대로 못 봅니다. 한국 영화 역시 별로 보지를 못했어요. 저는 '한류'라는 말이 '한류寒流'를 연상시키기 때문에 적합하지 않다고 봅니다. '한국 붐[韓熱]'이라고 해야 합니다.

홍석현 : 최근 한국의 일부 종교단체가 달라이 라마의 한국 방문을 추진하기 위해 애를 쓰고 있습니다. 이 문제에 관해 한국 정부는 입장을 유보하고 있으며, 민간 단체들은 정부가 중국의 눈치를 본다고 비판하고 있습니다. 이에 대해 어떻게 생각하십니까?

주룽지 : 달라이 라마 문제는 단순한 종교문제가 아니라 정치문제입니다. 달라이 라마는 종교인의 탈을 쓰고 '티베트 독립'을 꾀하는 중국 분열 활동을 하고 있어

요. 중국과 수교한 국가, 즉 중화인민공화국을 중국의 유일한 합법 정부라고 인정한 국가라면 중국 분열 목적을 가진 인사를 받아들여서는 안 된다고 생각합니다. 이는 중국의 눈치를 보는 것이 아니라 한국이 중국과 수교 시에 한 약속을 존중하고 준수하며 자국의 명예를 지키느냐 아니냐의 문제입니다.

홍석현 : 한국 청소년들에게 격려의 말씀 몇 마디 해 주시지요.

주룽지 : 저는 태어나서 아버지 얼굴도 보지 못했고, 어머니도 어렸을 때 돌아가셨습니다. 그때는 일본이 중국을 침략한 시기라서 아주 힘든 나날을 보냈습니다. 맹자孟子께서는 "하늘이 장차 어떤 사람에게 큰 일을 맡기려고 할 때는 먼저 그 심지를 괴롭히고 그 근골을 힘들게 하며 그 육체를 굶주리게 한다"고 하셨습니다. 아마도 이런 좌절과 고난이 사람을 성장시킨다는 뜻일 것입니다. 저는 중국 공산당에 입당한 그날부터 어떤 좌절과 고난에도 굴하지 않고 국민을 위해 성심성의껏 일한다는 뜻을 세웠습니다. 유년시절의 좌절과 고난이 없었다면 오늘날 총리도 될 수 없었을 것이고, 국민을 위해 더 많은 일을 할 기회도 얻지 못했을 것입니다. '앞으로 죽는 날까지 중국을 위해서 온힘을 다 바치고' 국민을 위해 열심히 일할 것입니다.

일본 기자대표 공동 인터뷰*

(2000년 10월 8일)

모리 야스히로森保裕(교도통신사 기자) : 일본 방문 전 바쁘신 일정에도 불구하고 시간을 내주신 주 총리께 일본 언론을 대표해 감사의 말씀 드립니다. 중국 조사선 등의 사건으로 최근 중일 관계는 우여곡절을 겪고 있습니다. 총리께서는 중일 관계를 어떻게 생각하십니까? 총리 취임 후 첫 일본 방문인데 일본 국민에게 가장 하시고 싶은 말씀은 무엇입니까?

주룽지 : 현재 중국과 일본은 전반적으로 좋은 관계를 유지하고 있으며, 우호협력의 방향으로 발전해나가고 있습니다. 양국 사이에 군함 문제라든가 해양 조사선 등 일부 문제가 있기는 하지만 그리 큰 문제는 아니라고 봅니다. 일본이 그 일로 그렇게 큰 반응을 보이는 것을 보고 오히려 놀랐습니다. 지난번에도 말했지만 이는 분명 양국과 양국 국민 간의 상호 이해 및 신뢰 문제와 연관이 있습니다. 서로 이해하지 못하고 믿지 못한다면 조그마한 문제도 큰 문제로 확대될 것입니다. 해양 조사선 문제만 해도 그렇습니다. 원래 중일 양국 간에는 배타적 경제수역(EZZ)에 대한 경계 구분이 아직 마무리되지 않아 분쟁의 소지가 있는 지역이 있습니다. 중국의 조사선은 간혹 민감한 지역에서 해양 조사를 벌일 때도 있지만 그것은 잘못된 행위도 아니며 다른 뜻도 없습니다. 그러나 일본에서는 이를 크게 문제

---

* 일본 방문 전 주룽지 총리는 중난하이 쯔광거에서 베이징 주재 일본 주요 언론사의 기자 대표와 공동 인터뷰를 가졌다.

삼고 있어요. 따라서 최근 중국은 일본이 극도로 민감한 반응을 보이는 지역에는 되도록 가지 않겠다는 의사를 밝혔고, 만약 그 지역에 가게 될 경우를 대비해 사전통보제도를 만들자는 제안을 했습니다. 8월 말을 전후해 양국 외교부처는 이 문제를 놓고 협상을 했는데 아주 잘 끝났습니다. 그러나 9월 5일, 해양 조사선 한 척이 다시 민감한 지역에 갔지만 그것은 고의적 행위가 아니었습니다. 고위 지도자들 그 누구도 몰랐고 주관 부처인 국가해양국도 그 사실을 알지 못했습니다. 조사선은 과거 조사를 위해 던져놓은 부표를 거두기 위해 그곳에 갔지만 양국이 사전통보제도를 구축하기로 한 일은 전혀 모르고 있었습니다. 공교롭게 일어난 일이지만 일본 측에서는 중국에 강하게 반발했습니다. 저는 이번 일로 상호 이해와 상호 신뢰 강화의 필요성을 절감했습니다. 양국이 상호통보제도를 구축하면 앞으로 큰 문제는 없겠지만 그래도 유사한 일이 발생하지 않으리라는 보장이 없습니다. 양국은 배타적 경제수역 경계 문제에서 이견이 있기 때문에 항상 이런저런 문제가 발생할 가능성이 있습니다. 문제를 해결하려면 상호 신뢰와 상호 이해가 필요합니다. 작은 일을 큰 일로 확대하지 마십시오. 분쟁이 있는 해역이나 영토에 대해 중국은 지금까지 '이견은 접어두고 공동으로 개발하자'는 주장을 해오고 있습니다. 이는 중일 양국과 양국 국민의 이익에도 도움이 됩니다. 일본은 중국의 군함이 일본의 공해상이나 국제해역에서 항해하는 것을 심각하게 받아들이고 있습니다. 그러나 이 일은 장쩌민 주석도 몰랐고 저도 몰랐습니다. 분명 어떤 악의도 없었고 본의 아니게 일본의 영토를 침범한 것입니다. 하지만 일본 국민이 그렇게 심각하게 생각한다면 앞으로 그 지역에는 가지 않을 것입니다.

곧 일본을 방문하게 되어 매우 기쁩니다. 일본에 가서 정계 인사와 국민에게 해명하고 상호 신뢰를 증진시키며 자손 대대로 우호관계를 이어나가도록 할 것입니다. 이번 일본 방문의 임무는 현재의 중일관계에 따라 상호 신뢰를 증진하고, 서로 간의 의심을 해소하며, 경제적인 협력을 추진하는 것입니다. 그렇다면 일본 국민에게 어떤 말을 해야 할까요? 중국과 일본은 가까운 우방으로서 2천 년 동안 우호왕래 관계를 맺어왔습니다. 따라서 양국과 양국 국민들은 대대손손 우호를 지속시켜야 한다고 말씀드리고 싶습니다.

모리 야스히로 : 조사선 항해 시 사전에 상호통보하는 제도는 언제 구축됩니까? 총리 방일 전에 양국이 합의를 달성할 수 있을까요?

주룽지 : 제 생각에 중일 양국은 그에 관해 별다른 이견이 없다고 봅니다. 어떤 형식으로 할 것인지는 책임자인 왕이王毅[1]에게 물어보세요. 왕 조리助理, 합의는 언제쯤 됩니까?

왕이 : 조속히 합의할 것입니다.

모리 야스히로 : 경제협력에 관한 질문을 드리겠습니다. 중국 서부대개발의 구체적 계획이 곧 나온다고 하던데 언제쯤 알 수 있을까요? 구체적인 내용은 무엇입니까? 일본에 어떤 기대를 하고 계십니까?

주룽지 : 중국의 서부대개발은 전략적이고 장기적인 임무입니다. 이 임무를 완성하려면 몇 대에 걸친 노력이 필요합니다. 곧 열릴 중국공산당 15기 5중전회에서는 10-5 계획에 대한 건의가 통과될 것이며, 이 건의로 서부대개발에 대해 일부 규정이 정해질 것입니다. 서부대개발의 주요 내용은 세 가지입니다. 첫째는 인프라 시설 건설입니다. 여기에는 서기동수西氣東輪, 서전동송西電東送 등과 같은 대규모 공사가 포함되어 있습니다. 둘째는 생태환경 개선, 셋째는 과학기술과 교육의 대대적 발전입니다. 이 분야는 모두 중일 양국의 경제협력에 드넓은 미래를 제공하며, 일본 기업이 중국에 와서 경쟁을 하는데도 무한한 비즈니스 기회를 제공합니다.

---

1) 당시 외교부장 조리(차관보에 해당)였다.

2000년 10월 13일, 주룽지 총리는 도쿄 총리관저에서 모리 요시로 일본 총리와 회견했다. (사진=신화사 왕신칭王新慶 기자)

현재 일본 각계 인사들이 중국 서부대개발에 각별한 관심을 보이고 있으며, 직접 중국 서부에 와서 시찰하는 일본 기업인들도 많습니다. 9월 초 저는 신장에서 중일 경제협회의 각계 인사, 특히 기업계 인사로 구성된 시찰단을 만났습니다. 저는 중일 양국의 우호협력이 분명 이번 기회를 통해 발전할 것이라고 생각합니다.

모리 야스히로 : 중국의 10-5 계획에는 징후京滬고속철도(베이징-상하이 간 고속열차 : 역주) 부설 항목도 포함되어 있다고 들었습니다. 작고하신 오부치 게이조 전 총리께서는 생전에 일본 기술로 베이징과 상하이 간 고속철도를 놓고 싶어 하셨습니다. 이를 중일 우호의 상징으로 보셨지요. 고속철도 관련 진전 상황은 어떻습니까?

주룽지: 중국의 교통운수 분야에서 철도 산업은 여전히 중요한 비중을 차지하고 있습니다. 중국 철도는 원래 시속 100킬로미터 미만이었지만 현재는 시속 150, 160킬로미터로 속도를 높이는 기술을 개발 중에 있습니다. 중국은 국토가 넓기 때문에 반드시 고속철도를 건설해야 합니다. 징후 고속철도 외에 베이징과 티베트를 잇는 고속철도도 부설할 것입니다. 고속철도 건설을 위해 외국의 선진 기술을 수용하고 외국 기업과 협력할 예정입니다. 물론 일본도 포함됩니다. 일본과 프랑스는 모두 궤도식 고속열차 운행기술을 보유하고 있으며, 독일과 일본은 현재 자기부상열차를 실험하는 중입니다. 중국의 구체적 조건을 고려하고 기술의 성숙도를 비교해서 어떤 기술을 도입할지 선택할 것입니다. 중국은 상하이에 자기부상열차 시범노선을 건설하기로 결정했으며, 편리성을 중점으로 기술을 비교해 선택할 것입니다. 저는 이번에 일본에 가서 직접 신칸센을 타볼 예정입니다. 전에도 서너 차례 타본 적이 있기는 합니다. 그리고 일본의 자기부상열차 시범노선도 참관할 것입니다. 제 눈으로 직접 일본의 고속철도 기술을 보고 싶습니다. 가능하다면 일본도 베이징 등지에 시범노선을 건설하는 것도 무방합니다. 관심이 있다면 고려해주세요. 결론적으로 아직 기술이나 노선이 결정되지 않았고, 여러분 모두 경쟁에 참가할 수 있습니다. 일본의 참여 역시 환영합니다.

모리 야스히로 : 일본이 중국에 시범노선을 개설한다면 신칸센과 같은 고속철도를 원하십니까 아니면 자기부상열차를 원하십니까?

주룽지 : 그것은 중일 양국이 상의할 문제입니다

모리 야스히로 : 최근 ODA[2] 문제를 둘러싸고 일본 내에서 논란이 일고 있습니다. 경제적 고속성

---

2) ODA : Official Development Assistance의 약자로 '정부개발원조'를 말한다. 선진국에서 국제기관이나 개발도상국에 하는 원조이다.

장을 구가하고 있는 중국에 계속 거액의 정부개발원조를 제공할 필요가 있냐는 목소리가 높습니다.

주룽지 : 일본 정부가 중국에 엔화 차관과 원조 · 기술협력을 제공한 지 올해로 20년이 됩니다. 중국은 이미 일본으로부터 240여 억 달러를 받았습니다. 상당히 큰 액수지요. 이 차관과 원조는 중국의 경제건설에 큰 역할을 했고 일본의 도움을 높이 평가하고 있습니다. 일본 정부와 국민들에게 감사드립니다. 과거에는 이 일에 관해 홍보가 부족했지만 앞으로는 이 분야의 홍보를 강화하겠습니다. 최근에 중국은 중일경제협력 20주년 환영회와 좌담회를 개최했습니다. 일본 집권 3당의 간사장들도 모두 환영회에 참가했고 얼마 후 그들과 또 만날 것입니다. 이번 일이 광범위하고 정확한 이해를 얻을 수 있기를 바랍니다. 그러나 일본의 ODA는 본래 특수한 역사적 배경을 갖고 있습니다. 일본은 중국 국민에 대한 우호의 표시로 ODA를 건립했으며 그것은 중국에만 도움이 되는 것이 아니라 중일 양국 경제발전에 모두 유리합니다. 즉 ODA가 없었다면 지금의 중일 경제협력은 없었을 것이며, 중국 역시 일본의 제2대 무역파트너가 될 수 없었을 것입니다. 누군가 이것을 이용해 중국에 압력을 가한다면 그것은 도리가 아니며 중일 양국의 우호 역사를 모르는 일이라고 생각합니다.

모리 야스히로 : 역사 인식 문제에 있어 중일 양국 간에는 각종 갈등과 이견이 있습니다. 어떤 구체적인 방법으로 이 문제를 해결해야 한다고 보십니까?

주룽지 : 역사 인식 문제에 관해서 중국은 '역사를 거울삼아 미래로 나아간다' 는 일관된 태도를 취하고 있습니다. 중국은 역사상 일본 군국주의의 중국 침략이 일본 국민의 책임이라고 생각해본 적이 없습니다. 현재의 일본 국민뿐 아니라 당시 일본 국민도 그에 대한 책임이 없습니다. 이와 동시에 우리는 당시의 역사를 잊어서는 안 되며 반드시 '역사를 거울로 삼아야 한다' 고 생각합니다. 그래야 중일 양국이 서로 더욱 호감을 가지고 대대로 우호관계를 발전시켜 나갈 수 있습니다. 어

떤 조치를 취해 이 문제를 해결해야 현 상황이 개선될지 물으셨는데 중국은 역사 문제로 일본 국민을 자극하지 않을 것입니다. 그러나 일본은 국민들이 당시의 역사를 잊지 않도록 해야 합니다. 군국주의 반대는 양국 국민에게 모두 이익이기 때문에 함께해야 합니다.

모리 야스히로 : 역사문제와 연관된 노동자문제도 있습니다. 최근 일본과 미국 등지에 거주하는 강제징용 노동자들이 일본에 소송을 제기했습니다. 그에 관한 총리의 생각을 듣고 싶습니다.

주룽지 : 역사가 남긴 문제이니 일본 정부가 책임 있는 태도로 적절하게 해결해야 된다고 생각합니다.

모리 야스히로 : 한반도 정세를 포함한 동아시아 지역의 안보 보장문제에 대해 중일 양국이 건설적인 대화를 할 수 있지 않을까요?

주룽지 : 한반도 정세는 남북정상회담으로 중대한 전환기를 맞았습니다. 정상회담 이후의 한반도는 낙관적인 정세를 보이고 있어 중국은 매우 기쁩니다. 해빙 무드가 계속 발전해서 한반도 문제가 평화적으로 해결되고, 한반도와 아시아 정세의 긴장이 완화되길 바랍니다. 그러면 이 지역에 군대를 증원해 전쟁 준비를 하려는 일부 국가의 명분이 없어질 것입니다.

모리 야스히로 : 〈미일 안전보장조약〉과 TMD에 대해 어떻게 보십니까?

주룽지 : 〈미일 안전보장조약〉은 미국과 일본 두 나라가 맺은 것입니다. 따라서 그 범위가 양국을 넘어서는 안 되며, 제3국을 겨냥해서도 안 될 것입니다. TMD의 배치는 완전히 자위적 차원을 넘었습니다. 심지어 중국의 타이완 지역을 그 범위에 포함시켰는데 중국은 이에 결연히 반대합니다. 아시아에 TMD를 배치한 것은 과거 모든 군축 조약에 위배되며, 분명 아시아의 군비경쟁을 촉발시켜 이 지역의

불안을 초래할 것입니다. 클린턴 대통령은 NMD(국가미사일방어체제)를 보류하겠다고 선언했지만 보류는 보류일 뿐 완전히 그만둔다는 개념은 아닙니다. 중국은 경계 수위를 높여 TMD 배치를 반대하고 있습니다.

모리 야스히로 : 현재 중국의 신탁투자회사와 임대회사가 채무를 이행하지 않아 일본 일부 기업이 불만을 터트리고 있습니다. 이 일은 일본 기업의 중국 투자환경 평가에도 영향을 미칩니다. 앞으로 중국 투자 환경을 개선할 필요성이 있지 않을까요?

주룽지 : 중국의 국제신탁투자회사 대다수는 1993년 중국의 경제과열시기에 설립되었고, 이후 관리와 정돈을 거쳐 대부분 회사가 합병 또는 유지되었습니다. 해당 회사는 법에 따라 자신의 채무를 부담·상환해야 합니다. 그러나 소수의 회사는 채무초과 상태라 채무상환 능력을 완전히 상실했습니다. 따라서 이들은 채무상환 방법을 채권자와 상의해야 합니다. 채권자가 그들의 채무차감 요구에 동의하지 않는다면 중국 인민은행의 비준을 거쳐 법원에 파산신청을 해야 합니다. 중국 법원과 중국 정부는 법에 따라 채권자의 합법적인 이익을 보장할 것입니다.

시미즈 미와淸水美和(《도쿄신문》 기자) : 일본 국민은 중국의 국내 정세에 지대한 관심을 갖고 있습니다. 장쩌민 주석이 최근 '3개 대표' 사상을 제창했는데 주 총리께서는 어떻게 생각하십니까? '3개 대표' 사상의 경제 분야 활용 전망은 어떻습니까?

주룽지 : 장쩌민 주석이 내놓은 '3개 대표' 중요 사상은 중국 공산당 창설 이론에 새로운 발전을 가져왔고, 제창 이후 많은 국민들의 지지를 받고 있습니다. 중국 공산당은 중국의 집권당이며, 중국 정부 역시 '3개 대표'의 요구에 따라 정부 업무를 수행할 것입니다.

나카자와 가쓰지中澤克二(《니혼게이자이신문》 기자) : 제10차 5개년 계획에는 서부대개발 외에 어떤 내용이 있습니까?

주룽지 : 10-5 계획의 관건은 중국의 산업구조를 전략적으로 조정하는 산업 구조조정입니다. 이런 전략적인 조정이 없다면 경제발전은 막다른 골목에 다다를 것입니다. 구조조정 범위는 매우 광범위해서 1차·2차·3차 산업 전반을 포함하며, 지역발전 계획과 과학기술 조정도 실시됩니다. 즉 중국의 발전과 산업의 발전은 하이테크기술의 기초 위에서 이루어집니다. 며칠 후면 15기 5중전회가 열립니다. 곧 구체적인 내용이 공개되니 조금만 기다려 주십시오.

모리 야스히로 : 인사 이동은 있습니까? 쩡칭훙曾慶紅 선생이 중국 공산당 중앙정치국위원이 되시나요?

주룽지 : 저는 모리 씨만큼 정보에 빠르지 못해서 어떤 인사 이동이 있을지는 아직 모르겠습니다.

모리 야스히로 : 감사합니다.

일본 TBS 방송
'국민과의 대화'에서의 인터뷰[*]
(2000년 10월 14일)

치쿠시 테츠야筑紫哲也(TBS 뉴스 앵커) : 오늘은 중국의 주룽지 총리께서 나와주셨습니다. 2년 전 미국의 클린턴 대통령께서 최초로 '국민과의 대화' 프로그램에 출연하셨고, 이번으로 2회째를 맞습니다. 먼저 주 총리의 말씀을 들어보겠습니다.

주룽지 : 제가 일본을 방문하게 된 배경을 말씀드리겠습니다. 1998년 장쩌민 주석께서는 일본을 방문해 돌아가신 오부치 게이조 전 총리와 〈중일 공동선언〉을 발표했고, 양국이 21세기를 맞아 평화발전을 위한 우호협력 동반자관계를 구축하기로 결정했습니다. 그 이후 양국은 전반적으로 양호한 관계를 유지해 왔지만 문제가 없는 것은 아닙니다. 일본 내에서 중국에 대해 의심과 걱정을 하고, 심지어 중국이 일본에 '위협'이 된다고 생각하는 분들이 계십니다. 그리고 일본의 일부 언론은 역사 문제와 타이완 문제·안보문제 등으로 중국 국민의 감정을 상하게 했습니다. 따라서 저는 이번 일본 방문을 통해 신뢰 증진과 의혹 해소, 협력 추진을 할 수 있기를 희망합니다. 이를 위해서는 양국 정부뿐 아니라 양국 국민의 직접적인 대화가 필요합니다. 그러므로 오늘 저녁 일본 국민과의 대화는 매우 귀중한 시간입

---

[*] 일본 방문 기간 주룽지 총리는 도쿄에서 일본 TBS 방송에 출연해 일본 국민 100명과 대화를 나누었다. 그 중 오사카 시민 20명은 통신위성으로 대화에 참여했다.

니다. 중일 양국 모두 이번 대화를 중시하고 있다고 생각합니다. 얼마 전, 일본 집권 3당의 간사장이 중국을 방문했습니다. 노나카 히로무 자민당 간사장이 제게 '만면에 미소를 짓고 날카로운 질문이 나올수록 더 웃으라'고 충고하더군요. 하지만 제게는 좀 힘든 일입니다. 평소 말할 때 엄숙한 표정을 지으니까요. 오늘은 시종 웃음을 잃지 않도록 노력하겠습니다. 여러분께서는 제가 억지로 웃는다고 생각하지 마세요. 웃는 게 무섭다고 생각하셔서도 안 됩니다. 잘 부탁드립니다.

치쿠시 테츠야 : 프로그램 관례에 따라 먼저 간단한 질문 몇 가지에 답해주십시오. 다음은 인터넷과 팩스로 온 질문입니다.

〔해설자의 목소리〕(지바현에 사는 초등학교 5학년생의 질문입니다 : 우리반에는 학생이 20명밖에 없는데도 의견 통일하기가 어렵습니다. 중국은 인구가 13억이나 되는데 어떻게 단결하고 있나요?)

주룽지 : 첫 번째는 법을 통한 단결입니다. 중국에는 각급 인민대표대회가 있어서 국민의 의견을 반영하고 정부를 감독합니다. 두 번째로 중국에는 공산당 이외에도 8개의 민주당파가 있습니다. 이들은 각기 다른 계층을 연결하고 항상 민간의 의견을 반영합니다. 이들 역시 정부를 감독하는 역할을 합니다. 세 번째, 여론의 역할이 있습니다. 중국의 여론, 특히 중국 TV 방송국은 국민의 의견을 반영하는데 많은 역할을 하고 있습니다. 그래도 부족한 부분은 계속해서 사회주의 민주와 법제를 개선해 보충하고 여론을 반영하며 국민을 위해 성심성의껏 봉사할 것입니다.

치쿠시 테츠야 : 초등학교 5학년 학생이 "중국은 왜 한 집에 아이를 하나만 낳나요? 외롭지 않을까요?"라고 질문했습니다.

주룽지 : 중국은 '한 가구 한 자녀 갖기' 정책을 장려하고 있지만 농촌에서는 제한이 덜한 편입니다. 특히 소수민족 지역에서는 그들의 민족적인 관습을 존중해서 자녀 수에 제한을 두지 않습니다. 하지만 도시에서는 한 가정 당 자녀 하나만

낳을 수 있습니다. 제게는 올해 13살 된 외손녀가 하나 있는데 그 아이도 형제가 없어 외로울 것입니다. 그러나 인구 12억 5천만 명의 국가가 산아제한을 하지 않는다면 전 세계가 중국인으로 넘쳐나지 않을까요?

치쿠시 테츠야 : 총리께서는 일본인이 너무 예의만 차려서 만나봐야 시간낭비라고 하셨다고 들었습니다.

주룽지 : 아닙니다. 그런 말은 한 적이 없습니다. 이번 기회를 통해 분명히 아니라고 밝히고 싶습니다. 중화민족은 손님 맞는 것을 좋아합니다. 손님을 맞을 때는 인사말을 나누는 것이 예의고 호감의 표현이지요. 그러나 최근 몇 년 간 일본의 정치가와 친구를 포함한 외국 손님을 만난 적이 별로 없습니다. 일이 너무 바쁘다 보니 그렇게 됐어요. 그래도 다른 외국 손님보다는 일본 손님을 만날 기회가 훨씬 더 많습니다. 그러나 만나자는 요구를 모두 다 수용할 수는 없습니다. 그러니 이 자리를 빌려 일본 지인과 제 옛 지인들께 양해의 말씀을 드립니다.

치쿠시 테츠야 : 주 총리께서 두려워하는 사람은 부인 라오안 여사뿐이라던데 어떤 점이 두려우신 겁니까?

주룽지 : 저는 제 아내를 두려워하지 않습니다. 아내는 아주 귀여운 사람이에요.

치쿠시 테츠야 : 부인께서 스튜디오에 없다고 해도 같은 대답을 하시겠습니까?

주룽지 : 물론입니다. 저는 겉과 속이 같은 사람이니까요.

치쿠시 테츠야 : 여기 스튜디오에는 100분이 나와 주셨고 오사카 스튜디오에는 시민 20분이 나와 주셨습니다. 무슨 질문이든 괜찮으니 직접 해주세요.

젊은 남성 : 총리께서는 본인의 얼굴이 무섭게 생겼다고 하셨는데 과거 그것 때문에 손해를 보신

일이 있나요?

주룽지 : 아주 많아요. 제가 일생 동안 겪은 수많은 좌절은 상상하기 어려우실 겁니다.

젊은 여성 : 저는 경극京劇을 좋아해서 지금 배우고 있습니다. 총리께서도 경극을 좋아하신다던데 경극 중 어떤 역할이 마음에 드세요?

주룽지 : 취미가 같으니 반갑군요. 경극 속 모든 역할을 좋아하지만 특히 '수생須生(수염을 단 중년 남자 역할:역주)'의 노래를 배우고 있어요. 호금胡琴 연주도 좋아하는데 언제 베이징에 오시면 제가 직접 연주해드릴 수 있습니다.

남성 : 일본의 첫 인상은 어떻습니까?

주룽지 : 이번이 여섯 번째 일본 방문입니다. 다른 나라에서 일본을 경유한 것은 제외했습니다. 1994년 방문 후 6년 만에 다시 일본을 찾았는데 많이 변했네요. 도쿄의 교통 체증은 여전하군요. 도쿄는 전보다 더 발전한 모습입니다. 특히 새로운 건물이 많이 들어선 것을 보니 기쁘군요.

기모노 입은 여성 : 베이징과 오사카는 2008년 올림픽 유치를 놓고 경쟁하게 됩니다. 총리께서 오사카를 방문하신다면 대환영입니다. 오사카에 기회를 주실 수 있을까요?

주룽지 : 매번 일본 방문 때마다 오사카를 방문했습니다. 이번에도 그럴 계획이었지만 시간 관계상 일정에서 빠졌습니다. 이 자리를 통해 오사카 시민들께 인사를 드립니다. 정말 뵙고 싶습니다. 오사카는 상하이와 자매결연을 맺은 도시입니다. 과거 상하이 시장을 역임했으니 특별히 시민들께 안부를 전합니다. 2008년 올림픽은 베이징과 오사카 두 곳 중 어느 곳에서 유치하든 모두 아시아에 도움이 됩니다. 두 도시 모두 유치권을 따낼 권리가 있으며, 아시아 국민들에게도 경사스러

운 일입니다. 그러나 오사카의 자매 도시인 상하이의 전 시장의 입장에서는 여러분이 베이징을 지지해주셨으면 좋겠습니다, 감사합니다!

기모노 입은 여성 : 저희를 난처하게 하시네요, 답변 감사합니다. 언제든 오사카를 방문해주세요, 환영합니다.

치쿠시 테츠야 : 중국과 일본 관계에 결코 문제가 없는 것은 아닙니다. 중일관계에 관해 대화를 나눠보겠습니다.

사코 타다히코佐古忠彦(TBS MC) : TBS에서는 최근 '중국의 일본 인식'과 '일본의 중국 인식'에 관한 여론조사를 실시했습니다. 일본인은 중국인하면 가장 먼저 마오쩌둥 · 저우언라이 · 덩샤오핑을 떠올렸고, 중국인은 일본인 중 야마구치 모모에 · 도조 히데키(일본의 군인이자 정치가, 태평양 전쟁을 일으킨 전범:역주) · 다나카 가쿠에이 전 총리를 제일 많이 기억했습니다. 양국 호감도 질문에서 중국인의 48%가 일본이 싫다고 답했지만, 중국이 싫다고 답한 일본인은 9%에 불과했습니다.

주룽지 : 여론 조사는 대중의 의견을 반영하고 있지만 정확한 것은 아닙니다. 조사 대상이 누구인지가 중요하지요. 중국인은 이 문제를 다른 각도로 바라본 것 같습니다. 야마구치 모모에의 경우는 다들 잘 알고 있어요. 그녀가 나온 영화와 드라마는 중국에서도 큰 인기를 누렸으니까요. 도조 히데키는 중국인에게 씻을 수 없는 전쟁의 상처를 안긴 인물이지요. 다나카 전 총리는 중일 국교정상화에 큰 공헌을 했기 때문에 중국 국민들은 그분을 잊을 수가 없습니다. 어쨌든 양국은 역사를 거울삼아 앞으로 나가야 합니다. 과거에 어떤 유감스러운 일이나 비통한 일이 발생했든지 간에 양국은 역사를 직시하고 미래로 나아가야 합니다. 양국 국민이 앞으로 대대로 우호관계를 계승하기 위해 우리 세대는 모든 노력을 다할 것입니다.

중년 여성 : 올해 4월, 이시하라 신타로 도쿄 도지사는 중국인을 언급할 때 '삼국인三國人' [1]이라는

---

1) 삼국인 : 일본이 제2차 대전에서 패배한 후 자신들이 통치했던 한국인과 대만인을 경멸해 부르던 말로, 이들이 삼등시민임을 지칭한다. 이 말은 1950년대 들어 일본에서 더 이상 사용되지 않고 있다.

표현을 썼는데 이에 대해 어떻게 생각하십니까? 일본 정부의 반응을 어떻게 보시나요?

주룽지 : 시작할 때 양국은 전반적으로 좋은 관계를 유지하고 있지만 일부 언론이 중국 국민의 감정을 상하게 했다고 말씀드렸습니다. 우리는 일본의 국내 여론이 양국 우호관계 수호를 고려해 중국 국민의 감정을 자극하거나 상하게 하는 행위를 하지 않기를 바랍니다. 그러면 양국의 우호협력관계는 계속 발전할 수 있습니다.

남성 A : 그 말씀은 앞으로 일본과 중국이 자유무역을 체결한다는 뜻인가요?

주룽지 : 방금 말씀하신 것이 중일 양국의 자유무역협정인가요, 아니면 중국의 WTO 가입에서의 양국 협상을 의미하시는 건가요? 죄송하지만 정확히 못 들었습니다.

남성 A : 중국의 WTO 가입 협상과 양국간의 FTA 모두를 말합니다.

주룽지 : 중국은 WTO 가입을 위해 오랫동안 협상을 해왔으며 현재 순조롭게 가입 절차를 진행하고 있습니다. 중국은 양자 협상을 진행한 37개국 중 36개국과 협상을 체결했습니다. 마지막으로 멕시코만을 남겨두고 있지만 그리 큰 문제는 없다고 봅니다. 올해 말 이전에 중국은 WTO에 가입할 수 있을 것입니다. 중국이 WTO에 가입한 후에는 반드시 WTO의 합의를 준수하고 의무를 다할 것입니다. 중국이 전 세계적으로 개방을 하면 더 좋겠지요. 중일 양국은 가까운 우방이며, 무역 분야에서 분명 커다란 발전의 여지가 있습니다. 현재 중국은 일본의 제2대 무역국이 되었고, 일본은 중국의 최대 무역국입니다. 양국의 경제 발전은 서로 긴밀한 연관성이 있습니다. 저는 중국이 WTO에 가입한 후 양국의 경제 무역 협력 관계가 더욱 발전하기를 바랍니다.

치쿠시 테츠야 : 중국 무역과 관련된 일을 하고 계시는 분은 없나요? 질문하세요.

남성 B : 저는 버섯 재배를 합니다. 버섯 생산은 일본에서는 매우 중요합니다. 중국 농가도 공급이 수요를 초과해서 어려움을 겪고 있을 것입니다. 그렇다면 내수를 확대하고 수출을 제한해야 하지 않을까요?

주룽지 : 무역 분야에서는 제품마다 각기 다른 문제가 있다고 생각합니다. 양국 정부는 양국의 수출입을 정확한 방향으로 인도할 책임이 있지만 이런 문제가 일어나는 것은 불가피합니다. 그러므로 양국 정부와 기업이 서로 협조해야 할 것입니다.

치쿠시 테츠야 : WTO 가입 후 중국은 해적판 문제(불법복제물)를 어떻게 해결하실 건가요?

주룽지 : 중국은 해적판 단속에 최대의 노력을 쏟고 있습니다. 세계 지적 재산권 기구(WIPO)도 이 방면에서 중국이 매우 유능한 국가라고 칭찬했습니다. 중국은 계속해서 법률을 완비하고 지적 재산권을 보호할 것이며 이는 중국의 당연한 의무입니다.

치쿠시 테츠야 : 중국 관련 질문 또 없으십니까?

젊은 여성 : 작년에 저희 집에 도둑이 들었는데 아직 범인을 잡지 못했습니다. 경찰 말로는 범인이 아마 중국인일 거라고 하더군요. 일본 거주 외국인 중 범죄율이 가장 높은 사람이 누구인지 아시나요? 바로 중국인입니다.

주룽지 : 그 얘기는 처음 듣습니다. 양국 형사기관이 협력을 강화해서 공동으로 범죄와의 전쟁을 해야겠군요.

남성 C : 중국 청소년들은 배금주의를 어떻게 생각하고 있습니까?

주룽지 : 청소년들이 돈만을 중요시하는 것은 분명 심각한 문제입니다. 왜 이런 현상이 나타났을까요? 저는 청소년의 사상과 도덕 교육에 있어 언론매체가 큰 책임을 지고 있다고 생각합니다. 모두 이 문제를 중시해야 합니다. 청소년에 대한

교육을 강화해서 그들을 바른 길로 인도해야 합니다.

여학생 : 저는 오오사와라고 합니다. 현재 중국어를 공부하고 있습니다. 제 중국 친구가 "중국인은 역사를 잊기 위해 노력하고, 일본인은 역사를 잊지 않기 위해 노력한다"는 말을 했습니다. 이 말을 어떻게 생각하시는지요?

주룽지 : 어느 누구도 역사를 잊어서는 안 됩니다. 역사를 잊는 것은 배반이지요. 모두들 역사를 직시하고 앞으로 나아가야 합니다. 역사에서 교훈을 얻고 같은 잘못을 되풀이하지 않는 것은 중일 양국 국민 모두에게 특히 중요합니다. 현재 역사를 숨기거나 축소하고, 심지어 왜곡하는 경향이 나타나고 있는데 그것은 옳지 못한 일입니다. 그 경우 국민들은 역사에서 교훈을 얻어 더 나은 미래를 창조할 수가 없습니다. 따라서 중국은 당부 말씀을 드리고자 합니다. 이는 물론 어떤 나라 국민의 감정을 상하게 하려는 것이 아닙니다. 모두가 함께 역사에서 교훈을 얻고 양국 국민이 자자손손 우호관계를 이어가기 바랍니다.

치쿠시 테츠야 : 이번 국민과의 대화를 위해 전국 각지에서 의견을 수렴했고, 그중에는 역사 문제도 포함되어 있습니다. 51세의 남성 분이 질문하셨습니다. 과거 전쟁에 대해 속죄하고 있지만 중국은 거듭해서 사과를 요구하고 있습니다. 도대체 언제까지 사과를 요구하실 건지요?

주룽지 : 저는 이번에 일본 국민에게 사과를 요구한 것이 아닙니다. 다만 일본이 문서상으로 중국인에게 공식 사과를 한 적이 없다는 사실을 일깨우고 싶었습니다. 1995년, 무라야마 도미이치 총리는 애매모호하게 아시아 국민에 대한 사과문을 발표했습니다. 그러나 일본은 중국인에게는 공식 사과를 한 적이 없습니다. 중국은 줄기차게 일본에게 사과를 요구하지는 않습니다. 절대 그럴 일은 없어요. 사과를 하든 안 하든 그것은 일본에 달렸지만 중국은 일본이 이 문제를 고려해주었으면 합니다.

(해설자의 목소리 : 일본의 사과가 충분했는지에 관한 여론조사 결과 일본인의 20%가 충분히 사과했다고 답한 반면 중국인은 단 2%만이 충분하다고 대답했습니다. 중국인의 87%는 일본의 사과가 미흡했다고 보고 있습니다. 엄청난 격차입니다. 총리께서는 이 문제를 어떻게 처리해야 한다고 생각하십니까? 과거 중국은 전쟁배상 청구권을 포기했는데 역사 문제를 어떻게 극복하실 겁니까?)

주룽지 : 중국은 역사를 거울삼아 미래로 나아가서 양국 국민들이 대대로 우호를 이어나가길 바랍니다.

치쿠시 테츠야 : 오사카 시민분들 질문해주시죠.

중년 남성A : 저는 중국 다롄에서 태어나고 하얼빈에서 자랐습니다. 어떤 일본인은 난징대학살이 발생한 적이 없다고 말합니다. 이 문제와 중국에 남겨진 화학무기 문제에 대한 총리의 견해는 무엇입니까?

주룽지 : 중일전쟁 후 일본이 중국에 일부 화학무기를 버리고 간 문제에 대해서는 이미 양국이 합의를 보았습니다. 현재 양국은 공동으로 무기 발굴과 포장 처리·폐기작업을 진행 중입니다. 그러나 발굴과 포장 처리 작업만 순조롭게 진행되고 있을 뿐 폐기 작업은 아직 실행을 못 하고 있습니다. 중국은 양국이 노력해서 폐기 작업도 진행하기를 바랍니다. 난징대학살은 부인할 수 없는 사실이며 충분한 증거가 있습니다. 그 일에 대해서는 언급하고 싶지 않지만 기왕 나왔으니 말씀드리지요. 난징대학살은 명백한 사실입니다

남성 D : 저는 사타카라고 합니다. 상하이의 한 합자공장에서 일하고 있는데 위안화 환율에 관심을 갖고 있습니다. 위안화가 평가절하될 가능성이 있을까요?

주룽지 : 중국 위안화는 아시아 금융위기 시기에 평가절하할 충분한 이유가 있었지만 중국을 비롯한 아시아 지역의 금융을 안정시키기 위해서 평가절하를 하지 않았습니다. 현재 중국은 아시아 금융위기에서 완전히 벗어났고 외환보유고도 1,600억 달러 이상으로 증가했습니다. 따라서 위안화를 절하할 이유는 전혀 없습

니다.

중년 남성B : 저는 나가사키에서 온 어민입니다. 현재 중일 양국의 자연자원이 파괴되고 있습니다. 이에 대한 총리의 의견을 듣고 싶습니다.

주룽지 : 맞는 말씀입니다. 중국은 발전과정 중에 환경보호와 생태환경 개선 문제를 소홀히 한 대가를 톡톡히 치렀습니다. 그러나 현재는 경제의 지속가능한 발전을 충분히 인식하고, 환경보호와 생태환경 관리를 위해 많은 노력을 기울이고 있습니다. 오늘 저는 일본의 정당 지도자 몇 분과 대화를 나눴는데, 그분들 모두 베이징의 공기가 크게 개선됐다고 말씀하시더군요. 중국은 서부대개발 계획에 특별히 생태환경 개선 내용을 넣었고, 현재 성과를 거두기 위해 열심히 노력하고 있습니다.

치쿠시 테츠야 : 방금 17세 여자 방청객이 한 질문입니다. 타이완은 현 상태를 유지하고 싶어 하는데 중국은 왜 굳이 통일을 하려고 하나요?

주룽지 : 타이완은 자고로 중국의 영토였습니다. 2차 대전 이후 타이완의 중국 귀속은 국제적인 공인을 받았고 중국도 이미 타이완에 대한 주권을 확실하게 행사하고 있습니다. 그러나 다만 내전 때문에 지금의 분열 상태가 나타난 것입니다. 따라서 타이완의 중국 반환은 의문의 여지가 없습니다. 중국은 하나의 중국 원칙을 주장하며 타이완과의 평화통일을 위해 최대한의 인내심을 발휘하고 있습니다. 평화통일은 타이완의 현 제도에 아무런 변화를 주지 않습니다. 타이완 사람들에게는 이로우면 이로웠지 해가 되지는 않습니다. 중국 국민 모두 평화 통일을 원하고 있으며 여기에는 다른 문제가 없다고 생각합니다.

치쿠시 테츠야 : 총리께서는 과감하게 개혁을 추진하시는 바람에 위험을 받았다고 들었습니다. 네 번의 암살 고비를 넘겼고 선조의 무덤이 훼손되기도 했다면서요. 총리 스스로도 '지뢰밭'을 걷고 있는 것 같다고 했고, 나쁜 사람들과 함께 지옥에 갈테니 관을 준비하라는 말도 하셨다던데 사실입니까?

주룽지 : 저에 대한 소문은 아주 많고 전기傳奇적인 것도 있더군요. 현재까지 저와 관련된 책이 11권 나왔는데 시간이 없어 읽지 못했습니다. 무슨 말을 썼는지 모르지만 볼 생각도 없습니다. 이 문제는 논할 만한 것이 못 됩니다.

치쿠시 테츠야 : 지뢰밭을 밟고 있다고 생각하십니까?

주룽지 : 총리 취임시에 기자회견에서 "앞에 지뢰밭이나 깊은 수렁이 있다고 해도 용감하게 나아갈 것이다"라는 말을 했습니다. 하지만 '지뢰'를 밟았다는 말은 한 적이 없습니다. 제 말은 일종의 결심을 표시하기 위한 것이었습니다.

중년남성C : 미일 안전보장체제에 관해 묻고 싶습니다. 아시아태평양 지역의 안보를 위해 이 안전보장체제가 필요할까요?

주룽지 : 미일 안전보장체제는 일본과 미국 간의 문제이며, 그 필요성 역시 양국이 결정해야 합니다. 하지만 이 체제가 제3국을 겨냥해서도, 일본과 미국의 범위를 넘어서도 안 된다고 생각합니다. 중일 양국의 신뢰를 증진하고 의혹을 해소하기 위해서 저는 모리 요시로 총리에게 양국 군의 상호교류와 소통을 강화해야 한다고 밝혔습니다. 여기에는 함대의 상호 방문도 포함됩니다. 그래야 중일 양국의 우호협력관계 발전을 더욱 촉진할 수 있습니다.

치쿠시 테츠야 : 서방에서는 매번 중국의 인권문제를 들고 나오는데 이것이 공평하다고 보십니까?

주룽지 : 이는 중국과 외국의 가치관 차이에서 비롯된 일입니다. 인권의 관념에도 차이가 있습니다. 따라서 서방의 인권 문제 제기는 자연스러운 일입니다. 현재

중국의 인권 상황은 그 어느 때 보다도 좋으며, 인권 상황을 부단히 개선하고 있습니다. 중국은 외국의 의견이 듣고 싶어서 많은 국가들과 관련 대화를 나눴습니다. 그러나 인권 관념을 완전히 일치시키는 것은 불가능합니다. 중국은 인권에 대한 외국인들의 의견을 듣고 싶습니다. 이는 인권 개선에도 많은 도움이 될 것입니다.

치쿠시 테츠야 : 오사카 시민들 다른 질문 있으십니까?

여대생 : 현재 중국어를 공부하고 있습니다. 중국인들은 모두 노래를 좋아한다던데 총리의 애창곡은 무엇입니까? 여기서 한 소절 들려주실 수 있나요?

주룽지 : 저는 중국의 국가를 가장 좋아합니다. 국가를 부르면 모두들 일어나셔야 하니 부르지 않는 게 좋겠지요.

치쿠시 테츠야 : 총리께서는 훌륭한 호금胡琴 연주가라고 들었습니다. 여기 호금이 있는데 켜보시겠습니까?

주룽지 : 조금 아는 정도입니다.

치쿠시 테츠야 : 연주해주실 수 있으십니까?

주룽지 : 제가 연주를 하면 저 여자 분은 노래를 해야 합니다. 경극을 좋아하지 않는다면 호금 소리 듣는 게 고역이실 겁니다. 돼지 멱따는 소리나 마찬가지에요. 그래도 들으시겠다면 부끄럽지만 들려드리겠습니다.

(주 총리는 그 자리에서 경극의 간주를 연주했고 모든 관객의 박수갈채를 받았다:편집자 주)

치쿠시 테츠야 : 계획에도 없던 총리의 호금 연주를 듣게 되어 정말 기쁩니다. 시간이 지체됐으니 마지막 질문을 하겠습니다. 시민과의 대화와 관료와의 대화의 차이점은 무엇입니까?

주룽지 : 두 가지는 종류가 다릅니다. 정부 관료와의 대화를 경극에 비유한다면,

시민과의 대화는 가부키와 같습니다. 어느 쪽이 더 흥미로운지 말하기는 어렵지만 저는 일본 국민과 직접 만나고 대화하고 싶었습니다. 저를 정중하고 깍듯하게 대해주신 여러분께 진심으로 감사의 말씀 드립니다.

치쿠시 테츠야 : 마지막으로 일본 시청자들께 몇 말씀 부탁드립니다.

주룽지 : 방송을 통해 시청자 여러분과 일본 국민들께 진심으로 경의를 표합니다. 양국과 양국 국민은 1972년의 〈중일 공동성명〉과 1978년의 〈중일 평화우호조약〉, 1998년 장쩌민 주석과 일본 총리가 공동으로 발표한 〈중일 공동선언〉 이 세 가지 문건을 기초로 함께 노력해서 양국이 장기적인 우호협력 관계를 발전시키고 양국 국민이 대대로 우호관계를 유지하기를 바랍니다. 이는 양국 국민의 행복이자 아시아 국민의 행복이며, 더 나아가서는 전 세계인의 행복입니다. 여러분 감사합니다.

도쿄에서 열린 기자회견[*]

(2000년 10월 16일)

진행자 : 오늘 주룽지 중국 국무원 총리를 모시고 기자회견을 갖게 되어 영광입니다. 기자회견은 50분 동안 진행됩니다. 우선 총리께서 10분 동안 발언한 뒤 기자분의 질문을 받겠습니다.

주룽지 : 여러분, 저는 모리 요시로 총리의 초청으로 일본을 방문했고, 이번 방문에서 풍성한 성과를 거두었습니다.

첫째, 저는 모리 총리와 솔직하고 우호적이며 건설적인 회담을 했습니다. 회담에서 양측은 중일 양국관계를 이끌어가는 세 가지 역사적 문건인 1972년의 〈중일 공동성명〉과 1978년의 〈중일 평화우호조약〉, 1998년의 〈중일 공동선언〉에 관해 충분히 인정했습니다. 동시에 1998년 확립한 '21세기 평화발전을 위한 우호협력 동반자관계'를 기초로 계속해서 양국의 우호협력 관계를 발전시켜 나가기로 했습니다. 양국도 현재 중일관계의 주된 기류는 양호하지만 적지 않은 의혹과 걱정이 존재한다는 사실을 인식했습니다. 따라서 각자의 입장을 솔직하게 말하고, 의혹 해소와 상호 신뢰 증진을 위한 방법을 제시해 많은 문제에서 공감대를 형성했습

---

* 주 총리는 도쿄 일본기자클럽 프레스센터에서 열린 기자회견에서 일본 방문 성과와 중일관계·경제무역협력과 타이완 문제 등에 관해서 답변했다. 1시간 넘게 열린 기자회견에는 외국 및 홍콩·타이완 지역 기자 등 약 350명이 참석했다.

니다. 중국은 1998년 장쩌민 주석이 일본을 방문했을 때 제기한 33개항 협력이 거둔 성과를 보고 매우 기뻤으며, 이 항목의 지속적 실현을 위한 구체적 의견을 제시했습니다. 저를 환대하고 세심하게 배려해준 일본 정부와 모리 총리께 감사의 말씀 드립니다. 그리고 모리 총리께서 내년 중국을 공식 방문해주시길 바랍니다.

2000년 10월 16일, 주룽지 총리는 도쿄 일본기자클럽 프레스센터에서 기자회견을 가졌다. (사진=신화사 천젠리陳建力 기자)

둘째, 짧은 방일 기간 동안 저는 일본의 각 정당 당수와 성실한 회담 및 솔직한 대화를 나눴습니다. 양국은 많은 문제에서 공감대를 형성했습니다. 이와 동시에 교류와 소통을 강화하며, 중일 우호관계 발전을 위해 지속적인 노력을 함께 하기를 원하고 있습니다.

셋째, 일본 우호단체 주최로 경제계의 많은 인사와 만났습니다. 특히 20년 넘게 우정을 쌓아온 오랜 친구를 만나서 몹시 기뻤습니다.

넷째, TBS의 초청으로 방송국에서 일본 각계 대중 및 일본 시민과 만나 대화를 나눴습니다. 제 인생에 있어 다시없을 매우 귀중한 시간이었습니다. 하지만 시간이 한정되어 있고 대화 시간이 짧아 많은 문제에 속 시원한 답변을 못했습니다. 호금 연주도 망쳤지요. 하지만 일본 국민과 서로 감정을 교류하고, 중일 양국 국민의 이해를 강화할 수 있는 시간이었습니다. 이 점은 믿어 의심치 않습니다.

《산케이 신문》 기자 : 일중 양국 우호협력 동반자관계 발전에 있어 상대방 국가에 대한 양국 국민의 감정이 썩 좋은 편은 아니라고 생각합니다. 이 상황을 개선하기 위해 주 총리께서는 특별히 TBS의 '일본 국민과의 대화' 프로그램에 출연하셨고 양국 국민 간의 감정 해소를 위해 많은 노력을 하셨습니다. 이 점에 깊은 경의를 표합니다. 앞으로 양국 국민의 이해 증진을 위해 서로가 어떤 노력을 하길 바라십니까? 중국은 역사 문제와 관련해 일본에 계속 요구를 하실 겁니까?

주룽지 : 중일 양국 간의 우호협력 관계를 더욱 발전시키려면 양국의 공동 노력이 필요합니다. 역사 문제에 있어 중국은 '역사를 거울삼아 미래로 나아간다' 는 입장을 주장하고 있습니다. 일본 정부 역시 같은 입장이라고 생각합니다. 즉 과거 역사를 축소해서는 안 되며 숨겨서는 더더욱 안 됩니다. 반드시 역사를 직시해야 합니다. 역사를 직시해야만 미래로 잘 나아갈 수 있고 역사에서 교훈을 얻을 수 있으며 역사적 과오의 반복을 피할 수 있습니다. '역사를 거울삼아 미래로 나아간다' 는 원칙은 일본 국민뿐 아니라 중국 국민에게도 적용됩니다. 중일 양국 국민이 이 원칙을 기초로 서로 이해하고 신뢰하며, 대대로 사이좋은 내일을 창조하기를 희망합니다.

《요미우리 신문》기자 : 총리께서는 베이징에서 일본 기자와 인터뷰하면서 역사 문제로 일본 국민을 자극하지 않겠지만 일본은 역사를 잊어서는 안 된다고 하셨습니다. 이에 관해 일본 국민에게 다시 한 번 말씀해 주시겠습니까? TBS의 국민과의 대화에서 일본은 공식적으로 중국에 사과를 한 적이 없다고 하셨습니다. 앞으로 중국은 계속해서 일본에게 역사문제에 관한 정식 사과를 요구할 건가요?

주룽지 : 중일 양국이 상대방 국가의 국민 감정을 자극하는 일은 피해야 한다고 말한 적이 있습니다. 하지만 그것은 일본이 역사를 축소하고 숨기며 심지어 왜곡하는 일을 상기시키고 주의를 기울이려는 것이지 일본 국민의 감정을 자극할 생각은 없었습니다. 중국은 일본 국민과 일본 군국주의는 완전히 별개라고 보고 있습니다. 중국은 마오쩌둥 주석부터 장쩌민 주석까지 한결같이 일본 국민도 중국 국민과 마찬가지로 일본 군국주의의 피해자이므로 과거 침략전쟁에 대해 책임을 질 필요가 없다고 생각하고 있습니다.

TBS 방송에서 확실히 밝혔지만 중국과 일본 간의 공식 문건에서 일본이 중국에 대한 침략 전쟁을 공식으로 사과한 적이 없는 것은 사실입니다. 그러나 중국은 1995년 무라야마 도미이치 총리가 성명을 발표해 아시아 국민에게 공식으로 사과한 일을 높이 평가하고 있습니다. 중국의 목적은 '사과'를 받는 것이 아니라 '역사를 거울삼아 미래로 나아가는' 데 있습니다. 모두가 역사를 본보기로 해서 대대로 우호관계를 이어가는 내일을 창조하는 것이 중국의 목적입니다.

《마이니치 신문》기자 : 주 총리는 모리 요시로 총리와의 회담에서 양국의 안보 대화 확대를 협의하셨습니다. 양국이 동아시아 지역의 안보 문제에 관해 구체적인 협력을 할 수 있다고 보십니까? 그것이 가능하다면 어떤 협력을 하게 될까요? 특히 한반도 정세가 급변하고 있는 상황에서 양국은 동아시아 안보 분야에서 어떤 역할을 발휘할 수 있을지요?

주룽지 : 1998년 장쩌민 주석께서 일본을 방문했을 때 일본과 공동으로 33개의 협력조항을 발표했습니다. 그중에는 양국 간의 안보 분야 교류도 포함되어 있습니다. 그 조항에는 중일 양국 군대가 함대의 상호 교류를 비롯한 교류와 소통을

강화한다는 내용도 있습니다. 이번 방문 중 저는 다시 모리 요시로 총리께 이 문제를 제기했고 양국은 이에 관해 이미 합의했음을 말씀드리고 싶습니다. 양국은 유엔 안보든 양국 안보든 협조를 강화하고 협상과 교류를 증진해서 양국과 아시아, 세계의 평화를 함께 수호해야 합니다.

《스바오時報》 기자 : 작년 말, BTV(베이징 텔레비전)에서 중국 유학생의 일본 생활을 담은 다큐멘터리 〈우리의 유학생활〉이 방송된 뒤 베이징에서 큰 인기를 얻었습니다. 올해 5월, 1부가 일본 후지 TV에서 방송된 뒤로 역시 일본에서도 화제가 되었고 좋은 반응을 얻었습니다. 총리께 세 가지를 여쭙고 싶습니다. 첫째, 이 다큐가 베이징에서 방송될 때 보셨습니까? 둘째, 21세기를 앞두고 중국 정부는 중일 젊은이들의 상호 이해와 왕래를 증진시키기 위한 실질적인 계획과 조치를 세우셨나요? 셋째, 친손녀가 외국 유학을 간다면 할아버지로서 미국이나 유럽, 일본 중 어느 나라로 가길 바라시나요?

주룽지 : 첫째, 그 다큐가 베이징에서 공전의 인기를 끌었는지는 잘 모르겠지만 저도 보고 깊은 감동을 받았습니다. 둘째, 중국은 유학생을 비롯한 양국 젊은이들의 상호 교류 추진과 그들의 처우 개선에 전적으로 찬성합니다. 저는 정당 지도자분들과 대화할 때 이 과제에 관해서도 언급했습니다. 중일 양국이 대대로 우호 관계를 발전시키려면 젊은이들에게 희망을 걸어야 한다고 말입니다. 따라서 민간 우호단체가 양국 젊은이의 상호 방문과 상호 학습, 상호 이해를 추진해주기를 바랍니다. 특히 양국의 유학생들이 더 좋은 환경에서 공부하고 생활할 수 있도록 지원해야 합니다. 셋째, 제게는 외손녀가 있습니다. 아들은 아직 결혼을 안 해서 친손녀는 없습니다. 그 아이가 앞으로 국내에서 공부를 하든 외국에 나가 공부를 하든 그것은 그 아이가 결정할 일입니다. 제가 정해준다고 해서 그곳에 가지는 않을 겁니다.

일본 NHK 기자 : IT(정보통신기술) 분야에 관해 질문하겠습니다. 중국은 정보통신산업 발전에 관한 국가전략을 수립했다고 들었습니다. 2005년이나 2010년까지 이 분야의 어떤 구체적인 로드맵이 있으신가요? 서부대개발에서 정보통신산업 발전은 어떤 위치를 차지하고 있습니까? 그리고 중국에서는 윤리적 내용과 관련된 해외의 일부 인터넷 사이트에 접속할 수 없다고 하던데 중국 국민들은 언제쯤 이 사이트를 볼 수 있을까요?

주룽지 : 중국의 정보통신기술은 최근 몇 년 간 비약적으로 발전했습니다. 특히 통신 분야 발전이 두드러집니다. 현재 유선 SPC전화가 1억 3천만 대에 달합니다. 이동전화는 매우 빠르게 발전 중이며 약 7천만 대가 보급되었습니다. 2~3년마다 두 배의 증가세를 보이고 있습니다. 중국은 10-5 계획에서 하이테크 기술의 발전이 전체 경제발전의 견인차 역할을 하도록 결정했습니다. 특히 정보통신기술과 하이테크 기술을 이용해서 전통산업을 개조하고 산업구조조정을 할 것입니다. 중국은 서부대개발 과정에서 하이테크 기술을 매우 중시하고 있으며, 상당 수준의 출발점에서 개발을 진행할 것입니다. 정보통신기술 분야에서 중국은 일본과의 협력을 원하며 이미 협력을 잘 진행해나가고 있습니다. 현재 중국의 휴대폰은 GSM(전 세계 이동통신 시스템) 체계를 채택하고 있지만 과도기를 잘 넘기고 제3세대 이동통신으로 안착하기 위해서 중국은 CDMA(코드분할다중접속기술) 기술 채택 역시 준비하고 있습니다. 이 기술은 미국과 한국·일본에서도 일부 사용하고 있습니다. 일본의 CDMA 방식 휴대폰 사용자는 625만 명이라고 알고 있습니다. 이 분야에서 중국은 미국뿐 아니라 한국 및 일본과도 협력하고 싶습니다. 세 번째 질문은 잘 이해가 안 되는군요. 아까 언급한 사이트에 음란이나 폭력적인 컨텐츠가 있나요? 그런 컨텐츠는 청소년에게 악영향을 미칩니다. 중국은 해당 사이트를 원치 않습니다.

홍콩 봉황 TV 기자 : 이번 방문에서 일본 측이 타이완 문제를 언급했습니까? 리덩후이가 일본을 방문한다면 중일관계에 심각한 문제가 생기지 않을까요?

주룽지 : 모리 총리나 각 정당 대표와의 회담 자리에서 모두 타이완 문제가 언급

되었습니다. 요 며칠 신문에서는 죄다 제가 말한 내용을 기사에 실었더군요. 다시 말해야 한다면 한 번 더 하겠습니다. 중국은 '하나의 중국' 원칙을 견지하고 있습니다. 중국은 최대한의 인내심을 가지고 평화적인 방법으로 중국을 통일할 것입니다. 그러나 타이완 문제를 기한 없이 질질 끌 수는 없습니다. 리덩후이는 일반인이 아닙니다. 따라서 그가 일본을 방문했을 때 생길 파장에 대해서는 일본과 중국 모두 확실히 알고 있다고 생각합니다.

일본 NHK 기자 : 중국이 WTO에 가입하면 국내 정보통신산업은 비교적 큰 타격을 입을 것입니다. 따라서 일부에서는 이를 반대하고 있습니다. WTO 가입 후 이 분야의 타격을 줄일 대책을 세우셨나요?

주룽지 : 중국은 WTO 가입에는 좋은 점도 있고 나쁜 점도 있다고 생각해 왔습니다. 국제시장 진입에는 유리하지만 외부의 치열한 경쟁과 도전에 맞서야 합니다. 그러나 중국은 최대한 노력해서 단점보다 장점이 더 많도록 할 것입니다. 따라서 중국은 37개국과 양자 협상을 할 때 중국의 개방은 점진적이며 일정한 시간이 필요하다는 입장을 고수했습니다. 그리고 이 점에 있어 다른 국가와 합의를 달성했습니다. IT 산업 중 기본적인 통신 산업 분야에서 중국은 WTO 가입 첫 해에 외자의 통신산업 출자 비율을 25%로 제한할 것입니다. 그리고 일정 시기가 지난 후에야 49%가 될 것입니다.

《니혼게이자이 신문》 전 편집위원 : 저는 주 총리의 숭배자입니다. 총리의 지도 능력과 과감한 실천 능력에 감탄을 금할 수 없습니다. TBS에서 방송한 '국민과의 대화' 프로그램을 봤는데 참 좋았습니다. 방금 여기 올 때 택시를 탔는데 기사님께 TBS 프로그램을 봤냐고 물었더니 봤다더군요. 그 기사분은 일본인들이 듣기 싫어하는 민감한 문제를 꺼내지 않았다면서 주 총리가 좋은 분이라고 했습니다. 저는 총리께 서부대개발 문제를 묻고 싶습니다. 서부대개발 상황 및 중국의 국제임대회사와 국제신탁투자회사의 채무상환 지연 문제에 관해 말씀해 주시기 바랍니다.

주룽지 : 과찬의 말씀을 들으니 몸 둘 바를 모르겠습니다. 하지만 진심으로 말씀 해주시니 감사 인사드립니다. 서부대개발에 관해서는 한 시간이라도 얘기할 수 있지만 시간이 없군요. 중국의 10-5 계획에 관한 개요가 곧 발표될 것입니다. 관련 정책은 이미 발표가 되었거나 발표를 앞두고 있습니다. 중국의 서부대개발은 일본 기업가들에게 커다란 이익을 안겨줄 것입니다. 양국이 공동으로 노력해서 서부대개발에 공헌하기를 바랍니다.

중국의 투자환경은 기본적으로 양호합니다. 만약 환경이 좋지 않다면 중국이 어떻게 매년 400억 달러 이상의 외국 기업의 직접 투자를 유치할 수 있겠습니까? 최근 몇 년 간의 투자액은 이 정도 수준을 유지하고 있습니다. 그러나 중국의 투자환경과 외국 관련 법률과 법규는 아직 미진한 것이 사실입니다. 현재 부단히 경험을 쌓아 점차 개선해 나가고 있기 때문에 해마다 나아질 것입니다.

일본 경제계는 두 가지 문제에 주목하고 있습니다. 첫째는 중국의 국제임대회사 문제이고, 둘째는 중국의 국제신탁투자회사 문제입니다. 이 문제는 역사적인 산물입니다. 중국의 경제 과열기에 일어났고, 아직까지도 완전히 해결되지 않았습니다. 저는 1995년부터 일본 친구의 요청으로 이 문제 해결에 개입했습니다. 수차례 지시를 내렸지만 여전히 해결을 못 하고 있습니다. 그러나 상당 부분 해결이 된 것도 사실입니다. 지금까지 남은 문제가 해결되지 않는 이유가 무엇일까요? 제 생각에는 일본 기업이 협력 파트너 선정을 제대로 하지 못해 그쪽에서 계속 미루고 있기 때문입니다. 중국 정부가 손을 써보려고 해도 방법이 없습니다. 귀국한 뒤 이 문제 해결을 적극 추진하겠습니다. 그리고 일본 기업 측에서도 신중하게 파트너를 선정해주실 것을 당부 드립니다.

국제신탁투자회사는 중국의 경제 과열기인 1993년 갑자기 그 수가 늘었습니다. 몇 년 간의 관리와 정비 작업을 거쳐 대부분은 합병과 정비 후 잘 유지되고 있습니다. 그러나 소수의 회사는 채무초과 상태라 채무상환 능력을 완전히 상실했고 외국에도 빚을 졌습니다. 일본에도 채무가 있지만 상환할 능력이 없습니다. 이 회사들 모두 소재지가 지방입니다. 중국 정부는 일본을 포함한 외국 회사의 채권자가 채무차감과 상환에 관해 투자회사와 협상을 하길 바랍니다. 빚을 갚지 못한다면 이 회사들은 중국 인민은행의 비준을 거쳐 법원에 파산신청을 내는 수밖에 없습니다. 중국 정부는 법에 따라 일본 등 외국 채권자의 법적 권익을 보호할 것입니다. 최근 하이난성의 국제신탁투자회사가 발생한 사무라이 본드(일본 채권시장에서 외국 정부나 기업이 발행하는 엔화 표시 채권:역주)가 일본 국민의 채무 일부분에 관련되었다고 하더군요. 이 문제는 매우 심각합니다. 그 이유는 일반 채권자의 채무를 지연시키는 것이 아니라, 일본 국민의 빚을 늦게 갚는 것이기 때문입니다. 돌아가서 하이난성 정부에 독촉을 하겠습니다. 발생한 문제에 책임을 지고, 적어도 일본 국민 관련 문제는 꼭 책임지고 해결하라고 말입니다. 비판 의견이 있으시면 얼마든지 말씀해 주십시오, 감사합니다.

진행자 : 기자회견 시간이 너무 초과됐군요. 다시 한 번 주 총리께 감사의 말씀 드립니다.

카자흐스탄 통신사 《카즈인폼》 기자 인터뷰*

(2001년 8월 30일)

기자: 존경하는 총리님, 카자흐스탄과 중국의 경제협력 현황과 전망을 어떻게 평가하십니까? 올해 상반기 양국 무역액, 특히 중국의 카자흐스탄 수출액은 하락세를 보이고 있습니다. 그 원인은 무엇일까요?

주룽지: 중-카자흐스탄 수교 이래 양국의 경제무역 관계는 빠르게 발전했고 뚜렷한 성과를 거뒀습니다. 1992년, 양국의 무역총액은 3억 7천만 달러에 불과했습니다. 그러나 1999년에는 11억 4천만 달러를 기록해 장쩌민 주석과 나자르바예프 대통령이 함께 설정한 양국 무역총액 10억 달러 목표를 돌파했습니다. 작년에도 무역액은 계속 증가해 15억 5천만 달러에 달해 사상 최고 기록을 세웠습니다. 현재 카자흐스탄은 독립국가연합 중 러시아에 이어 중국의 제2대 무역 파트너가 되었습니다. 이와 동시에 양국은 경제기술협력 분야에서도 비교적 큰 발전을 했고 일부 대형 프로젝트 협력에서 성공을 거두었습니다. 이는 양국에 실익을 가져다주었으며 각 분야의 협력 심화에 모범이 되었습니다. 이는 양국의 경제무역협력이 잠재력이 크고 미래가 밝다는 것을 충분히 증명합니다. 양국이 용감하게 개척

---

* 카자흐스탄 공화국 토카예프 총리의 초청으로 주룽지 총리는 2001년 9월 12일부터 15일까지 카자흐스탄을 공식 방문했고, 카자흐스탄 수도 알마아타에서 열린 상하이협력기구(SCO) 제1차 총리회담에 참석했다. 카자흐스탄 방문 전, 주 총리는 중난하이 쯔광거에서 베이징 주재 《카즈인폼》 기자와 만나 중-카자흐스탄 관계·중국 및 국제문제 등에 관한 질문에 답변했다.

하고 공동으로 노력하며, 양국의 지리적 인접성과 경제상의 상호 보완성을 충분히 이용하며, 새로운 협력 수단과 효과적인 협력 형식을 적극 모색한다면 양국의 경제무역협력은 분명 더욱 광활한 공간을 열 수 있을 것입니다.

올해 1월부터 6월까지 양국의 무역액은 전년도 동기대비 0.7% 감소했습니다. 하지만 양국의 무역 수준이 하락했다고 볼 수 있는 것은 아닙니다. 최근 몇 년 간 중국은 카자흐스탄으로부터 철강과 구리·알루미늄을 대량 수입했지만, 이에 비해 카자흐스탄의 중국 수입품 수량이 많지 않기 때문에 중국의 카자흐스탄 수출이 감소한 것입니다. 또한 이로 인해 중국의 무역적자가 심화되었습니다. 통계에 따르면 현재 중국의 카자흐스탄 무역적자는 20억 달러에 육박해 9년 동안의 양국 무역 총액의 30%를 차지하고 있습니다. 그동안 중국은 통신과 가전·석유채굴설비·제약·경공업·방직공업·농산품 가공 등 분야에서 빠른 발전을 이룩했습니다. 카자흐스탄이 적극적인 정책으로 중국 상품 수입을 늘려서 양국 무역이 평등한 기초 위에서 장기적이고 안정적인 발전을 유지하도록 해주시길 희망합니다.

기자 : 양국의 투자협력이 가장 활발한 분야는 석유 채굴입니다. 이 분야에서 양국의 협력 현황과 전망은 어떻습니까? 카자흐스탄 서부에서 중국 서부까지 이어지는 원유 송유관 프로젝트는 실현될까요? 된다면 그 시기는 언제쯤입니까? 투르크메니스탄에서 카자흐스탄을 거쳐 중국으로 가는 파이프라인을 건설할 수 있을까요?

주룽지 : 1997년부터 중국과 카자흐스탄은 석유·천연가스 분야 협력에서 커다란 진전을 거뒀으며, 발전 잠재력은 날로 커지고 있습니다. 카자흐스탄에서 중국의 최대 투자 회사인 악토베무나이가즈는 양국 정부의 강력한 지원과 양국 직원의 공동 노력으로 경영 상황이 양호해서 만족스러운 이익을 얻었습니다. 2000년, 이 회사의 원유 생산량은 259만 톤으로 회사 설립 이후 최고 실적을 기록했습니다. 매년 320만 톤의 원유를 생산할 수 있을 것입니다. 중국 정부는 중국 석유천연

가스공사(CNPC)가 카자흐스탄에서 업무 확대하는 것을 지지하고 있습니다. 카자흐스탄 정부도 계속해서 지원해주기를 바랍니다. 양국의 공동 노력으로 양국의 석유 분야 협력은 발전 전망이 매우 밝습니다.

2001년 9월 14일, 주룽지 총리는 알마아타에서 나자르바예프 총리와 회견했다. (사진=신화사 치테엔 기자)

1997년 체결한 합의에 따라 양국은 중-카자흐스탄 송유관 부설의 실행 가능성을 연구했는데, 카자흐스탄의 원유량이 아직은 송유관을 건설하기에 부족하다는 결론을 얻었습니다. 카자흐스탄이 최근 카스피해 지역에서 대형 유전을 발견했다고 들었는데 이것이 중-카자흐스탄 송유관 건설 프로젝트에 적극적 역할을 해주길 바랍니다.

투르크메니스탄에서부터 카자흐스탄을 거쳐 중국으로 이어지는 가스관 건설을 위해 중국과 투르크메니스탄 전문가들이 몇 번 접촉을 가진 적이 있습니다.

기자 : 양국은 수년 간 접경지역을 흐르는 수자원을 공동 이용하는 문제에 관해 협상하고 있습니다. 카자흐스탄 국민은 이 문제에 상당한 관심을 갖고 있습니다. 그렇다면 양국 합의에 필요한 기본 원칙은 무엇일까요? 협정은 언제쯤 체결될 수 있는지요?

주룽지 : 중국은 접경 지역 하류의 공평하고 합리적인 이용, 수자원 보호 문제를 고도로 중시하며, 개발과 보호를 병행하는 정책을 실행하고 있습니다. 또 적극적인 실무 원칙을 바탕으로 카자흐스탄과 협상을 진행해 왔습니다. 양국이 이 문제를 놓고 대화와 협력을 하는 것은 양국 국민의 근본 이익에 부합하며, 양국 국민 간의 전통적 우의 수호와 증진에도 도움이 됩니다.

양국의 관련 전문가들은 이미 다섯 차례 협상을 가졌습니다. 협상을 통해 일련의 문제에 관련된 의견을 광범위하게 교환했고, 중요한 문제에서 합의를 달성했습니다. 8월 17일 끝난 제5차 전문가 협상에서 양국은 〈접경지역 수자원이용과 보호에 관한 중화인민공화국 정부와 카자흐스탄공화국 정부의 협력협정〉을 체결하기로 합의하고 협정문에 가서명했습니다. 양국은 곧 공식적으로 협정을 체결할 것입니다.

중국은 양국이 일궈낸 중요한 성과를 높이 평가하며, 앞으로 이 분야에 있어서 카자흐스탄과 협력을 더욱 강화하기를 바랍니다.

기자 : 상하이협력기구(SCO)[1] 틀 안에서의 교통운수와 에너지 등 분야의 다자간 경제협력의 주요 내용과 방향은 무엇입니까? SCO 회원국 이외의 국가도 협력프로젝트에 공동 참가할 수 있습니까?

---

1) 상하이협력기구 : 중국·러시아·카자흐스탄·키르기스스탄·타지키스탄 등 5개국이 설립한 정부 간 기구(현재는 우즈베키스탄이 가입해 6개국으로 늘어남:역주). 1996년 4월 상하이에서 제1차 회담을 갖고 〈국경지역 군사 부분 신뢰강화에 관한 협정〉을 체결했다. 1997년 4월, 5개국 정상은 러시아 모스크바에서 제2차 회담에 참석해 〈국경지역 상호군축에 관한 협정〉을 체결하고 1년에 1회 정상회담을 개최하기로 결정했다. 2000년 7월, 타지키스탄 두샨베에서 열린 제5차 정상회담에서는 우즈베키스탄 대통령이 옵저버 자격으로 참석했다. 2001년 6월, 상하이에서 열린 회의에서 5개국 정상과 우즈베키스탄 대통령은 공동으로 〈상하이협력기구 창설 선언〉에 서명했고, '상하이 5개국 회담'을 기초로 한 상하이협력기구가 정식으로 출범했다.

주룽지 : 상하이협력기구 회원국이 다자간 경제협력을 전개하는 목적은 회원국 간의 경제적 상호보완성을 발휘하고 자원의 최적 분배를 실현하며, 경제의 공동 발전을 촉진하기 위해서입니다. 이를 위해 회원국들은 투자수속 간소화와 무역장 벽 철폐 조치를 취하고, 교통·운수·에너지·통신·농업·관광·은행·환경보 호 등 분야에서 적극 협력해야 합니다. 올해 9월 카자흐스탄에서 개최된 상하이협 력기구 제1차 총리회담에서는 다자간 경제협력 가동이 공식 선포되고 관련 협약 에 조인하게 됩니다. 이후 각 회원국은 관련 부문 대표로 실무팀을 구성하고, 교 통과 운수·에너지 등 분야에서 다자간 협력 전개를 위한 구체적인 방향과 우선 조항에 대해 토론합니다.

상하이협력기구는 개방적인 지역협력기구로서 회원국 이외의 국가가 상하이협 력기구 틀 안의 관련 지역 경제협력 프로젝트에 참가하는 것을 환영합니다.

기자 : 장쩌민 주석께서는 타지키스탄 두샨베에서 열린 '상하이 5개국 회담(상하이협력기구의 전신 : 역 주)' 에서 다른 회원국의 중국 서부대개발 참여를 제의했습니다. 상하이협력기구 회원국이 이 계획에 참가하는 것을 어떻게 보십니까? 알마아타 회의에서 이에 대한 구체적 방안을 제시하실 건가요?

주룽지 : 중국 정부는 개혁개방의 확대와 서부지역의 경제발전 가속화를 위해 서 부대개발 전략을 적극 실시하고 있습니다. 현재부터 일정 시기 동안 중국은 서부 지역의 에너지·교통 등 관련 인프라 시설 건설과 산업구조조정을 중점 추진하고, 생태환경 보호를 강화하며 과학기술과 교육을 강력하게 발전시킬 것입니다.

중국 정부는 외국 기업의 서부대개발 참여를 적극적으로 장려하고 있습니다. 더 많은 외국 기업을 유치하기 위해서 중국은 투자와 세수 등 분야에서 각종 우대 정책을 내놓았습니다. 상하이협력기구 회원국이 서부대개발에 참여할 경우에는 지리적 인접성으로 인해 훨씬 유리합니다. 따라서 회원국의 참여를 진심으로 환 영합니다. 중국은 서부지역의 발전이 중국 경제의 지속적 성장과 지역경제의 협조 발전에 유리한 조건을 만들어주며, 각국 투자자에게 새로운 투자 기회를 제공한다고 보고 있습니다. 심지어 서부대개발에 참여한 국가의 경제발전도 선도할 수 있기 때문에 서로 윈윈효과를 낼 수 있습니다. 현재 상하이협력기구 회원국들은 지역 내 다자간 경제협력 틀 제정을 위해 적극 토론하고 있습니다. 이 구상이 점차 실현됨에 따라 서부대개발도 그 과정 안에 포함될 것이며 이 지역 경제의 공동 번영을 위해 적극적인 공헌을 할 것이라고 믿습니다.

아일랜드 《아이리쉬 타임스》 기자 인터뷰*

(2001년 8월 30일)

기자 : 이번 아일랜드 방문에서 얻고 싶은 성과는 무엇입니까?

주룽지 : 아헌 총리의 초청으로 아일랜드를 방문하게 되어 매우 기쁩니다. 최근 중국과 아일랜드가 양호한 관계를 발전시키고 있는 상황에서 방문을 하게 되었습니다. 양국 고위지도자들은 양국 관계의 발전과 빈번한 왕래 유지를 매우 중시하고 있습니다. 1998년 아헌 총리의 중국 방문 후 아일랜드 정부는 '아시아 전략'을 제정했고, 경제무역·과학기술·교육 등 분야에서 양국 교류와 협력이 촉진되었습니다. 작년 양국간 무역액은 7억 달러를 넘어섰고, 이는 3년 전에 비해 3배나 증가한 수치입니다. 양국은 또한 일련의 관련 협정을 맺었습니다. 현재 양국의 각계 인사들은 협력을 더욱 강화하길 원하고 있습니다. 현재 중국은 유엔 안전보장이사회 상임이사국, 아일랜드는 비상임이사국입니다. 따라서 양국은 세계 평화와 발전 문제에 많은 공통점을 갖고 있으며, 협상과 협력을 더욱 강화해야 할 것입니다. 이번 방문을 통해 양국의 상호 이해를 증진하고 양국의 우호협력 관계 발전을

---

* 버티 아헌Bertie Ahern 아일랜드 총리의 초청으로 주룽지 총리는 2001년 9월 2일부터 5일까지 아일랜드를 공식 방문했다. 방문 전, 주룽지 총리는 중난하이 쯔광거에서 베이징 주재 《아이리쉬 타임스》 기자와 인터뷰를 갖고 중 - 아일랜드 관계, 국내외 문제 등에 관해 답변했다.

　2001년 9월 2일, 주룽지 총리는 부인 라오안 여사와 함께 전용기편으로 더블린에 도착, 아일랜드를 공식 방문했다. 아헌 아일랜드 총리가 직접 공항에서 주 총리를 영접했다. (사진 =신화사 라오아이민 기자)

추진하고 싶습니다. 저는 아헌 총리 및 아일랜드의 여러 지도자와의 회담을 기대하고 있습니다. 이 자리에서 각 분야의 양국 협력과 국제 및 지역 문제에 관한 공동 관심사에 대해 허심탄회하게 의견을 교환할 것입니다. 양국의 공동 노력으로 이번 방문에서 반드시 소기의 목적을 달성하고 원만한 성공을 거둘 거라고 믿습니다.

기자 : 최근 아일랜드의 경제성장으로 중국도 이익을 얻었다고 생각하십니까?

주룽지 : 지난 몇 년 동안 아일랜드 경제는 눈부시게 발전했습니다. 정말 감탄하지 않을 수 없습니다. 아일랜드의 성공 비결은 교육을 중시하고 과학기술을 적극 발전시킨데 있습니다. 이는 경제 글로벌화와 세계 과학기술의 급속한 발전에 따라 한 나라의 경제 발전도 조류에 순응하고 기회를 잡아 정확한 발전 전략을 세워야 한다는 것을 증명합니다. 중국이 개혁개방을 20여 년 동안 실시하면서 커다란 성과를 거둔 것 역시 이를 반증하고 있습니다. 중국은 과학기술 부흥전략을 실시하여 국가 현대화를 조속히 실현하기 위해 노력하고 있습니다. 중국은 양국이 서로의 경험을 배우며, 발전 속에서 협력을 모색하고 협력하면서 발전을 추진하길 희망합니다.

기자 : 주 총리께서는 '북아일랜드 평화협상'을 진행하는 미묘한 시기에 아일랜드를 방문하게 됩니다. 티베트에도 역시 영토문제가 있습니다. 아일랜드의 아헌 총리는 1998년 중국을 방문했을 때 북아일랜드가 영국에서 탈퇴하지 않고 갈등을 해결한 '벨파스트 평화협정'의 방식을 이용해서 티베트 문제를 해결하라고 제안했습니다. 이에 대해 어떻게 생각하십니까?

주룽지 : 티베트에는 영토문제가 없다는 것을 분명히 밝혀야겠네요. 티베트는 13세기부터 중국 영토의 일부분이었습니다. 이는 반박할 수 없는 역사적 사실이며, 아일랜드를 비롯한 세계 각국 정부도 그것을 인정했습니다. 티베트 문제는 중국

내정이므로 북아일랜드 문제와는 본질적으로 차이가 있습니다. 중국은 대화와 교류를 통해서 아일랜드 대중이 티베트에 관해 객관적이고 공정한 이해를 심화하기를 바랍니다.

기자 : 이번 방문에서 아헌 총리와 북아일랜드 문제에 관해 토론하실 건가요?

주룽지 : 저는 아헌 총리와 공동 관심사인 국제 및 지역문제에 관해 광범위하고 심화된 의견을 교환할 것입니다. 중국은 북아일랜드 평화협정 체결을 위해 노력한 아일랜드 정부를 지지합니다.

기자 : 인권운동가들은 베이징의 2008년 올림픽 유치를 별로 달가워하지 않습니다. 올림픽 이전에 중국의 인권상황을 개선할 자신이 있으십니까?

주룽지 : 국제올림픽위원회(IOC)는 베이징을 2008년 하계올림픽 개최지로 결정했습니다. 그것도 중국 체육사업과 개혁개방 20년 동안의 경제와 사회의 전면적인 발전을 인정하고, 베이징과 중국 국민을 믿는다는 의미입니다. 베이징 올림픽 유치를 지지해주신 국내외 관계자분들께 감사드립니다. 2008년 올림픽 개최는 중국의 각 분야 사업 발전을 촉진할 것입니다. 또 세계가 중국을 더욱 잘 이해하고 중국이 더욱 호기있게 세계로 진출하는데 도움이 됩니다. 중국은 2008년 올림픽을 잘 치를 능력과 자신이 있습니다.

기자 : 아일랜드 주재 중국 대사관 앞에서 '파룬궁法輪功'은 이미 1년 동안 수감되어 있는 트리니티 칼리지 대학원생 자오밍趙明을 석방하라고 시위를 벌이고 있습니다. 중국은 계속 파룬궁 운동을 반대하실 겁니까? 일각에서는 수천 명의 파룬궁 수련자들이 중국의 노동교화소에서 학대를 당했다고 비난하고 있습니다. 그 일에 대해 어떻게 보십니까?

주룽지 : '파룬궁'은 중국 정부가 법에 따라 금지한 반인륜적·반사회적·비과학적인 사교집단입니다. 파룬궁은 수련자들의 정신을 지배하고 심지어 생명을 앗

아가고 가정을 파괴하기도 합니다. 책임감 있는 정부라면 이런 사교집단을 그냥 수수방관할 수는 없습니다. 따라서 중국 정부는 법으로 파룬궁을 금지하고 단속하고 있습니다. 이는 국민의 기본인권과 자유를 보장하고 중국의 헌법과 법률을 수호하기 위한 조치입니다.

자오밍이 노동교화소에 갇힌 이유는 파룬궁의 불법 활동에 참가해 국가 법률을 어기고 사회의 공공질서를 파괴했기 때문입니다. 하지만 이 기간 동안 처벌이나 학대를 받은 적은 없습니다. 그를 비롯해 노동교화소에 수감된 사람들의 합법적인 권익은 충분히 보장받고 있습니다. 파룬궁 문제 처리 때문에 중국 정부를 이유 없이 비판하는 사람이 있는데 이는 잘못된 것입니다. 파룬궁 문제를 빌미로 중국에 이런저런 말을 하는 것은 내정간섭이며, 중국은 이를 절대 받아들일 수 없습니다. 중국은 아일랜드 정부가 파룬궁 문제 처리에 대한 중국의 입장을 이해해주길 희망합니다.

기자 : 비행기 충돌 사건과 〈탄도탄요격미사일조약ABM〉 분쟁 후 미중 관계를 어떻게 보십니까?

주룽지 : 중미 관계는 한동안 어려움을 겪었지만 최근에는 적극적인 발전을 보이고 있습니다. 7월 5일, 장쩌민 주석은 미국 부시 대통령과 전화 통화를 갖고 중미 관계 발전에 관한 중요한 합의를 달성했습니다. 7월 말에는 파월 미 국무장관이 중국 방문을 성공리에 마쳤습니다. 올해 10월에는 장쩌민 주석과 부시 대통령이 상하이에서 열리는 아시아태평양경제협력체(APEC) 정상회의 기간에 만나 회담을 가질 예정입니다. 장 주석은 베이징에서 부시 대통령을 영접할 것입니다. 현재 중미 양국은 이를 위해 만반의 준비를 하고 있으며, 양국 관계 발전에 있어 좋은 기회를 맞았습니다. 중국은 중미 관계의 개선과 발전은 양국의 공동이익에 부합하며, 지역과 세계 평화와 안정, 발전에 유리하다고 생각합니다. 중국은 미국과 함

께 노력해서 건설적인 협력 관계를 발전시키고 싶습니다.

물론 양국 관계 중에는 적절히 처리해야 할 문제도 존재합니다. 그중 가장 중요한 것이 타이완 문제입니다. 긴 안목으로 봤을 때 저는 중미 관계의 발전 전망이 낙관적이라고 생각합니다. 〈중미 3개 연합공보〉와 국제관계의 기본 원칙이 준수되고, 양국 간의 문제 특히 타이완 문제가 적절히 해결된다면 양국 관계는 계속 개선되고 발전할 수 있을 거라고 믿습니다.

기자 : 중국이 최근 러시아와 조약을 체결한 것은 양국이 손잡고 미국에 대항하려고 한다는 의견이 있는데 사실입니까?

주룽지 : 7월 중순, 장쩌민 주석은 러시아를 방문해 푸틴 대통령과 〈중러 선린우호협력조약〉을 체결했습니다. 이 조약은 중러 양국 정상이 최근 10년 동안 발표한 10여 개 공동성명과 선언의 주요 원칙과 정신을 총결산하고, 양국과 양국 국민이 '대대로 우호 관계를 유지하며, 영원히 적이 되지 않는다'는 평화사상을 법적으로 규정한 것입니다. 제3국에 대한 비동맹 · 비대항 · 불가침을 핵심 사상으로 하고 양국의 장기적인 선린우호와 호혜협력 관계를 발전시킬 것입니다. 이 조약은 새로운 21세기 중러 관계 발전을 이끄는 원칙적인 문건으로 획기적인 의의를 담고 있습니다.

조약의 가장 큰 특징은 국가 관계는 동맹이 아니라 대항이라는 냉전적인 사고를 철저히 버리고, 상호 이해와 신뢰, 협력을 강조한 것입니다. 또 양국 간의 이견은 〈유엔 헌장〉의 규정과 여타 국제법 원칙과 준칙에 따라서 평화적인 방법으로 해결하기로 거듭 표명했습니다. 양국 조약에서는 상호 신뢰를 통해 안보를 모색하고, 호혜를 통해 협력을 모색하는 새로운 국가 관계 유형을 확립해서 현 국제 정세 속에서 국가와 국가 간의 관계를 구축하는데 좋은 모범이 되었습니다. 이렇게 평화사상을 관철시킨 중러 조약 체결이 다른 국가에 대항하기 위한 것이라는 말은 완전히 사실무근입니다.

양국 간 조약 체결은 21세기 중러 관계의 장기적 · 안정적 · 건전한 발전을 추진하는데 중요한 역사적 의의가 있을 뿐 아니라 세계 평화와 안정 수호 및 국제정치 질서와 새로운 경제 질서 구축에도 지대한 영향을 미칠 것이라고 확신합니다.

기자 : 앞으로 몇 년 내에 더욱 민주화 된 중국의 모습을 볼 수 있을까요?

주룽지 : 부강하고 민주적이며 문명화된 사회주의 현대화 국가 건설이 중국의 웅대한 목표이며, 그중 중요한 부분을 차지하는 것이 사회주의 민주정치 발전입니다. 민주가 없으면 사회주의도 없고, 사회주의 현대화도 불가능합니다. 여러 해 동안 중국은 민주 발전과 법제 완비를 위해 끊임없이 노력했고 누구나 인정하는 뛰어난 성과를 거뒀습니다. 서방 세계는 중국이 기층에서 직접 민주선거를 광범위하게 전개한 것과 기층사회에서 이루어지는 생활상의 대중 자치에 주목하고 있습니다. 앞으로 몇 년 동안 경제체제 개혁과 현대화 건설의 발전에 따라 중국의 사회주의 민주정치 건설이 부단히 강화될 거라는 사실은 의문의 여지가 없습니다.

사회주의 민주의 본질은 국민을 국가의 주인으로 하고 국민의 각종 권리 및 국가와 사회를 관리하는 권리를 누리는 것입니다. 중국의 정치체제 개혁은 사회주의 민주와 법제를 더욱 발전시키는데 그 목적이 있습니다. 앞으로 사회주의 민주의 구체적인 제도를 더욱 완비하고 국민의 민주적 선거와 민주적 의사 결정, 민주적 관리 및 감독의 권리를 보장하며, 국민이 법에 의거해 광범위한 권리와 자유를 향유하도록 하며 인권을 존중하고 보장할 것입니다. 이와 동시에 민주 발전과 법제 완비를 긴밀히 결합시켜 민주의 제도화 · 법률화를 점차 실현시킬 것입니다.

중국과 서방 국가는 서로 다른 사회 제도와 역사 발전, 문화적 배경을 가지고 있기 때문에 민주의 본질과 내용·실현 방식도 분명 다릅니다. 따라서 중국은 다른 국가의 정치제도를 모방할 수 없습니다. 중국의 민주정치 건설은 중국의 역사적 배경과 발전 정도, 문화교육 수준을 충분히 고려해야 하며, 국가통일과 민족단결, 사회 안정에도 유리해야 합니다.

기자 : 중국은 아직 개발도상국가지만 이미 선진국에서 볼 수 있는 많은 병폐가 나타났습니다. 빈부격차도 그중 하나입니다. 이 점이 걱정되지 않으십니까?

주룽지 : 사실을 분명히 밝혀야겠군요. 현재 중국에는 소득분배 격차 심화 문제가 발생하기는 했지만 빈부의 양극화 현상이 나타나지는 않았습니다. 소득분배 격차 심화는 분명 매우 주목해야 할 문제입니다. 중국 통계국의 자료에 따르면 현재 중국의 지니계수는 거의 0.4에 근접했습니다. 일부 국가와 학자들은 0.4가 억제선이라고 봅니다. 그러나 중국은 특수한 상황이기 때문에 지니계수 수치만큼 소득격차가 그리 심각하지는 않습니다. 그 이유는 다음과 같습니다. 첫째, 역사와 자연 조건 등 각종 요인의 영향 때문에 중국의 도농 간 소득격차는 큰 편입니다. 이는 중국의 지니계수를 높인 중요한 원인입니다. 최근 몇 년 간 곡물수확이 상대적으로 많아서 곡물 가격이 하락했고 그로 인해 농민 소득 증대도 더딘 상황입니다. 중국 정부는 적극적인 조취를 취해 점진적으로 이 문제를 해결하고 있습니다. 둘째, 중국은 현재 급속한 경제구조조정을 실시하고 있습니다. 국영기업 개혁은 아직 끝나지 않았고, 정리해고자와 실업자도 아직 많습니다. 따라서 도시 주민 간의 소득격차 확대 역시 불가피합니다. 그러나 사회보장체계 완비와 다양한 채널을 통한 취업 증가 등의 조치를 통해 이 문제를 해결해나갈 것입니다. 셋째, 현재 일부 업종과 기업은 여전히 독점적인 지위를 차지하고 있고, 이 때문에 지나치게 높은 소득을 올리고 있습니다. 이 역시 소득격차 확대의 중요한 원인입니다. 전력

과 전신·철도·항공 등 업종의 개혁을 가속화대서 최대한 경쟁체제를 도입하고 독점과 불합리한 독점 소득을 청산할 것입니다. 넷째, 소득분배 질서 혼란으로 소득의 재분배가 제대로 실현되지 않고 있으며, 소득격차 심화에도 영향을 주고 있습니다. 현재 중국 전역에서 대대적인 시장경제질서 정돈과 규범화 작업을 진행하고 있습니다. 가짜 상품 제조판매·밀수와 밀매·탈세 등 위법행위 단속은 소득분배 질서를 규범화하고 소득 격차를 줄이는데 일조할 것입니다. 그리고 개인소득세제 완비 및 세금의 징수와 관리를 강화해서 세금이 소득분배를 조절하는데 더 큰 역할을 하도록 할 것입니다. 또한 서부대개발 전략과 도시화 전략을 실시하면 지역 격차와 도농 간 격차를 줄이는데 도움이 될 것입니다. 결론적으로 중국은 소득격차 심화 문제를 매우 중시하고 있으며, 조치를 취해 해결하기 위해 노력하고 있습니다. 중국은 이 문제의 최종적 해결을 목표로 소득분배 관계를 더욱 조절할 것이며 이 일의 완수에 대해 충분히 자신 있습니다.

기자 : 중국의 경제성장 속도는 사람들의 예상을 훨씬 뛰어넘었습니다. 총리께서는 중국 경제가 계속 성장할 거라고 보십니까? 만약 그렇다면 중국에는 어떤 부작용이 있을까요?

주룽지 : 복잡한 국내외 환경에 직면해서 중국 정부는 발전이라는 방법으로 성장 중의 문제를 해결하고 있습니다. 즉 내수를 확대하고 적극적인 재정정책과 온건한 통화정책을 실시해서 아시아 금융위기와 중국 내 유효수요 부족으로 인한 문제를 성공적으로 극복했고, 국민경제는 지속적이고 빠르며, 건전한 발전을 유지하고 있습니다. 올해 세계경제와 무역 성장속도가 느리고 국제경제 환경이 험난한 상황 속에서도 지속적인 국내 수요 확대와 경제구조조정 가속화, 적절한 각 분야 개혁 추진 및 대외개방 확대로 중국 경제는 비교적 빠른 성장세를 유지해, 올해 상반기 GDP는 작년 동기대비 7.9% 성장했습니다. 경제성장의 수준과 효과도

더욱 높아졌습니다.

현재 중국은 10-5 계획을 실시하고 있습니다. 경제사회 생활에서 나타난 갈등과 문제 해결은 물론이고 부단한 국민 생활수준 제고와 종합국력 증강, 선진국과의 격차 축소 역시 모두 반드시 기회를 잡아 빠른 발전을 해야 된다고 요구하고 있습니다. 10-5 계획은 '발전'을 주제로 명시했습니다. 발전은 중국의 모든 문제를 해결하는 관건입니다. 발전을 가속화할 수 있는 조건을 보면 중국은 거대한 국내시장을 보유하고 있으며 경제의 지속적이고 빠른 성장을 유지하기 위한 시장 전망이 매우 밝습니다. 중국은 곧 WTO에 가입할 것이며, 국제교류와 협력에의 광범위한 참여는 중국에게 새로운 기회를 제공해줄 것입니다. 그뿐 아니라 개혁개방 이후 거시적인 경제 조정과 제어를 통해 인플레이션을 잠재우고 국내 수요 확대와 디플레이션 억제를 하는데 있어 다양한 분야에서 귀중한 경험을 쌓았습니다. 이 모든 것은 경제의 안정적인 발전을 보장하는 요소입니다. 10-5 계획에서 제시한 각 방침과 정책을 확실하게 실행하면 중국 경제는 지속적이고 빠르며, 건전한 발전의 궤도를 따라 계속 전진할 수 있을 것입니다.

기자 : 중국은 곧 WTO에 가입하게 됩니다. 하지만 WTO 가입이 장점보다는 단점이 더 많지 않을까요? 수십만 명이 국영기업에서 해고될 가능성도 있나요?

주룽지 : 중국이 관세 및 무역에 관한 일반 협정(GATT)에 재가입하고 WTO 가입 신청을 했을 때 이에 대해 충분한 평가와 논증을 거쳤습니다. 중국도 다른 가입국과 마찬가지로 WTO 가입에는 장단점이 모두 있습니다. 그러나 분석 결과 장점이 단점보다 많았어요. 그렇지 않다면 가입 신청을 하지 않았을 겁니다.

물론 WTO 가입 이후 직면할 도전에 대해서도 분석을 해보았습니다. 중국은 20년 넘게 개혁개방을 실시하고 있고 사회주의 시장경제체제가 기본적으로 자리 잡았고 완비되고 있습니다. 따라서 중국은 충분히 도전에 맞설 수 있습니다. 전반적으로 볼 때 중국이 WTO에 가입해도 중국 경제에 큰 파장을 미치지는 않을 것입니다. 각 업종에 미치는 영향에 차이가 있기는 하겠지요. 경쟁력이 약하고 생산비용이 높으며 관리 수준이 낮은 기업은 충격이 훨씬 클 것입니다. 농업이 여기속할 것입니다. 따라서 중국은 WTO 다자간 협상을 할 때 개도국 지위 관철을 계속 요구했습니다. 개도국 지위를 확보하면 WTO 가입 후에도 9억 농업인구의 생산성이 유지되어 중국 농업은 국제경쟁에 참여할 능력을 갖출 수 있습니다.

기자 : 최근 인권문제 때문에 일부 더블린 사람들은 더블린이 베이징과 자매결연을 맺는데 반대를 하고 있습니다. 이에 대해 어떻게 생각하십니까?

주룽지 : 일부 사람들은 중국의 인권 상황에 대해 왈가왈부하지만 사실 이들은 중국의 상황을 이해하지 못하고 있습니다. 현재 편견을 갖지 않은 사람이라면 중국의 인권 상황이 그 어느 때보다도 좋다는 것을 모두 인정합니다. 각국의 사정이 다르기 때문에 인권문제에 대한 생각도 다릅니다. 그것은 정상적인 일입니다. 가장 좋은 해결 방법은 평등과 상호 존중을 기초로 대화와 교류를 통해 이해를 강화하고 공감대를 넓히는 것입니다. 그러나 이 문제가 양국의 다른 분야 협력에 영향을 미쳐서는 안 됩니다. 베이징과 더블린 두 도시의 왕래와 협력 강화는 양측 모두에 유리한 일입니다.

기자 : 베이징 올림픽 유치 성공은 총리께 어떤 의미가 있습니까?

주룽지 : 베이징 올림픽 유치 성공으로 중화민족은 100년 넘게 가져왔던 올림픽의 꿈을 이뤘습니다. 유치 성공이라는 낭보가 날아들자 베이징과 전국 각지는 기쁨에 휩싸였습니다. 저 역시 매우 기쁘고 감개무량했습니다.

중국 총리로서 베이징 올림픽 유치 성공은 책임이 하나 더 늘어 난 것을 의미합니다. 올림픽 신청 기간, 중국 정부는 국제올림픽위원회와 국제사회에 일련의 중요한 약속을 했습니다. 중국인은 신용을 지키고 약속을 중시하는 민족입니다. 따라서 반드시 약속을 지킬 것입니다. 제게는 베이징시 정부와 관련 부처가 철저한 준비 작업을 통해 세계인들에게 훌륭한 올림픽을 보여주는 일을 돕고 감독할 책임이 있습니다.

벨기에 《라 리브르 벨지끄》 인터뷰[*]

(2001년 9월 6일)

기자 : 사람들은 중국이 미국만을 중시한다는 인상을 갖고 있습니다. 중국에 있어 유럽의 중요성은 어느 정도인가요?

주룽지 : 중국은 〈평화공존 5개항 원칙〉을 기초로 세계 모든 국가와의 우호 왕래 및 호혜협력 발전을 일관되게 주장해 왔습니다. 중국은 미국과의 관계를 중시하지만 유럽 국가와의 관계 역시 중요하게 생각합니다. 유럽은 역사적으로 르네상스의 요람이며 두 차례 산업혁명의 발상지로 인류문명 진보에 매우 중요한 공헌을 했습니다. 현재도 세계 정치와 경제의 한 축을 이루며, 국제적으로 중요한 영향력을 가지고 있어 세계평화 수호와 인류의 공동 발전 추진에 중요한 책임을 맡고 있습니다. 중국과 유럽 사이에는 직접적인 이해 관계 갈등이 없습니다. 중대한 국제 문제에서 유사한 입장을 갖고 있으며 경제적으로는 상호 보완성이 큽니다. 현재 양측은 내부 발전의 중요한 단계에 와 있으며, 모두 협력을 더욱 강화하기를 바라고 있습니다. 중국은 고도의 전략적인 관점에서 유럽 국가와의 관계 발전을 보고 있습니다. 세계가 다극화 되고 국제사회가 각종 새로운 도전에 직면한 상황에서 양측

---

[*] 기 베르호프스타트 EU 이사회 순회의장 겸 벨기에 총리와 로마노 프로디 EU 위원회 의장의 초청으로 주룽지 총리는 2001년 9월 5일부터 7일까지 벨기에를 공식 방문하고, 벨기에 수도 브뤼셀에서 개최된 중국–EU 제4차 정상회의에 참석했다. 방문 기간 동안 주 총리는 투숙 중인 브뤼셀 쉐라톤 호텔에서 벨기에 《라 리브르 벨지끄》 지 기자와 인터뷰를 가졌다.

2001년 9월 6일, 주룽지 총리는 알베르 2세 벨기에 국왕과 회견했다. (사진=신화사 치톄옌 기자)

은 광범위한 공동 이익을 가지고 있습니다. 개혁개방과 현대화를 위해 노력하는 중국이 날로 강대해지는 유럽과 전면적 동반자관계를 강화하고 발전시키는 것은 양측에 도움이 될 뿐 아니라 세계 평화와 안정, 발전에도 도움이 될 것입니다.

기자 : 중국과 벨기에는 올해로 수교 30주년을 맞습니다. 중-벨기에 관계를 총결산하고 앞으로 어떤 분야를 더욱 발전시켜야 할지 말씀해 주십시요.

주룽지 : 중-벨기에 수교 30년 동안 양국 관계는 거대한 발전을 이룩했으며 각 분야의 협력도 풍성한 성과를 얻었습니다. 양국 지도자와 각계 인사의 왕래는 날로 긴밀해졌고, 상호 이해도 부단히 심화되었습니다. 양국 무역액은 수교 초기에

는 2천만 달러였지만 작년에는 36억 달러로 늘어났습니다. 벨기에는 유럽 국가 중 중국의 제6대 무역국이 되었습니다. 벨기에의 대중 투자는 비약적 발전을 이루었습니다. 올해 6월까지 358개 항목 4억 3천만 달러가 투입되었습니다. 양국의 과학 기술 협력은 풍부한 성과를 거두었고, 현재까지 200개가 넘는 협력이 실행되었습니다. 문화 교류는 점점 더 활발해지고 있습니다. 양국 예술단체의 상호 방문, 아름다운 문화재와 그림 전시는 양국 국민에게 다양한 예술적 즐거움을 선사했습니다. 교육 분야의 협력도 계속 확대되어 양국의 유학생 수는 해마다 증가하고 있습니다. 현재 벨기에의 중국 유학생은 1천 명을 넘어섰습니다. 성省과 성 사이의 우호협력 관계 역시 만족할 만한 발전을 이루었습니다. 지난 30년 동안 양국 관계의 거대한 발전을 돌아보니 정말 기쁘기 그지없습니다.

이와 동시에 중국은 양국 관계가 커다란 발전 잠재력을 갖고 있다고 생각합니다. 중국은 벨기에와 함께 양국 관계를 더욱 높은 수준으로 끌어올리고 싶습니다. 향후 양국 관계의 발전에 관해 제 의견 몇 가지를 말씀드리겠습니다.

첫째, 인적 교류를 더욱 강화해야 합니다. 현대화된 정보기술이 점점 진보하고 있지만 그것이 사람과 사람 사이의 감정 교류와 소통을 대신할 수는 없습니다. 양국은 접촉을 강화하고 이해를 심화하며, 신뢰를 증진하고 오해를 줄이며, 공감대를 확대하고 협력을 추진해야 합니다. 둘째, 경제무역 협력의 잠재력을 더 발굴해야 합니다. 양국 경제는 상호 보완성이 크며 전망이 매우 밝습니다. 중국은 현재 10-5 계획과 서부대개발 전략을 실시하고 있습니다. 더 많은 벨기에 기업들이 중국의 경제 건설에 참여하길 바랍니다. 특히 정보·생화학 등 벨기에가 우위를 가지고 있는 하이테크 기술 산업 분야에서 대중 협력이 강화되길 원합니다. 셋째, 양국 국민의 이해와 우의를 증진하는 교량 역할을 하는 문화 교류를 더욱 강화해야 합니다. 중국과 벨기에, 중국과 유럽의 각기 다른 두 문명이 서로 보완하고 참조하면 세계의 항구적인 평화와 보편적인 번영을 위해 유익한 공헌을 할 수 있습니다. 넷째, 국제 사무에서 양국은 협상과 협력을 심화해야 합니다. 중국과 벨기에는 서로 직접적인 이해관계상의 갈등은 없습니다. 평화를 수호하고 발전을 촉진하는데 공동의 이익과 입장을 가지고 있습니다. 중국은 유엔사무와 군비통제·환경보호·다국적 범죄 등 인류의 공동 관심사에 관해 항상 벨기에 측과 의견을 교환하고 협조와 협력을 강화하고 싶습니다.

저는 양국의 공동 노력으로 양국 관계가 분명 더욱 풍성한 성과를 거둘 수 있을 거라고 믿습니다.

기자 : 중국의 개혁은 실업과 같은 심각한 사회 문제를 야기하기도 했습니다. 이 문제를 어떻게 해결하실 생각입니까?

주룽지 : 실업문제는 현재 세계 각국 정부가 일반적으로 직면하고 있는 세계적인 난제입니다. 현재 중국의 실업률은 높고 해고된 노동자들은 많습니다. 2분기 도시 실업률은 3.3%, 실업자 수는 약 620만 명, 국영기업에서 해고된 노동자들은 630만 명에 달합니다. 그리고 농촌에는 1억 5천만 명이라는 잉여 노동력이 있습니다. 10-5 기간 중국에는 극심한 취업난이 발생했습니다. 실업자 수는 4,600만 명에 달해 취업난이 더욱 심해졌습니다. 과학기술의 빠른 발전과 WTO 가입, 산업구조 조정, 기업의 개혁 가속화에 따라 구조적 실업 문제 역시 더욱 심각해졌습니다.

중국의 실업문제는 개혁 때문에 발생한 것은 아닙니다. 그것은 중국 인구가 많아 장기간 노동력이 과잉 공급되었고, 계획경제라는 조건하에서 실시된 취업 체제와 취업 정책이 경제가 전환되면서 바뀐데 따른 결과입니다. 또한 오랫동안 지속된 중복과 맹목적 건설, 기업 경영체제의 심층적 모순이 여러 해 동안 쌓인 결과이기도 합니다. 현재 중국 정부는 다음의 적극적인 정책을 취해서 실업문제를 해결하고 있습니다.

첫째, 일자리 창출을 위한 취업 정책을 실행해서 취업문을 넓히고 취업 루트를 확대할 것입니다. 비교적 빠른 경제성장의 속도를 유지하고, 일자리가 많은 제3차 산업을 강력하게 발전시킬 것입니다. 취업 우위가 있는 노동 집약형 산업을 발전시키고, 집단과 개인, 민영기업 등 여러 경제 주체를 지원하며, 인력을 많이 필요로 하는 작은 기업과 노동 취업 서비스 기업(도시 실업자에게 취업 기회 제공을 책임지는 기업으로 국가와 사회의 지원을 받는다:역주)을 흡수할 것입니다. 이밖에도 도시에서 지역사회 서비스업을 중점 발전시키고, 정리해고 노동자와 실업자의 재취업을 촉진하며, 시간제 취업이나 계절에 따른 한시적인 취업 등 취업 형태를 탄력 있고 다양하게 실시하여 일자리를 늘릴 것입니다.

둘째, 노동시장을 발전시키고 취업서비스체계를 완비해서 점차 시장 수요에 맞는 취업 체제를 형성할 것입니다. '두 가지 기본원칙 보장〔兩個確保〕'[1]을 공고히 하는 동시에 국영기업 정리해고자의 기본생활 보장 제도를 실업보험제도로 일원화시키고, 시장 경쟁 취업이라는 새로운 체제를 도입할 것입니다. 시장 경쟁에서 취약한 계층의 재취업을 돕기 위해 정부는 '재취업 지원행동'을 조직해 전개할 것입니다. 이에 따라 방문 지도와 밀착 서비스·전담 지원·사회보험의 지속 지급 등의 지원 조치를 통해 취약 계층에게 시기적절하고 효과적인 서비스와 도움을 제공할 수 있습니다. 또한 공공 취업 서비스를 발전시키고, 노동력 시장의 과학화·규범화·현대화 수준을 제고해서 취업 정보를 구직자에게 빠르게 전달할 것입니다. 그리고 취업서비스체계를 완비해 취업서비스 네트워크를 거리와 지역사회까지 확대해 구직자 관리와 서비스를 사회화 궤도 내에 진입시킬 것입니다.

---

1) 두 가지 기본 원칙 보장 : 1998년 중국 정부는 사회보장 업무에 관한 두 가지 기본 원칙을 실행하기로 결정했다. 첫째, 기업의 이직자·퇴직자·휴직자의 기본 양로금을 근속 연한에 따라 정액제로 지급하도록 보장한다. 둘째, 국영기업의 정리해고자의 기본 생활을 보장한다.

셋째, 경제구조조정에 따른 정리해고자의 실업문제를 적절히 해결하고 재취업 서비스센터를 구축해서 실업보험제도를 완비할 것입니다. 이들 정리해고자 문제의 적절한 처리를 위해 중국 정부는 1998년부터 국영기업에 재취업 서비스센터를 마련하고 이들에게 기본생활비를 지급하고 사회보험료를 대납하고 있으며 취업 서비스도 제공하고 있습니다. 3년 동안 총 2,300만 명의 정리해고자들이 재취업 서비스센터에 가입했고, 그 중 1,500만 명 이상이 재취업에 성공했습니다. 현재 센터에서 630만 명이 취업을 기다리고 있습니다. 재취업 서비스센터 건립은 사회보장제도가 완비되지 않은 상황에서 취한 과도기적 조치입니다. 완전한 사회보장 체계를 조속히 구축하기 위해서 중국은 기존의 실업보험제도에 대한 개혁을 단행했습니다. 개혁을 통해 보험 가입대상의 범위를 확대하고 보험 기금의 지급능력을 높였으며, 관리와 서비스 수준도 제고했습니다. 현재 1억 2백만 명의 근로자들이 실험보험에 가입해서 매달 240만 명에 달하는 사람들이 실험보험금을 지급받고 있습니다. 생계가 곤란한 도시 주민은 도시 주민 최저생활보장 혜택을 받을 수 있습니다. 이는 중국 정부가 일인당 소득이 낮은 도시 주민에게 물질적인 도움을 제공하는 제도입니다. 작년에는 도시주민 400만 명이 최저생활보장의 혜택을 받았습니다. 이 세 가지 보장 제도를 기본생활의 '세 가지 보장선'이라고 하며, 경제 개혁 추진과 사회 안정 수호에 적극적인 역할을 하고 있습니다.

넷째, 도시화 전략 실시로 농촌의 잉여노동력 취업 문제를 다양한 통로를 통해 해결할 것입니다. 서부대개발 전략과 결합하고 도시화를 가속화해서 농촌의 노동력을 도시와 발전 지역으로 합리적이고 순차적으로 흡수할 것입니다. 또한 외지 취업과 귀향 창업이라는 두 가지 취업 체제를 구축하고, 농촌 노동력 개발 취업 시범화 작업을 지속적으로 전개해 도시와 농촌의 취업문제 및 소도시 취업 확대 발전을 총괄할 수단을 모색할 것입니다.

다섯째, 직업훈련 강화로 노동자의 취업 능력과 직업의 변화에 적응하는 능력을 제고할 것입니다. 청년 노동자에 대한 취업 전 노동 예비훈련을 적극 추진하며, 정리해고자 재취업 훈련을 계속 실시하고 창업 교육을 강력 추진하며 직업 자격증 제도를 전면적으로 추진해서 '시장 수요에 맞는 훈련, 훈련으로 취업 촉진'이라는 시스템을 점차 형성할 것입니다. 그 외에도 사회 각 분야의 힘을 모아 여러 단계, 다양한 형식의 훈련을 지원하고 원격 훈련 수단 응용으로 훈련 실시 범위를 확장시키고 노동자의 취업 능력을 제고할 것입니다.

기자 : 중국은 타이완 문제를 매우 주목하고 있습니다. 양안의 대화를 가능하게 하는 조건은 무엇입니까?

주룽지 : 중국은 대화와 협상의 방식을 통해서 타이완과의 이견을 해결하고 평화 통일을 실현하자고 일관되게 주장해오고 있으며, 이를 위해 끊임없이 노력하고 있습니다. 작년 3월 20일, 타이완 선거가 막 끝난 시점에서 장쩌민 주석께서는 공개적으로 다음과 같이 발표하셨습니다.

"타이완에서 누가 정권을 잡든 중국은 대화를 위해 그 사람이 중국에 온다면 환영한다. 중국 역시 타이완에 갈 수 있다. 그러나 대화와 협상을 하려면 타이완 측에서 우선 하나의 중국 원칙을 반드시 인정해야 한다. 그것이 전제된다면 무엇이든 논의할 수 있다."

그해 5월 20일, 중국공산당 중앙 타이완 판공실과 국무원 타이완 판공실은 성명을 발표했습니다.

"타이완 당국이 '양국론'을 명확하게 포기하고 1992년 중국 해협양안관계협회(해협회)와 타이완 해협교류기금회(해기회)가 '해협 양안은 하나의 중국 원칙을 견지한다'고 구두로 합의한 사항을 지킨다면 중국은 해협회와 타이완 측의 단체 및 인사와 대화를 할 용의가 있다."

　그러나 1년 넘게 타이완 당국의 지도자는 하나의 중국 원칙을 받아들이지 않고, 해기회와 해협회의 1992년 합의도 인정하지 않고 있으며, 양안 분열 주장도 포기하지 않았습니다. 또 계속해서 양양 관계를 약화시켜 양안 대화의 기초를 파괴하고 있습니다. 이 자리에서 다시 밝히지만 중국이 하나의 중국이라는 원칙을 기초로 양안 대화와 협상을 추진하는 것은 일관된 입장입니다. 타이완 당국이 대화와 협상을 재개할 뜻이 있다면 하나의 중국 원칙을 견지한다는 의사를 확실히 표시하고, 1992년 합의를 견지할 것임을 명확하게 인정해서 양안 대화 재개 의지를 실제 행동으로 보여야 할 것입니다.

독일 ARD 등 언론 3사 기자 공동 인터뷰[*]

(2001년 10월 22일)

기자 : 슈뢰더 독일 총리가 다음 주 세 번째 중국 방문을 합니다. 이는 양국 관계의 발전 추세가 양호하다는 의미입니다. 총리께서는 세계 정치에서 독일이 해야 할 역할이 무엇이라고 생각하십니까? 독일이 유엔 안보리 상임이사국 자리를 차지할 수 있을까요?

주룽지 : 중국과 독일 양국의 우호협력 관계는 최근 몇 년 동안 아주 잘 발전하고 있습니다. 저와 슈뢰더 총리 역시 좋은 친구로 여러 번 만나서 많은 문제에서 공감대를 형성했습니다. 이번이 슈뢰더 총리의 세 번째 중국 방문입니다. 저는 슈뢰더 총리의 방중을 열렬히 환영하며 접대를 위해 총력을 기울일 것입니다. 독일은 현재 세계 정치와 경제활동에서 매우 중요한 역할을 발휘하고 있습니다. 양국은 아주 중요한 관계를 맺고 있으며 중국은 양국 관계를 매우 중시합니다. 중국은 독일이 앞으로 국제정치와 경제구조에서 더욱 큰 역할을 수행할 수 있기를 바랍니다.

기자 : 주 총리와 슈뢰더 총리는 이목을 집중시켰던 중-독 법률 교류와 협력을 추진한 이후 많은 연구팀과 업무팀이 구성되어 법학 분야의 연구를 수행했습니다. 그러나 일부 법학자들은 중국에서 권력이 법률보다 높은 상황을 흔히 보게 된다고 말합니다. 정치체제에 대한 철저한 개혁 없이 법률이

---

[*] 주룽지 국무원 총리의 초청으로 게르하르트 슈뢰더 독일 총리는 2001년 10월 31일부터 11월 2일까지 중국을 공식 방문했다. 슈뢰더 총리 방문 전, 주 총리는 베이징 인민대회당에서 독일 ARD(독일공영 제1방송), 독일 《쉬테른》 지, 독일 《한델스 브라트》 지의 베이징 주재 기자들과 연합 인터뷰를 갖고 중-독 양국 관계와 국내 및 국제 문제 등에 관해 답변했다.

권력보다 우위에 서게 되는 시기는 언제가 될까요?

주룽지 : 중국과 독일은 사법 분야에서 유일한 협력을 맺고 있습니다. 중국이 지금까지 사법 분야 합의를 체결한 국가는 독일뿐입니다. 독일의 법률은 완벽하고 엄격한 편이라 중국이 배울 점이 많습니다. 현재 양국의 사법 협력은 잘 진행되고 있으며 양국 정부는 협력을 매우 긍정적으로 보고 있습니다. 독일은 중국 법치제도 실행 과정에서의 일부 문제점을 목격할 수 있을 것입니다. 이는 나쁜 일이 아닙니다. 이 경우 중국의 문제에 맞는 교류를 진행할 수 있기 때문에 오히려 기쁘게 생각합니다. 중국은 중국 특색의 사회주의 민주와 법제를 건설, 실행하고 있습니다. 중국은 법에 따라 국가를 다스리고 있습니다. 중국의 헌법과 법률은 법 앞에 사람은 모두 평등하다고 규정하고 있습니다. 현재 전인대가 제정한 법률은 390개가 넘습니다. 국무원이 제정한 행정법규 역시 수백 개에 이르며, 각 지방 정부가 제정한 법규는 수천 개나 됩니다. 중국의 법률이 완벽하다고 말할 수는 없지만 각국의 입법 경험을 흡수하고 배워서 중국에 적합한 법률체계를 수립했고, 이 체계는 현재 기본적으로 완성되었습니다.

중국은 엄격한 업무 제도와 지도급간부 감찰제도를 제정했습니다. 각급 감찰 및 회계감사 기관은 부패사건이 발생하면 이를 좌시하지 않고 일률적으로 사법기관으로 넘겨 처리하고 있습니다. 공직자가 직권 남용을 했을 때는 엄중하게 처벌하고 있습니다. 최근 광산 폭발 등 안전사고 발생시 성장省長급까지 처벌한 일을 독일 측에서도 봤을 것입니다. 현재 많은 성장들이 과오 때문에 처벌받았습니다.

기자 : 얼마 후 슈뢰더 총리가 중국을 방문합니다. 독일에서는 슈뢰더 총리에게 불만이 있다거나 그의 정책을 반대할 경우에는 거리에서 시위대를 모아 '슈뢰더, 물러나라!'고 쓴 피켓을 들고 시위를 벌이거나 반대당을 조직해 낙선시킬 수도 있습니다. 현재 중국 국민들에게는 그런 일이 불가능한데 그들은 어떻게 불만을 표시합니까?

주룽지 : 중국 국민에게도 시위와 집회의 자유가 있습니다. 여러 도시에서 시위하는 것을 볼 수 있습니다. 제일 골치 아픈 것은 시위대가 교통을 차단하거나 철도 레일 위에 눕는 것입니다. 하지만 제게 물러나라는 피켓을 든 사람은 별로 못봤습니다. 대중들은 주로 정부의 일부 정책에 불만을 가지고 있으니까요. 현재는 현대화된 도구인 인터넷이 있습니다. 인터넷상에는 중국을 비판하는 글도 있고, 저를 욕하는 글은 늘 볼 수 있습니다.

기자 : 독일 국민 중 상당수가 중국에 부정적인 인상을 갖고 있습니다. 그 이유는 중국에서 매년 많은 반정부 인사를 사형하고 파룬궁 수련자들을 체포하기 때문입니다. 중국 정부가 그렇게 극단적인 수단을 사용하는 이유는 무엇입니까? 언제쯤이면 중국이 인권을 존중하는 국가가 될까요?

주룽지 : 여러분도 중국이 인권을 중시하는 국가라는 사실을 잘 알 거라고 믿습니다. 중국에 인권침해 현상이 있습니다. 그런데 인권을 침해하지 않는 국가가 있습니까? 중국은 시종 입법을 강화하고 엄격하게 법을 집행해서 그 분야의 상황을 개선해 왔습니다. 저는 분명 발전이 있었다고 생각합니다. 중국의 인권 상황은 현재 부단히 개선되고 있습니다.

저는 직접 파룬궁 수련자들과 대화를 나눴습니다. 그들은 제 앞에서 파룬궁은 종교가 아니며 기공 수련을 위한 것도 아니라고 인정했습니다. 중국의 기공은 과학적이지만 파룬궁은 사람을 속이는 사교집단일 뿐입니다. 그러나 파룬궁 수련자들이 기하급수적으로 늘어난 이유는 무엇일까요? 중국은 과거에는 그 문제에 관해 주의를 기울이지 않았습니다. 파룬궁 신도 중에는 하위계층이 많습니다. 물론 각종 이유로 고위층도 일부 있습니다. 그러나 대다수는 하위계층입니다. 그들은 제대로 교육을 받지 못했고 소득도 낮습니다. 이 때문에 사회에 불만을 갖게 되어 쉽게 파룬궁을 믿은 것입니다. 따라서 과학적인 교육을 통해 파룬궁을 맹신한 군중들을 계도했습니다. 다만 파룬궁 지도자 리훙즈李洪志와 직접 연계된 극소수 수련자와 해외 파룬궁 수련자는 체포했습니다. 그러나 골수파들에게도 법적 판결 수단은 최소화하고 교육의 방법을 취하고자 노력했습니다. 해외 반중세력이 이들을 지지하고 경비를 제공하며 중국 내에서 소동을 일으키도록 부추기지 않았다면 파룬궁 문제는 진작 해결됐을 것입니다.

기자 : 처음 총리가 되셨을 때 임기 내에 경제와 정치개혁을 단행하겠다고 했던 모습을 기억합니다. 그 당시 중국뿐 아니라 일부 독일인들도 주 총리가 총리로 선출된 것을 기뻐했습니다. 모두들 중국의 정치개혁에 희망이 있다고 생각했지요. 하지만 지금 제가 알고 있는 일부 지인들은 중국의 정치개혁 현황을 비관하고 실망감을 느끼고 있습니다. 그때 총리께서는 정치개혁에 관한 한 인내심이 가장 없다며 최대한 빨리 중국의 민주화와 자유화를 추진하겠다고 말씀하셨습니다. 총리께서도 다소 실망하지 않으셨나요? 현재 총리께서는 단순히 경제개혁가로 머물고 계시지는 않습니까?

주룽지 : 중국의 경제개혁 성과는 전 세계가 잘 알고 있습니다. 제가 총리로 취임할 때 제시한 경제개혁의 목표는 거의 다 실현했습니다. 물론 그 뜻은 제가 제시한 단계적인 목표를 실현했다는 것입니다. 아직 중국 경제의 전체적인 개혁은 완성되지 않았고 가야할 길이 멉니다.

방금 정치개혁에 대해 말씀하셨는데 저는 임기 내에 중국 정치체제도 상당한 개혁을 이루었다고 생각합니다. 서방 국가들이 생각하는 정치개혁과 중국이 이해하는 개념은 다릅니다. 중국의 정치개혁은 사회주의의 민주와 법제를 수립하는 것입니다. 즉 중국 특색이 있고 중국의 상황에 맞는 민주와 법제를 의미합니다. 서방 국가는 다당제와 보통선거, '삼권분립' 실행 여부를 정치개혁의 기준으로 삼고 있습니다. 이 기준에 비춰본다면 중국의 정치개혁은 실망스러울 수밖에 없습니다. 중국은 서방 국가의 기준에 따라 정치개혁을 실시하는 것이 아니기 때문입니다. 중국의 정치개혁은 분명 완성될 것이며, 중국의 사회주의 민주와 법제의 길도 반드시 개통될 것입니다. 중국은 정치개혁에 실망하지 않았으며 충분한 확신을 갖고 있습니다.

기자 : 향후 3년 동안 중국 경제 분야의 개혁 중 가장 중요한 단계는 무엇이라고 생각하십니까?

주룽지 : 앞으로의 업무는 줄타기를 하는 것처럼 균형을 유지해야 합니다. 한편으로 중국은 개방을 하고 경쟁을 통해 경제에 활력을 불어넣어야 합니다. 또 한편으로는 개방으로 인한 농민과 대부분 기업의 파산을 막아야 합니다. 일부 불량 기업의 파산은 문제가 되지 않지만 다수의 기업이 파산을 한다면 그건 큰일입니다.

기자 : WTO 가입 후 혜택을 보는 산업과 피해를 보는 산업은 어떤 것이 있을까요?

주룽지 : 중국은 15년 동안 WTO 협상을 진행해오고 있습니다. 기네스북에 오를 만큼 긴 시간입니다. 하지만 아직까지는 중국이 분명 WTO에 가입할 수 있다고는

2000년 7월 2일, 주룽지 총리와 부인 라오안 여사는 독일 라텐의 자기부상열차 시험현장을 참관했다.
(사진=신화사 류젠궈 기자)

말할 수 없습니다. 다만 가입을 목전에 두고 있다고 말할 수는 있겠지요. 중국은 왜 협상을 위해 그토록 인내심을 가지고 노력했을까요? WTO 가입이 중국에 큰 이익을 가져다주기 때문일까요? 그렇지 않습니다. 중국은 권리를 추구합니다. 중국은 이렇게 중요한 경제 대국으로 성장했으니 반드시 평등하게 WTO에 가입할 권리가 있습니다. 그리고 중국이 없다면 WTO는 불완전한 기구가 될 것입니다.

WTO 가입은 장단점이 모두 있습니다. 만일 단점이 장점보다 많다고 할 때는 곧 개방 속도가 너무 빨라 국내 기업이 감당할 능력이 부족하고 이로 인해 국민경제가 큰 타격을 입게 되는 것을 말합니다. 이런 상황에 주의를 기울이지 않을 수 없

2002년 12월 31일, 주룽지 총리와 슈뢰더 독일 총리는 상하이 자기부상열차 시범운행구간 개통식에서 테이프 커팅을 한 뒤 함께 열차를 타고 시범운행 구간 종착역인 푸둥국제공항으로 가고 있다. (사진=신화사 마진청馬占成 기자)

습니다. 중국에는 9억의 농민이 있습니다. 그들은 비교적 낙후된 생산방식을 갖고 있고, 생산원가도 높으며 현재 가난에 시달리고 있습니다. 따라서 갑자기 농산품 시장을 대규모로 개방한다면 중국 농민은 파산할 것입니다.

여기서 꼭 독일의 역할을 말하고 넘어가야겠습니다. 최근 몇 년 간 독일의 많은 다국적 기업들이 중국에서 대규모 공사를 하고 있습니다. 중국은 공사 수주를 위해 노력했고 기업들도 중국에서의 공사를 원해 확실한 성공을 거뒀습니다. 중국과 독일의 경제협력 전망은 매우 밝습니다.

이번에 저는 슈뢰더 총리와 함께 상하이의 자기부상열차 공사 현장을 참관할 예정입니다. 전에는 외국의 정부 요인과 베이징에서 열리는 환영식이나 회의, 연회 등에만 참석했지 공사 현장을 가본 적은 없습니다.

중국은 베이징에서 상하이를 잇는 고속철도를 건설할 예정입니다. 이는 몇 년을 두고 준비한 것입니다. 결국 프랑스나 일본, 독일의 기술을 도입하겠지만 이번 시범 구간의 성공 여부가 관건입니다. 저는 분명 성공할 것이라고 믿습니다. 저는 독일에서 자기부상열차를 타봤고 앞으로 상하이에서도 탈 예정입니다. 자기부상 열차는 안전한 교통수단입니다. 홍콩 특별행정구 정부는 최근 선전에서 홍콩까지 자기부상 철로 부설을 고려 중이라고 밝혔습니다.

독일 텔레비전 시청자들께 한마디 전하고 싶습니다. 제가 독일을 방문했을 때 거리의 많은 국민들이 차 안에 있는 저를 향해 손을 흔들어 주셨고 저는 그 모습에 몹시 감동했습니다. 독일 국민들과 베를린 시민들께 안부인사 드립니다.

러시아 이타르타스 통신
키릴로프 베이징 지사장 인터뷰*

(2002년 8월 21일)

키릴로프 : 현재 러시아와 중국의 정치관계를 어떻게 평가하십니까?

주룽지 : 최근 중러 관계는 활발한 발전 추세를 유지하고 있으며, 양국의 정치 관계는 유례없이 높은 수준을 보이고 있습니다. 장쩌민 주석과 푸틴 대통령은 작년 7월 〈중러선린우호협력조약〉에 서명하고 양국과 양국 국민이 '대대로 우호 관계를 유지하며, 영원히 적이 되지 않는다' 는 평화사상을 법적으로 규정했으며, 양국이 영원히 좋은 이웃 · 좋은 동반자 · 좋은 친구 관계를 맺기 위한 확실한 방향을 제시해 주었습니다.

조약 체결 후 1년여 동안 양국 정부와 각 부처는 조약 내용을 적극적으로 실행하여 두드러진 성과를 얻었습니다. 현재 중러 양국 고위층은 자주 상호 방문을 갖고 있으며, 정치적인 상호 신뢰도 심화되었습니다. 또 경제 무역 등 각 분야의 실무 협력도 새로운 단계로 발전하고 있습니다. 그리고 중대한 국제 및 지역 문제에서 서로 긴밀하게 협력하고 있습니다. 중국은 양국 관계의 발전에 매우 만족하고 있습니다.

---

* 주룽지 국무원 총리의 초청으로 미하일 카시야노프Mikhail Kasyanov 러시아 총리는 2002년 8월 21일 상하이를 방문해 제 7차 중러 정기 총리회담에 참석했다. 카시야노프 총리 방문 전, 주 총리는 상하이에서 러시아 이타르타스 통신 베이징 지사장인 키릴로프Kirilov와 인터뷰를 가졌다.

올해 12월 초, 푸틴 대통령은 중국을 공식 방문할 예정입니다. 이는 양국 관계 발전에 매우 중요한 일입니다. 양국 정상의 이번 회담은 중러 관계의 지속적인 심화 발전에 새로운 동력을 불어넣을 것입니다.

키릴로프: 양국 경제무역협력 수준을 어떻게 평가하십니까?

주룽지: 최근 몇 년 동안 양국 정부와 기업계의 공동 노력으로 중러 경제무역협력은 점차 안정적인 발전 시기로 접어들었습니다. 양국 간 무역액은 연속 4년 동안 증가했습니다. 특히 2001년 사상 최고의 기록을 세운데 이어 2002년에도 빠른 성장세를 유지하고 있습니다. 지난 7개월 동안 양국 간 무역액은 66억 2천만 달러로 전년도 동기대비 19.4% 증가했습니다. 올 한 해 무역액은 다시 최고치를 경신할 가능성도 있습니다.

현재 각 분야에서 양국의 경제기술협력이 순조롭게 진행되고 있습니다. 또 하이테크 기술·에너지·자원개발 및 이용·핵에너지·금융·운수·우주항공·환경보호·정보기술 등 분야에서의 발전도 더욱 심화되었습니다. 저는 양국의 경제무역이 분명 평등과 신뢰, 호혜호리의 원칙을 기초로 더욱 빠르게 발전해서 양국 경제 발전과 국민 생활수준 제고에 더 큰 공헌을 할 것이라고 믿습니다.

키릴로프: 양국의 대형 협력 프로젝트, 특히 에너지 분야의 협력의 전망은 어떻습니까?

주룽지: 중러 양국의 에너지 협력은 지리적 우위와 경제적 상호 보완성이라는 특징을 갖고 있습니다. 수년 동안 양국 정부의 적극적인 지원 아래 양국의 관련 기업은 에너지 분야 협력에 관해 부단히 논의해왔습니다. 이미 석유와 천연가스 수송관 부설 프로젝트를 확정했으며, 러시아 국영 천연가스회사(가즈프롬)는 중국과 '서기동수' 사업 참여에 관한 합의를 체결했습니다.

키릴로프 : 상하이협력기구 내에서 러시아·중국 및 중앙아시아 4국이 서로 경제협력 관계를 발전시키는 문제를 어떻게 보십니까?

주룽지 : 러시아와 중앙아시아 4국은 모두 중국의 이웃이며 상하이협력기구의 회원국이기도 합니다. 각국은 인구가 많고 지리적으로 인접하며, 자연과 과학기술·인력 자원이 풍부합니다. 또 경제적 상호 보완성이 크고 거대한 협력 잠재력을 갖고 있습니다. 상하이협력기구 안에서 지역경제협력을 전개하는 것은 각국의 공동발전에 유리하며, 상하이협력기구의 물질적인 기초를 다지고 그 응집력을 증강하며 이 지역의 안보와 안정을 수호하는 데도 도움이 됩니다.

중국은 상하이협력기구 내의 경제협력에 적극적인 태도를 유지하고 있습니다. 중국은 각국과 함께 무역 투자 간소화 과정을 적극 추진하고, 상호 투자와 무역협력을 촉진할 것입니다. 저는 이 지역 경제협력이 중국과 러시아의 경제협력 발전에 더욱 넓고 편리한 환경을 제공할 것이라고 믿습니다.

키릴로프 : 총리께서는 현 정부 5년 동안 총리의 지휘로 이룬 업무에 대해 어떻게 평가하십니까? 당초에 제시했던 기구 간소화 등 일련의 목표는 성공적으로 실현하셨습니까? 차기 정부의 주요 임무는 무엇이라고 생각하십니까?

주룽지 : 현 정부의 업무에 대한 평가는 국민과 역사가 해줄 것입니다. 그러나 현 정부가 직책을 열심히 수행했고, 국가와 국민을 위한 사업에 있어 최대한 노력해 왔다는 것은 분명히 말할 수 있습니다.

1998년 3월, 총리에 막 선출되었을 때 저는 임기 내에 해야 할 몇 가지 큰일을 가리켜서 '1개의 확보', '3개의 예상 목표 실현', '5개 항목의 개혁'이라고 요약해 말했습니다. 이 임무와 목표는 이미 성공적으로 실현되었거나 실현을 앞두고 있습니다.

'1개의 확보'는 경제의 지속적이고 빠른 성장을 유지하는 것입니다. 이 목표는

2002년 8월 21일, 주룽지 총리는 상하이에서 중국을 공식 방문한 카시야노프 러시아 총리의 환영식을 개최했다. (사진=신화사 야오다웨이 기자)

지난 몇 년 동안 이미 달성했고, 올해 역시 실현 가능합니다. 1998년부터 2001년 까지 중국의 GDP 성장률은 연속 4년 동안 7% 이상을 달성했습니다. 올해 상반기 에는 7.8%를 기록해 올 한해 GDP 성장률은 7.5% 이상일 것으로 예상됩니다. 그

동안 아시아 금융위기의 충격과 세계경제 성장 둔화의 영향을 피하고자 중국은 내수 확대 정책을 제시했고, 적극적인 재정정책과 온건한 통화정책을 실시했습니다. 이 정책은 매우 큰 성과를 거두었습니다. 지난 몇 년 간 중국 경제는 계속 빠른 성장세를 보였고, 앞으로 중국 경제의 장기적 발전을 위한 견실한 기초를 다질 수 있었습니다. 중국은 적극적인 재정정책과 온건한 통화정책 실행을 통해 대규모의 인프라시설 구축과 기업의 기술 개조를 진행할 수 있었으며, 과학기술과 교육사업의 발전을 지원할 수 있었습니다. 1998년부터 2001년까지 큰 강과 큰 하천, 큰 호수의 제방 3만 킬로미터를 정비했고, 새로운 철도 4천 킬로미터와 복선 1,988킬로미터, 지하철 등 전기철도 1,063킬로미터를 부설했습니다. 신설 도로는 2만 5,500킬로미터에 달하며, 그중 고속도로는 8천 킬로미터입니다. 37곳의 공항을 신축 또는 확장했으며, 하이테크 기술 산업화와 중대형 장비 제조 및 기업 개조를 위한 건설은 약 2천 건에 달합니다. 그뿐 아니라 도시의 상수도 공급과 도로·쓰레기 및 오수 처리 시설 건설은 약 1천 건입니다. 1,895개 현에 농촌 전력망을 개조했고, 각 학교 수업과 학생 생활을 위한 시설 건설은 9,300여 건에 달합니다. 이 분야에는 유례없는 투자와 건설 능력이 투입되었습니다. 이로써 경제 발전의 조건은 크게 변화했습니다.

'3개의 예상 목표 실현'은 국영기업의 개혁을 전면 추진하고 중대형 국영기업의 3년 개혁과 곤경 극복 목표를 실현하는 것입니다. 또 금융체제 개혁 심화와 정부기구 개혁도 포함됩니다.

'5개 항목의 개혁'은 곡물 유통체계 개혁, 투자·융자체제 개혁, 주택제도 개혁, 의료제도 개혁 및 세제제도 개혁 완비를 말합니다.

이들 임무 중에서는 이미 완성한 것도 있고 기본적으로 완성한 것, 아직 진행 중인 것도 있습니다. 정부 기구 간소화의 경우 간소화와 통일, 효능의 원칙에 따라

청렴결백하고 업무에 힘쓰며, 실무적이고 고효율적인 정부 건설을 목표로 해서 현 정부 집권 첫 해 국무원 구성 부처를 기존의 40개에서 29개로 줄였습니다. 기관 인력도 기존의 3만 2천 명에서 1만 6,700명으로 재편했습니다. 작년 초에는 또 9개의 국局 급 기구를 해체했습니다. 현재 중앙정부부터 성·시·현·향 정부의 기구 개혁은 거의 완성했습니다. 이번 정부기구 개혁에서는 기구 간소화뿐 아니라 사회주의 시장경제 발전의 요구에 적합하고 정부의 직능 전환과 행정체제 개혁을 적극 추진하며 정부의 업무 기강 수립 강화에 더욱 주안점을 두어야 합니다.

이밖에 현 정부는 여러 새로운 중요 임무를 계속 내놓고 있습니다. 그 안에는 서부대개발 전략 실시·사회보장제도 완비·농촌세제개혁 진행·생태환경 보호와 건설 확대·시장경제질서 정돈과 규범화·WTO 가입으로 인한 양적 질적 대외개방 확대 등이 포함되어 있습니다. 이 임무는 완성된 것도 있고, 계속 진행 중인 것도 있습니다.

차기 정부의 업무에 관해 작년 3월 제9기 전인대 제4차 회의에서는 〈중화인민공화국 국민경제와 사회발전 10-5 계획 강령〉이 심의·통과되었습니다. 이를 통해서 분명 국민경제의 지속적이고 빠른 발전을 계속 실현하고 경제구조의 전략적인 조정을 추진하며, 2010년 GDP를 2000년의 2배로 늘리는데 필요한 견고한 기초를 쌓을 수 있을 것입니다.

3

제 3 부

해외순방 시 연설 및 질의응답

홍콩 '21세기 중국경제발전 고위급 심포지엄' 연설 및 질의응답[*]

(1997년 9월 22일)

존경하는 울펀슨 총재님,

내외 귀빈 여러분!

방금 울펀슨 총재님께서 제 칭찬을 많이 해주셨습니다. 하지만 오늘 제 연설이 과연 입장료 1,250달러만큼의 가치가 있을지는 잘 모르겠습니다. 최대한 노력하겠지만 그래도 여러분께서 만족하지 못하실까 걱정이 됩니다.

1997년도 IMF와 세계은행 연차총회 전날, '21세기 중국경제발전 고위급 심포지엄'이 성대하게 열린 것은 긍정적인 의의가 있습니다. 회의에 참석해주신 세계 각국의 귀빈 여러분을 진심으로 환영하며 이번 회의 개최를 축하드립니다!

많은 분들이 심포지엄에서의 발언을 통해 중국 경제에 적극적인 평가와 좋은 의견을 주셨습니다. 여러분의 탁월한 식견과 호의에 진심으로 감사를 드립니다.

1970년대 말 개혁개방을 실시한 이래, 중국에는 거대한 변화가 나타났습니다. 최근 몇 년 간 경제 발전 과정에서 나타난 과열 양상이 전환되었고, 성공적으로

---

[*] 주룽지 부총리는 제임스 울펀슨James Wolfensohn 세계은행 총재의 초청으로 1997년 9월 21일~23일 홍콩을 방문했다. 9월 22일 개최된 '21세기 중국경제발전 고위급 심포지엄'에 참석해 주제연설과 중국 경제상황 및 발전 전망을 소개한 뒤 회의 참석자들의 질문에 답변했다.

인플레이션을 억제했습니다. 이와 동시에 빠른 경제 성장세를 유지하고 있습니다. 올해 1월부터 8월까지, 중국의 물가 상승폭은 1.4%로 떨어졌습니다. 올해 경제성장률은 10% 내외가 될 것으로 보입니다. 현재 중국 경제는 전에 없던 발전을 거듭하고 있다고 할 것입니다.

중국이 실시하고 있는 주요 정책은 다음과 같습니다.

1997년 9월 21일, 주룽지 총리는 부인 라오안 여사와 함께 전용기 편으로 홍콩에 도착, 9월 22일 열린 '21세기 중국경제발전 고위급 심포지엄'을 주재했다. 둥젠화 홍콩특별행정구 장관이 공항에서 주 총리를 영접하고 있다. (사진=신화사 쥐펑 기자)

첫째, 농업을 강화했습니다. 1992년부터 1993년까지 이룩한 공업의 고속성장은 농업과 농민의 이익을 간과하고 얻은 대가로 결국 곡물 가격 폭등이라는 결과를 가져왔습니다. 중국은 1994년~1996년 3년 간 곡물과 면화의 수매 가격을 두 차례 올렸으며, 농촌의 생산관계 안정과 화학비료 확보 등 농업생산 필수품 공급과 농민 세금 경감 등 분야에서 일련의 조치를 취해 농민의 생산 적극성을 진작시켰습니다. 지난 2년 간, 곡물 생산량은 매년 2천만 톤 이상 증가했습니다. 올해 여름철 곡물 수확도 풍년을 기록했습니다. 비록 날씨가 좋지 않아 가을 작황은 줄어들겠지만 올 한 해 생산량은 풍년을 거둔 작년과 그리 큰 차이가 없을 것입니다. 곡물 공급량 확대로 인해 국민 소비의 큰 비중을 차지하는 식품 가격 안정이 물가 상승 폭을 빠르게 둔화시킨 중요 요인입니다.

둘째, 1993년 하반기부터 금융 질서를 정비하고 적당한 긴축재정 및 긴축통화 정책을 실시해서 시장에 풀린 과도한 통화량을 줄이고 고정자산 투자 과열을 효과적으로 억제했습니다. 1993년과 비교해 1996년 중국의 고정자산 투자 성장률은 61.8%에서 18.2%로 하락했습니다. 통화 공급에 대한 광의 지표인 총통화 M2 증가율도 37.3%에서 25.3%로 떨어졌습니다. 이에 따라 중국은 거시경제의 기본적인 균형을 확보했습니다.

셋째, 1994년부터 중국은 재정·세수·금융·대외무역 등의 체제에 과감하고 시기적절한 근본 개혁을 실시했습니다. 또 부가가치세를 기초로 한 세제 개혁과 중앙·지방 정부가 세금을 따로 거두는 '분리과세 제도'를 실시해서 해마다 재정 수입이 대폭 증가되고 적자가 감소되었습니다. 그리고 중앙은행의 감독 강화와 정책 은행의 설립으로 상업은행의 경영관리가 개선되었습니다. 환율 개혁과 투자 환경의 개선으로 대외무역 수출이 증가했고, 외국 기업의 직접투자도 급증했습니다. 1994년부터 1996년 3년 동안 유치한 외자는 1천억 달러 이상을 기록했는데, 이는 1994년 이전 10년여 동안의 외자유치 총액의 2배에 해당하는 액수입니다. 중국의 외환 보유고도 크게 증가했습니다. 1993년 말 180억 달러였던 외환 보유고가 올해 9월 15일 기준 1,316억 달러로 늘어났습니다. 기업의 시장생산 유도와 제품 구조조정을 통해 상품은 점차 생산자 중심 시장에서 소비자 중심 시장으로 이동했습니다. 현재 시장에서 대부분의 상품 수급은 기본적으로 균형을 이루거나 공급이 수요보다 많은 상태입니다. 이는 물가 안정을 이루는 물질적 기초가 되었습니다.

일부 외국 분들은 중국 경제가 계속해서 호황을 누릴 수 있을지, 새로운 인플레이션 현상이 나타나지는 않을지 궁금해 하시는데 저는 인플레이션이 발생할 일은 없다고 봅니다. 지난 3년 간의 경험을 통해 중국은 인플레이션 예방과 해결 방법을 찾았습니다. 효과적인 방법을 견지하기만 한다면 경제 성장세가 강화되어 오랫동안 발전을 유지할 수 있을 것입니다.

얼마 전 폐막한 중국공산당 제15차 전국대표대회에서는 21세기 중국의 개혁개방과 사회주의 현대화 건설 발전에 대한 전면적 계획을 세웠습니다. 예측에 따르면 20세기 마지막 몇 년 동안 중국 경제는 한해 평균 8% 성장할 것입니다. 현 상황에 비추어보면 그보다 더 높은 성장률을 기록할 수도 있습니다. 그리고 21세기 첫 10년 간은 7%의 성장률을 유지할 것입니다. 이것은 세계은행이 발표한 〈2020년 중국의 발전〉 보고서에 나온 예측과 매우 유사합니다. 우리 앞에는 많은 어려움이 있지만 유리한 조건도 많습니다. 특히 중국은 현 상황에 부합하며 현대화를 실현할 수 있는 정확한 길을 찾았습니다. 그 길은 과거 덩샤오핑 동지께서 처음 주장한 중국 특색의 사회주의를 건설하는 것입니다. 장쩌민 주석을 중심으로 하는 당 중앙의 지도 아래 중국은 반드시 목표한 바를 달성할 것입니다.

약 20년 동안 중국경제가 탁월한 성과를 거둔 것은 개혁개방의 실시 때문에 가능한 일이었습니다. 개혁개방은 중국 경제 발전에 강한 생기와 활력을 불어넣었습니다. 개혁개방은 중국의 자체 발전을 위해 꼭 필요하며, 전 국민의 열렬한 지지를 받아서 확고한 방향으로 나가고 있습니다. 중국의 개혁개방 정책은 절대 바뀌지 않을 것입니다.

현재 중국 경제체제 개혁의 중심은 국영기업 개혁입니다. 장쩌민 주석은 중국 공산당 제15차 전국대표대회에서 사회주의 시장경제이론에 관해 핵심적이고 전면적인 설명을 했으며 이에 새로운 발전을 하게 되었습니다. 개혁개방 이후, 중국은 공유제를 주체로 하고 다양한 경제 체제들이 공동으로 발전하는 기본 방침을 실시하고 있습니다. 이에 따라 비공유제 경제는 급속히 발전했고 국민경제에서의 비중이 점차 높아지고 있습니다. 하지만 이런 상황이 공유제 경제의 주체적인 지위에 영향을 미치고 있지는 않습니다. 공유제 경제에는 국영기업과 집체集體기업(자산이 노동 대중집단 소유인 기업:역주)뿐 아니라 혼합 소유제 경제도 포함됩니다. 예를 들어 주주제 기업 안에는 국영제와 집체 요소가 함께 있습니다. 국영경제 체제는 주로 국민경제를 통제하게 되지만, 반드시 어느 정도의 비중을 차지해야 하는 것은 아닙니다. 이 새로운 이론으로 기업 개혁의 일부 중요 분야에서 뛰어난 진전을 거둘 것입니다.

현재 중국의 일부 국영기업은 실적이 저조하며, 비교적 큰 문제에 직면해 있습니다. 그 원인은 기업 체제의 문제와 역사적인 요인으로 인한 문제 등 다양합니다. 첫째, 다년간의 행정 개입으로 인한 중복 건설로 제품의 공급 초과를 초래하여 국영기업은 생산량을 최대로 늘릴 수 없게 되었습니다. 둘째, 맹목적인 건설 공사 추구와 자금 부족으로 은행은 화폐를 대량 발행하고 대출을 남발해서 기업의 채무 부담이 커졌습니다. 셋째, 사회적으로 취업난이 심각해서 지방정부는 기업에게 직원들을 초과 모집하도록 강요했고, 그 결과 '한 사람 몫의 밥을 세 사람이 나눠먹는' 상황이 나타났습니다. 여러 해 동안의 개혁을 거쳐서 중국은 국영기업 개혁과 발전에 관한 구상 및 일련의 문제에 관한 처리 방법을 알게 되었습니다. 현재는 정부와 기업이 분리된 새로운 투자체제를 구축하고 개혁하며, 현대식 금융체제를 개혁하고 완비하는 것이 시급합니다. 또 일련의 사회보장체제를 구축하고 완비해야 합니다. 중국은 이 세 가지 개혁의 강도를 더욱 높일 것이며, 3년 동안 적자를 내고 있는 대다수 중대형 국영기업이 어려움에서 빠져나올 수 있도록 할 것입니다.

중국이 실시하고 있는 사회주의 시장경제 발전과 국영기업체제 개혁의 과정 중, 금융체제 개혁은 매우 중요한 의의를 갖고 있습니다. 최근 몇 년 동안, 중국의 금융체제 개혁은 중대한 발걸음을 내딛었습니다. 중국은 중앙은행의 기능을 강화해서 금융의 정책 기능과 상업 기능을 분리했습니다. 증권과 외환, 은행 간의 콜 시장을 발전시키고 환율을 통합했으며 경상계정하에서 위안화의 자유 환전을 실현해서 금융 분야의 대외개방을 부단히 확대하고 있습니다. 앞으로 중국은 계속해서 사회주의 시장경제체제 구축의 요구에 따라 금융체제 개혁을 가속화할 것입니다. 개혁은 중앙은행의 화폐조정·제어 기능과 금융 관리체계 강화, 국영은행의 상업화 추진, 상업은행 자산구조와 수준 개선, 금융시장의 적극적이고 단계적인 발전과 부단한 규범화 실현, 금융 관련 법률과 법규 완비, 현대적 금융관리 기술 정복, 관리 수준 제고, 효율적이고 안전한 현대적 금융체계 구축에 중점을 둘 것입니다.

금융 리스크 예방은 매우 주의해야 할 문제입니다. 최근 동남아 일부 국가에서 계속 금융위기가 발생하고 있습니다. 해당 국가에서는 적극적인 대응조치를 취하고 있으며, IMF 역시 위기 극복을 위해 최대한 지원하고 있습니다. 이 국가들은 10년 넘게 빠른 경제발전을 구가해왔으며, 이미 상당히 견고한 산업기반을 구축했습니다. 저는 반드시 이 국가들이 어려움을 이겨내고 경제 구조조정을 성공적으로 완수해서 안정적인 발전을 계속해 나가리라 믿습니다. 각국 금융기구가 IMF와 정보 교류 및 협력을 강화하는 것은 금융 리스크 예방을 위해 반드시 필요합니다.

중국 정부는 금융 리스크 예방을 고도로 중시하며 이를 위해 적극적인 조치를 취하고 있습니다. 저는 여러분께 말씀드리고 싶습니다. 현재 중국의 외환 보유고는 넉넉하고 위안화 가치는 안정적이며, 전체적 금융 상황은 안정적이고 건전하게 발전하고 있습니다.

대외개방은 중국의 기본 국책입니다. 현재 중국은 유사 이래 세계 각국과 가장 긴밀한 교류와 관계를 유지하고 있습니다. 중국은 대외개방 정책을 계속 확고하게 실행하고, 더욱 적극적인 태도로 세계로 진출할 것입니다.

얼마 전 중국은 올해 10월 1일부터 수출입 상품에 대한 관세율을 대폭 낮춘다고 발표했습니다. 관세인하 품목은 4,800개 이상으로 제품의 73% 이상이 혜택을 받게 됩니다. 이 조치로 평균 관세는 종전의 23%에서 17%로 인하되며, 관세 인하폭은 26%에 달합니다. 중국의 관세 수준은 1993년 이후 60% 이상 내려갔습니다. 이번 관세인하 조치는 개혁 심화와 개방 확대에 따른 것이며, 경제 발전 필요에 의한 결정입니다. 또 점진적 시장개방의 중요한 단계이기도 합니다. 중국은 금세기 말까지 관세율을 개발도상국의 평균 관세수준으로 낮출 것을 약속드립니다. 저는 또 이 자리에서 조건에 맞는 외국 업체가 투자 설비를 수입할 때 관세 인하라는 일정한 우대 혜택을 제공할 것을 여러분께 약속드립니다. 물론 외국 업체의 투자는 중국 산업정책에 부합하고 신기술을 도입한다는 것을 전제 조건으로 합니다. 수준 낮은 중복 건설은 허용되지 않습니다.

앞으로 중국은 개혁과 발전의 필요에 따라 점차 시장 개방을 확대할 것입니다. 그리고 에너지 · 교통 등 인프라시설의 대외개방을 가속화하고, 금융과 대내외 무역 등 서비스 분야도 단계적으로 개방할 것입니다. 외자기업의 권익을 법에 따라 보호하고 자국민 대우를 해서 중외 기업에 평등한 경쟁조건을 제공할 것입니다.

이밖에도 외국 관련 법률과 법규 체계를 완비하고 무역체제의 투명도를 제고하며, 지적 재산권을 보호하고 무역투자환경을 개선하겠습니다. 중국 경제의 발전은 세계와 불가분의 관계를 맺고 있으며, 중국의 발전은 또한 세계경제에 새로운 활력을 불어넣을 것입니다. 12억 이상의 인구를 보유한 중국은 빠른 경제 성장을 이루고 있으며, 투자와 소비 수요의 점진적 확대로 광활한 시장을 형성했습니다. 인프라시설을 예로 들어 말씀드리겠습니다. 이번 세기 마지막 5년 동안 중국은 발전량을 8천만 킬로와트 늘리며, 철도 1만 6천 킬로미터와 고속도로 2,800킬로미터를 부설하고, 광섬유통신망 15만 킬로미터를 추가 건설할 예정입니다. 또 전화교환기 8천만 대를 증설할 것입니다. 이밖에도 추가로 많은 분야의 발전이 이뤄질 것입니다. 2000년에는 중국의 수출입 무역액이 4천억 달러 이상으로 확대될 것으로 추산됩니다. 저는 이 자리에 계신 상공업계 인사들의 적극적인 중국 투자와 중국 시장 경쟁 참여를 환영합니다.

중국은 지역 내 경제 협력과 글로벌 다자무역체계에 적극 참여함으로써 WTO 가입을 위해 열심히 노력하고 있습니다. 그러나 중국은 개발도상국이기 때문에 중국에 너무 무리한 요구를 하는 것은 불합리합니다. 중국의 WTO 가입을 지원해 주시는 여러 국가에 감사를 드립니다. 중국의 WTO 가입은 중국의 경제발전에 유리할 뿐 아니라 세계경제 발전에도 도움이 될 것입니다.

홍콩은 중국과 세계경제가 만나는 중요한 곳입니다. 홍콩이 중국에 반환된 지 2개월이 지났습니다. 현재 홍콩특별행정구 정부는 정상적으로 잘 운영되고 있습니다. '일국양제'와 '홍콩 자치', 고도자치 방침은 철저히 실행되었습니다. 홍콩의 장기적인 번영과 안정 유지는 홍콩의 근본 이익일 뿐 아니라 중국의 경제 발전에도 유리합니다. 이와 동시에 동아시아와 세계경제의 발전에도 일익을 담당할 것입니다. 홍콩은 중요한 국제금융 · 무역 · 해상 운송 · 관광 · 정보의 중심지로서 중국과 세계 각국의 경제무역관계 발전에서 적극적인 역할을 발휘할 것입니다.

내외 귀빈 여러분!

인류는 곧 21세기를 맞이하게 됩니다. 극심한 변화가 있었던 지난 100년의 역사를 돌아보니 만감이 교차합니다. 인류는 크나큰 고통과 희생을 겪었고, 과거와 비교할 수 없는 휘황한 성과를 거뒀습니다. 새로운 21세기는 세계와 중국의 미래가 분명 밝을 것이라 굳게 믿습니다. 21세기의 중국은 더욱 개방되고 더욱 번영된 국가가 될 것이며, 세계 평화와 발전을 위해 더 큰 공헌을 할 것입니다.

여러분 감사합니다.

질문 : 중국 공산당 제15차 전국대표대회 후, 중국은 주주제 방식으로 기업을 개혁하겠다고 했습니다. 이것은 중국 경제 발전에 매우 중요합니다. 그렇다면 기업 개혁 후 얻게 되는 자금은 직원들의 양로금 · 의료비 등 국영기업의 부담을 해결하는 데 사용될지 궁금합니다.

주룽지 : 질문이 아니라 마치 연설 같군요. 그 문제에 관해서는 더 자세하게 답변드릴 필요는 없을 것 같습니다. 대신 Yes, No로 대답해 드리죠. 제 답은 Yes입니다!

질문 : 중국이 외국 기업에 다시 세수 우대 정책을 실시하게 된 원인과 그 내용을 자세히 말씀해주셨으면 합니다.

주룽지 : 여러분께서는 제 연설 중 일부 내용에 분명 큰 관심을 갖고 계실 것입니다. 하지만 이 결정은 아직 발표되지 않았습니다. 따라서 구체적으로 말씀드릴 수는 없습니다, 이점 양해해주시기 바랍니다. 단 여러분께 한 가지 희망은 드릴 수 있습니다. 중국은 1996년 4월 1일 이전까지는 외국 업체의 투자 설비에 관세와 부가가치세를 감면해주는 정책을 펼쳤습니다. 그러나 4월 1일 이후에는 수입한 설비에 다시 관세와 부가가치세를 징수했습니다. 그 이유는 무엇 때문이겠습니까?

중국은 작년 평균 관세 수준을 재작년의 35%에서 23%로 인하했습니다. 이 때문에 재정수입에 극심한 영향을 주어 재정적자가 증가하지 않을까 우려가 됐습니다. 따라서 수입세를 다시 징수하게 된 것입니다. 하지만 1년 넘게 새로운 정책을 실시한 결과 재정수입은 크게 증가해서 재정이 탄탄해졌습니다. 그리고 관세와 부가가치세 감면 정책을 계속해서 실시해달라는 외국투자자들의 요구가 있어 그 의견을 고려하여 조만간 다시 관련 정책을 부활시킬 준비를 하고 있습니다. 그 시기에 대해서는 가능한 빨리라는 말밖에는 드릴 수가 없군요.

질문 : 중국이 WTO에 가입하는 정확한 시기를 알 수 있을까요?

주룽지 : 그 시기는 제가 결정하는 것이 아닙니다. 제가 보기에는 WTO의 회원국, 그 중에서도 특히 일부 주요 국가들이 결정하는 것 같습니다. 저는 빠르면 빠를수록 좋다고 생각합니다. 하지만 저 역시 서두르지는 않습니다. 중국이 WTO에게 배척당하는 것은 불합리합니다. 이것은 해결되어야 할 문제입니다.

질문 : 은행체제 개혁은 정해진 시기가 있습니까? 외자은행의 참여 정도는 어떻게 되는지요?

주룽지 : 금융 시스템의 중요성에 대해서는 방금 한 연설에서도 말씀드렸습니다. 이 문제는 중국의 개혁에 있어 매우 중요합니다. 앞으로 금융 시스템 개혁을 대대적으로 가속화할 것입니다. 특히 중앙은행 감독 관리 강화와 상업은행 자주 경영 개선에 주안점을 둘 생각입니다. 현재 올해 11월 '전국 금융개혁 심화와 금융리스크 예방회의' 개최를 위해 준비 중입니다. 중국은 이 회의에서 중국 은행제도의 현대화 추진이라는 중대한 결정을 내릴 것입니다. 외국은행에 대한 개방에 관해 말씀드리겠습니다. 현재 500여 개의 외자은행이 중국에 사무소를 열었습니다. 그중 150여 개 은행이 지점을 개설했으며, 개설된 지점 중 9곳은 위안화 업무를 하고 있습니다. 방금 중국은 한층 더 개방을 할 것이라고 말씀드렸습니다. 다시 말해서

중국에 은행을 열 생각이 있으시다면 얼마든지 환영합니다. 하지만 너무 급하게 오지는 마십시오. 너무 급하게 오셨다가 돈이 안 벌린다고 제 원망은 하지 마시기 바랍니다.

질문 : 저는 워싱턴에 있는 국제자원그룹 관계자입니다. 싼샤三峽댐 건설은 대형 공사인데 총리께서는 세계은행의 지원을 원치 않으십니까?

주룽지 : 그 문제는 울펀슨 총재님께 물어보시는 것이 제일 좋겠군요.

질문 : 중국의 외환 보유고와 홍콩의 외환 보유고를 합하면 2,200억 달러에 이릅니다. 중국이 지역 금융 협력에서 더욱 적극적인 역할을 할 생각인지 궁금합니다.

주룽지 : 계산이 아주 정확하시네요. 9월 15일 중국의 외환 보유고는 1,316억 달러, 홍콩의 외환 보유고는 860달러라고 방금 말씀드렸습니다. 토지기금을 합하면 거의 2,200억 달러가 됩니다. 정확하게 말씀해 주셨어요. 하지만 중국은 '일국양제' 체제를 실시하면서 홍콩의 돈을 주머니에 넣은 적은 없습니다. 중국의 외환 보유고는 1,300억 달러이며, 올 연말에는 1,400억 달러를 돌파할 것으로 전망됩니다. 그렇지만 홍콩 돈은 한 푼도 외채로 쓴 적이 없습니다. 중국의 외채는 1,100억 달러이며 특히 울펀슨 총재님께 많은 돈을 빌려 썼습니다. 그러나 인구에 따라 평균을 낸다면 중국의 외환 보유고는 적은 액수입니다. 더 큰 역할을 하고 싶지만 그럴 힘이 아직 부족한 것이 사실입니다. 그래도 중국은 반드시 최대한의 노력을 다할 것입니다!

질문 : 위안화 환전 문제에 관해 여쭤보고 싶습니다. 혹자는 위안화의 자유 환전제 실시는 불리한 일이라고 말하기도 합니다. 그에 관한 총리님의 견해와 홍콩달러와 미국달러의 연동에 관해서는 어떻게 보시는지 말씀해 주십시오.

주룽지 : 중국은 작년부터 경상거래와 관련한 위안화의 자유 환전제를 실시하고 있습니다. 즉 IMF[1]가 규정한 제 8조항을 실현한 것입니다. 이 점은 클린턴 미국 대통령께서 승인한 내용입니다. 현재 자본 거래를 할 때는 위안화 자유 환전이 안 됩니다. 저와 대화를 나눴던 유명한 은행가 분들은 모두 제게 자본 거래 시의 위안화 자유 환전제 실시는 신중을 기해야 한다고 하시더군요. 따라서 중국은 자본의 위안화 자유 환전제를 분명히 실시할 예정이지만 시간이 필요합니다. 다시 말해서 중국의 산업구조가 합리화되고 중앙은행이 강력한 관리 감독을 실행하는 상황이 되어야 완전한 위안화 자유 환전제를 실시할 수 있습니다. 홍콩달러의 연동 환율제는 이미 실시된 지 13년이 넘었으며, 홍콩의 번영에 중대한 공헌을 했습니다. 하지만 현재 동남아시아에서 발생한 금융위기로 홍콩의 연동환율제는 어려움을 겪고 있습니다. 예를 들어 홍콩의 관광업이 일정한 피해를 받고 있습니다. 저는 홍콩특별행정구 정부의 유력 인사에게서 다음과 같은 이야기를 들었습니다. 홍콩은 가까운 시일 안에는 이 정책을 변화시킬 생각은 없다고 합니다. 그럴 필요성이 없기 때문입니다. 저 역시 홍콩 정부의 생각에 동의합니다. 홍콩의 경제구조는 합리적인 편이기 때문에 거품경제 요소가 비교적 적고 홍콩달러의 지위는 매우 안정적입니다. 방금 언급한 홍콩의 외환 보유고 860억 달러는 홍콩달러의 안정성을 온전히 보호해주고 있습니다. 따라서 저는 홍콩의 결정이 옳다고 믿습니다. 이미 많은 말을 했네요, 홍콩에 직접 물어보는 것이 훨씬 더 나을 겁니다.

질문 : WTO가 중국을 가입시키지 않는 것은 불합리하다고 말씀하셨습니다. 하지만 워싱턴 측에서는 아직 중국의 WTO 가입에 동의하지 않고 있습니다. 장쩌민 주석은 다음 달 미국을 방문할 예정이

---

1) IMF : International Monetary Fund의 약자로 국제통화기금을 지칭한다. 1945년 12월 27일 정식으로 설립되었으며, 1947년 3월 1일 업무를 시작했다. 1947년 11월 15일에는 유엔의 전문 기구로 편입되어 정부 간의 국제금융기구로서 경영상의 독립성을 유지하고 있다. 본부는 미국 워싱턴에 있다.

며, 로빈 미 재무장관은 베이징을 방문할 것입니다. 로빈 장관이 베이징에 어떤 소식을 가져다주길 원하십니까?

주룽지 : 장쩌민 주석과 클린턴 대통령은 저보다 훨씬 현명한 분들입니다. 분명 원만하게 문제를 해결할 겁니다. 물론 제게는 두 분의 의사일정이나 합의 달성을 결정할 권리는 없습니다. 중국은 로빈 장관의 중국 방문을 환영하며 그쪽에서 희소식을 듣기를 바랍니다. Any question?

질문 : 중국이 금융체계 개방정책을 실행한다는 말을 들으니 매우 기쁩니다. 그렇다면 보험업계는 어느 정도 개방하실 생각이신지요?

주룽지 : 오늘날 보험문제를 언급하지 않는다면 아주 이상한 일일 것입니다. 전 세계 최대의 보험회사 책임자가 절 찾아온 적도 있습니다. 전 그분들께 반드시 중국 내 지사 건설을 비준하겠다고 말했지만 시간이 필요합니다. 여러분들의 중국 진출은 중국 경제 발전에 큰 도움이 됩니다. 하지만 시장의 수용성에 관해 충분히 측정해봐야 합니다. 중국에 진출했는데 사업이 안 된다면 여러분께 죄송한 일이 니까요. 우리는 이미 미국과 캐나다·일본·스위스·독일·프랑스 보험회사의 중국 개설을 비준했습니다. 다음으로는 영국이나 호주, 다른 국가들 역시 가능할 것입니다. But be patient(그렇지만 인내심을 가지고 기다려 주시기 바랍니다).

미국 7단체 만찬회 연설 및 질의응답[*]

(1999년 4월 9일)

의장님!

내외 귀빈 여러분!

헤이그[1] 장관의 소개 말씀에 너무 감동해서 거의 말을 이을 수가 없습니다. 그것은 장관께서 절 칭찬해주셨기 때문이 아니라 저와 비슷한 경험을 말씀해주셨기 때문입니다. 저희 중국 대표단을 위해 성대한 연회를 개최해주신 미국 7단체에 감사인사 드립니다. 이번 연회를 통해 저는 중미 우호관계에 뛰어난 공헌을 하신 참석자 분들을 만날 수 있었습니다. 어떤 환경에서도 시종 중미 우호를 견지하고 계시는 여러분들 정말 감사합니다. 특히 오늘 이곳에서 여러 해 동안 만나지 못했던 옛날 친구들을 만날 수 있어 더욱 기쁩니다. 어떤 친구들은 함께 술자리를 같이하기도 했지만, 많은 친구들과는 악수할 기회조차 없었습니다. 여러분의 우의에 어떻게 감사드려야 할지 모르겠습니다. 그리고 여러분 모두와 과거의 추억을 나누지 못하는 것이 유감입니다. 누군가 정치 헌금이라고 오해할까 두려워 여러분께

---

[*] 미국 방문 기간 동안 주룽지 총리는 미중 관계 전국위원회와 미중 협회 등 7개 단체가 워싱턴 월라드 인터컨티넨탈 호텔에서 개최한 환영 연회에 참석해서 연설을 발표하고 참석자들의 질문에 답변했다.

1) 알렉산더 헤이그Alexander Haig : 당시 미 국무장관이었다.

선물도 드리지 못합니다. 그러나 여러분이 베이징에 오면 반드시 여러분을 만나 악수를 할 것입니다. 한 가지 말씀드려야 할 것이 있습니다. 얼마 전 미중 관계 전국위원회 창시자 중 한 분이자 미국의 유명한 중국 문제 전문가인 바넷A.Doak Barnett 선생께서 작고하셨습니다. 바넷 선생은 중미 우호를 위해 평생 노력해 오셨고 어떤 경우에도 한결같은 분이셨습니다. 저는 그런 바넷 선생을 깊이 존경합니다. 이 자리를 빌려 바넷 선생의 유족께도 깊은 애도를 표합니다.

여러분, 저는 좋지 않은 시기에 미국을 방문했습니다. 그렇지만 여기 계신 여러분들께서 격려해주신 덕분에 자신감을 가질 수 있었습니다. 어제 제가 미국에서 어떤 활동을 했는지 여러분 모두 언론 보도를 통해 아실 것입니다. 그러면 오늘은 무슨 활동을 했나 말씀드리겠습니다. 어제는 busy day(바쁜 하루)였고, 오늘은 terrible day(끔찍한 하루)였다고 말했더니 바버 코너블[2] 선생은 제게 이렇게 물었습니다.

"그럼 내일은 어떤 하루일까요?"

저는 지금 대답할 수는 없지만 적어도 별로 좋지는 않을 거라고 말할 수는 있습니다.

오늘 오전, 저는 앨 고어 부통령과 함께 중미 환경발전회의 제2차 회의 개막식을 주재했습니다. 현재 중국은 환경보호와 생태공학을 점점 더 중시하고 있습니다. 지속 가능한 발전의 커다란 중요성을 이미 깊이 인식했기 때문에 중국은 발전과 동시에 환경보호와 생태공학을 중시하는 것입니다. 그것은 우리의 자손과 후대를 위한 일입니다. 작년 이후 중국 정부는 이 분야에 사상 최대의 재정을 투입했습니다. 저는 환경보호와 생태공학 분야에서 중미 양국의 협력 가능성이 매우

---

2) 바버 코너블Barber Conable : 미 의회 상원의원 역임. 1986년부터 1991년까지 세계은행 총재를 역임했다.

밝다고 생각합니다. 이 분야 시장은 1천억 달러로 추산됩니다. 오늘은 미국에서 대중 무역적자에 관해 비난하고 있지만, 몇 년 후에는 오히려 반대로 중국이 대미 무역적자에 불만을 가질 수도 있습니다. 그러나 이 경우 전제는 미국 정부가 진보적이고 개방적인 태도로 미국 기업의 중국 투자와 기술 이전을 장려하고, 중국의 환경보호 공정과 생태 균형을 돕는 것입니다. 저는 고어 부통령에게 이렇게 말했습니다.

"협력에는 별 문제가 없을 겁니다. 왜냐하면 이 분야의 협력은 어떤 군사적 기밀이나 간첩 사건과 관련이 없기 때문입니다. 예를 들어 중국 기상국은 메인프레임 컴퓨터(다양한 데이터를 처리할 수 있는 대형 컴퓨터:역주)가 필요합니다. 미국의 현 규정에 따르면 이런 컴퓨터는 중국으로 수출이 불가능합니다. 저는 한 국가의 기상 업무와 군사 기밀이 무슨 관계가 있는지 모르겠습니다. 양국은 공동으로 에너지·환경보호·인프라시설 분야의 협력을 추진해야 합니다. 이 협력은 전망이 매우 밝습니다."

이어 저는 고어 부통령과 함께 기업가들을 만났습니다. 이들은 주로 워싱턴의 에너지와 환경보호 분야 기업가로 함께 토론을 했습니다. 그 중 석유기업인 유노칼Unocal의 회장은 제게 이런 질문을 했습니다.

"중국 정부는 미국 기업가들이 중국에 가서 돈 버는 것을 싫어합니까?"

저는 이렇게 답변했습니다.

"어떤 국가의 기업이든 중국에 오면 공정한 대우를 받을 수 있습니다. 정부는 세금만 받으면 됩니다. 회장님이 얼마의 돈을 벌어들이든 중국은 개의치 않습니다. 굳이 중국의 국영기업만을 옹호할 필요가 있겠습니까? 국영기업의 이윤도 기업 소유이며 정부는 한 푼도 건드리지 않습니다. 그리고 국영기업이 내는 세금은 외국 기업보다 적습니다. 따라서 국영기업을 우선시하는 것이 아니라 그들이 경

1999년 4월 9일, 주룽지 총리는 미중 관계 전국위원회와 중미 협회 등 7단체가 워싱턴에서 개최한 연회에서 연설했다. (사진=신화사 란훙광 기자)

쟁력이 있는지, 선진 기술과 관리 방법을 가지고 있는지를 봅니다."

제 말이 끝나자 다른 분이 바로 중국의 지적 재산권 보호에 관해 물으셔서 그에 관해 답했습니다.

"저는 과거 이 분야에서 중국이 미흡했다는 것을 인정합니다. 하지만 지금 중국은 이 문제를 중시하고 있으며 현 정부는 지적 재산권 보호를 위한 전담 기구를 설립했습니다. 정부는 이 분야를 개선하고 있으며 앞으로 더욱 개선될 것이라고 믿습니다. 그리고 만약 지적 재산권과 관련한 문제가 있을 때 제게 알려주시면 최대한 돕겠습니다."

오늘 오후, 저는 미국 공영방송인 PBS와 인터뷰를 가졌습니다. 1990년 상하이 시장으로 있을 때도 PBS와 인터뷰를 한 적이 있습니다. 그때는 맥닐 앵커와 했고, 이번에는 짐 레러 앵커와 인터뷰를 했습니다. 그 두 앵커는 모두 저를 '코너'로 모는 재주가 있더군요. 원래 저는 'Corner'라는 말을 몰랐는데, 댈러스에 있는 제 친구가 그 뜻을 확실하게 알려주었습니다. 1990년, 미국을 방문했을 때 제게 '톈안먼 사건'에 관해 묻더니, 오늘은 '코소보 사태'에 관해 물었습니다. 한 친구는 기자가 Corner로 몰아넣으면 빠져나와야 한다고 했지만 전 아무리 해도 그럴 수가 없었습니다. 따라서 오늘은 terrible day입니다. 제가 오늘 왜 늦었는지 아십니까? 중국의 WTO 가입 문제가 또 난관에 봉착했기 때문입니다. 현재까지도 우이吳儀와 리버탈[3]은 오지 않고 있습니다. 아무래도 두 사람이 설전을 벌이고 있는 가 봅니다.

중국의 WTO 가입 문제와 관련해 중국은 13년 동안 협상을 해오고 있습니다. 지금은 협상 막바지 단계이자 중미 양국의 무역 관계를 더욱 발전시킬 시기에 와

---

3) 케네스 리버탈Kenneth Lieberthal : 당시 클린턴 미국 대통령 국가안보 특별 보좌관 겸 미국국가안보회의(NSC) 아시아 사무 담당이었다.

있습니다. 중국은 분명 큰 양보를 했습니다. 중국이 양보를 한 이유는 무엇일까요? 현재까지 개혁개방 정책을 실시하면서 WTO 가입으로 인한 충격을 감당할 능력이 강해졌기 때문입니다. 몇 년 전 저는 중국의 보험시장과 은행을 개방할 것이며, 주식시장도 적절한 수준으로 개방하겠다고 발표했습니다. 당시 제가 그런 말을 하자 혹자는 저를 '매국노'라고 욕하더군요. 하지만 지금은 중국의 중앙은행과 관련 기관의 관리 감독 능력은 크게 강화되었고, 중국의 감당 능력도 높아졌습니다. 중국 국민의 인식 역시 점차 변화하고 있습니다.

하지만 여러분, 지금의 개방 속도가 너무 빠른 것은 아니지만 중국이 갑자기 개방을 한다면 아시아 금융위기와 같은 상황이 나타날 수도 있습니다. 현재 문제는 중국이 상당한 양보를 했지만 미국은 중국에 더 많은 양보를 요구하는 것입니다. 제가 물러나는 것이 두려운 것이 아니라, WTO 가입에 합의를 해도 중국 국민들이 이에 동의하지 않을까 걱정이 됩니다. 중국은 개발도상국이며 개도국으로서는 이미 충분한 양보를 했습니다. WTO 기준에 완전히 도달하기까지 과도기가 주어져야 합니다. 현재 TCK 밀 수입과 오렌지 수입 검역 문제에서는 양국이 완전히 합의를 했습니다. 그것이 가능했던 이유는 중국이 최대한 양보를 하고 미국 각 주에 대한 제한을 풀었기 때문입니다. 따라서 합의를 이룰 수 있었습니다. 시장 진입 분야에서도 합의를 할 수 있지만 미국은 아직도 많은 요구를 하고 있습니다. 투자 비율 확대와 관세 비율 인하 등이 그것입니다. 중국 측은 그것이 가능하긴 하지만 몇 년 후에 다시 얘기하자고 밝혔습니다. 미국이 너무 많이 요구하고 너무 빨리 서두르면 결국에 가서는 아무것도 얻을 수가 없습니다. 또 협정서 체결에도 일부 문제가 있습니다. 그것은 미국이 중국을 믿지 못하기 때문입니다. 즉 중국이 WTO에 가입한 이후 차별 조항을 덧붙인 것입니다. 사실 중국은 이미 합의서에 서명을 했고 많은 양보를 했습니다. 이것은 분명 합의를 이행하겠다는 뜻입니다.

그런데도 미국이 굳이 이런 차별 조항을 쓸 필요가 있을까요? 따라서 현재까지 합의가 이루어지지 않은 것입니다. 원래 이 자리에서 일방적으로 이런 얘기를 해서는 안 됩니다. 하지만 어제 미국은 자신들의 의견과 요구를 담은 모든 문건을 공개했고, 중국이 그에 동의했다고 발표했습니다. 중국은 동의한 적이 없습니다. 그렇지만 아직 우이와 리버탈이 오지 않았으니 희망은 여전히 있습니다. 물론 꼭 이 시기, 이곳에서 협정서에 사인을 하겠다는 뜻은 아닙니다. 미국 정부의 애로 사항도 이해합니다. 아마 미 의회에서 이 협정에 동의하지 않을까 걱정할 것입니다. 그러나 오늘 오전 저는 16명의 의회 상하원 의원과 조찬을 함께 했는데, 그 자리에서 의원들 모두 각자의 의견을 피력했습니다. 농업 분야의 합의에 대해서는 의원들 모두 찬성을 했지만, 다른 분야 문제에 관해에서는 잘 모르고 있더군요. 제 판단으로는 중국과 미국이 합의한 사항을 공개한다면 의원들의 지지를 얻을 수 있을 것 같습니다. 중미 우호 협력을 위해 다년간 애쓰신 여러분께서 중국과 함께 합의를 달성하도록 노력해 주시기를 바랍니다. 중국을 지지해주시는 여러분께 다시 한 번 감사드리며 질문하시면 답변해드리겠습니다.

브렌트 스코크로프트 Brent Scowcroft(부시 전 대통령의 국가안보 보좌관) : 많은 미국인들이 중국의 지속적 발전으로 세계에서 영향력이 커지면 양국이 경쟁 상대가 되는 것은 불가피하고 심지어 적수가 될 수도 있다고 생각합니다. 중국과 미중 관계의 미래에 관해 어떻게 생각하십니까?

주룽지 : 질문 감사합니다. 정중하게 질문해주셔서 corner me(제가 코너에 몰리지) 않았습니다. 스코크로프트 선생이 제 오랜 벗이기 때문일 겁니다. 중미 양국이 어떤 관계를 수립할지는 장쩌민 주석과 클린턴 대통령이 이미 확정한 바 있습니다. 즉 양국은 건설적인 전략적 동반자관계를 수립하기 위해 노력해야 합니다. 다시 말해 중국은 미국의 적이 아니며 잠재적인 경쟁자도 아닙니다. 양국은 분명 친구, 그것도 오랜 친구입니다. 오늘 PBS 앵커가 제게 "중국이 미국을 위협하지 않을까

요?"라고 묻더군요. 그래서 저는 이렇게 답했습니다.

"중국이 어떻게 위협을 하겠습니까? 클린턴 대통령께서 미국에는 6천여 기의 핵무기가 있는데 중국에는 핵무기가 20여 기밖에 없다고 말씀하지 않았습니까? 그런 상황에서 뭘 두려워합니까?"

중국에 확실히 핵무기가 20여 기가 있는지는 잘 모르겠지만, 클린턴 대통령이 어떤 방법으로 그 사실을 알았는지도 모르겠군요. 하지만 대통령이 말한 관점에 동의합니다. 미국은 핵무기가 많고 중국은 적습니다. 그러니 중국이 미국을 위협한다는 것은 완전히 불가능한 것이지요. 중국의 강대함이 미국의 위협이 될 것이라고 말하는 사람도 있습니다. 현재 중국의 GDP는 미국의 10분의 1 수준입니다. 중국의 일인당 GDP는 미국과 수십 배 차이가 납니다. 설사 수십 년이 지난다고 해도 중국과 미국 사이에는 여전히 큰 격차가 존재할 것입니다. 따라서 중국은 미국의 최대 잠재 시장이지 위협의 대상이 아닙니다. '중국 위협론'은 '중국 기회론'으로 바꿔야 할 것입니다. 미국 기업은 중국 시장을 개척할 기회를 절대 놓치지 마시기 바랍니다. 중국 국민은 평화를 사랑합니다. 항상 침략을 당했지 한 번도 다른 나라를 침략해본 적은 없습니다. 저는 중국의 12억 5천만 국민을 대표해서 말씀드리겠습니다. 중국 국민은 미국 국민과 친구가 되고 싶지 절대 적이 되고 싶지는 않습니다.

니콜라스 플랫 Nicholas Platt (미국 아시아소사이어티회장) : 중국은 이번 WTO 가입 협상에서 분명 많은 양보를 했습니다. 이런 양보는 중국 국내 경제에 어떤 영향을 미칠까요? 그리고 중국 국내에는 양보한 사실에 대해 어떻게 설명하실 건가요?

주룽지 : 중국과 미국은 농업 분야에서 주로 TCK 문제 때문에 이견이 있었습니다. 중국에서 밀은 중요한 농작물입니다. 일부 사람들은 TCK 밀을 수입하게 되면 중국에 재난을 가져오지 않을까 걱정하더군요. 따라서 그래서 이전에는 중국의

밀을 검역 주州와 비검역 주로 나눈 것입니다. 분명 검역 주와 비검역 주의 밀은 미국에서 운송할 때는 같은 기차로 오게 됩니다. 밀이 한데 섞이게 되는 것이지요. 따라서 주의 구분이 별 의미가 없어집니다. 중요한 것은 검역 조치를 강화하는 것입니다. 중국은 엄격한 검역 조치를 취했습니다. 그래서 중국 항구에 미국 밀을 하역하기 전 철저하게 검역을 실시하고 있습니다. 일단 TCK 병이 발견되면 그 밀은 하이난다오海南島로 보냅니다. 이곳에는 가공 공장이 있습니다. 여기서 TCK 밀을 가공한 뒤 맥피麥皮를 고온에 소독하면 문제는 해결됩니다. 중국은 오렌지의 지중해 벌레 문제에도 유사한 방법을 취할 생각입니다. 따라서 이번에 7개 주의 밀 수입 금지령을 해제하고, 캘리포니아주를 포함한 4개 주의 오렌지 수입 금지조치도 해제했습니다. 미국에서 농산품을 수입하면 분명 중국 시장에 파장이 있을 것입니다. 그러나 중국의 밀 생산량은 크게 높아졌지만 품종은 미국보다 좋지 못합니다. 오늘 저녁에 먹은 이 빵은 중국 밀로는 만들 수가 없습니다. 앞으로의 시장 전망은 예측하기 어렵지만 시장 경쟁으로 이 문제가 결정될 것입니다.

양쉐란楊雪蘭(미국 화교계 저명 인사들의 모임인 백인회百人會의 일원:역주) : 중국은 대국이며, 해결해야 할 많은 문제를 안고 있습니다. 경제 개혁·국영기업 개혁·반부패·실업 문제 등이 그것입니다. 중국 내 정책의 우선 목표는 무엇입니까? 특히 미국의 도움을 가장 필요로 하는 것은 어떤 분야입니까?

주룽지 : 양 여사께서 질문하신 기회를 빌어 중국의 현 경제 상황에 대해 말씀드리겠습니다. 먼저 중국의 경제 상황은 작년과 비교해서 더욱 좋아졌습니다. 외부에서 다음 번에는 중국에서 경제 위기가 발생할 거라는 소문이 돌고 있는데 절대 아닙니다. 작년 중국의 경제성장률은 7.8%였고, 올해는 7%를 목표로 하고 있습니다. 그러나 올해 1분기 성장률은 8.3%로 양호한 기록을 보였습니다. 따라서 올해 상황은 작년보다 좋을 것입니다. 이것은 속도만을 따진 것이 아니라 이익도 따진 것입니다. 또 한 가지 소문이 있습니다. 작년에 중국 경제가 어려움을 겪었고, 국

제적으로는 아시아 금융위기와 국내적으로는 심각한 수해를 입어 중국이 이미 경제 개혁을 중단했다는 것입니다. 이것 역시 사실이 아닙니다. 중국의 국영기업 개혁은 중단한 것이 아니라 더욱 빠르게 진행되고 있습니다. 작년 초 국영기업의 정리해고로 인한 실업자 수는 1천만 명이었고 이들은 임금도 받지 못했습니다. 그러나 작년 말에는 600만 명으로 줄었고 이들은 기본생활보장을 받았습니다. 이 돈은 국가재정에서 제공된 것입니다. 오늘 오후, 그린스펀 의장은 저와 대화할 때 기업과 사회보장제도를 분리해야 한다는 의견을 주셨고 저는 이미 그렇게 했다고 말씀드렸습니다. 중국의 금융개혁 역시 빠르게 진행되고 있습니다. 국영은행의 불량대출을 청산하고 금융자산관리공사에 관리를 맡길 예정입니다. 이렇게 하면 은행의 건전한 운영과 수익을 제고하는 동시에, 전문 기관을 통해 불량대출을 회수할 수 있습니다.(통역이 '불량대출'을 'bad debts' 라고 옮기자 주룽지 총리는 'non-performing loans' 라고 영어로 정정했다:편집자 주) 그린스펀 의장은 또 은행 자산을 불량대출과 분리하라는 말씀도 하셨는데 중국은 이미 그렇게 하고 있습니다. 물론 그것은 미국의 RTC의 방법을 참고한 것이지만 완전히 모방하지는 않았습니다. 미국의 RTC는 전국에 하나밖에 없지만 중국에는 모든 은행마다 자산관리공사를 만들었습니다. 이것은 중국의 특징적인 조치입니다. 세 번째 예는 중국 정부기구의 개혁입니다. 원래 목표는 3년 안에 중앙정부기관의 직원 3만 3천명을 절반으로 감원하는 것이었습니다. 작년에는 그 절반인 1만 6천 명을 감원했습니다. 현재 정부기관 직원들은 한 사람이 두 사람 몫을 하고 있습니다. 정부기관 감원은 왕중위王忠禹[4) 비서장이 담당했습니다. 올해는 지방정부기구 개혁을 단행할 것입니다. 이 일은 어려운 임무입니다. 관련자 수가 3만 3천 명이 아니라 500만 명에 이르기 때문입니다. 이번 목

---

4) 왕중위 : 당시 국무위원 겸 국무원 비서장이었다.

표 역시 인원 절반의 감원입니다. 물론 기한은 3년으로 늘려 잡았습니다.

마지막으로 중국은 위안화를 평가절하하지 않아 중국 제품의 대외경쟁력이 떨어지고 수출이 크게 감소했습니다. 그러나 중국은 국제수지가 균형을 이루고 있고 외환 보유고도 1,466억 달러나 되어 위안화를 절하할 필요가 없다고 믿습니다. 일부 외국인들은 위안화를 평가절하하지 않은 것을 이해하지 못하고 있습니다. 그래서 저는 중국에 투자한 외국 기업이 환율 리스크를 피할 수 있는 방법을 미국 골드만삭스에 물었고 그 방법을 연구 중에 있습니다. 기타 분야의 개혁은 여기서 자세히 언급하지 않겠습니다. 현재 중국은 각 분야에서 개혁의 성과를 거두고 있습니다. 그러나 모든 분야에서 미국의 협력을 필요로 합니다. 중국은 그린스펀 의장이 중국의 개혁에 참여한 것처럼 미국의 중국 개혁 참여를 희망합니다.

로버트 호머츠 Robert Hormats(골드만삭스 부회장) : 방금 저희 골드만삭스에 관해 말씀해주셔서 감사합니다. 현재 중국의 통신산업과 인터넷 산업은 빠르게 발전하고 있습니다. 중국에서 이 두 산업의 발전 전망을 어떻게 보시는지요? 그리고 이들의 발전은 중국 경제와 사회에는 어떤 영향을 미칠까요?

주룽지 : 중국은 과거 통신산업을 개방하지 않았습니다. 그러나 지금은 통신산업이 중국 경제의 새로운 성장점이 된다는 사실을 인식하고 정부는 정보산업을 적극 발전시키기로 결정했습니다. 따라서 중국은 이 분야의 국제 협력이 가장 필요합니다. 이미 중국은 외국 기업의 중국 통신산업 투자 개방을 결정했습니다. 시작할 때는 경험이 없으므로 외국 기업의 투자 비율을 25~30%로 일정하게 제한할 것입니다. 몇 년 후 투자 비율 제한을 완화하겠지만 여전히 중국에서 주식 보유를 통해 지배하기를 희망합니다. 그러나 미국에서 이 분야의 주식 보유를 통한 회사 지배를 요구하고 있어 의견이 엇갈리고 있습니다. 중국은 미국의 요구를 거부하는 것이 아닙니다. 다만 조금만 기다려 주십시오. 지금은 중국 국민을 설득할 방법이 없기 때문입니다. 제 생각에 미국 기업계가 이 기회를 놓칠 리가 없습니다. 하지만

미국이 아니라도 유럽과 협력할 수 있습니다. 이번에 중국은 미국에 큰 기회를 제공했습니다. 미국의 휴대전화는 CDMA 방식을 채택하고 있지만, 유럽과 중국은 GSM 방식을 쓰고 있습니다. 그러나 이번에 중국은 CDMA 방식을 쓰기로 결정하고 미국과 협력할 것입니다. 중국이 얼마나 큰 시장인지 아실 것입니다. 작년 한 해 중국의 이동전화 가입자수는 5천만 명이나 늘어났습니다. 그 속도는 더욱 빨라질 것입니다. 그러니 시장이 얼마나 클지 상상하기도 어렵습니다. 제 생각에 중국의 협상 상대는 아무래도 저와 같은 엔지니어 출신이 아니라서 이 숫자의 의미를 제대로 모르는 것 같습니다. 여러분은 분명 그 의미를 아실 거라고 저는 믿습니다. 우리는 함께 이 기회를 잡아야 하며 절대 기회를 놓쳐서는 안 될 것입니다.

토마스 도나휴 Thomas J. Donohue(미국 상공회의소 회장) : 미국 상공업계는 중국의 WTO 가입 협상을 매우 관심 있게 지켜보고 있으며 협상이 타결되기를 바라고 있습니다. 우리 역시 의회가 합의를 지지하도록 적극적으로 도울 것입니다. 만약 미국과 중국이 합의에 도달한다면 앞으로 3~5년 사이 양국 무역과 경제 관계의 전망을 어떻게 보십니까?

주룽지 : (이때 마이크가 고장남:편집자 주) 최근 며칠 동안 미국의 마이크 기술이 별로 좋지 못하다는 사실을 깨달았습니다. 혹시 수입품인가요?(연단 아래서 누군가 '유럽산'이라고 밝힘:편집자 주) 보아하니 유럽에서는 기분 나빠하겠지만 제가 미국과 협력해서 CDMA 기술을 도입하기로 한 것은 정확한 결정이군요.

저는 중국의 WTO 가입이 세계무역에 유리하며, 중미무역 불균형을 개선하는 데도 도움이 된다고 생각합니다. 분명 중미 무역적자를 줄일 수 있지만 그것은 어느 한쪽이 결정할 수 있는 문제가 아닙니다. 미국 휴즈사의 인공위성처럼 미국이 무엇이든 군사기밀과 연관시켜 중국에 수출을 안 한다면 어떻게 양국 무역 불균형을 개선할 수 있겠습니까? 미국은 메인프레임 컴퓨터도 안 된다, 인공위성도 안 된다, 뭐든 다 안 된다고 하면서 그저 밀과 오렌지만 수입하도록 하고 있습니다.

물론 밀과 오렌지를 먹고 살 수는 있지만 그렇게 해서는 잘 살기가 어렵습니다. 따라서 양국의 무역 불균형을 개선하려면 양국의 무역 수량을 늘려야 하며 이를 위해서는 양국의 노력이 필요합니다. 방금 말씀드린 것처럼 양국이 에너지와 환경 보호·통신산업 등 분야에서 진정으로 협력하고 기술 수출을 개방한다면, 아마도 앞으로는 미국이 아닌 중국이 무역적자를 기록하게 될 것입니다. 하지만 미국이 많은 분야에서 제한을 한다면 이 목표가 실현될지는 미지수입니다. 양국이 공동으로 노력하기를 바랍니다.

차스 프리만 Chas Freeman(미국 중국 정책기금회 회장 겸 전 국방부 차관) : 중국의 상하이 등 연해지역은 개방 수준이 높고 외자와 기술을 쉽게 도입해 소화하지만 그에 비해 내륙지역은 낙후되어 있습니다. 언제쯤 내륙지역의 개방이 확대되어 외자와 외국 기술이 진입할 수 있을까요?

주룽지 : 정말 좋은 질문이십니다. 중국의 개혁개방 정책은 덩샤오핑 동지께서 제정한 것으로 점차 발전하고 있습니다. 개방정책은 초기에 주로 연해지역에 집중되었습니다. 그 이유는 그곳의 조건이 좋은 편이고 지식과 문화 수준이 높으며 투자 환경 개선에 유리하기 때문입니다. 그러나 연해 도시로만 지나치게 제한을 한다면 내륙지역은 더욱 낙후될 것입니다. 현재 상황은 이미 바뀌었습니다. 중국 대부분 내륙 도시의 인프라시설이 개선되고 관리 능력도 제고되어 개방 정책을 확대할 수 있는 조건이 마련되었습니다. 과도기를 거친 후 은행과 보험업을 대외 개방하고 지역 제한을 철폐할 생각입니다. 보험업을 예로 들면 중국 상하이에 AIG[5]가 최초로 지사를 설립했습니다. 그 당시 저는 상하이 시장으로 재직하고 있었는데 상하이에 AIG 지사를 설립하자고 주장했더니 누군가 이 일로 제게 '매국노' 라고 하더군요. 하지만 안타깝게도 그때는 시장이었기 때문에 AIG의 상하이

---

5) AIG : American International Group의 약자. AIG는 당시 전 세계에서 시가총액 1위를 달리던 보험회사였다.

지사 설립을 비준할 권력이 없었습니다. 1991년, 제가 베이징에서 부총리직을 맡고 있을 때 비로소 비준을 할 수 있었습니다. AIG의 지사 설립은 해외 보험사가 중국 진출을 해도 중국 보험업이 영향을 입지 않는다는 사실을 증명해줍니다. 오히려 AIG의 선진 관리 경험은 중국 보험업의 발전을 촉진했습니다. 이후 중국은 대량의 외국 보험사의 중국 진출을 허용했습니다. 중국의 보험시장은 매우 넓기 때문에 외국 보험사가 중국에 들어와도 중국 보험사 발전을 저해하지 않았습니다. 얼마 전 중국은 어느 지역이든 외국은행과 보험사를 설립할 수 있다고 발표했습니다. 그렇지만 그 지역의 생활 조건이 열악하다고 가지 않을 경우 제 탓을 하면 안 됩니다.

미국 중부위원회 오찬회 연설 및 질의응답*

(1999년 4월 12일)

윌리엄 데일리 상무부 장관님,

리처드 데일리 시장님,

우드 부주지사님,

마이너[1] 회장님,

내외 귀빈 여러분!

먼저 이렇게 성대한 연회를 열어 우리 중국 정부 대표단을 환영해주신 미국 중부위원회에 깊은 감사를 드립니다. 미국 중부위원회는 중미 양국의 우호를 위해 많은 일을 한 단체입니다. 그리고 여기 계신 참석자 분들은 중미 우호협력을 위해 다년간 많은 노력을 해주셨습니다. 이번 기회를 통해 여러분께 진심으로 고맙다는 말씀을 전하고 싶습니다. 또한 시카고와 일리노이주 주민·미국 중부 각 주의 주민들께도 축복의 인사를 드립니다. 오늘 이 자리에는 두 분의 상원의원과 다국적기업을 포함한 많은 상공업계 대표, 그리고 많은 학자들이 나와 주셨습니다. 이

---

* 미국 방문 기간 동안 주룽지 총리는 미국 중부위원회와 시카고 대외관계위원회의 초청으로 시카고 힐튼 호텔에서 열린 환영 오찬회에 참석해 연설하고 참석자들의 질문에 답변했다.
1) 마이너 : 당시 미국 중부위원회 회장이었다.

에 대해 매우 기쁘게 생각합니다. 학자 분들 중에는 다샤 시카고 대학 학장과 두 분의 노벨상 수상자인 밀러 선생과 베이커 선생도 계십니다. 밀러 선생은 제 오랜 친구입니다. 그리고 존슨 교수도 오셨습니다. 연회가 끝나면 저는 이분들과 좌담회를 가질 것입니다. 주최측의 세심한 배려로 어제는 nice day를 보냈는데 오늘도

1999년 4월 11일, 시카고에 있는 마리바 농장을 참관한 주룽지 총리는 농장주의 환대를 받았다. (사진=신화사 왕옌王燕 기자)

happy day가 될 것 같군요. 리처드 데일리 시장님께 정말 감사드립니다.

저는 시카고가 미국에서 가장 중요하다는 윌리엄 데일리 장관의 말에 동의합니다. 상하이 역시 중국에서 가장 중요한 도시입니다. 저는 어제 리처드 데일리 시장께서 굉장히 많은 공적을 쌓았다고 말씀드렸습니다. 그분은 3선 시장이지만 저는 상하이 시장을 한 번 지냈을 뿐이고 그나마도 다 마치지 못했습니다. 상하이의 중요성은 이 도시가 배출한 우수 인재와 영광스러운 혁명의 역사를 통해 잘 드러납니다. 하지만 데일리 시장께 지금 저는 상하이 시장은 하더라도 총리직은 원치 않는다는 충고를 드리고자 합니다. 제가 상하이 시장으로 있을 때는 머리숱이 많았지만 지금은 거의 없습니다. 만약 워싱턴으로 가신다면 머리숱이 동생인 윌리엄 데일리 장관처럼 줄어들지는 않을까 심히 걱정스럽습니다. 물론 데일리 장관을 존경하지 않아서 드린 말씀이 아니라 그냥 농담입니다. 이렇게 데일리 시장께 우정의 충고를 하고 싶었습니다. 윌리엄 데일리 장관은 최근 중국 방문을 성공적으로 마쳤습니다. 방문을 전후해 체결한 무역협정은 총 24억 달러 상당입니다. 따라서 일부 홍콩 신문에서는 제가 데일리 장관에게 '큰 선물'을 했다고 보도했더군요. 그러나 그것은 '큰 선물'이 아닙니다. 이런 무역은 양국 국민에게 모두 이익이 되기 때문입니다.

저는 이번까지 포함해 시카고를 세 번째 방문했습니다. 첫 번째는 1984년 유나이티드 항공이 이곳에서 세계무역회의를 개최했을 때였습니다. 저는 아까 그때 회의를 주재했던 MAC(미국 애플사)의 아노트 전 총재를 만났는데 정말 반갑더군요. 두 번째는 1990년 상하이 시장으로 있을 때였습니다. 그때는 비록 짧은 일정이었지만 저는 시카고에서 농업과 공업, 정보산업과 금융서비스업이 무척 강하다는 것을 충분히 경험했습니다. 그래서 이곳은 꼭 백화점 같았습니다. 무엇이든 볼 수 있었으니까요. 하지만 주머니에 돈이 별로 없다는 것이 유감이었지요. 오늘 아침에는 시카고 상품선물거래소를 참관하고 '911' 시스템도 둘러보았습니다. 저는 미국의 911시스템[2]이 참 부럽습니다. 그래서 리처드 데일리 시장이 5월에 중국을 방문할 때 이 분야에 관해 협력할 수 있는지 논의했습니다. 중국에도 '110' 시스템이 있지만 911처럼 선진화되지 못했습니다. 기술이나 관리 수준 역시 911에 못미칩니다. 양측이 협력해서 중국의 모든 도시에 이 시스템을 구축하고 싶습니다. 911이 아닌 119로 불러도 괜찮을 것 같습니다. 결론적으로 중국은 매우 큰 시장 잠재력을 가지고 있습니다. 중미 양국이 우호협력을 한다면 중국과 미국 국민에 무한한 혜택을 가져다줄 것입니다. 갤빈 선생(모토로라 CEO:역주)은 이 점을 간파하고 중국에 방대한 투자를 했습니다. 참으로 선견지명이 있는 분입니다. 어제 저녁 연회에서 저는 갤빈 선생의 연설을 들었는데 선생의 아버님께서 연단 아래 앉아 고개를 끄덕이며 칭찬하는 모습을 보았습니다. 그리고 미 캐터필러사의 벅 선생도 이 점을 잘 알고 계셨습니다. 중국의 양자강〔長江〕 싼샤 공사를 비롯한 대형 수리 공사에 캐터필러사의 기계를 사용했기 때문이지요. 중국은 사상 초유의 거대한 인프라시설을 건설하고 있습니다. 이 기회를 잡는다면 더 많은 미국 제품이 중국 시장에 진출할 수 있을 것입니다. 고어 부통령과 함께 주재한 중미 제 2차 환경발전회의에서 저는 중국이 에너지와 환경보호 및 정보산업 분야에서 대규모 건설을 진행하고 있다고 밝혔습니다. 양국이 긴밀한 협력을 진행한다면 중국은 미국의 제품을 수입할 것이며, 미국 역시 그 기술을 이전해줄 것입니다. 그렇다면 현재는 미국이 중미 무역적자 문제를 들고 나오지만 아마 몇 년 후에는 오히려 중국이 적자 때문에 미국과 협상을 해야 될 것입니다. 그러나 이것은 미국의 지지로 중국이 WTO에 가입한 후에야 가능한 일입니다. 따라서 여러분께서 힘을 발휘해

---

2) 911시스템 : 미국의 전화신고서비스 시스템이다.

주시길 바랍니다. 특히 아까 말씀드린 두 분의 상원의원께서 노력해서 중국이 더욱 빨리 WTO에 가입할 수 있도록 도와주십시오.

다시 한 번 시카고와 일리노이주 주민, 여기 계신 여러분과 중미 양국에 진심어린 경의와 감사를 드립니다.

질문이 있으시면 해주십시오. 답변하겠습니다.

질문 : 작년 중국이 위안화 평가절하를 하지 않은 정책 때문에 총리께서는 많은 칭찬을 받으셨습니다. 위안화 가치를 유지한 것은 1999년에 어떤 영향을 주었습니까? 2000년 이후에는 어떤 상황에 직면하게 될까요? 그 분야에서 주요하게 고려하고 계신 요소는 무엇입니까?

주룽지 : 작년 동남아와 아시아 각국의 금융위기 극복을 돕기 위해 중국은 위안화를 평가절하하지 않았고 그에 따른 대가를 치렀습니다. 결국 중국의 대외무역은 대폭 하락했습니다. 위안화 가치 유지 외에도 중국은 태국과 한국·인도네시아 등 아시아 각국에 IMF를 통해 50억 달러의 원조를 제공했습니다. 비록 위안화를 평가절하하지 않아 대외무역이 하락했지만 다른 분야에서 벌어들인 외화로 국제수지 균형을 맞출 수 있었습니다. 또한 이로써 중국의 외환 보유고는 작년 초의 1,390억 달러에서 현재는 1,466억 달러로 증가했습니다. 현재까지 중국의 국제수지는 충분히 균형을 이루고 있어 중국은 위안화를 절하할 이유도 없고 그렇게 하지도 않을 것입니다. 하지만 제 친구인 밀러 선생은 위안화 평가절하를 하지 않겠다는 주장만 하지 말라고 충고하더군요. 왜냐하면 멕시코의 경우를 보면 멕시코 대통령도 원래 화폐 가치를 절하하지 않는다고 했다가 다음에는 말이 바뀌었으니까요. 그는 제게 put option을 제시하라고 했습니다. 그래서 오늘은 그와 이 문제에 관해 계속 토론할 생각입니다. 오늘 여러분께 말씀드린 것은 거듭 위안화를 평가절하하지 않겠다는 뜻이 아닙니다. 저는 여러분이 질문했기 때문에 할 수 없이 말한 것뿐입니다.

질문 : 총리께서는 미국이 중국의 WTO 가입을 지원하겠다는 약속을 지키지 않는 것에 대한 불쾌한 심경을 비교적 공개적으로 드러내셨습니다. 중국의 WTO 가입 과정 중 앞으로 어떤 절차가 있으며 그 시기는 언제쯤으로 예상하십니까?

주룽지 : 저는 공개 장소에서 이번 WTO 가입 협상이 이루어지지 않은 것에 유감을 표시한 적이 있습니다. 그러나 마음속으로는 오히려 기분이 좋았습니다. 왜냐하면 미국 방문 전 이미 현재 미국에 반중 정서가 있는 상황에서 합의 달성은 불가능하다고 예상했기 때문입니다. 그러나 단 한 가지면 됐다고 생각합니다. 아까 데일리 장관께서 말씀하셨던 "미국은 1999년 중국이 WTO에 가입하는 것을 굳게 지지한다"는 그 말 하나면 충분합니다. 저 역시 지금 합의를 달성하고 싶지는 않습니다. 그렇게 되면 제가 돌아간 후 사람들은 또 제가 '큰 선물'을 줬다면서 무슨 국익을 판 사람처럼 볼 것입니다. 중국이 큰 양보를 한 것은 맞지만 이 양보는 필요한 것이었습니다. 이 양보가 있어야 중국은 WTO에 가입할 수 있고 중국의 개혁개방 사업이 더욱 촉진될 것이며 중국의 시장경제체제가 완성되어 중국 경제의 빠르고 양호한 발전이 실현될 것입니다. 따라서 양국의 합의 달성은 미국의 상업 이익에도 도움이 되며, 동시에 중국의 국익에도 도움이 됩니다. 다음에는 저와 클린턴 대통령이 발표한 연합성명에 따라 남은 문제 협상을 빨리 진행해야 할 것입니다. 이 문제 중에는 시장 진입 문제도 있는데 이미 양측의 이견이 많이 좁혀졌습니다. 양국이 노력만 한다면 빠른 시일 내에 합의를 이룰 수 있을 것입니다. 여기 계신 상공업계 인사들께 말씀드리고 싶습니다. 중국의 양보와 개방 확대는 여러분께는 충분한 것입니다. 그리고 시간의 흐름에 맞추어 중국은 예정된 계획대로 개방의 정도를 더욱 늘릴 예정입니다. 만약 요구가 너무 많거나 빠른 속도를 원한다면 아무것도 얻지 못할 수도 있습니다. 세계에는 미국만 있는 것이 아니라 유럽도 있고 다른 국가도 있기 때문이지요. 따라서 저는 여러분이 의회 의원들, 즉 여기 계신 두 분 의원에게 이 기회를 잘 잡고 제가 여러분께 드리는 '선물'

을 거절하지 말라고 재촉해주시기 바랍니다.

질문 : IMC 글로벌은 인산 비료와 칼리 비료를 생산하는 미국 최대의 회사입니다. 수출 역시 최대 규모입니다. 저희 회사는 중국의 WTO 가입을 굳건하게 지지하고 있습니다. 농업은 중국의 미래 발전에 어떤 지위를 차지하고 있습니까? 중국의 우선 발전 분야 중 농업은 어떤 위치에 있나요?

주룽지 : 농업은 중국 국민경제의 기초입니다. 중국은 농업 발전을 한결같이 중시해오고 있습니다. 중국의 농업은 최근 몇 년 동안 최대의 성공을 거두었습니다. 과거에 비해 농산품 역시 매우 풍부해졌습니다. 그러나 중국은 여전히 국제협력, 특히 미국과의 협력을 필요로 하고 있습니다. 그래서 이번 시카고 방문 때 일부러 농장을 둘러보고 농민들과 대화하면서 많은 것을 배웠습니다. 중미 농업협정 체결은 양국의 농업 분야 협력에 유리합니다. 중국은 이미 미국 7개 주에 대한 밀 수출 금지령을 해제했고, 4개 주의 오렌지 수출 제한을 풀었습니다. 그리고 육류 검역 분야에서도 합의를 했습니다. 저는 농업 분야의 합의가 중미 양국 국민에 유리하며, 시카고와 일리노이주에도 유리하다고 생각합니다. 이번에 데일리 장관이 중국을 방문했을 때 중국은 미국의 인산 비료를 대량으로 구매했습니다. 현재 중국은 인산 비료가 부족하기 때문입니다. 하지만 선생의 회사에서 구매했는지는 잘 모르겠습니다. 중국은 시카고와 일리노이주, 미국과 농업 분야에서 광범위한 협력을 맺길 희망합니다. 또 시카고와 일리노이주로부터 사들인 대량의 곡식과 육류가 유나이티드 항공의 비행기를 통해 중국에 오기를 바랍니다.

뉴욕 경제클럽 만찬회 연설 및 질의응답[*]

(1999년 4월 13일)

맥도너[1] 회장님,

내외 귀빈 여러분!

제 벗인 맥도너 선생은 오늘 과분하게 저를 칭찬해 주셨습니다. 정말 몸둘 바를 모르겠습니다. 먼저 맥도너 선생께 감사를 드립니다. 그리고 성대한 연회를 열어 중국 정부 대표단을 환영해 주신 미국 뉴욕 경제클럽과 중미 무역 관계 위원회 관계자 분들께도 고마움을 전하고 싶습니다. 여러분의 열렬한 환영을 받고 저는 정말 감동했습니다. 이 자리를 빌려 중국 정부 대표단은 여기 계신 여러분과 뉴욕시 및 뉴욕주 주민께 진심어린 경의와 축원을 드립니다.

대표단은 미국의 5개 도시를 방문했습니다. 로스앤젤레스를 출발해 워싱턴 · 덴버 · 시카고를 방문했고, 어제 저녁 뉴욕에 도착했습니다. 내일은 보스턴으로 갑니다. 오늘 오후 CNN과 인터뷰를 할 때 기자분이 제게 미국의 도시 중 가장 좋아하는 도시가 어디인지 묻더군요. 저는 다 좋아한다고 답했습니다. 그랬더니 제게

---

* 미국 방문 기간 동안 주룽지 총리는 뉴욕 경제클럽이 주최하고 1,500명이 참석한 만찬에서 연설하고 중미 관계, 중국의 WTO 가입과 중미 무역 등 문제에 관한 참석자들의 질문에 답변했다.
1) 맥도너 : 당시 뉴욕 경제클럽 회장이었다.

외교전문가답다고 하더군요. 하지만 오늘 여기서는 가장 좋아하는 도시가 뉴욕이라고 답하겠습니다. 하지만 사실 그것은 제 진심입니다. 오늘 오전 NASDAQ[2]을 방문했을 때 이스트 리버를 지나면서 봤던 높은 고층 빌딩들은 상하이의 와이탄을 떠올리게 했습니다. 저는 상하이가 중국의 뉴욕이라고 생각합니다.

중국 정부 대표단은 클린턴 대통령의 초청으로 미국을 방문했습니다. 이번 방문은 매우 성공적이라고 생각합니다. 사실 대표단은 맞을 각오를 하고 미국에 왔습니다. 저는 제임스 사서 주중 미국 대사에게 맞지 않을 수 있는 방법을 물어봤습니다. 그랬더니 always keep a smiling face(항상 웃고 다니라)라고 하더군요. 하지만 저는 성질이 고약해서 억지로 웃지를 못합니다. 만면에 미소를 띠우지도 않았는데 미국 국민들은 저를 환영해 주셨습니다. 그래서 저는 중미 양국 국민의 우호가 매우 깊다는 것을 느꼈습니다. 미국 공화당과 민주당은 양국 국민의 우호 관계를 유지하는 정책에 모두 동의했습니다. 먼저 공화당의 닉슨 대통령이 중미 양국 우호관계의 포문을 열었습니다. 이번에 닉슨 대통령의 따님을 만날 수 있어서 매우 반가웠습니다. 그리고 민주당의 카터 대통령은 중국과 미국의 정식 외교 관계를 수립했습니다. 이후 레이건 대통령과 부시 대통령도 양국의 우호협력 관계를 더욱 촉진했습니다. 민주당의 클린턴 대통령과 장쩌민 주석은 성공적인 상호 답방을 통해서 건설적인 전략적 동반자관계를 수립하기 위해 노력했습니다. 이런 우호 관계는 중미 양국 국민뿐 아니라 세계 모든 국민에게도 이익이 됩니다. 미국은 세계 최대의 강대국이고 중국은 세계에서 인구가 가장 많은 국가입니다. 따라서 양국이 협력을 한다면 세계 평화와 국제 협력에 도움이 될 것입니다. 양국 관계 발전 과정에서 일부 어려움과 우여곡절이 있기도 했지만 이 모든 것은 양국 우

---

2) 나스닥 : National Association of Securities Dealers Automated Quotation의 약자. 미국 증권 거래상 협회의 자동 가격 보고 시스템을 지칭하지만 지금은 나스닥 증권거래시장의 대명사가 되었다.

호협력 관계라는 긴 강 중간에 있는 작은 일부분에 불과하다고 믿습니다. 중국은 이 작은 먹구름이 곧 사라지고, 중미 우호 관계의 찬란한 태양이 다시 떠오르길 희망합니다.

이번에 중국 정부 대표단은 워싱턴에서 클린턴 대통령과 화기애애한 분위기 속에서 성실한 자세로 회담을 진행했습니다. 저는 회담을 통해 건설적인 성과를 거두었다고 평가합니다. WTO 가입 문제에 있어 큰 진전을 거두었고, 양국은 이 문제에 관한 협상을 거의 완성했습니다. 미국의 일부 전문가의 분석에 따르면 WTO 가입을 위한 중미 협상은 95% 완성되었다고 합니다. 하지만 제가 볼 때는 99%에 도달했다고 생각합니다. 오늘 오후 2시, 클린턴 대통령은 제게 전화를 하셨습니다. 저는 클린턴 대통령께 제가 방문했던 도시와 만났던 수많은 의회 의원 및 정부 관료들, 그리고 일반 국민과 만나서 대화한 얘기를 해드렸습니다. 저는 이런 만남을 통해서 미국 국민이 중국 국민에게 깊은 우정을 갖고 있다는 것을 새삼 깊이 느꼈습니다. 그분들 모두 중미 양국의 우호와 중국의 조속한 WTO 가입에 찬성할 거라고 생각합니다. 클린턴 대통령은 제게 같은 생각이라고 말해주셨습니다. 따라서 양국은 오늘 저녁 성명을 발표하고, 양측이 중국의 WTO 가입 협상을 조속히 진행하기로 결정했다는 사실을 밝힐 것입니다. 양국은 4월말 이전에 베이징에서 협상을 계속할 것입니다. 중국은 멀지 않은 미래에 합의를 달성하기를 바랍니다. 그 합의는 중국에 유리하지만 제 생각에는 미국에 훨씬 더 유리합니다. 저는 엔지니어로서 중국이 협상에서 한 양보가 미국에 얼마나 큰 이익을 가져다줄지 미국 측 관계자보다 더 잘 알고 있습니다. 통신산업을 예로 들어 보죠. 과거 중국은 이 분야를 대외에 개방하지 않았습니다. 그러나 이번에 이동전화 분야에서 미국의 CDMA 시스템을 도입하기로 결정을 내렸습니다. 중국과 미국은 공동으로 중국에서 사용할 CDMA 시스템을 개발하고, 미국 회사가 25~30% 정도의 지분을 갖는 것을 허용했습니다. 그것은 미국에 있어 매우 큰 시장이며 발전 가능성도 매우 높습니다. 농업 분야에서도 중국은 많은 양보를 했습니다. 그것은 양국이 체결한 〈농업협력 협정〉을 보면 잘 나와 있습니다. 이번에 워싱턴을 방문했을 때 저는 앨 고어 부통령과 공동으로 제 2차 중미 환경발전회의 개막식을 주재했습니다. 회의에서 저는 중국이 현재 환경보호와 생태공학을 매우 중시하고 있으며, 양국이 에너지와 환경보호·통신산업 등 분야에서 협력할 경우 수천억 달러의 시장이 창출된다고 말했습니다. 오늘 정오, 저는 미국 은행가들과 오찬을 함께 했고, 회의에서 친구인 모리스 그린버그[3] 선생을 만나 대화를 나누었습니다. 상하이 시장 시절 AIG가 상하이에 지사를 세우는데 찬성했는데 그 일로 일부에서는 '매국노'라고 비난 받았던 일을 그린버그 선생에게 말해주었습니다. 그러나 AIG는 중국 진출 후 중국에서 커다란 발전을 거두었을 뿐 아니라 중국의 보험사들도 AIG로부터 경영관리 방법을 배워서 예전보다 훨씬 빨리 성장했습니다. 그렇지만 AIG가 중국의 다른 지역에 지사를 세우려고 했을 때 또 큰 반대에 부딪혔습니다. 당시 제가 부총리 직에 있었지만 그린버그 선생의 요구를 들어줄 수가 없었습니다. 그린버그 선생은 기다리다가 지쳐서 어린 소녀가 할머니가 되어 버렸다며 볼멘소리를 하더군요. 현재는 상하이와 광저우 이외에도 선전과 포산佛山에도 AIG 지사 설립이 비준되었습니다. 저는 그린버그 선생에게 이렇게 말했습니다.

"조금만 더 기다려주십시오. 그리 오래는 아닐 겁니다. 적어도 선생이 퇴직하기 전에는 중국 어디에나 AIG의 지사를 세울 수 있을 겁니다."

여러분, 오해는 하지 말아주십시오. 제가 예로 든 AIG는 사실 모든 미국 회사를 말하는 것입니다. 따라서 저는 소위 '중국 위협론'은 존재하지 않는다고 생각합니

---

3) 모리스 그린버그 : 당시 AIG의 CEO였다.

다. 마땅히 '중국 기회론'으로 바꿔야 되겠지요. 오늘 오찬회에서 한 은행가 분이 제게 미국의 금융 분야 중 중국이 도입할 만한 것은 무엇인지 물었습니다. 오늘 CNN기자분도 똑같이 묻더군요. 중국이 자본주의에서 무엇을 배울 수 있는지 말이지요. 중국은 금융 발전 경험을 비롯한 미국 경제의 발전 경험을 도입하고 참고할 수 있습니다. 물론 중국의 특징과 부합해야 가능한 일입니다.

워싱턴에서 저는 '세계 경제를 구한 3인의 marketeer(시장관리자)'로 불리는 그린스펀 의장·로빈 재무장관·서머스 재무차관과 대화를 나누었습니다. 제 오랜 친구인 그린스펀 의장은 중국의 사회보장기구를 국영기업과 분리하라는 의견을 제시했습니다. 저는 그 의견에 동의하며 그렇게 진행 중이라고 답했습니다. 방금 다른 분과는 일본인이 어떻게 bridging bank(가교은행)을 설립해서 그들의 악성 부채 문제를 해결할지에 관해 오랫동안 논의했다는 얘기를 했습니다. 저는 중국의 악성 부채 비율은 일본만큼 그리 높지 않다고 믿습니다. 그러나 현재까지 일본이 가교은행을 만든 것은 본 적이 없습니다. 중국은 미국의 정리신탁공사(RTC)의 경험에 따라서 금융자산관리공사를 설립하고, 은행의 불량 대출을 분리했습니다. 이 경우 국가의 상업은행 경영관리가 개선되고 불량 대출 회수에도 유리합니다. 결론적으로 미국은 중국이 배울 만한 많은 경험을 가지고 있습니다. 이번 방문을 통해서 많은 것을 배워갈 것입니다.

미국 방문을 끝마치면서 저는 클린턴 대통령과 미국 정부가 저희에게 베풀어주신 친절한 환대에 진심으로 감사드립니다. 또한 방문길에 미국 국민들께서 보여주신 깊은 호의에도 정말 고맙다는 인사드립니다. 특히 여기 계시는 여러분들이 보여주신 열렬한 환영에 진심으로 고마움을 전합니다.

감사합니다.

1999년 4월 8일, 주룽지 총리와 부인 라오안 여사는 백악관에서 클린턴 대통령과 부인 힐러리 여사, 올브라이트 국무장관과 회견했다.

프랭클린 전 미국 상무장관 : 회장님과 주 총리께 감사드립니다. 오늘 주 총리께서 만찬에 참석해주셔서 매우 영광입니다. 미국과 중국이 아직 중국의 WTO 가입 조건에 관한 최종 합의를 달성하지 못해 실망스럽지만 다행히 오늘 클린턴 대통령과 전화 통화를 하셨다고 들었습니다. 총리께서 WTO 가입에 관해 공개적으로 말씀하실 때 미국의 정치체제에 대한 깊은 이해를 읽을 수 있었습니다. 중국에서는 이 문제와 관련해 어떤 정치적 조건이나 어려움이 있습니까?

주룽지 : 적절한 질문을 해주셨네요, 대단히 감사합니다. 정말 제가 중국에서 어려움을 겪을 수도 있습니다. 따라서 저는 여러분께 중국이 최대한 양보했다고 말씀드렸습니다. 하지만 홍콩의 신문은 제가 미국에 온 것이 클린턴 대통령께는 '큰 선물'이라고 보도했더군요. 앞으로 절대 그런 말은 하지 마시기 바랍니다. 그러면 대통령께 누가 될 겁니다. political contribution(정치 헌금)이라고 와전될 수도 있

어요. 중국이 양보를 한 것은 사실입니다. 그것도 아주 크게 양보했습니다. 그렇다면 중국은 꼭 WTO에 가입해야 할까요? 가입하지 못하면 생존이 불가능할까요? 그렇지 않습니다. WTO 협상을 13년 간 해왔는데 그동안 중국은 살아있었을 뿐 아니라 점점 더 잘 살고 있습니다. 합의가 안 된다고 해도 기다릴 수 있습니다. 그럼 중국은 왜 그렇게 큰 양보를 했을까요? 첫째, 중미 우호협력 관계의 대세를 고려했습니다. 현재 미국에 반중 정서가 존재하는 상황에서 중국은 합의 달성을 통해 중미 우호협력 관계의 발전을 추진하고, 장쩌민 주석과 클린턴 대통령이 수

1999년 4월 9일, 주룽지 총리는 워싱턴에서 그린스펀 미국연방준비제도이사회(FRB) 의장(왼쪽에서 두 번째)과 로빈 미 재무장관(왼쪽에서 첫 번째)과 회견했다. (사진=신화사 란훙광 기자)

립한 건설적인 전략적 협력동반자 관계를 더욱 발전시키고 싶었습니다. 둘째, 덩샤오핑 최고 지도자께서 기초한 개혁개방 정책의 성공으로 중국은 WTO 가입 후 국영기업과 경제구조, 시장에 미칠 파장을 충분히 감당할 수 있을 정도로 발전했습니다. 동시에 중국 국민의 인식도 크게 높아졌습니다. 그들 역시 경쟁 체제를 도입해야 국영기업의 발전을 더욱 촉진하고 국민경제를 건전하게 성장시킬 수 있다는 사실을 깨닫기 시작한 것입니다. 얘기를 하나 해 드리겠습니다. 3년 전, 저는 조지 피셔George Fisher 선생과 코닥사의 중국 합작 문제를 상의하고 있었습니다. 그때 누군가에게 두 번째로 '매국노'라는 소리를 들었지요. 그러나 2년 후 코닥은 중국에 진출했고 대량의 투자로 중국 필름 산업의 발전을 촉진했습니다. 그때 제게 매국노라고 했던 사람을 최근 춘절 행사에서 만났는데 "예전에 내가 틀렸다"고 하더군요. 향후 세 번째로 매국노라는 말을 들을 일은 없을 것입니다. 저는 중국의 양보가 중미 양국 모두에게 이익이 된다고 생각합니다.

로버트 : 회장님과 프랭클린 여사처럼 저도 오늘 만찬에 와주신 주 총리께 환영의 뜻을 표하고 싶습니다. 첫 번째 질문은 최근 몇 년 간 중국에서 끊임없는 논쟁의 대상이 된 법제 개혁 문제에 관한 것입니다. 총리께서는 최근 〈정부업무보고〉에서 법률제도와 법치를 강화하겠다고 힘주어 말하셨습니다. 중국 정부가 이 방면에서 취한 절차와 앞으로 수년 간 국민과 중국 경제에 미칠 영향에 대해 말씀해 주십시오.

주룽지 : 질문 감사합니다. 법치 국가 건립은 중국이 당면한 가장 절박한 임무입니다. 따라서 최근 열린 제9기 전인대(미국의 의회에 해당) 2차 회의에서는 중요한 헌법 수정안이 통과되었습니다. 이 수정안은 특히 법치를 강조하고 중국에 법치국가를 건설하는 내용을 강조하고 있습니다. 미국을 방문했을 때 많은 친구들이 제게 중국의 인권문제에 관해 물어보셨습니다. 우선 여러분께 중국의 인권은 분명 유례없이 진보했음을 알려드리고 싶군요. 그러나 중국의 인권 업무에 결함이 있

는 것도 인정합니다. 중국은 여러분의 의견을 듣고 중국의 인권 상황을 개선하고 싶습니다. 장쩌민 주석과 저를 비롯한 중국의 지도자들은 모두 젊은 시절부터 오랫동안 중국의 민주와 자유·인권·법치를 위해 투쟁해 온 사람들이라는 사실을 다들 잘 아실 겁니다. 그런 사람들이 어떻게 오늘날 반대로 인권을 침해하고 탄압하겠습니까? 중국의 상황이 미국과 다르다는 것을 반드시 이해하셔야 합니다. 중국의 봉건 역사는 2천년이 넘지만 중화인민공화국이 건설된 지는 50년밖에 안 됩니다. 중국 국민의 생활수준이나 교육수준은 미국 국민에 비해 훨씬 낮습니다. 이런 국가에서 미국처럼 완벽한 민주제 실시는 불가능합니다. 법치를 실행하려면 강력한 사법기관이 있어야 하며, 자격을 갖춘 상당수의 법관이 필요합니다. 변호사 역시 많이 있어야 합니다. 그러나 아쉽게도 미국에는 변호사가 매우 많지만, 중국에는 변호사가 태부족입니다. 따라서 중국이 민주화를 두려워하거나 법치를 거부하는 것이 아니며, 인권을 침해하려는 것은 더욱 아닙니다. 중국의 조건에 따라 상황을 점차 개선해서 장차 중국을 완전한 법치국가로 만들 것입니다. 장쩌민 주석과 제가 인권 침해 사건을 알았을 때 여러분보다 더 다급했고 더 분노했습니다. 하지만 중국의 인구는 12억 5천만 명입니다. 너무 서두르면 좋은 성과를 거둘 수 없습니다. 저는 중국의 인권이 날마다 개선되고 있으며 중국이 분명 법치국가가 될 것이라고 굳게 믿습니다. 중국은 여러분의 의견을 듣고 싶습니다.

프랭클린 전 미국 상무장관 : 비록 올해 중국의 GDP와 수출 증가세가 둔화되었지만 여러 분야에서 경제개혁을 계속 추진하고 있습니다. 그러나 이런 상황 때문에 실업률은 상승했으며, 시장의 개방 확대와 더 많은 경쟁을 요구하고 있습니다. 야심찬 개혁과 시장의 확대·성장세 둔화·실업률 상승 등 여러 요인이 한데 합쳐져 중국의 거대한 도전이 되었습니다. 하지만 그중 일부 도전은 서로 충돌하고 있습니다. 이런 국면에 어떻게 대처하실 건가요?

주룽지 : 너무 많은 인구는 중국 최고의 골칫거리입니다. 사람은 가장 귀한 재산

이라고 믿지만 그 사람이 제대로 된 역할을 하려면 하나의 과정이 필요합니다. 교육을 받아야 발전할 수 있는 것이지요. 현재 지나치게 많은 인구는 중국 국민경제에 심각한 부담을 주고 있습니다. 중국에는 현재 농업에 종사하는 인구가 가장 많습니다. 이번에 시카고의 일반 농장을 방문해서 농장주와 대화를 나눴는데, 그곳의 농가 당 토지 경작 면적은 중국의 농가와 비교하면 1천 배가 넘는 다는 사실을 알았습니다. 그러나 중국 농민은 자신의 토지에 세심한 손길을 쏟아서 단위 면적 생산량을 높였고 지금의 농민 생활은 과거에 비해 훨씬 나아졌습니다. 특히 중국은 농업생산 다양화를 제창해서 가공·목축 등 농산품 가공 산업을 발전시켰고 농민 수입은 급격히 증대되었습니다. 중국은 현재 국영기업 정리해고로 인한 실업 문제에 직면해 있습니다. 작년 초, 1천만 명의 국영기업 노동자가 일자리를 잃었습니다. 그러나 사회보장체계 수립으로 실업 노동자나 정리해고자의 기본 생활이 보장되어 사회적인 불안이 야기되지는 않았습니다. 정부의 지속적인 노력으로 작년 한 해 600만 실업 노동자가 재취업에 성공했습니다. 작년 연말까지 실업자는 단 600만 명만 남았는데 이는 새로 늘어난 200만 명이 포함된 수치입니다. 그들 모두 사회보장을 누리고 있습니다. 이런 사회보장제도는 중국의 국영기업에 새로운 희망을 주었습니다. 과거 국영기업의 노동자들은 해고를 당할 일도, 일자리를 잃을 일도 없었습니다. 과거에는 그들을 가리켜 '철밥통'이라고 했지만 지금은 그 철밥통을 깨고 경쟁을 장려하고 있습니다. 이는 국영기업의 발전에 매우 도움이 되었다고 생각합니다. 중국은 3차산업이 매우 낙후되어 있지만 발달한다면 대량의 노동력을 흡수할 수 있을 것입니다. 중국은 실업 문제가 심각해질 것이라는 걱정은 하지 않습니다. 분명 이 문제는 점차 해결될 것이라고 생각합니다. 따라서 경쟁을 두려워하지 않으며, 외국 기업의 중국 진출이나 외국 제품의 중국 진입으로 인한 경쟁도 겁내지 않습니다. 물론 실업과 재취업 문제가 중국의 중요한 문제 중 하나라는 것은 충분히 인식하고 있습니다. 반드시 이 문제를 신중하게 처리할 것입니다. 그렇지 않다면 저는 총리직에서 물러나게 될 수도 있겠지요.

로버트 : 주 총리께서 전인대에서 발표한 〈정부업무보고〉처럼 일부 국영기업은 대성공을 거두어 시장 경쟁에 참여했지만 실패를 본 기업도 있습니다. 국영기업 관리 실천과 정부가 이들 기업의 관리 실천을 강화한 적극적인 조치는 무엇입니까?

주룽지 : 중국 국영기업에 일부 문제가 존재하는 것은 사실입니다. 중국 국영기업 개혁의 방향은 대형 기업의 주주제 실시입니다. 다시 말해 대형 기업의 주식 일부분을 주식시장에서 대중에게 매도하는 것이지요. 그리고 이들 기업을 정부와 완전히 분리해서 정부가 기업 관리에서 손을 떼게 됩니다. 정부 각 부처는 정책 제정만을 담당해서 이들 기업이 독립적이고 공정하게 경쟁하도록 합니다. 중소기업은 개인에게 파는 방법 등으로 활성화를 시킬 것입니다. 따라서 가장 중요한 것은 정부와 기업을 엄격하게 분리해 둘 사이의 종속 관계를 없애는 것입니다. 워싱턴 방문 시, 저는 앨 고어 부통령과 기업계 좌담회를 주재했습니다. 그중 한 기업가가 문제를 제기하였는데 그는 막 중국의 정부 입찰에서 실패해서 중국에 대한 감정이 그리 좋지 못했을 것입니다. 그 사람은 중국이 외국 기업의 중국 진출을 좋아하지 않고, 그들이 중국에서 돈을 버는 것은 더더욱 싫어하는 것 같은 인상을 받았다고 했습니다. 저는 중국의 정책은 절대 그렇지 않다고 말씀드렸습니다. 중국의 국영기업 이윤은 그 기업에 속하며 정부에는 세금만 내면 됩니다. 외국 기업이 중국에 와도 역시 이윤은 그 기업 소유입니다. 중국 정부는 세금만 받으면 됩니다. 공평하게 말해서 합자 기업을 포함한 외국 기업이 중국 정부에 내는 세금액은 중국의 국영기업보다 훨씬 많습니다. 그렇다면 굳이 정부가 중국 국영기업의 편을 들 필요가 있을까요? 저는 경쟁을 통해서만이 중국 국영기업이 발전한다고 생각합니다. 감사합니다.

미국 매사추세츠 공과대학 연설 및 질의응답*

(1999년 4월 14일)

총장님, 그리고 내외 귀빈 여러분!

MIT(매사추세츠 공과대학)에 초청해주신 총장님께 진심으로 감사드립니다. 이번 기회를 통해 여러 교수님과 학자분들, 그리고 제 모교인 칭화대의 동문들도 만날 수 있었습니다. 어제 뉴욕에서 만난 제 친구는 저보고 "용감하게 MIT에서 연설한 두 번째 국가 지도자"라는 말을 하더군요. 저는 용기도 없고 학술 연설을 할 용기는 더더욱 없습니다. 1947년 칭화대 재학 시절, 칭화대는 '중국의 MIT'라고 불렸습니다. 제가 공부한 교과서는 대부분 MIT 것이었습니다. 물론 미국에서 온 원본이 아니라 중국에서 인쇄한 것입니다. 혹시 해적판이었는지는 잘 모르겠습니다. 저는 그 당시 언젠가 MIT에 가서 공부하고 학위취득하는 일을 몹시 동경했습니다. 하지만 총장님께서 오해 없으셨으면 합니다. 저는 명예 학위를 원하는 것이 아닙니다. 저는 그런 political contribution(정치헌금)을 바라지 않습니다. 학위를 받으려면 반드시 열심히 공부하고 시험을 치고 인터뷰에 통과해야 할 것입니다. 그러나 이미 제 나이가 일흔이니 아무래도 이번 생애에는 MIT의 학위는 따지 못

---

* 미국 방문 기간, 주룽지 총리는 보스턴에 있는 MIT 대학 강당에서 '21세기를 향한 중미 관계'를 주제로 한 연설을 하였고, 연설에 참석한 인사들의 질문에 답변했다.

1999년 4월 14일, 주룽지 총리는 미국 MIT에서 연설하고 질문에 답변했다. (사진=신화사 란훙 광기자)

할 것 같습니다.

1984년, 처음으로 보스턴을 방문했을 때 하버드 대학에서 연설을 하고 맥아더 학장과 대화를 나눴습니다. 그러나 그때는 MIT에 올 기회가 없었습니다. 지금 생각해도 매우 유감스러운 일입니다. 따라서 이번에 오지 않으면 평생 한이 될 것 같았습니다. 특히 MIT의 경영 방침과 일부 구호는 과학 기술과 교육 사업 발전으로 국가를 부흥시킨다는 중국의 '과교흥국科敎興國' 전략을 수행하는데 배울 점이 매우 많습니다. 그리고 제가 칭화대 경영대학 학장이고 칭화대 경영대학과 MIT가 긴밀한 협력을 맺고 있다는 것도 큰 이유였습니다. 따라서 만약 MIT에 오지 않는다면 크게 유감이었을 것입니다.

저는 오늘 중미 관계에 관해 말씀드리고자 합니다. 중미 관계의 역사는 온갖 시련의 역사입니다. 그러나 중국과 미국이 우호협력 관계를 유지하는 것은 양국 국민의 이익에 부합하고 세계 모든 국가의 이익에 부합한다고 생각합니다. 이는 미국 공화당과 민주당 양당이 합의한 정책이며, 중국의 3대 지도자들이 일관되게 견지한 정책입니다. 오늘날 중미 관계에서는 일부 어려움과 문제점이 나타나고 있습니다. 따라서 저는 여기서 그에 관한 미국 국민의 화를 풀어드리고 싶습니다. 그렇다면 어떻게 할까요? 그 방법은 진상과 사실을 설명하고, 양측의 합의를 얻는 것입니다.

중미 관계상의 많은 문제는, 미국 방문 기간 동안 이미 여러 차례 언급했습니다. 예를 들어 인권 문제·1989년의 정치 분쟁·달라이라마 문제·TMD 문제·코소보 문제 등이 그것입니다. 이미 지겨울 정도로 들으셨을 테니 여기서 그 문제를 말하지는 않겠습니다. 대신 여러분의 관심사인 중미 무역적자 문제를 말씀 드리겠습니다.

미국 각계 인사 모두 이 문제에 관심을 갖고 계실 줄 압니다. 저는 개인적으로 이 문제에 관해 약간의 연구를 했습니다. 물론 노벨상 수상자나 여러 교수 분들에 비하면 공자 앞에서 문자 쓰는 격이겠지요. 그러나 다음의 몇 가지 관점을 설명하겠습니다.

첫째, 중미 무역적자는 너무나 과장되어 있습니다. 미국 측의 통계 자료에 따르면 중미 무역적자는 569억 달러지만 중국 측 자료로는 211억 달러입니다. 둘 사이에는 크나큰 격차가 있습니다. 둘 중 어떤 수치가 정확한지 평가할 생각은 없습니다. 그러나 미 스탠퍼드 대학의 교수가 연구한 결과에 따르면 양국의 통계 수치 모두 부정확하다고 합니다. 그 원인은 수입을 계산할 때는 운송비와 보험금을 포함했지만, 수출을 계산할 때는 이를 포함하지 않았기 때문입니다. 또 중미 무역에서 상당 부분을 차지하는 홍콩 경유 반출도 고려하지 않았습니다. 홍콩 경유 시 부가가치세와 비용이 상당히 높아지게 됩니다. 이밖에 중국에 대한 밀수도 계산에 넣지 않았습니다. 이 교수는 이런 요인에 따라 다시 계산하면 중미 무역적자는 365억 달러라고 합니다. 미국은 중국에 대량의 서비스 수출을 하고 있기 때문에 단순히 화물의 수출입 적자를 따진다면 350억 달러밖에 안 됩니다. 역시 그 정확성에 대해서는 말하지 않겠습니다. 이 수치는 미국 것보다 낮고, 중국 것보다는 높습니다. 하지만 이 학자가 진행한 대량의 연구와, 대량의 수치를 근거로 든 점은 존중합니다.

이것이 저의 첫 번째 관점입니다. 다시 말해 중미 무역적자를 너무 심각하게 보지 말아주시기 바랍니다. 솔직히 말하면, 미국의 작년 무역적자 총액은 1,690억 달러밖에 되지 않습니다. 거기에 다른 분야를 더하면 전체 적자 규모는 2천억 달러를 넘지 않습니다. 그것은 미국 GDP의 2%를 조금 넘는 수준입니다. 다른 국가에서 이는 정상적인 일입니다. 캐나다도 여러 해 동안 무역적자가 GDP의 2%를 넘었지만 심각한 문제는 아닙니다. 미국에게는 사소한 일에 불과합니다.

둘째, 중국이 미국에 수출하는 것은 노동집약형, 저부가가치 소비품이나 자원성 제품(물 · 전기 · 석유 · 천연가스 · 석탄 등 유한하지만 인류의 생존에 꼭 필요한 자원 제품:역주)이 절대 다수를 차지하고 있습니다. 이 제품은 15년 전에 미국에서 생산을 중지한 것입니다. 따라서 관련 중국 제품은 미국 제품과 경쟁 관계에 있지 않습니다. 오히려 미국의 경제 구조조정에 유리하며 첨단기술 산업을 발전시키는데 도움이 되어 미국은 오늘날 세계의 최강대국으로 변모할 수 있었습니다. 소비성 제품은 미국에서 생산할 사람이 없습니다. 만약 중국에서 관련 제품을 수입하지 않는다거나 혹은 다른 국가로 수입선을 바꾼다면 미국 국민은 이를 위해 200억 달러를 더 지불해야 합니다. 이 숫자는 지어낸 것이 아니라 근거가 있습니다. 세계은행 보고서에 나온 수치에 따라 계산한 것입니다. 1998년, 중국에서의 소비품 수입을 중단하고 다른 국가에서 수입했다면 지금 여기 앉아 계신 분들은 주머니에서 더 많은 돈을 내놓았어야 했습니다. 인플레이션이 지금보다 더 커질 가능성도 있었습니다.

셋째, 중국의 대미 수출 중 대다수, 거의 70% 이상이 가공무역입니다. '가공무역'이란 무엇입니까? 이는 미국을 포함한 외국의 투자 기업이 중국 내에 건설한 공장에서 외국으로부터 수입한 원자재와 부품을 가공 또는 조립해 미국에 수출하는 것을 말합니다. 원자재와 부품은 주로 일본이나 한국 · 싱가포르와 타이완 · 홍콩에서 수입합니다. 중국 내의 부가가치는 매우 적습니다. 다시 말해 중국의 대미 수출품에는 사실 상술한 국가들도 포함되어 있는 것입니다. 과거 미국은 이들 국가로부터 소비품을 수입했지만, 이들 국가는 노동원가가 높아지면서 해당 상품을 생산할 수 없게 되었습니다. 따라서 그들은 원재료와 부품을 중국으로 옮겨 중국의 노동력을 사용해 제품을 생산한 뒤 다시 미국에 수출하는 것입니다. 그러므로 미국에 대한 이들 국가의 무역적자는 감소하지만 대중 무역적자는 늘어나게 됩니다. 하지만 합해보면 똑같습니다. 1987년, 제가 국가경제위원회 상무 부주임으로 있을 때 이 문제에 관해 조사한 적이 있습니다. '나이키'·'아디다스'·'리복' 등 중국에서 생산된 미국 유명 상표의 운동화를 미국에 수출한 것과 관련한 조사였습니다. 운동화 공장 대다수가 중국 연해 지역인 푸젠성에 있기 때문에 푸젠성에 가서 직접 조사를 했습니다. 그 당시 푸젠성 공장은 주로 타이완의 기업이 세운 것이었습니다. 운동화 한 켤레의 출고가는 20달러지만, 미국에서의 소매 가격은 120달러였습니다. 조사를 해보니 출고가 20달러 중 중국 노동자들에게 남는 것은 고작 2달러였습니다. 하지만 2달러면 노동자 두 사람을 먹여 살릴 수 있었습니다. 이것은 1년을 통틀어 말한 것입니다. 다른 원자재는 일본에서 수입한 것도 있고 미국에서 수입한 것도 있습니다. 그중 중요한 에어쿠션은 2달러로 미국에서 온 것입니다. 아마 특허를 갖고 있을 겁니다. 그러나 미국에서 120달러에 팔리는 운동화의 중국 수출 가격은 20달러에 불과하며, 그중 중국이 얻는 것은 단 2달러뿐입니다. 그래도 중국 노동자들을 부양할 수 있기에 중국에게는 도움이 됩니다. 이것은 1987년의 상황입니다. 지금은 어떨까요? 최근 타이완 운동화 업계의 대부를 만났습니다. 그는 자신이 전 세계에서 운동화를 가장 많이 판매한다고 하더군요. 그래서 저는 1987년과 비교해서 지금 상황이 어떤지 물었더니 '비슷하다'는 대답이 돌아왔습니다. 이번에 미국을 방문한 후 제 비서를 시카고에 있는 백화점으로 보내 운동화 가격을 조사하도록 했습니다. 그 결과 미국 상점에서 '나이키'와 '아디다스'·'리복' 등 운동화의 평균 가격은 80달러에서 120달러 정도였습니다. 1987년과 비교해 별 차이가 없었고 되려 좀 더 싸졌습니다. 상표를 뒤집어 보면 거의 모두 '메이드 인 차이나'입니다. 따라서 미국은 이런 노동집약형 제품을 생산하지 않으며 다른 나라에서 구매해도 비싸기 때문에 저렴하고 품질 좋은 중국에서 수입해야 하는 것은 자명합니다. 이는 미국 국민에게 이득이고, 중국에도 이

득입니다. 중국 노동자들이 일자리를 얻을 수 있기 때문이지요. 그러나 그중 대부분의 가치는 모두 다른 나라의 대미 수출의 가치를 옮긴 것입니다. 저는 유명한 폴 크루그먼[1] MIT 교수의 관점에 찬성합니다. 크루그먼 교수의 글은 뛰어난 식견을 담고 있어 자주 보는데 그중에 이런 글이 있더군요.

"이것은 중국 시장이 개방되지 않은 것이 아니라 일본 시장이 개방되지 않았음을 설명한다."

이번에 덴버의 한 회사를 참관한 적이 있습니다. 회사 사장은 중국 역시 미국에 첨단 기술 제품을 수출한다는 것을 설명하기 위해 제게 중요한 부품인 '자기 헤드'를 보여주더니 중국에서 수입한 거라고 하더군요. 저는 그것을 보고 말했습니다.

"자기 헤드 중에서 가장 비싼 집적회로(IC)는 미국에서 만든 것 같군요."

중국은 단지 조립만 했을 뿐 상판에 사용된 철재는 일본에서 수입한 것이었습니다. 즉 이 집적회로가 1만 달러라면 8천 달러는 미국이 생산한 것이고, 나머지 2천 달러 중 1천 달러는 일본이나 한국에서 수입한 원자재 값입니다. 중국은 미국에 단 1천 달러를 수출했을 뿐입니다. 따라서 크루그먼 교수는 중국이 국제수지 경상 항목과 자본 금융 항목 모두에서 흑자를 기록했다는 결론을 내렸습니다. 중국의 외환 보유고는 1,466억 달러지만 이 중 절반은 대부분 미국에서 구입한 국채입니다. 두 항목 모두의 흑자는 중국 경제의 약점이며, 저는 크루그먼 교수의 관점에 동의합니다. 중국은 경제구조를 조정해야 합니다.

저는 중미 양국 간의 무역적자가 단순히 중국에만 유리한 것이 아니라 미국에도 크게 유리하다는 것을 설명하기 위해 이상의 세 가지 관점을 말씀 드렸습니다. 물론 양국 간 무역 불균형을 개선하지 않겠다는 것이 아닙니다. 중국은 최대한 양

---

1) 폴 크루그먼Paul Krugman : 미국 경제학자, 2008년 노벨 경제학상 수상자. 주로 국제무역과 국제금융, 통화위기와 환율변화 이론을 연구. 그는 새로운 국제무역이론을 세우고 소득증가와 불완전 경쟁이 국제무역에 미치는 영향을 분석ㆍ설명했다.

국 무역의 균형을 이루기 위해 노력하고 있습니다. 따라서 WTO 가입 협상에서도 중국 측은 많이 양보하고 있습니다. 저는 이런 양보가 중국 국민의 국제적인 경제 협력 참여에 유리하고, 중국 국민경제의 시장 경쟁 추진과 국민경제 발전에도 유리하다고 믿습니다. 그러나 이는 WTO에 더욱 유리합니다. 중국의 참여가 없으면 WTO는 대표성이 없기 때문입니다. 미국에도 역시 커다란 이익을 줄 것입니다.

워싱턴에서 저는 앨 고어 부통령과 공동으로 제2차 중미 환경발전회의 개막식을 주재했습니다. 저는 회의에서 중국은 현재 경제 발전의 실천을 통해서 지속가능한 발전 전략의 중요성을 깊이 인식하고 있으며, 발전과 환경보호 · 생태공학을 모두 동등하게 중시해야 한다고 말했습니다. 따라서 중국은 현재 에너지와 환경보호 등을 위한 인프라 시설 구축을 위해 전에 없던 노력을 다하고 있습니다. 이 분야에 대한 투자와 물량 투입은 역사상 유례가 없을 정도입니다. 중미 양국이 이 분야에서 협력을 하고 미국이 수출 개방과 기술 이전을 원한다면 수천 억 달러의 사업과 수천 억 달러의 시장이 창출되기 때문에 앞으로 수년 내에 중미 무역 불균형을 개선하는데 분명 도움이 될 것입니다.

현재 미국에서는 중미 무역적자 문제를 놓고 분노 가득한 비난이 쏟아지고 있지만 앞으로 몇 년 지나면 중국에서도 그런 일이 생길지 모릅니다. 그때는 아마도 중국이 적자를 볼 경우겠지요. 중국 역시 그렇게 되면 노발대발할 것입니다.

한마디 덧붙이자면 중국 국민은 분노할지 몰라도 저는 그렇지 않을 것입니다. 기술을 도입하고 중국의 관리를 개선할 수 있다면 그 경우의 무역적자는 '유쾌한 부담'이기 때문입니다. 이는 장기적으로는 중국 발전을 위해 좋은 일입니다. 그러나 중국에게는 결정권이 없습니다. 우선은 미국이 진정으로 자신들이 제기한 자유무역을 실시해야 가능한 일입니다. 미국은 중국에 대한 수출을 너무나 엄격하게 제한하고 있습니다. 방금 총장님께서는 미국이 우주 비밀 탐구에 대해 연구하고 있다고 하셨습니다. 저는 '비밀'이라는 말을 들으니 '간첩 사건'과 연관되어 두렵기까지 합니다. 미국은 현재 대중 수출을 큰 폭으로 제한하고 있습니다. 아마 전 세계에서 맨 꼴찌거나 두 번째일 것입니다. 그래서 중국은 미국 휴즈사의 인공위성을 발사하려고 했지만 미국의 비준을 얻지 못했고, 기상국에 필요한 미국 컴퓨터도 들여놓지 못했습니다. 중미 무역의 불균형을 어떻게 개선해야 할까요? 작년에 미국이 중국에 수출한 기계와 전기 제품은 첨단기술 제품이 아닌 일반 제품이며, 수출액은 89억 달러입니다. 그러나 작년 일본과 유럽의 해당 제품 수출액은 각각 151억 달러와 148억 달러를 기록했습니다. 한 가지 묻겠습니다. 미국은 중국에 밀과 오렌지만을 수출하겠다고 요구합니다. 좋습니다, 이번에 서명한 농업 협정이 미국의 밀과 오렌지 수입을 위해 문을 활짝 연 것 아니었습니까? 여러분, 중국 국민이 밀과 오렌지만을 먹고 살 수 있을까요? 물론 살 수는 있겠지만, 중국은 더 나은 삶을 살고 싶습니다. 따라서 저는 우리 모두 중미 관계의 중요성, 전략적인 중요성을 인식하는 것이 관건이라고 생각합니다. 중국은 미국의 잠재적인 적수가 아니며, 미국의 적은 더욱 아닙니다. 중국은 믿을 수 있는 친구입니다.

중국과 미국이 수립한 건설적인 전략적 동반자관계는 중미 양국 국민과 세계 국민, 세계 평화와 국제 협력에 모두 이익이 됩니다. 중국의 3대 지도자인 마오쩌둥·덩샤오핑·장쩌민은 시종 확고하게 이런 관계를 발전시키고 수호해 왔습니다. 현재 중미 관계의 어려움과 문제는 양국 우호협력 관계라는 긴 강 중간에 있는 작은 에피소드에 불과할 것입니다. 저는 이런 어려움과 문제는 작은 먹구름처럼 곧 걷히고 찬란한 태양이 다시 나올 것이며, 양국은 중미 관계를 위해 계속 노력할 것이라고 믿습니다.

귀국을 얼마 남겨두지 않은 시점에서 저희들을 환대해주신 클린턴 대통령과 미국 정부에 진심으로 감사를 드리고 싶습니다. 제가 만났던 미국 국민과 약 30명의 많은 의회 의원들에게도 인사 전합니다. 각급 정부 관료와 접촉했고, 미국의 유명한 단체 및 언론계 책임자들과 조찬을 함께 했습니다. 또 미국 유명 금융인·기업가들과 오찬회를 가졌습니다. 거리에서 일반 국민들과 대화를 하기도 했습니다. 저는 이를 통해 중미 양국의 우의는 두터운 국민의 우의를 기초로 한다는 것을 깊이 깨달았습니다.

어제 오후 두 시, 클린턴 대통령이 제게 전화를 주셨고 저는 미국 방문을 통해 느낀 점을 말씀드렸습니다. 저는 미국 국민들이 중미 우호 협력을 지원하며, 중국의 조속한 WTO 가입을 지지한다고 믿어 의심치 않습니다. 떠나기 전 이 자리에 계신 여러분과 중국 정부대표단을 열렬히 환영해주신 분들, 보스턴 시민들, MIT 관계자, 미국 국민께 진심으로 감사의 말씀 드립니다.

감사합니다, 정말 감사합니다!

찰스 베스트 MIT 총장 : 주 총리께서는 현재 너무 바쁘셔서 MIT에서의 꿈을 이루기는 어려울 것 같습니다. 하지만 오늘 연설을 통해 구술시험은 통과하셨습니다. 이제 총리께 몇 가지 질문을 하겠습니다. 여러분께서는 질문을 할 때 간단하고 신속하게 해 주시기 바랍니다. 통역 시간이 있기 때문인데 그래야 총리께서 더 많은 문제에 답변할 수 있습니다.

질문 : 저는 쉬원리徐文立[2]의 딸인 쉬진徐錦을 대신해서 질문을 드리겠습니다. 온화하고 이성적인 쉬원리 선생은 중국 법률을 위반한 것도 아니고, 시민적·정치적 권리에 관한 유엔 국제협약과 유엔 인권선언의 보호를 받을 수도 있습니다. 하지만 작년 12월 21일, 단 세 시간 반의 재판으로 징역 13년 형을 선고받았습니다. 중국 공산당은 언제쯤 일당 독재를 멈추고 쉬원리 선생을 조건 없이 석방하실 건가요?

주룽지 : 중국의 인권 문제에 관해서는 미국 방문 중 여러 차례 언급을 했기 때문

---

2) 쉬원리 : 안후이 안칭安慶 출생. 1998년 '국가정권 전복죄'로 징역 13년과 정치 권리 박탈 3년을 선고받았다.

에 입이 부르틀 지경입니다. 중국의 인권 상황은 매일 개선되고 있으며, 현재 중국 국민은 역사상 유례없는 인권을 누리고 있습니다. 물론 결점도 있지만 계속 개선해 나가고 있습니다. 중국의 국회인 전인대에서는 바로 얼마 전 헌법을 개정했습니다. 이는 중국은 법치 국가이며 법에 따라 국가를 다스린다는 점을 잘 나타내줍니다. 현재 중국은 이를 위해 노력하고 있습니다. 방금 언급하신 개별적인 사건에 관해서는 이 자리에서 선생과 논쟁하고 싶지 않군요.

질문 : MIT에서 공부하는 칭화대 동문으로서 저는 MIT의 모든 중국인과 미국의 전체 칭화 동문을 대표해서 주 총리의 방문을 열렬하게 환영합니다. 아울러 이번 미국 방문을 성공리에 마치신 것을 축하드립니다. 총리께 두 가지 질문을 드리겠습니다. 첫째, 방금 과학 기술과 교육 사업 발전으로 국가를 부흥시킨다는 기본적인 국책을 말씀하셨는데 그렇다면 현재 이 기본 국책에서 가장 큰 문제는 무엇입니까? 중국 정부는 어떤 조치로 문제를 개선해나갈 겁니까? 둘째, 중국은 어떤 분야의 하이테크 산업을 발전시켜야 한다고 생각하십니까? 중국 정부는 어떤 산업 정책을 준비하고 있는지요? 그리고 유학생이 귀국 후 창업을 하는데 도움을 주는 정책은 없습니까?

주룽지 : 감사합니다. 저도 이번 기회를 빌려 MIT의 칭화 동문과 이곳에서 공부하는 학자분들께 진심으로 경의를 표합니다. 저는 '과교흥국'이 이번 정부의 가장 중요한 임무라고 두 차례 발표한 적이 있습니다. 이 목적을 위해 작년부터 올해까지 중국은 과학 기술과 교육 분야에 거대한 자본을 투입했습니다. 이는 사상 유례없는 일입니다. 구체적으로 자금이 어디에 쓰였는지는 시간 관계상 말할 수 없지만, 과교흥국 정책의 기초는 교육에 있다고 생각합니다. 아주 중요한 기초교육 외에도 전문적인 교육 중 관리 교육이 가장 중요합니다. 현재 중국에 가장 부족한 것은 관리 인재입니다. 국영기업의 최고 책임자와 회계 책임자는 자격 미달입니다. 그래서 아까 총장님께 MIT가 중국의 고급 관리 인재 양성에 도움을 주면 좋겠다는 말을 한 것입니다. 현재는 유명한 회계법인 몇 곳의 도움으로 3개의 국가회계대학을 설립해 중국의 회계 인재를 양성할 예정입니다. 첫 번째 회계학원(중국에

서 학원學院은 단과대를 지칭하며 여기서는 한국의 전문대학원에 해당한다:역주)은 칭화대에 있습니다. 현재 규모가 갖춰졌으니 곧 문을 열 것입니다. 그러나 좋은 원장님을 아직 찾지 못했습니다. 혹시 여기 계시는 분들 중에서 원장을 맡아주실 분 안 계신가요? 칭화대에서 필요로 하는 원장님을 어디서 찾을 수 있을까요? 한 가지 예를 더 들어보겠습니다. 중국의 증권 시장은 인재가 가장 부족한 곳입니다. 증권감독회 역시 마찬가지입니다. 그래서 홍콩에서 증권감독회 주석을 역임했던 량딩방梁定邦 선생을 첫 고문으로 초빙했습니다. 그리고 선생의 요구에 따라 타이완 및 홍콩의 우수한 전문가들이 증감회에서 일하게 될 것입니다. 중국은 그들의 원래 보수와 같은 액수의 임금을 지급할 것입니다.

질문 : 최근 MIT에서는 학교의 남녀 불평등 현상을 해소하는 방법에 관해 연구했습니다. 중국에서는 어떤 조치를 통해 부녀자와 젊은 여성들이 재능을 충분히 발휘하도록 하고 있나요?

주룽지 : 저는 남녀가 평등해야 한다고 생각하지만 중국 사회에는 '남존여비' 전통이 존재합니다. 그러나 각종 조직을 통해 여성과 어린이의 권리를 보호하고 있습니다. 보시다시피 중국 대표단에는 걸출한 여성인 우이 여사가 있습니다. 미국과 WTO 협상을 진행할 때 우이 여사는 핵심 역할을 했습니다. 미국인에게 '국무위원'이라고 하면 잘 이해하지 못하겠지만, 그것은 '부총리' 급에 해당합니다. 중국에서는 서열을 중시하는데 우이 여사는 부총리 다음으로 서열이 높습니다. 한 가지 비밀을 말씀드리자면 저는 집에서는 아내의 말을 아주 잘 듣습니다. 제 수중에는 돈 한 푼 없고 모두 아내에게 바친답니다.

필리핀 상공업계 오찬회 연설 및 질의응답[*]

(1999년 11월 27일)

존경하는 호세 파르도 무역공업부 장관님,

내외 귀빈 여러분!

필리핀 상공업계 인사들을 만나뵙게 되어 매우 기쁩니다. 필리핀의 저명한 상공업계 인사들이 오늘 이 자리에 나와 주셨습니다. 여러분을 비롯한 필리핀의 기업가 분들이 오랫동안 중국과 경제무역 왕래와 호혜협력 발전을 위해 노력해 주셨고, 중-필리핀 관계가 건전하고 안정적으로 발전하는데 큰 공헌을 하셨습니다. 여러분께 진심으로 감사드립니다.

중국과 필리핀은 바다를 사이에 두고 마주보고 있습니다. 양국 국민의 우호 왕래는 오랜 역사를 가지고 있습니다. 수교 이후, 양국 정부와 기업가들의 공동 노력으로 여러 분야의 우호 및 호혜 협력이 부단히 발전했고 적극적인 성과를 얻었습니다. 저는 이번에 필리핀을 방문해서 에스트라다 대통령과 양국 경제무역 협력 발전에 관해 회담을 했습니다. 두 사람은 양국 정부 부처와 기업이 새로운 협

---

[*] 조지프 에스트라다Joseph Estrada 필리핀 대통령의 초청으로 주룽지 총리는 1999년 11월 26일부터 29일까지 필리핀을 공식 방문하고, 제 3차 아세안+3(한·중·일) 비공식 정상회담 및 아세안-중국 비공식 정상 회담에 참가했다. 필리핀 방문 기간 동안 주 총리는 필리핀 상공업계 인사들이 마닐라 웨스틴 호텔에서 개최한 오찬에 참석해서 연설하고 인사들의 질문에 답변했다.

력 방식과 분야에 관한 연구를 추진하고 충분한 잠재력을 개발해 양국 경제 무역 협력을 부단히 발전시키는데 동의했습니다.

내외 귀빈 여러분, 1997년은 아시아 금융위기가 발생한 해입니다. 금융위기로 필리핀과 중국을 비롯한 아시아 국가들은 경제 발전에 큰 타격을 입었습니다. 그러나 필리핀 정부와 국민의 노력으로 필리핀의 경제는 다시 건전한 발전 궤도에 들어섰습니다. 중국은 필리핀의 우방으로서 이 점을 매우 기쁘게 생각합니다.

1998년 이후 아시아 금융위기와 초대형 홍수 재해로 인한 어려움을 극복하기 위해서, 중국 정부는 일련의 강력한 조치를 취했습니다. 특히 국내 투자 수요와 소비 수요 확대 조치는 명백한 성과를 거두었고, 중국은 빠른 경제 성장세를 유지할 수 있었습니다. 올해 3분기의 중국 GDP는 작년 동기대비 7.4% 증가했고, 올해 7% 증가 목표도 실현할 수 있을 것입니다. 위안화 환율은 계속 안정을 유지하고 있습니다. 경제 발전 과정에서 새로운 문제들에 직면하기도 했지만 저는 유효 수요 증가와 조정 및 개혁의 강도 강화, 인프라 시설 건설 가속화, 국영기업 개혁 심화를 통해 경제의 지속적이고 안정적인 발전을 추진과 경제 성장의 수준과 효과를 제고할 수 있으며 새로운 세기에 진입하는데 좋은 기초를 쌓을 것이라고 생각합니다.

중국의 발전은 세계와 따로 떼어 생각할 수 없으며, 세계의 번영에는 중국이 필요합니다. 중국 경제와 세계경제의 연계성은 날로 긴밀해지고 있습니다. 중국은 대외개방의 기본 국책을 계속 견지하고 있습니다. 11월 15일, 중미 양국은 중국의 WTO 가입에 관한 협약에 서명했습니다. WTO 가입의 가속화에 따라 중국의 대외 개방은 새로운 국면을 맞을 것입니다. 중국 경제의 지속적인 발전과 대외 개방의 추진은 각국이 중국과 경제 무역 협력을 확장하고 국외 기업가들이 중국에 투자하는데 더욱 밝은 미래를 제공할 것입니다. 앞으로 중국은 농업과 수리·에너지·교통·통신·원재료·환경 보호·하이테크 기술 등 인프라 시설과 산업을 중점 육성할 것입니다. 중국과 필리핀 양국의 상호 협력은 새로운 발전의 기회를 맞았습니다. 이번 기회를 통해 양국 경제 무역 협력 강화를 위한 몇 가지 방법을 제시하고자 합니다.

첫째, 농업 협력은 양국 경제 무역 협력의 새로운 중점 분야가 될 것입니다. 올해 양국 농업장관들은 〈농업 및 관련 분야 협력 강화에 관한 중-필리핀 협정〉을 체결하고 양국 농업 협력 확장에 필요한 조건을 창출했습니다. 에스트라다 대통령은 농업 발전을 매우 중시하며, 적극적으로 '식량 안전' 정책을 제시했습니다. 제게는 매우 인상 깊었습니다. 신중국 건립 50년 동안 농업 분야의 발전에서 중국은 세계가 주목하는 성과를 거두었습니다. 특히 종자와 농기구·수리·화학비료·농약·농산품 가공 등 분야에서 많은 경험을 쌓았습니다. 중국은 이런 우위를 통해 필리핀의 농업 발전을 적극 돕고 싶습니다. 중국의 농기계 제품은 필리핀의 실제 수요에 부합하며, 가격에서도 역시 강한 경쟁력이 있습니다. 중국은 이미 필리핀에 일부 우수 농기구와 물벼 우량종을 제공했습니다. 중국은 수요와 더 많은 협력 항목에 따라서 협력 우대 조건을 제공하고 양국 간 농업 협력의 심화 발전을 추진할 것입니다.

둘째, 양자 간 무역 잠재력을 더욱 발전시키고 건전하고 균형 있는 경제무역 관계 발전을 추진해야 합니다. 1990년대 이후, 중국-필리핀의 무역은 점진적으로 성장해 아시아 금융위기 과정에서도 여전히 성장세를 유지했습니다. 그러나 양국 무역은 중국과 기타 동남아시아 국가와의 무역과 비교하면 전체 규모가 아직 크지 않습니다. 그러므로 양국, 특히 이 자리에 계신 상공업계 인사들의 더 큰 노력이 필요합니다. 중국은 양자 간 무역을 확대하기 위해 적극적인 태도를 취하고 있으며, 중국의 무역흑자 문제에 주목해서 필리핀 제품을 적극 구매하고 있습니다.

필리핀이 경쟁력 있는 제품을 더 많이 공급해주기를 바랍니다.

셋째, 양국 투자 발전을 적극 추진해야 합니다. 양국은 교통과 통신·방직·에너지·과학기술 등 분야에서 상호 협력할 수 있습니다. 여러 수단과 방식을 통해 쌍방향의 투자 및 기술 협력을 적극 장려하고 협력 규모와 분야를 차근차근 확대해야 합니다. 중국 정부는 실력 있는 기업이 필리핀에 가서 공장 건설 및 운영을 검토하고 투자하도록 격려하며, 필리핀 기업이 중국에 투자하고 협력을 모색하는 것도 환영합니다.

넷째, 양국 기업의 협력 전개를 지지하고 격려해야 합니다. 양국 대기업의 협력 강화를 추진하는 동시에, 중소기업의 적극성도 충분히 발휘하도록 해야 합니다. 양국 정부 부처는 이에 대해 공동으로 정책을 제공해서 기업 간의 협력에 편리한 조건을 제공해야 합니다.

내외 귀빈 여러분,

중국과 필리핀 양국은 모두 개발도상국이며 서로 비슷한 상황을 가지고 있습니다. 양국의 공동 임무는 경제 글로벌화 조건하에서 국가 경제의 안전과 경제 이익을 더욱 잘 수호하며, 경제의 안정적인 발전을 보호하고 국민의 물질적·정신적 문화생활 수준을 부단히 제고하는 것입니다. 양국 경제는 커다란 상호 보완성이 있으며 호혜협력의 잠재력도 큽니다. 또 각자의 우위를 발휘해 서로 배우고 참고하고 보충하며 협력 분야를 계속 확장할 수 있습니다. 저는 반드시 양국 경제 협력이 새로운 21세기에 전면적이고 심화 발전해 새로운 단계로 올라설 수 있다고 확신합니다.

감사합니다!

질문 : 필리핀 상공업계 상황은 큰 변화가 있습니다. 전체 상공업계에서 필리핀 화교의 경제력 비

중은 큰 폭으로 상승했지만 양국의 무역과 투자 상황은 그에 상응하는 발전이나 커다란 발전을 이루지 못했습니다. 총리께서는 이에 관해 어떻게 생각하십니까?

주룽지 : 질문의 뜻을 잘 이해할 수가 없군요. 왜냐하면 중국의 대필리핀 무역은 단순히 필리핀 화교를 상대로 하는 무역이 아니기 때문입니다. 제가 알고 있는 것은 수년 전 수억 달러이던 양국 무역 총액이 지금은 수십 억 달러로 늘어났고, 이를 통해 양국 무역이 큰 발전을 거두었다는 점입니다. 그중에서 필리핀 화교에 대한 무역액이 얼마인지는 모릅니다. 양국 무역 총액에서 필리핀은 적자를 보고 있고, 중국은 작년에 약 10억 달러의 흑자를 올렸습니다. 중국은 이 문제를 매우 중시하고 있으며, 양국 무역 불균형 상황을 개선하기 위해 일련의 조치를 취할 것입니다. 저는 에스트라다 대통령과 이 문제를 언급하면서 중국 시장에서 필요한 제품이 있다면 우선적으로 필리핀에서 구입하겠다고 분명히 밝혔습니다. 우리는 필리핀에서 중국으로 많이 와서 필리핀 제품을 판매했으면 좋겠습니다. 중국의 국제상공회의소(ICC)는 필리핀 관계자의 중국 방문에 도움을 제공할 것입니다. 또한 필리핀이 단순히 바나나만이 아닌 중국이 진정으로 필요로 하는 제품을 수출해주기를 바랍니다. 그러나 바나나 수입에 있어서 중국은 필리핀 산 바나나 우선 수입 정책을 취하고 있습니다. 필리핀 대통령과 상원의원 모두 바나나 수출 문제에 관심이 많습니다. 그분들 모두 제게 중국이 더 많은 바나나를 사고, 종가세[1]를 낮춰달라고 말하더군요. 저는 그분들의 의견을 매우 중요시하기 때문에 바로 중국에 전화를 걸어서 그 분야 세금에 관해 조사하라고 지시했습니다. 올해 1월부터 10월까지 중국이 필리핀으로부터 수입한 바나나는 작년 동기대비 60% 증가했습니다. 내년에는 분명 수입량이 더 늘어날 것입니다. 종가세와 관련한 문제를 말씀드리

---

1) 종가세從價稅 : 과세 대상에 따라 일정한 가격으로 얻은 소득으로 단위징수를 계산하는 세금. 특징은 과세 대상의 가격이 높을수록 징수 세액도 늘어나며, 과세 대상의 가격이 낮을수록 징수 세액은 줄어든다.

겠습니다. 필리핀 바나나의 세금은 1톤 당 330달러로 다른 국가보다 100달러가 낮습니다. 그러나 그것도 너무 높다고 하시니 1톤당 250달러로 낮출 수 있으면 좋겠습니다. 우리는 여러분의 의견을 고려해서 세금을 좀 더 낮추고 싶지만 250달러까지 낮출 수 있을지는 확답을 못 드리겠습니다. 왜냐하면 돌아가서 관련 부처와 상의해보고 정책 결정 과정을 거쳐야 하기 때문입니다. 그렇지만 반드시 세금을 낮추겠다고 약속드립니다! 그리고 밀수가 줄어들어 중국의 관세가 지나치게 감소되는 일이 없기를 바랍니다. 양국이 함께 노력하면 좋겠습니다.

질문 : 누군가 아세안도 EU처럼 단일 화폐를 쓰자는 의견을 내놓은 적이 있습니다. 총리께서는 이에 대해 어떤 견해를 갖고 계십니까?

주룽지 : 지역 화폐 단일화는 쉽게 협의할 수 있는 일이 아니라고 생각합니다. EU의 경우에도 모든 국가가 유로화를 쓰는 것은 아닙니다. 따라서 먼저 금융 분야의 협력 강화에 대해서 생각해봐야 합니다. 특히 국제금융의 관리 감독을 강화해서 국제금융 투기 세력이 아시아를 마음대로 교란해서 아시아 금융 위기를 야기하는 상황은 더 이상 없도록 해야 합니다. 현재 아시아 국가들은 금융 분야에서의 협력 강화 방안에 대해 협상을 하고 있습니다. 아세안+3(한·중·일)의 재무장관과 은행장·재무차관과 부행장 회의가 이 분야에서 긍정적 역할을 할 거라고 생각합니다. 저는 이런 교류와 협력이 더욱 강화되길 희망합니다.

질문 : 현재 필리핀은 아시아 금융위기의 영향을 받고 있습니다. 총리께서는 아세안의 경제 발전 전망을 어떻게 보십니까? 또 해외에서는 위안화가 평가절하될 거라고 추측하고 있는데 이 문제에 대해 설명해 주시겠습니까?

주룽지 : 1997년 아시아 금융위기가 발생한 이후 아세안 국가들은 자신의 힘으로 일어서고 서로 돕고 단결해서 시기와 정도의 차이는 있지만 그 영향력을 극복

해냈습니다. 가장 어려운 시기는 이미 지나갔다고 믿습니다. 동남아시아 각국의 경제 발전에는 근본적인 문제가 있고 계속 해결해야 하는 것도 사실입니다. 예를 들어 경제구조조정과 금융 개혁·금융 관리 강화 등이 그것입니다. 이들 문제가 해결되지 않는다면 동남아 각국의 경제 문제는 완전히 해결되지 못할 것입니다. 그리고 또다시 금융위기가 되풀이 될 가능성도 배제할 수는 없습니다. 그러나 중국은 아세안 각국의 경기 회복과 경제 발전을 낙관하고 있습니다. 중국은 아세안 각국과의 경제 협력 강화를 희망합니다. 이는 양국 경제의 건전하고 안정적인 발전에 도움이 됩니다. 아시아 금융위기로 중국의 수출은 큰 손실을 입었지만 중국은 위안화를 평가절하하지 않았습니다. 그리고 IMF를 통해 동남아시아 국가에 60억 달러의 원조를 제공했습니다. 현재 위안화는 평가절하할 필요가 없습니다. 올해 1월부터 10월까지 중국의 수출은 작년 동기대비 4.2% 증가했지만 상반기 중국 수출은 감소했습니다. 중국이 WTO에 가입한 후 내년에는 외국 기업의 대중 투자가 올해보다 더 늘어나길 간절히 바랍니다. 중국의 국제수지는 현재 균형을 이루고 있으며 외환 보유고도 부단히 증가하고 있습니다. 10월 말 현재 중국의 외환 보유고는 1,520억 달러를 기록했으며, 연말에는 1,550억 달러를 돌파할 것입니다. 따라서 이런 상황에서 중국이 위안화를 절하하는 일은 없을 것입니다.

질문 : 총리께서 관료의 기강을 바로잡기 위해 많은 노력을 하신 걸로 알고 있습니다. 정부의 규모 축소도 그 중 하나입니다. 필리핀 정부도 같은 노력을 하고 있습니다. 이에 대해 어떻게 평가하십니까?

주룽지 : 필리핀 정부와 중국 정부는 모두 직권 남용과 관료주의를 반대하며 기구 간소화 등 문제를 매우 중시합니다. 따라서 양국은 이 분야의 경험을 서로 나눌 수 있을 것입니다.

질문 : 중국은 천년 전 세계에서 매우 중요한 역할을 하는 나라였습니다. 당시 중국은 몹시 번영했고 평화를 사랑했습니다. 그렇다면 앞으로 천년 동안 중국이 어떤 역할을 할 거라고 보십니까?

주룽지 : 중국은 개혁개방 이후 커다란 성과를 거두었습니다. 그중에서 가장 큰 성과는 먹는 문제를 해결한 것입니다. 중국에는 12억 5천만 명의 인구가 있습니다. 누군가는 중국이 그렇게 많은 인구를 부양할 수 없을 거라고 말하기도 했습니다. 그러나 중국은 농업을 매우 중시하며 농업을 국민경제의 기초로 삼고 있습니다. 이 점에 있어 중국 주석과 필리핀 대통령은 생각이 일치합니다. 많은 좌절을 겪은 후 중국은 마침내 농업 발전의 정확한 길을 찾았고, 정확한 정책을 취해서 농업 기술 분야에서도 커다란 진보를 이룩했습니다. 따라서 중국은 1996년부터 매년 곡물 및 기타 농산품 생산에서 자급자족을 하고도 여유가 남습니다. 현재 중국 전체의 곡물 저장량은 5억 톤으로 한 해 곡물 생산량과 맞먹습니다. 다시 말해 중국이 앞으로 어떤 자연 재해를 입어 1년 내에 한 톨의 곡식도 수확하지 못한다고 해도 국민들은 배곯을 일이 없다는 의미입니다. 이에 필리핀과 필리핀 농민들께 중국의 경험을 소개해드릴 수 있게 되었습니다. 중국의 농업부장이 방금 필리핀을 방문했는데 모든 필리핀의 논에 중국의 교잡벼를 심고 중국 기술을 이용한다면 생산량을 50%까지 끌어올릴 수 있다고 합니다. 중국은 자금을 제공해서 필리핀과 협력해 농업기술센터를 세우고, 필리핀 농민들에게 무상으로 우리의 경험과 우량종·농기구를 제공해서 농업 발전을 도울 것입니다. 농업 외에도 많은 기간산업 분야의 규모 면에서 중국은 세계 선두권에 있으며, 일부 분야에서는 세계 1위를 차지하고 있습니다. 중국의 철강과 석탄 생산량은 모두 세계 1위입니다. SPC 전화기의 설치용량은 미국에 이어 세계 2위입니다. 그러나 중국은 인구가 많기 때문에 1인당 경제 규모를 따진다면 매우 낙후된 국가입니다. 중국은 개발도상국이며 아시아 및 동아시아, 동남아시아의 일원입니다. 저는 모두 함께 노력해서

서로 돕고 공동으로 발전하기를 희망합니다.

우호 연설을 해주신 소장님[2]께 감사드리며, 그분의 연설은 중국 국민에 대한 우호의 표시라고 생각합니다. 그리고 제 칭찬까지 해주셨는데 정말 과찬이십니다. 저는 '경제 차르'도 아니고 '주룽지 경제학'이라는 것도 없습니다. 따라서 제가 말한 대로 사업을 하신다면 손해를 볼 수도 있다는 말씀을 드립니다.

여러분께서도 중국을 방문해서 서로의 이해를 강화하고, 공동으로 중 - 필리핀 양국의 경제 무역 협력 관계 발전을 추진할 수 있기를 희망합니다.

---

2) 필리핀 상공회의소 피닉스 소장을 지칭한다.

'싱가포르 포럼' 연설 및 질의응답*

(1999년 11월 30일)

존경하는 고촉동 총리,

내외 귀빈 여러분!

리셴룽 부총리께 감사드립니다.

명성 있는 국제 포럼인 '싱가포르 포럼'은 많은 국가의 지도자와 저명한 정치가, 전문가들이 지역과 국제 문제에 관해 확실한 의견을 발표하는 자리입니다. 오늘 저는 싱가포르의 각계 인사들과 한 자리에 모여 중국의 상황을 소개하고, 중국과 아시아의 발전 전망에 대해 함께 토론할 수 있는 기회를 갖게 되어 매우 기쁘게 생각합니다. 이 자리에는 중국 국민들에게도 낯익은 분들과 오랫동안 협력한 파트너들이 상당수 나와 계십니다. 저는 이번 기회를 빌려 여러분과 중-싱가포르 양국 국민의 우의를 위해 공헌해주신 싱가포르 각계 인사들께 진심으로 감사를 드립니다!

얼마 전 중국 국민은 중화인민공화국 건국 50주년 기념일을 성대하게 경축했습니다. 50년 동안 중국에는 실로 막대한 변화가 있었습니다. 특히 개혁개방 20년

---

* 고촉동吳作棟 싱가포르 총리의 초청으로 주룽지 총리는 1999년 11월 29일부터 12월 1일까지 싱가포르를 공식 방문했다. 방문 기간 동안 주 총리는 '싱가포르 포럼'에 참석해 연설하고 참석 인사들의 질문에 답변했다.

동안, 중국이 사회주의 현대화 건설에서 이룩한 성과는 세계를 놀라게 했습니다. 1979년부터 1998년까지 중국의 GDP는 4.9배 증가했고, 연평균 9.7% 성장했습니다. 세계 각국의 경제 순위에서 중국은 1978년 11위를 차지했지만 현재는 7위까지 올랐습니다. 수출입 총액은 1978년 29위에서 지금은 11위입니다. 전국 도시주민은 빈곤에서 벗어나 의식주를 해결했고, 더 나아가 샤오캉小康(의식주 걱정 없는 물질적으로 풍족한 중산층:역주)사회로 역사적 도약을 하고 있습니다. 지금까지 이룩한 성과는 중국의 향후 발전에 견고한 기초를 마련해주었을 뿐 아니라, 아시아 및 세계의 평화와 발전에도 공헌했습니다.

아시아 금융위기가 중국에 타격을 주었고 100년만의 최악의 홍수가 닥쳤지만, 1998년 GDP는 작년에 비해 7.8% 성장했습니다. 올해 1월부터 9월까지 GDP는 작년 동기대비 7.4% 증가했고 올 한해 7% 이상의 증가세를 보일 것으로 예상됩니다. 경제구조조정은 중요한 단계에 진입했고, 기업의 경제 수익은 뚜렷하게 반등했습니다. 재정과 금융은 안정적인 상태이며 대외무역은 강한 성장세를 회복했습니다. 위안화 환율은 안정세를 유지하고 있고, 외환 보유고는 1,520억 달러를 넘었습니다. 도시와 농촌 주민의 생활도 계속 개선되고 있습니다.

하지만 중국 경제는 현재 일부 곤경과 문제에 직면해 있습니다. 주된 문제는 유효 수요 부족과 경제구조 갈등 심화, 고용 압박 증가 등입니다. 해당 문제 해결과 21세기의 장기 발전을 위해 중국은 다음 세 가지의 전략을 수립해 실행하고 있습니다.

첫째, 내수 확대와 투자 및 소비 확대를 통해 경제성장을 이중으로 촉진합니다. 이를 위해 적극적인 재정정책을 실시하고 통화정책의 역할을 더욱 확대하며, 종합적으로 다른 거시경제 조정 수단을 함께 사용할 것입니다. 2000년, 재정부는 장기건설 국채를 확대 발행해 국민의 저축 일부를 건설 자금으로 전환해서 인프라

시설 건설과 기업 기술 개선에 중점 사용하며, 교육과 과학 기술 등 분야의 투자도 늘릴 것입니다. 경제성장을 위한 금융 지원을 확대하고 각종 방법으로 통화 공급량을 적당하게 확대할 것입니다. 이와 동시에 강력한 조치를 취해서 비국영기업에 대한 투자 확대를 적극 유치하고 격려할 것입니다.

1999년 11월 29일, 주룽지 총리는 고촉동 싱가포르 총리가 주최한 환영식에 참석했다. (사진=신화사 류젠성 기자)

소비 수요 활성화는 내수 확대를 위해 매우 중요합니다. 중국은 국민의 수입과 지출을 능동적으로 예측해서 저소득계층의 안정적인 소득 증가를 보장할 것입니다. 또 개혁의 투명도를 높여 각 개혁 추진으로 대다수 국민의 실제 생활수준이 떨어지는 일이 없도록 하며, 국민의 현금 소비 의사를 진작시켜 실제 소비가 늘어나도록 할 것입니다. 그리고 새로운 강력 조치를 통해 농민의 부담을 경감하고 농민 소득을 증대시키며 광범위한 농촌 시장을 개척할 것입니다. 이밖에도 서비스 소비를 촉진하고 주택과 통신·관광 등의 소비 확대를 위한 구체적 방안을 마련하며, 소비구조 업그레이드를 통해 경제의 빠른 성장을 이끌 것입니다.

내수 확대를 위해 실시하고 있는 거시경제 정책은 필요성과 가능성을 기초로 해서 수립한 것입니다. 현재 중국은 비교적 풍부한 물자와 외환 보유고, 거대한 생산 잠재력을 보유하고 있기 때문에 별다른 리스크가 발생하지 않을 것입니다. 그러나 중국은 12억이 넘는 인구를 가진 국가입니다. 일인당 평균 소득 수준은 비교적 낮습니다. 따라서 국내 수요 확대를 위주로 국내 시장을 개척하는 것이 중국의 장기적인 전략 방침입니다.

둘째, 국민경제구조를 전략적으로 조정하고 산업구조 최적화와 업그레이드를 적극 추진할 것입니다. 중국의 도시주민 생활이 의식주 해결에서 중산층 사회로 전환되면서 주요 제품 시장은 판매자 중심에서 구매자 중심으로 변했습니다. 이로써 중국 경제는 이미 새로운 발전 단계에 진입했습니다. 이에 전략적으로 경제 구조를 조정하고 있습니다. 이것은 바로 내수 확대와 경제의 지속적 발전 촉진이라는 절박한 요구이자, 경제의 질과 수익을 제고하며 경제의 양성순환을 실현하는 근본적인 조치이기도 합니다. 중국은 경제의 빠른 성장세를 유지하는 동시에 구조조정의 강도를 높일 것이며, 구조조정 가속화를 기초로 경제의 건전한 발전을 추진할 것입니다.

중국은 국내외 시장의 수요를 중심으로 하고 과학 기술 창조와 진보에 의지해서 산업 업그레이드에 힘쓸 것입니다. 주요 내용은 다음과 같습니다. 첫째, 1차산업과 2차산업을 조정하고 업그레이드 하는 동시에 3차산업의 발전을 강력 추진할 것입니다. 특히 정보·관광·사회중개·지역사회 서비스 등 서비스산업의 발전을 가속화할 것입니다. 둘째, 전통산업을 적극 개선하고 업그레이드하며, 시장성이 없고 환경을 오염시키며 자원을 낭비하는 낙후된 생산 능력과 공업 설비를 퇴출시킬 것입니다. 또 하이테크 기술을 광범위하게 활용하고 시장 전망이 있는 전통산업을 개선하며, 옛 공업기지의 개조와 산업 업그레이드를 가속화할 것입니다. 셋째, 첨단 기술을 적극 발전시키고 하이테크 산업 발전을 가속화할 것입니다. 특히 국민경제의 정보화를 가속화해서 신흥산업의 부상을 견인하고, 새로운 경제 성장동력과 성장 사슬 육성을 위해 노력할 것입니다. 이와 동시에 도시화 과

1999년 11월 30일, 주룽지 총리와 부인 라오안 여사는 싱가포르 대통령 관저에서 셀라판 나단 싱가포르 대통령 내외와 만났다. (사진=신화사 류젠성 기자)

정을 가속화하고 도농 경제 협조 발전을 추진할 것입니다. 앞으로 20년 후에는 중국의 도시화 수준이 현재의 30.4%에서 50% 정도로 높아집니다. 이 경우 중국의 산업화와 현대화 속도가 매우 빨라질 것입니다. 결국 경제구조에 대한 중대한 전략적 조정을 통해 중국 경제는 광활한 발전 공간을 개척할 수 있으며 경제적 경쟁력과 리스크 대처 능력을 현저히 높일 수 있습니다.

셋째, 서부대개발 전략을 실시하고 중서부 지역의 발전을 가속화할 것입니다. 서부지역은 땅이 넓고 자원이 풍부해서 거대한 시장성과 발전 잠재력을 가지고 있습니다. 서부대개발 전략 실시는 중국이 21세기로 나아가는데 필요한 중대한 정책입니다. 지난 20년 동안 동부 연해지역은 전국 경제의 지속적이고 빠른 발전을 선도해 왔습니다. 이와 마찬가지로 서부대개발도 동부와 중부지역에 거대한 시장과 발전 가능성을 제공해서 전국 경제의 더 큰 번영을 강력하게 촉진할 것입니다. 중국은 이를 위해 중서부 지역, 특히 서부지역의 건설 사업에 집중 투자하며 서부지역의 투자 규모를 늘리고 서부지역의 재정을 확대해 지불 능력을 높일 것입니다. 동부지역 역시 다양한 형식을 통해 서부지역에 대한 지원을 강화할 예정입니다. 서부지역은 개혁개방의 속도가 빨라지고 투자 환경이 적극 개선될 것입니다. 중국은 또한 더욱 강력한 조치를 취해서 더 많은 국내외 자금과 기술·인력을 유치해 서부대개발에 참여시킬 것입니다. 현재 및 향후, 서부대개발은 인프라 시설 건설과 생태환경 개선, 과학 기술 교육 발전 등 분야에 중점을 둘 것이며, 이를 통해 서부지역의 진흥을 위해 더욱 좋은 기초와 조건이 창출될 것입니다.

개혁개방은 중국의 현대화 실현을 위해 반드시 거쳐 가야 할 길입니다. 중국은 변함없이 개혁을 추진하고 개방을 확대할 것입니다. 사회주의 시장경제체제를 수립하고 완비하는 개혁 방향에 따라 소유제 구조를 계속 조정·완비하고, 공유제를 주체로 견지하는 조건하에 비공유제 경제의 건전한 발전을 격려하고 인도해

나갈 것입니다. 국영기업은 중국 국민경제의 기둥입니다. 중국은 2000년부터 3년 동안 국영기업 개혁의 단계적 목표를 실현하는 데 온 힘을 쏟을 것입니다. 목표가 실현되면 적자에 허덕이는 대다수 중대형 국영기업을 구하고, 많은 중대형 핵심 국영기업에 현대기업제도를 구축해서 21세기 국영기업의 개혁과 발전을 위한 탄탄한 기반을 다질 수 있습니다. 또 사회보장제도 수립 가속화를 더 한층 중요 위치에 배치하고 기업 외부에 독립적으로 존재하며 자금 루트가 다원화되고 관리 서비스가 사회화된 중국 특색의 사회보장제도를 조속히 형성할 것입니다.

대외 개방은 중국의 장기적인 기본 국책입니다. 중국은 외국 기업의 투자 금융·보험·전신·관광·소매업·대외무역과 법률 자문 등 서비스업에 기회를 제공하고, 에너지와 교통·통신·환경보호 등 인프라시설 분야의 대외 개방 속도를 높일 것입니다. 그리고 외자를 적극 유치하고, 다양한 형식으로 국영기업의 개편과 개조에 참여할 것입니다. 이밖에도 외국 투자기업에 대한 서비스를 개선하고 외국투자 항목의 심사·비준 수속을 간소화해서 사무의 효율성을 높일 것입니다.

중국이 앞으로 진행할 대규모 현대화 건설과 시장 수용력의 부단한 확대, 개혁 개방의 심화는 세계 각국과 중국이 무역 및 경제 협력을 발전시키는데 무한한 발전 가능성을 제공해 줄 것입니다. 미래 중국에 잠재된 거대한 비즈니스 기회는 중국 기업뿐 아니라 용기와 뜻을 가지고 중국에 투자해 공장을 설립하는 외국 기업도 누릴 수 있습니다.

20일 후에는 마카오가 중국의 품으로 돌아옵니다. 2년 전, 홍콩이 순조롭게 중국에 반환된 후로 중국 국민들은 조국 통일 실현을 위한 중요한 한 걸음을 또 내딛었습니다. '일국양제'는 중국 통일을 위해 정해놓은 방침입니다. 해협 양안의 통일은 대세이자 민심입니다. 어느 누구도 어떤 세력도 역사의 흐름을 막을 수는 없습니다. 중국의 통일과 안정, 번영은 중국 전체 국민의 근본 이익에 부합하며,

아시아와 세계 각국의 평화와 안정, 발전에도 큰 공헌을 할 것입니다.

내외 귀빈 여러분!

싱가포르는 동남아시아 금융과 비즈니스, 무역의 중심이며 세계의 정치와 경제 무대에서 활발하게 활동하고 있습니다. 중국과 싱가포르 양국은 이미 양호한 협력 기초를 다졌습니다. 싱가포르가 중국과 아세안의 전방위 협력에서 더욱 중요한 역할을 해주기를 희망합니다. 비록 체류 기간은 짧았지만, 싱가포르는 제게 깊은 인상을 남겨주었습니다. 싱가포르는 동양과 서양을 잇는 교량이며, 싱가포르 국민들은 강한 창조성을 가지고 있어 길지 않은 시간에 놀라운 성과를 이룩했습니다. 앞으로 이 지역이 평화와 안정, 번영을 이룰 것이라고 굳게 믿습니다. 중국은 동남아시아 국가들과 미래를 조망하고 협력을 강화해서 보다 밝은 아시아의 미래를 창조할 수 있기를 바랍니다.

여러분 감사합니다.

질문 : 싱가포르 《연합조보聯合早報》 기자입니다. 최근 슈뢰더 독일 총리는 중국에 주요 8개국 정상 회담(G8)에 가입 제안을 했습니다. G8 가입이 중국에 미치는 정치적·경제적 의의는 무엇입니까? 중국의 G8 가입시기가 성숙한 것 아닙니까?

주룽지 : 중국은 G8이 광범위한 대표성을 가지는 모임은 아니라고 봅니다. 물론 중국은 G8과 긴밀한 관계를 유지하고 있고, G8 국가들이 회담에서 어떤 문제를 논의하든 중국에 미리 알려줍니다. 앞으로도 관계를 유지하고 서로의 협력을 강화하고 싶습니다. 그러나 G8 정식 가입 요청은 받은 적이 없습니다.

질문 : 시대와 동서양을 막론하여 총리께서 가장 존경하고 흠모하는 정치 지도자는 누구입니까? 그분을 존경하는 이유는 무엇입니까?

주룽지 : 제 정치적인 지혜를 시험하시는군요. 솔직히 말씀드리자면 제대로 생각

해본 적이 없습니다. 생각이 끝나면 서면으로 답변해 드리겠습니다, 감사합니다.

질문 : 싱가포르 상공회의소의 리빙쉬안입니다. 중국의 위협과 기회에 관해 질문 드리겠습니다. 아까도 이 문제에 관해 언급하셨지만 때로 과도한 민족주의와 지나친 국가주의는 통상 재난을 가져옵니다. 이 문제에 관해 어떤 견해를 갖고 계신지, 어떻게 처리하실 건지 알고 싶습니다.

주룽지 : 질문에서 언급하신 두 가지 명사인 국가주의와 민족주의가 정확히 어떤 차이가 있고 무슨 의미인지 잘 모르겠습니다. 그러나 중국은 세계의 구성원이고 개발도상국의 한 일원이며, 아시아와 동남아시아 국가의 일원입니다. 중국은 이들 국가의 국민과 협력을 원합니다. 중국이 위협을 가하는 일은 없을 것입니다. 여러 차례 강조했지만 중국은 패권을 잡은 적도 없고, 앞으로 그럴 일도 없습니다. 중국의 근대사는 제국주의 열강의 위협과 침략의 역사입니다. 중국은 지금까지 억압을 당해온 나라입니다. 억압을 깊이 체험했기 때문에 중국은 절대 다른 사람을 괴롭히지 않을 것입니다. 질문에 대한 직접적인 답변을 못해드리는 점 양해해 주십시오.

질문 : 총리가 오시기를 고대했습니다. 제가 드릴 질문은 국가 대사에 관한 것은 아닙니다. 단지 저는 중국에 투자를 하는 싱가포르 사람으로서 굉장히 난감하고 곤란한 일을 당했습니다. 중국 상하이 푸둥의 부동산 분쟁 때문에 소송을 했는데 이미 1심과 2심에서 이겼습니다. 그러나 강제집행 후에 돈을 받지 못하고 있습니다. 소송을 하든 안 하든 결과는 똑같다는 것을 알고 있었지만, 그래도 최후의 수단으로 법을 선택한 것입니다. 이미 막다른 골목에 몰렸는데 이 일을 어떻게 하면 좋겠습니까?

주룽지 : 사정이 딱하게 되셨군요. 하지만 그것은 선생 개인이나 싱가포르 국민이 문제가 있어서 그런 결과가 나온 것은 아닙니다. 중국에서는 많은 사람들이 소송에서 이기고도 제대로 법 집행이 되지 않는다는 사실을 솔직히 인정합니다. 중국은 법치주의 국가를 건설하고 있지만, 아직 법치가 완벽하게 실현되지 않았습니다. 일부 법원의 판결은 집행이 안 될 때도 많습니다. 중국 정부는 이 점에 주의

를 기울이고 있으며, 그 분야를 개선하기 위해 노력 중입니다. 중국 중앙정부의 대표로서 선생의 고발을 접수하겠습니다. 귀국한 뒤 중국 최고인민법원장에게 최선을 다해 각급 법원이 내린 판결을 집행하도록 지시하겠습니다.

질문 : 타이완 《중국시보中國時報》 기자 양둥밍입니다. 총리의 연설 원고에는 타이완 문제에 관한 내용이 조금 포함되어 있었는데 실제 연설에서는 언급을 안 하셨습니다. 이 문제는 꼭 여쭤봐야겠습니다. 아까 마카오가 곧 중국으로 반환될 것이며 홍콩은 1997년 성공적으로 중국에 반환되었다고 말씀하셨습니다. 타이완 문제는 그 다음으로 반드시 해결되어야 할 문제지만 이 문제는 다소 복잡합니다. 이 문제를 최종 해결하기 전에 타이완과 대륙의 이상적인 관계는 어떤 것이라고 생각하십니까?

주룽지 : 연설 전에 원고의 4분의 1을 삭제했습니다. 그런데 아까 원고를 읽는데 앞에 렌잉저우[1] 선생께서 앉아계신 것을 보았습니다. 올해 연세가 아흔넷이시니 그리 오래 앉아 계시게 할 수 없어 또 절반을 지웠습니다. 돌아가실 때 영문 원고 한 부씩을 드릴 겁니다. 수량이 충분한지 모르겠습니다만 그 원고가 정확할 것입니다. 왜냐하면 아까 연단에서 삭제한 것은 앞뒤가 말이 제대로 통할지 아닐지 확실하지 않기 때문입니다. 기자분께서 한 질문에는 딱 한마디로 답하겠습니다. 중국은 '양국론'을 결연히 반대합니다! 어째서 또 두 개의 중국론을 들고 나오는 겁니까? 양국론을 반대하는 것은 중국뿐이 아닙니다. 중국과 수교를 맺은 세계 대다수 국가들도 하나의 중국 원칙을 견지하고 있습니다. 양국론은 무슨 양국론입니까? 중국의 정책은 매우 명확하며 일관적이라 누구나 분명히 알고 있습니다. 따라서 여기서 여러 말할 필요 없다고 생각합니다.

다만 중국은 평화적인 방식으로 중국을 통일하고 싶지만 무력사용을 포기하겠다고는 약속할 수 없습니다.

---

1) 렌잉저우連瀛洲(1906~2004) : 싱가포르 최대 은행인 다화大華 은행의 창시자. 산하에 있는 원화文華 호텔은 미국 《호프》지에 세계 일류의 오성급 호텔로 선정되기도 했다.

질문 : 싱가포르 국립대학 생물학과에 재직하고 있는 쑨원취안이라고 합니다. 저는 중국에서 왔습니다. 방금 중국의 3개 전략에 관해 말씀하셨습니다. 전략마다 모두 교육과 과학 기술이 국민경제와 21세기 발전에 매우 중요하다는 내용이 있습니다. 그러나 지난 20년 간 매해 수만 명의 중국 학생들이 외국 유학을 떠나고 외국에서 일을 하고 있습니다. 초기에 저희처럼 80년대 외국에서 공부한 사람들이 현재는 과학 기술의 각 분야에서 일을 하고 있습니다. 질문 드리겠습니다. 저희들은 중국과 많은 과학 기술 협력을 맺고 있는데 현재 중국의 외교부 등 각 부와 위원회의 정책에 따르면 여권의 유효기간도 연장을 할 수가 없습니다. 그래서 매년 수많은 사람들이 여권이 만기됐음에도 연장이 불가능합니다. 중국은 국가 정책으로 이런 인위적인 장애를 제거할 생각이 있으십니까? 그렇다면 해외에 있는 학자들은 중국과 학술교류를 하기에 편리해질 것이고, 귀국하려 해도 할 수 없다는 말이 나오지 않을 것입니다. 이것은 결코 중국의 정치적인 원인 때문이 아닙니다.

주룽지 : 방금 말씀하신 상황과 문제를 관련 부처에 전달하고 개선하라고 지시하겠습니다. 그러나 해외 학자들이 귀국을 못 하는 것은 중국에 그 원인이 있지 않습니다. 현재 중국의 대학생, 특히 제 모교인 칭화대를 비롯한 명문 대학 졸업생의 80%는 외국으로 떠나 돌아오지 않습니다. 미국으로 가는 거지요. 미국 교육이 그렇게 발달했다면 중국이 미국을 도와 대학생을 키울 필요가 있겠습니까? 그러나 돌아올 때는 외국 기업의 대표로 중국에 옵니다. 저는 중국 유학생들이 돌아오길 희망하며, 여러분의 귀국을 환영합니다. 하지만 미안해서 유학생들에게 돌아오라고 할 수도 없습니다. 중국 내의 임금이 그들이 현재 받는 급여의 수십 분의 1밖에 안 되기 때문입니다. 그렇지만 실제 수입은 그리 큰 차이가 나지 않을 것입니다. 중국은 물가가 싸서 생활하기 편합니다. 외국처럼 그렇게 생활비가 많이 들지 않습니다. 현재 고학력 인재와 기업 관리 인재, 정부 인력의 대우 개선 방법을 생각 중입니다. 이들의 임금을 매년 20%에서 30% 정도 올리길 바랍니다. 그럼 몇 년 후 여러분을 다시 초빙할 것입니다.

질문 : 홍콩 《사우스 차이나 모닝 포스트》지 기자입니다. 중국과 타이완이 모두 WTO에 가입한 후 WTO라는 체제를 이용해 직항이나 투자 분야 등 양안 간의 문제를 해결할 생각은 없으십니까? 아니

면 중국은 타이완이 WTO에 가입하기 전에 이 문제를 먼저 해결해야 할까요?

주룽지 : 중국은 아직 WTO에 가입하지 않았으니 그런 말은 시기상조입니다. 하지만 중국이 타이완보다 먼저 WTO에 가입하는 것은 확실합니다. 그리고 중국은 타이완이 WTO를 이용해서 '두 개의 중국'을 만드는 것은 용납할 수 없습니다.

질문 : 싱가포르 언론 매체 기자 천구이웨라고 합니다. 총리께서 동남아 국가를 방문하셨을 때 민간에서는 총리를 '재신財神'이라고 불렀다고 합니다. 중국과 미국이 중국의 WTO 가입에 관한 합의를 달성한 뒤 중국의 WTO 가입은 기정 사실이 되었고 중국의 경쟁력도 크게 향상되었습니다. 싱가포르는 작은 국가입니다. 여기 앉아 계신 기업가 분들도 앞으로 우리가 어떤 도전에 직면할지 알고 싶어하실 겁니다. 또 중국은 이 분야에서 어떤 역할을 하게 될까요?

주룽지 : 중국과 미국은 최근 중국의 WTO 가입에 관한 양자 합의를 달성했고 이는 중국의 WTO 가입에 유리한 조건을 제공해 주었습니다. 그러나 가입까지는 아직 먼 길이 남아 있습니다. 나머지 22개국과 양자 합의를 달성한 후에야 WTO에 가입할 수 있습니다. 물론 이들 국가와의 합의는 미국 때보다는 훨씬 수월해서 머리가 백발로 변하는 일은 없을 것입니다. 미국과의 합의는 정말 쉽지가 않았습니다. 장쩌민 주석과 미 클린턴 대통령의 지도와 참여가 없었다면 합의를 달성하기 어려웠을 것입니다. 중국과의 협상에서 바셰프스키 미 무역대표부 대표와 스펄링[2] 경제보좌관은 네 차례나 귀국 비행기표를 끊었지만 결국에는 표를 환불했습니다. 바셰프스키 대표는 클린턴 대통령과 세 번 전화통화를 해서 협상의 구체적인 내용에 관해 묻기도 했습니다. 세 차례 통화한 사실은 바셰프스키 대표가 제게 직접 말해준 것입니다. 결국 양국이 이번에 합의를 달성한 것은 양국 정상의 정치적인 결단 때문입니다. 중국은 미국과 합의를 하게 되어 기쁩니다. 하지만 중

---

2) 진 스펄링Gene Sperling : 당시 빌 클린턴 미국 대통령의 경제보좌관이자 미국 국가경제위원회 의장이었다.

국 입장에서 이 합의는 장단점이 있습니다. 장점을 최대한 끌어내는 것이 중국 정부와 기업이 직면한 시험이자 도전입니다. 아시아 국가와 동남아시아 국가에게는 중국의 WTO 가입은 장점이 더 많지 않을까요? 저는 분명 그럴 것이라고 확신합니다. 이익은 많고 폐해는 적을 것입니다.

중국은 선진국에게 상품과 투자 시장을 개방할 것입니다. 개방의 문은 개발도상국가에도 열려 있습니다. 따라서 기회는 균등합니다. 이는 중국과 동남아시아 국가의 협력 강화에 상업적 기회를 제공할 것입니다.

중국이 WTO에 가입하면 미국과 유럽에 대량의 상품을 수출할 수 있습니다. 따라서 동남아시아 국가와 경쟁이 불가피합니다. 제가 보기에 경쟁을 아주 안 할 수는 없지만 최소화될 것입니다. 동남아시아 국가와 중국의 대미·대EU 수출품 구조는 다릅니다. 따라서 양국이 서로 갈등을 겪고 충돌하는 부분은 적을 것입니다. 중국의 대미 수출품 중 가장 많은 것이 방직 제품입니다. 그러나 미국이 쿼터제와 각종 차별 조치를 실시하고 있어 그 수량은 급속히 줄었습니다. 현재 대미 방직 제품 수출 순위에서 중국은 3위로 밀려났습니다. 1위는 멕시코, 2위는 캐나다입니다. 현재 중국은 3위 자리를 고수하기도 버겁습니다. 미국은 쿼터제를 폐지하겠다고 약속했지만 그것은 5년 후입니다. 하지만 5년 후에 또 어떤 새로운 수를 들고 나올지 누가 알겠습니까? 최근 중국의 방직 제품 수출량은 조금 많아졌지만, 멕시코와 캐나다에 빼앗긴 시장을 조금 회복한 정도에 불과합니다. 동남아 국가에게는 아무 일도 없을 것입니다. 미국과 유럽에 중국이 주로 수출하는 것은 가공무역입니다. 그렇다면 가공무역이란 무엇입니까? 해외 투자자들이 중국에 공장을 짓고 중국의 싼 노동력을 이용해서 수입한 원자재를 가공해 만든 상품을 다시 해외에 판매하는 것입니다. 그것이 가공무역입니다. 중국의 수출 중 57%가 가공무역입니다. 지난 번 이에 대해서 리콴유李光耀 정치고문님께 말씀드렸습니다. 그분께서는 제 말을 듣고 놀라시면서 싱가포르도 가공무역을 하지만 그렇게 큰 비중을 차지하지는 않는다고 하셨습니다. 조사를 해보니 수출한 운동화 한 켤레는 미국에서 120달러에 팔리지만, 중국 노동자가 버는 돈은 단 2달러에 불과합니다. 그렇다면 이런 가공무역이 중국에 유리하겠습니까? 아니면 미국에 유리하겠습니까? 결론적으로 중국이 저렴하고 질 좋은 소비품을 제공해주지 않는다면 오늘날 미국의 인플레이션은 적어도 2%는 더 증가했을 것입니다. 싱가포르 분들은 이런 사업을 원치 않으실 것입니다. 그러니 저희와 경쟁할 일도 없겠지요. 사실 가공무역은 전망이 없습니다. 미국의 백화점에 있는 신발과 모자 · 핸드백은 대부분 중국에서 만든 'made in china' 제품입니다. 중국은 더 많이 수출할 수도 없고 그럴 방법도 없습니다.

중국이 시장을 개방했다고 해서 해외 투자자들이 동남아에서 중국으로 몰려들까요? 걱정하지 않으셔도 될 겁니다. 그럴 가능성은 없으니까요. 중국은 적지 않은 외자를 유치했습니다. 1997년과 1998년, 중국은 각각 450억 달러의 해외직접투자를 유치했습니다. 적은 금액은 아닙니다. 그러나 그 중 선진국의 자금은 많지 않습니다. 절반은 홍콩에서 온 것입니다. 타이완과 싱가포르의 투자를 포함한다면 60~70% 정도 될 것입니다. 그러나 아시아 금융위기의 영향으로 동남아시아 주변 국가들의 화폐가치가 떨어져서 중국의 수출 경쟁력은 크게 낮아졌습니다. 따라서 올해 중국이 유치한 해외 직접 투자액은 대폭 줄었습니다. 작년보다 100억 달러 정도 줄어들 것입니다. 내년에도 1997년과 1998년의 수준을 회복하기는 힘들어 보입니다. 내수 확대 정책을 실시하지 않았다면, 작년부터 올해까지 중국의 경제발전 속도는 큰 폭으로 떨어지고 실업률은 현재보다 높았을 것입니다. 다행히 적절한 내수 확대 정책 실시로 이런 참담한 결과를 피할 수 있었습니다. 중국 경제는 계속 발전할 수 있을 것입니다. 그리고 동남아시아 국가에 도전장을 내밀

지도 않을 것입니다.

　그러나 분명한 것은 중국이 WTO에 가입한 후 동남아시아 국가에 미칠 영향은 이익이 손해보다 훨씬 크다는 점입니다. 앞으로 중국이 WTO에 정식 가입하게 된다면 싱가포르 및 동남아 각국과 함께 동남아 각국과 국민의 이익을 위해 함께 노력하고 싶습니다.

이탈리아 경제인연합회 연설 및 질의응답[*]

(2000년 7월 6일)

존경하는 다마토[1] 회장님,

존경하는 레타 외무장관님,

내외 귀빈 여러분!

오늘 이탈리아 기업계 여러분과 이렇게 만나 뵙게 되어 기쁩니다. 이번이 벌써 네 번째 이탈리아 방문입니다. 매번 이탈리아에 올 때마다 이곳의 역사 유적들에 감동하고, 열정적이고 솔직한 국민들과 엄청난 불볕 더위를 만나게 되는군요. 우선 중국의 상황을 전면적이고 구체적으로 소개해주신 회장님께 감사를 드립니다. 저보다 더 상세하게 준비를 해 오셨습니다. 따라서 여러분께서 새로운 질문을 하지 않으신다면 따로 보충을 하지는 않겠습니다. 하지만 오늘 오전에 아마토 이탈리아 총리와 회담한 내용은 소개해 드리겠습니다. 두 사람은 솔직하게 대화를 나누었고 풍성한 회담 성과를 거두었습니다. 양측은 중-이탈리아의 관계를 매우 긍정적으로 평가했습니다. 양국 간에는 어떤 충돌도 없었고 남겨진 과거사 문제

---

* 줄리아노 아마토Giuliano Amato 이탈리아 총리의 초청으로 주룽지 총리는 2000년 7월 5일부터 9일까지 이탈리아를 공식 방문했다. 방문 기간 동안 주 총리는 이탈리아 경제인연합회에서 연설하고 참석자들의 질문에 답했다.
1) 다마토 : 당시 이탈리아 경제인연합회 회장이었다.

도 없습니다. 양국 국민들은 서로 우의가 돈독하며, 양국 모두 역사상 유명한 고대 문명 국가입니다. 특히 이탈리아의 참피 대통령과 장쩌민 주석의 우호 방문과 고위층 상호 왕래를 통해 양국 국민의 우호 관계가 더욱 촉진되었습니다. 중국과 이탈리아는 중대한 국제 문제에 있어 서로 유사한 입장을 지니고 있으며, 각종 국제 무대에서 서로 지지하고 있습니다. 하나의 중국 원칙을 견지하고 중국의 WTO 가입을 지지하는 이탈리아 정부에 고마움을 전하고 싶습니다. 양국의 훌륭한 정치 관계는 분명 양국 경제무역 관계 발전을 더욱 촉진할 것입니다.

중 – 이탈리아 양국의 경제무역 관계는 올해 상반기 사상 최고 수준을 기록했습니다. 이탈리아가 EU중 무역액이 가장 많은 국가는 아니지만, 양국의 협력은 매

2000년 7월 7일, 주룽지 총리는 참피 이탈리아 대통령과 회견했다. (사진=신화사 판루쩐樊如鈞 기자)

우 중요한 특징을 가지고 있습니다. 즉 양국 간에는 기술 이전과 중소기업 협력 등 분야에서 매우 독특한 특징이 있습니다. 저는 이 분야에서 양국이 좋은 협력을 하고 있다고 생각합니다. 저는 1982년과 1984년에 이탈리아를 방문했습니다. 당시에는 양국 중소기업의 협력 추진을 논의하기 위해 왔었고, 이탈리아와의 협력으로 중국의 발전이 촉진되었습니다.

올해 상반기 중국의 경제 발전 성과를 보면 중국은 1997년 아시아 금융위기로 인한 어려움과 피해를 이미 극복했습니다. 중국 경제는 올해 상반기 중대한 전환점을 맞았습니다. GDP는 전년도 동기대비 8% 성장했고 재정수입은 20% 이상 늘었습니다. 대외무역 수출액은 30% 이상 증가했습니다. 또 외환 보유고는 5월말 현재 1,587억 달러를 기록했습니다. 그것은 중국이 아시아 금융위기에 대응하기 위해 정확한 정책을 취한 결과 얻은 성과입니다. 이 중대한 전환점은 변하지 않을 것이며, 계속해서 중국 경제는 건전하고 지속적이며 안정적인 발전 추세를 유지해 나갈 것입니다. 중국이 WTO에 가입하고 대외 경제 관련 법률이 완비됨에 따라 중국은 이탈리아 기업계에 더 큰 비즈니스 기회를 제공하게 될 것입니다.

여러분 모두 지적 재산권 문제에 큰 관심을 갖고 계신 줄 압니다. 원래는 이 문제에 관해 말씀드리려고 했으나 다마토 회장님께서 이미 말씀을 해주셨으니 한마디만 보충하겠습니다. 중국은 반드시 지적 재산권을 보호할 것입니다. 중국 정부는 국가 지적 재산권국 등 전문기구를 창설하고 해당 분야의 법률 집행 상황을 조사했습니다. 이탈리아 기업계가 만약 지적 재산권 피해를 당하게 된다면, 중국의 국가 지적 재산권국에 소송을 제기하시거나 제게 말씀하셔도 됩니다. 반드시 책임지고 국제 관례에 따라 문제를 해결할 것입니다.

그럼 연설은 여기까지 하고 여러분의 질문에 성심성의껏 대답해 드리겠습니다.

감사합니다!

진행자 : 좋은 말씀 해주신 주 총리께 감사드립니다. 이제 총리께 몇 가지 질문을 드리겠습니다. 첫 번째 질문 해 주십시오.

질문 : 오늘 오전 저는 이탈리아-중국 경제문화교류협회 회장의 자격으로 주 총리와 몇 가지 문제에 관해 의견을 나누었습니다. 앞으로 우리 협회가 문화와 법률·예술·과학기술·경제 무역 분야에서 중국과 협력을 전개할 계획에 대해 말씀드렸지요. 그리고 오늘 오후에 이탈리아 기업계의 지인들과 함께 의논한 문제가 있는데 여기서 다시 한 번 말씀드리겠습니다. 양국은 더할 나위 없이 좋은 협력을 진행하고 있습니다. 그러나 양적인 면에 있어서는 만족할 만한 수준은 아닙니다. 이탈리아와 중국과 같은 국가는 협력을 더욱 발전시킬 수 있다고 봅니다. 이탈리아의 산업은 중소기업을 토대로 합니다. 이들 중소기업은 수익성도 좋고 매우 활발한 활동을 하고 있습니다. 이탈리아 중소기업은 세계 각국에 진출해 있습니다. 방금 이탈리아 경제인연합회 회장님께서는 연설에서 양국 중소기업의 협력을 추진할 예정이라고 말씀하셨습니다. 이에 대해 총리께서는 어떻게 생각하십니까?

주룽지 : 매번 이탈리아에 오면 느끼는 거지만 이탈리아 분들은 질문을 할 때 그 속에 이미 답이 포함되어 있는 특징이 있습니다. 그래서 제가 말을 많이 할 필요가 없습니다. 오늘 오전 저는 이탈리아-중국 경제문화교류협회의 명예 회장님과 회장님 두 분과 회담을 했고 얘기가 아주 잘 됐습니다. 저희는 경제문화교류협회가 양국 경제교류 추진을 위해 애쓰신 노고와 공헌에 감사를 드립니다. 중국은 경제문화교류협회와 경제인연합회로 구성된 대표단의 중국 방문을 환영합니다. 이는 양국의 협력을 한층 강화하는 가장 좋은 방법이라고 생각합니다. 오늘 오전 저는 아마토 총리와 만난 자리에서 올해 11월 양국 수교 30주년을 맞아 중국을 방문해 달라고 초청했습니다. 경제문화교류협회의 명예 회장님과 회장님께도 중국 초청 의사를 전달했습니다. 저는 1991년 상하이 시장으로 재직하고 있을 때 이탈리아를 방문해서 그분들과 만났습니다. 여러분 모두 상하이와 밀라노가 자매도시라는 사실은 알고 계실 것입니다.

진행자 : 두 번째 질문해 주십시오.

질문 : 중국 정부는 최근 통신과 에너지 등 분야에서 일련의 사유화 정책을 단행했습니다. 중국의 사유화 과정에 세계 금융시장의 귀추가 주목되고 있습니다. 중국은 일부 기업의 이사회를 확대할 때 외국인의 영입도 고려하고 있습니다. 저는 개인적으로 6월 30일 중국석유천연가스공사(CNPC) 이사회의 외국 대표로 임명되었습니다. 이는 중국 기업계가 사유화 확대 과정에서 중요한 발걸음을 내딛었다고 생각합니다. 중국은 시장 개방에 있어 어떤 계획을 가지고 있습니까? 중국은 중국 국내시장의 투자를 확대하기 위해 어떤 조치를 취할 예정입니까? 그리고 사유화 계획은 무엇입니까? 중국 기업은 외국 기업에 대한 개방 과정에서 어떤 식으로 상대방의 구성원을 참가시킬 건지요?

주룽지 : 선생의 질문에도 역시 답이 포함되어 있으니 짧게 대답하겠습니다. 단지 '사유화'라는 용어를 수정하면 되겠군요. 중국은 '사유화'가 아니라 '주주화〔股份化〕'라고 합니다. 소위 말하는 '주주화'는 국영기업의 자산을 주식시장을 통해 대중에게 매도하는 것입니다. 최근 중국이 보유한 대량의 국영기업 주식은 중국 내 증권시장뿐 아니라 해외에 상장되었습니다. 방금 말씀하신 석유 기업과 통신 기업 등의 주식도 해외에 상장되어 큰 성공을 거두었습니다. 중국은 앞으로 더 많은 국영기업의 주식을 상장할 것입니다. 중국은 국영기업의 주주제가 일종의 공유제 형식이지 사유화는 아니라고 생각합니다.

유럽 경제인연합회와 벨기에 경제인협회
공동 환영회 연설 및 질의응답[*]
(2000년 7월 11일)

존경하는 회장님,

내외 귀빈 여러분!

먼저 유럽의 기업계와 금융계 인사들과 만나 상호 교류할 기회를 주신 유럽 경제인연합회에 감사 말씀 드립니다. 중국 정부대표단은 이번에 벨기에와 EU 본부를 방문했습니다. 마침 중국과 EU가 외교 관계를 맺은 지 25주년 되는 해라 더욱 뜻 깊은 날입니다. 중국은 세계 다원화 과정에서 EU와 유럽 각국이 가진 중요한 지위와 적극적인 역할을 매우 중요하게 생각하고 있습니다. 따라서 중국은 EU 및 유럽 각국과의 우호협력 관계를 부단히 발전시키려고 노력해 왔습니다. 현재 중-EU 양측의 협력관계는 양호하게 발전하고 있으며, 중국과 유럽 각국의 고위 인사 상호 방문으로 서로를 더욱 잘 이해하게 되었습니다. 양측의 경제 무역 협력 관계도 빠르게 발전하고 있습니다. 특히 작년과 올해 상반기에는 두드러진 성장세를 보였습니다. 기타 각 분야에서 중국과 EU, 유럽 각국의 협력 역시 큰 진전을

---

* 기 베르호프스타트 벨기에 총리와 로마노 프로디 EU 위원회 의장의 초청으로 주룽지 총리는 2000년 7월 9일부터 12일까지 벨기에와 EU 본부를 공식 방문했다. 방문 기간 동안 주 총리는 유럽 경제인연합회(UNICE)와 벨기에 경제인협회가 공동 주최한 환영 연회에 참석해 연설을 발표하고 참석 인사들의 질문에 답변했다.

이루었습니다. 중국과 EU는 매년 정기회의를 개최하는 시스템을 구축했고, 1998년과 1999년 두 차례 회의를 열었습니다. 제3차 회의는 올해 10월 베이징에서 열립니다. 중국은 양측의 회담과 협력을 통해 중-EU 관계가 새로운 수준으로 발전하기를 희망합니다.

오늘은 여러분께 중국의 소식을 소개해드릴까 합니다. 여러분께서 좋아하실지 모르기 때문에 말을 많이 하지는 않겠습니다. 제가 짧게 얘기하고 여러분이 질문하시면 대답하는 방법이 제일 좋을 것 같습니다.

첫 번째 소식입니다. 중국은 올해 상반기에 1997년 아시아 금융위기로 인한 피

2000년 7월 11일, 주룽지 총리는 벨기에 수도 브뤼셀에서 유럽 기업계와 금융계 인사 앞에서 연설하고 질문에 답변했다. (사진=신화사 류젠궈 기자)

해를 극복했습니다. 1997년 이후 중국은 아시아 금융위기의 영향을 받아 국민경제의 발전 속도가 둔화되었습니다. 그러나 위안화를 평가절하하지 않고 적극적인 재정정책과 각종 산업구조조정 정책을 취했으며, 중국 내 수요 확대를 통해 국민경제의 성장을 촉진했습니다. 올해 상반기와 작년 같은 기간을 비교해 보면 중국 경제는 8.2% 성장했습니다. 재정 수입은 20% 이상 증가했고, 수출입도 함께 증가해서 30% 이상 성장을 기록했습니다. 또한 국제수지 균형을 유지했으며 외환 보유고는 5월 말 현재 1,587억 달러입니다. 따라서 중국은 아시아 금융위기의 그림자를 벗어났습니다.

중국은 현재 10-5 계획을 제정하고 있습니다. 앞으로 5년 동안 중국은 산업구조조정을 강화하고 경제체제 개혁을 심화하는 동시에 대외 개방을 더욱 확대할 것입니다. 산업구조조정이란 전통산업을 계속 발전시키면서 정보기술을 중심으로 하는 하이테크 산업 분야로 산업 중심을 이동해서 전자와 통신·정보 등 산업을 적극 발전시키는 것입니다.

그리고 중국은 지역 산업구조를 강력하게 조정할 것입니다. 이는 서부대개발 전략에서 주로 실시하게 될 것입니다. 서부대개발의 첫 번째 주요 내용은 서부지역의 인프라 산업 건설 강화입니다. 여기에는 철도·도로·통신 시설 등의 건설도 포함됩니다. 두 번째는 서부지역의 생태 환경을 적극 개선하는 것입니다. 과거에는 생산하는 곡식이 부족했기 때문에 서부지역에서는 대규모의 산지를 과도하게 논으로 개간하고 많은 삼림을 함부로 베어냈습니다. 현재 곡물 생산량은 이미 수요보다 공급이 많은 상태입니다. 따라서 중국은 서부지역의 경작을 중지해 숲을 조성하고 생태 환경을 적극 개선할 수 있습니다.

중국은 국영기업 개혁을 더욱 심화할 것입니다. 10년 전, 중국의 국영기업이 전체 국민경제에서 차지하는 비중은 3분의 2 정도였지만, 지금은 3분의 1로 줄었습니다. 물론 국영기업의 중요성은 그 비중보다 훨씬 큽니다. 그 이유는 국영기업이 선진화된 생산력과 거대한 경제 규모를 대표하기 때문입니다. 국영기업 개혁은 주로 재편을 통해 주주제로 전환하고 주식을 상장하는 방식으로 진행됩니다. 올해 이후 몇몇 대형 국영기업 주식이 해외 증권시장에 상장되었고 큰 성공을 거두었습니다. 중국의 증권시장 역시 커다란 발전을 이루었고 현재는 규범화·통일화·자율화의 방향으로 발전하고 있습니다.

따라서 중국은 경제 발전의 전망을 확신하고 있습니다. 중국 경제는 반드시 지속적이고 빠르며 건전한 방향으로 발전할 것입니다.

또 다른 소식을 전해드리겠습니다. 중국은 대외 개방의 정도를 더욱 확대할 것입니다. 중국을 지원하고 중국의 WTO 가입을 지지해 주시는 EU와 유럽 국가에 감사드립니다. 중-EU는 이미 양자 합의를 달성했습니다. 그 합의를 통해 양측은 상호 윈윈할 수 있으며 호혜협력 강화에도 유리할 것입니다. 중국이 WTO에 가입한 후에는 분명 대외 개방의 정도가 질적·양적으로 확대될 것입니다. 물론 중국이 언제 WTO에 가입할지는 모르겠습니다. 혹자는 7월이라고 하고, 올해 연말이라는 사람도 있습니다. 아마 내년까지 기다려야 할 거라는 말도 들립니다. WTO의 가입 시기가 언제이든 중국은 대외 개방을 지속할 것입니다. EU와 중국의 경제 무역 협력은 규모가 크고 광범위한 컨텐츠를 갖고 있습니다. 그러나 방금 프로디 의장께서 말씀하신 것처럼 EU의 경제 규모와 경제력에 비하면 중국과의 협력 규모는 아직 한참 협소합니다. 따라서 중국은 유럽 경제인연합회의 각 기업인들께서 중국을 이해하고 중국을 방문해서 투자를 결정하고 우리 측과 협력해주시길 희망합니다. 우리는 외국 기업의 중국 투자를 촉진하기 위해서 대외 경제 관련 법률과 법규를 완비할 것이며, 투자 환경을 개선하고 지적 재산권을 보호할 것입니다. 오늘 제 연설을 통해 여러분께서 중국 투자에 대한 관심을 가지게 되셨으면 좋겠습니다. 그렇게 된다면 제 연설은 성공적입니다. 그렇지 않다면 오늘 오전 워털루 산을 돌아볼 때 갑자기 큰 비가 내렸는데 저도 나폴레옹처럼 패전을 한 것이겠지요.

감사합니다!

질문 : 연설에서 중국 경제의 향후 임무와 중국이 그 사명을 완성하기 위해서 어떤 개혁 조치를 준비 중인지 말씀하셨습니다. 분명 그 임무는 어려울 것입니다. 그렇다면 총리께서는 중국의 개혁을 지지하고 돕기 위한 외국 상공업계의 역할은 무엇이라고 생각하십니까?

주룽지 : 저는 유럽 경제인연합회가 유럽의 기업가를 중국에 보내서 중국의 상황을 이해시키고 각종 협력을 촉진해주길 바랍니다. 중국의 공업경제연합회(CFIE)와 유럽 경제인연합회가 서로 회의를 하고 협력을 논의한 적이 있다고 들었습니다. 저는 이런 형식의 협력이 좋습니다. 중국 정부는 각종 민간 협회와 기업계 조직의 연계를 강화해서 경제 무역 협력을 추진하는 적극적인 역할을 하도록 할 것입니다.

질문 : WTO 관련 질문을 드리겠습니다. 올해 5월, EU와 중국은 중국의 WTO 가입에 관한 조건에 합의했습니다. 중국 정부는 어떤 조치를 통해 합의에서의 약속을 지키실 겁니까? 중앙정부와 지방, 국민들 모두 약속을 이행할 수 있습니까?

한 가지 질문이 또 있습니다. 중국이 약속한 사항을 충분히 이행하려면 어떤 지원이 필요합니까? 즉 중국 정부는 EU가 제시한 감독기구 건립에 대한 제안을 이행할 수 있습니까?

오늘 중국 총리께 질문할 다시없을 기회를 얻었으니 마지막으로 질문 하나 더 하겠습니다. EU는 중국과 새로운 WTO 협상을 할 생각이 있습니다. 중국 정부도 그럴 용의가 있으십니까?

주룽지 : 선생께서 질문하신 한 가지 문제에는 여러 문제가 포함되어 있습니다. 그것을 보니 분명 매우 지혜롭고 유능한 기업가이신 것 같습니다. 대답을 하다가 그 속에 있는 문제를 잊고 대답을 안 하더라도 양해해 주십시오.

중국이 WTO에 가입한 이후 엄격하게 약속을 이행하고 WTO의 규정을 준수하는 것은 의심의 여지가 없습니다. 중국은 대외 경제무역 협력에서 신용을 매우 중시하기 때문입니다. 최근 몇 년 동안 중국은 매년 평균 400억 달러가 넘는 외국 투자를 유치했습니다. 만약 중국이 신용을 지키지 않았다면 누가 그렇게 많은 돈을 중국 시장에 투자하겠습니까? 중국 정부는 이미 각종 조치와 각종 시스템 · 조직을 통해 WTO 가입 이후 각 규정의 집행을 보장할 것입니다. 그리고 부처 간 협력 기구를 마련했습니다. 국무원의 부총리가 주도하는 이 기구는 각 부처의 관계를 조정하며, 외국 기업의 고발을 접수하고 약속과 규정의 집행을 보장합니다. 이는 효과적인 감독기구라고 생각합니다. EU가 제시한 감독기구가 어떤 종류인지는 잘 모르겠지만 양측이 서로의 입장을 이해한 후 다시 토론을 진행하면 됩니다. 물론 양측의 공동 목표는 중국이 WTO에 가입한 후 각 규정과 양측의 약속 실현을 보장하는 것입니다.

진행자 : 다음 질문은 유럽의 서비스산업을 대표해서 영국의 관련 그룹 관계자께서 해주시겠습니다.

질문 : 연설 중 정보기술의 중요성에 관해 언급하셨습니다. 전자상거래 분야 발전에서 중국 정부가 가장 우선시하는 분야는 무엇입니까? 그리고 중국의 전자상거래 발전 과정 중 유럽의 회사가 어떤 역할을 할 수 있을까요?

주룽지 : 중국의 향후 발전 계획에서 정보기술과 정보산업이 우선적인 위치를 차지한다고 말씀드렸습니다. 현재 정보기술은 기초 통신 분야를 우선 발전시키고 있으며 부가가치 통신과 전자상거래 등 정보기술의 다른 분야 역시 중국에서의 발전 가능성도 큽니다. 5년 전 중국에는 인터넷이 없었지만 지금은 사용자가 5천만 명에 이르며 빠르게 발전하고 있습니다. 중국이 WTO에 가입하고 대외 개방이 더욱 확대됨에 따라 정보기술의 다른 분야도 더욱 발전할 거라고 확신합니다. 중

국은 EU 및 미국과 중국의 WTO 가입에 관한 협상을 진행할 때 정보산업의 개방 문제는 가장 큰 쟁점이었습니다. 현재는 이 문제에 관해 양국 상호협정을 달성했고, 이로써 중국은 정보기술 산업 분야에서 EU 및 유럽 국가들의 평등한 지위를 충분히 보장할 수 있습니다. 이 분야에서 유럽의 기업이 중국과 긴밀한 협력을 맺기를 바랍니다. 중국은 이런 협력과 경쟁을 적극 지지합니다, 감사합니다!

파키스탄 상공업계 오찬회 연설 및 질의응답*

(2001년 5월 12일)

존경하는 무샤라프 의장님,

내외 귀빈 여러분!

파키스탄 상공업계 오찬회에 참석하게 되어 매우 기쁩니다. 파키스탄 상공회의소와 여기 계신 상공업계 인사들은 중－파키스탄 우의와 경제 무역 협력 추진을 위해 물심양면으로 많은 지원을 해주고 계십니다. 저는 중국 정부와 국민을 대표해서 여러분께 진심으로 감사의 말씀 드립니다!

여러분들께 이번 기회를 통해 중국의 경제 발전 상황을 간략하게 소개하겠습니다. 최근 몇 년 동안 중국은 아시아 금융위기의 그늘을 극복하고 개혁개방을 부단히 추진해서 경제의 빠른 발전을 지속하고 있습니다. 얼마 전, 중국은 10-5 계획을 제정하고 21세기 첫 5년 동안의 발전 목표와 임무를 제시했습니다. 중국은 산업구조조정을 강력하게 추진하고, 서부대개발 전략과 '과교흥국' 전략을 실시하며, 개혁 추진과 개방 확대를 심화할 것입니다. 그리고 새로운 스타트 라인에서

---

* 페르베즈 무샤라프Pervez Musharraf 파키스탄 국가안보위원회 의장의 초청으로 주룽지 총리는 2001년 5월 11일부터 14일까지 파키스탄을 공식 방문했다. 방문 기간 동안 주 총리는 이슬라마바드 메리어트 호텔에서 열린 파키스탄 상공업계 오찬회에 참석해 연설하고 참석 인사들의 질문에 답변했다.

중국의 현대화 사업을 추진할 것입니다. 올해 들어 세계경제의 성장 속도가 둔화되었지만, 중국 경제는 여전히 양호하게 발전하고 있습니다. 1분기 중국의 GDP는 8.1% 성장했고, 올 한해 경제성장률은 7% 정도로 예상하고 있습니다. 하지만 중국은 이와 동시에 중국이 아직 개발도상국이며 발전 과정에서 많은 어려움과 문제에 직면할 것이라는 사실을 분명히 깨닫고 이를 해결하기 위해 조치를 취하고 있습니다.

최근 중국과 파키스탄의 경제 무역 협력은 장족의 발전과 거대한 성과를 거두었습니다. 어제 저는 무샤라프 의장과 함께 철도 개조 공사를 맡은 중국 회사의 계약 가조인식에 참석했습니다. 양국 호혜협력의 성과는 매우 고무적이지만 계속 노력해서 경제 무역과 투자 규모를 더욱 늘려야 합니다.

양국은 좋은 정치 관계를 맺고 있습니다. 그리고 이중과세 방지와 투자보장협정을 체결했으며, 각기 다른 분야와 등급 간의 협력 시스템을 구축하고 민간 기업가로 구성된 이사회를 설립했습니다. 현재 양국 경제는 지속적으로 발전하고 있습니다. 특히 중국의 서부대개발 전략 실시와 파키스탄의 농업 및 인프라시설 건설 강화는 양국의 상공업계에 기회를 주고 협력 확대를 위한 유리한 조건을 제공합니다. 양국 협력을 새로운 단계로 도약시키기 위해 저는 다음 몇 가지를 건의드립니다.

첫째, 농업 분야 협력을 강화해야 합니다. 중-파키스탄 양국은 농업을 기반으로 하며, 농업 분야의 협력 여지가 많습니다. 양국은 관개농업과 밭 경작 등 분야에서 협력을 확장하고, 농기구 생산·농작물 개량·농산품 가공과 생태 농업 등 분야에서 기술과 발전 경험을 공유해야 합니다. 현재 양국은 시범 농장 건설에 관해 적극적으로 논의 중이며 유익한 경험이 될 것입니다.

둘째, 인프라시설 분야의 협력을 가속화해야 합니다. 중국은 도로·교량·항구·에너지 건설 등 분야에서 높은 기술력과 우수한 설비, 풍부한 경험을 보유하고 있습니다. 파키스탄은 현재 경제 진흥계획을 실시하고 있습니다. 중국 정부는 중국 기업의 적극 참여를 추진해서 파키스탄의 경제 발전에 이바지하기를 희망합니다.

어제 무샤라프 의장은 회담과 만찬에서 과다르 항구 건설과 이와 연계된 연해 도로 건설 상황을 소개하는데 많은 시간을 할애했습니다. 중국은 파키스탄의 중대한 전략적 공사에 지지를 표합니다. 저는 귀국한 뒤 중국의 교통부장을 파키스탄에 파견해 이 공사와 관련해 협상하고 중국이 도울 것은 없는지 파키스탄과 상의하도록 할 것입니다.

셋째, 새로운 경제무역 협력 분야를 개척해야 합니다. 중국 회사는 파키스탄의 SPC 전화 교환기 건설에 참여하고, 그에 상응하는 기술을 이전하고 기술 인력을 양성하고 있습니다. 그리고 초고속 인터넷과 소프트웨어 개발 강화 등 정보기술 분야의 협력 수단에 관해서도 협의 중에 있습니다. 저는 하이테크 기술이 양국 협력의 새로운 성장점이 되기를 바랍니다.

넷째, 새로운 협력 방식을 모색해야 합니다. 공사 원조와 도급 공사를 공고히 하고 발전시키는 동시에 합자·단독 투자·임대 등 새로운 형식을 적극 개발해야 합니다. 중국은 대외 협력에서 선진국 시장뿐 아니라 개발도상국 시장도 중시하고 있습니다. 중국은 외자를 적극 유치하며 중국 기업이 파키스탄을 비롯한 해외에 투자 및 사업하는 것을 지원합니다.

내외빈 여러분,

중국과 파키스탄 양국 국민은 선린 우호 관계를 지속시켜 왔습니다. 그러나 이는 경제 협력이라는 중요한 무대를 벗어날 수 없습니다. 저는 양국의 공동 노력으로 양국의 경제 협력이 21세기에는 반드시 새로운 수준으로 도약할 것이라고 믿습니다.

감사합니다!

진행자 : 파키스탄 상공업계를 위해 우호적이고 열정적인 연설을 해주신데 감사드립니다. 총리의 연설은 이 자리에 계신 분들께 깊은 인상을 남겼을 것입니다.

여러분, 이미 관중석으로부터 여러 질문을 받았습니다. 다행히 주 총리께서 몇 가지 문제에 관해 답해주기로 하셨습니다. 하지만 시간 관계상 질문은 최대한 짧게 해주시기 바랍니다.

질문 : 중국의 경제는 지난 20년 동안 크나큰 진전을 이루었습니다. 그렇다면 향후 10년 동안의 중국 발전에 대해서 어떻게 보십니까?

주룽지 : 중국은 경제 전망에 관한 10-5 계획을 제정했습니다. 이것은 2001년부터 2005년까지 중국의 국민경제와 사회 발전의 계획을 말합니다. 이 계획은 연평균 경제성장률을 7%로 잡고 있습니다. 2005년 이후 다음 5년 간에도 중국은 7%대의 경제성장률을 유지할 수 있을 것입니다.

질문 : 파키스탄의 무역적자와 심각한 채무는 파키스탄의 현 경제 상황을 악화시키는 근본적인 문제입니다. 양국 무역에서 파키스탄이 줄곧 적자를 내고 있는 것으로 알고 있습니다. 중국은 파키스탄으로부터 더 많은 수입을 할 계획은 없습니까? 그렇다면 파키스탄의 무역적자로 인한 압력이 어느 정도 해소될 수 있을 것 같습니다.

주룽지 : 양국의 경제무역은 커다란 발전을 이룩했습니다. 작년 수출입액은 사상 최고를 기록했고, 10년 전보다 두 배가 증가했습니다. 물론 중국은 파키스탄이 무역적자를 안고 있다는 사실에 주목하고 있습니다. 양국 역시 무역의 균형 발전 문제를 논의하고 있습니다. 이 분야에서는 중국의 노력도 있어야 하지만 파키스탄의 노력이 더욱 필요합니다. 중국은 파키스탄이 중국 시장 수요에 맞는 제품을 수출해주길 원하고 있습니다. 중국 역시 동등대우 조항하에 파키스탄의 제품을 우선 수입해서 무역 불균형을 개선할 것입니다.

2001년 5월 12일, 주룽지 총리는 라피크 타라르Rafiq Tarar 파키스탄 대통령(좌)과 무샤라프 파키스탄 국가안보위원회 의장(우)과 함께 중-파키스탄 수교 50주년 기념 연회에 참석했다. (사진=신화사 왕신칭 기자)

귀국한 후 중국 구매단을 파키스탄에 파견해서 중국 시장에 적합한 제품을 구매하도록 해서 무역 균형을 추진할 예정입니다.

질문 : 중국은 광활한 영토를 가진 국가입니다. 그리고 대다수 이웃 국가와 육로를 통해 무역을 하고 있습니다. 하지만 양국 사이에 카라코람 고속도로가 있기는 하지만 양국 간 육로 무역 규모는 그리 크지 않습니다. 양국이 카라코람 고속도로를 통해 무역을 발전시킬 가능성이 크다고 보십니까?

주룽지 : 아까 그 문제에 관해 언급을 했습니다. 양국의 무역 균형과 발전은 교통 운송의 문제에 있는 것이 아니라 주요 문제는 상대국에 적합한 제품을 보유하고 있는지 여부입니다. 제품의 운송은 문제가 되지 않습니다. 그렇지만 중국은 운송

분야를 개선하면서 항구 이용 등 다른 운송 수단을 이용하기도 합니다. 카라코람 고속도로 상황 역시 개선이 필요합니다. 그렇게 하면 운송의 강도를 높일 수 있습니다.

질문 : 두 가지를 질문하고 싶습니다. 첫 번째 질문입니다. 1980년대 초, 중국은 대외 개방 정책을 실행했고, 현재까지 경제구조조정 분야에서 많은 노력을 해오고 있습니다. 그렇다면 중국 경제는 대외 개방을 심화하면서 어느 분야를 주로 개방하실 겁니까? 두 번째로 파키스탄은 중국의 WTO 가입을 학수고대하고 있습니다. 가입 후 중국은 새로운 글로벌 경제 시대에서 어떤 역할을 하게 될까요?

주룽지 : 1978년, 중국은 덩샤오핑 최고 지도자께서 제창한 개혁개방 정책을 실행했고, 현재 큰 성과를 거두었습니다. 개혁개방 정책이 없었다면 오늘날의 중국도 없었습니다. 중국은 앞으로도 더욱 심화된 개혁개방 정책을 실행해 나갈 것입니다. WTO 가입은 중국의 오랜 숙원입니다. 이미 14년 동안이나 협상을 하고 있습니다. WTO 가입 이후 중국은 세계 각국에 광활한 시장을 제공하고, 또 WTO 각국 경제무역 협력에 참여해 활동하는데도 유리합니다. 향후 중국의 개혁개방의 중점은 은행·보험·증권 등 서비스 산업에 집중될 것입니다. 중국은 각국과 벌인 양자 협상을 비롯해 WTO 협상 과정에서 이 문제에 관한 개방 시점을 확정했습니다. WTO 가입은 중국의 숙원이며 전 세계 평화와 협력에도 유리합니다.

질문 : 이런 장소에서 중국 총리께 질문을 하게 되어 매우 영광입니다. 최근 몇 년 동안 중국 경제는 급속한 발전을 이루었으며, 중국 경제의 발전은 현대 세계 경제 발전의 기적이 되었습니다. 파키스탄의 발전을 위해 제안해주실 말씀 없으십니까? 말씀해 주시면 파키스탄은 중국을 배울 수 있습니다.

주룽지 : 신중국 건립 이후, 특히 개혁개방 이후 중국은 경제에서 장족의 발전을 이룬 것이 사실입니다. 그것은 분명 하나의 기적입니다. 중국이 개혁개방을 통해 거둔 성과와 경험은 어제 각종 장소에서 무샤라프 의장에게 소개를 했습니다. 그러나 중국의 구체적인 경험은 모든 국가에 적합한 것은 아닙니다. 파키스탄도 예

외는 아닙니다. 중국이 얻은 경험과 교훈은 다른 나라에서 참고만 할 수 있습니다. 저는 무샤라프 의장 및 유능한 정부 관료의 지도에 따라 파키스탄 경제도 날로 발전할 것이라 믿습니다. 제가 여기서 중국의 경험을 다시 말할 필요는 없을 것입니다. 여러분, 감사합니다!

아일랜드 상공업계 조찬회 연설 및 질의응답[*]

(2001년 9월 4일)

톰¹⁾ 부장님, 머레이²⁾ 회장님,

귀빈 여러분!

오늘 아일랜드 기업계의 여러분들과 함께 조찬을 하게 되어 무척 기쁩니다. 자리에 함께 하신 여러분들은 모두 중국인들의 좋은 친구이며 중국과 아일랜드 간의 경제 기술 무역협조를 위하여 커다란 공헌을 하신 분들입니다. 저는 여러분들의 노력에 충심으로 감사를 표시하는 바입니다.

중─아일랜드 사이에는 양호한 우호와 협력관계가 있어 왔습니다. 저와 버티 아헌 총리는 오랜 친구로 총리님이 여러 차례 초청을 해주신 덕분에 저는 이 아름다운 아일랜드를 방문하고 싶은 소망을 오늘에야 결국 실현하게 되었습니다. 저는 아일랜드 정부와 국민들의 열정적인 환대를 받았는데 여기서 다시 한 번 감사를 표합니다. 또한 여러분들을 통해 아일랜드 국민들에게 충심으로 감사드립니다.

---

* 버티 아헌 아일랜드 총리의 초청으로 주룽지 총리는 2001년 9월 2일에서 5일까지 아일랜드를 공식방문했다. 방문 기간에 주룽지 총리는 아일랜드 상공업계 인사들이 주최한 더블린 카이리 퍼 시즌 호텔에서 거행된 조찬회에 참석하여 연설하고 인터뷰에 응했다.

1) 톰 키트Tom Kitt : 당시 아일랜드 기업 무역과 취업부 국무부장이었다.
2) 머레이 : 당시 아일랜드 기업진흥청 대표였다.

어제 저는 아헌 총리와 친절하고도 우호적이며 건설적인 회담을 했으며 우리는 여러 방면에서 공감대를 형성했고 성과를 거두었습니다. 약간의 의견 차이가 있는 곳에서는 솔직하게 의견을 교환하여 상호 간의 이해를 촉진했습니다. 저는 이번 아일랜드 방문이 중–아일랜드 양국의 경제·기술·무역·교역·문화 등 영역에서 협력을 촉진시킬 것이라 믿습니다.

이렇게 아름다운 아일랜드를 저는 이번에 처음 방문했습니다. 이전에 저는 아일랜드에 대해 잘 알지 못했습니다. 우리는 아일랜드 국민이 자신들의 독립을 위하여 장기적인 투쟁을 해왔다는 것을 압니다. 여러분은 경제 발전에서 아주 신속하고도 커다란 성공을 거두었습니다. 아일랜드는 경제 발전 속도와 산업구조 조정 및 하이테크 발전 속도에 있어서 모두 중국을 추월했는데 우리는 이 점이 몹시 부럽고 또한 치하드리는 바입니다.

그러나 저는 아직도 아일랜드에 대한 이해가 부족하다는 것을 알았습니다. 제가 우리 대사에게도 말했습니다만, George Bernard Shaw를 우리는 '샤오보나〔蕭伯納〕라고 번역합니다. 저는 이제껏 그분을 영국인이라고 알고 있다가 이번에야 비로소 아일랜드 분임을 알게 되었습니다. 이번 방문을 마치면 저는 아일랜드에 관한 책을 더욱 많이 읽고 아일랜드의 발전에 더욱 깊이 관심을 가질 것입니다. 이렇게 하면 두 나라 간의 우호협력 관계를 촉진하게 될 것입니다. 그러나 저희가 아일랜드에 도착한 첫날부터 저는 아일랜드의 TV와 신문을 보고 아일랜드인들의 중국에 대한 이해 역시 제가 아일랜드를 이해한 수준처럼 비교적 낮다는 것을 알 수 있었습니다. 아일랜드의 매체가 제게 준 인상은 이렇습니다. 중국은 단지 세 가지 문제가 있는데, 즉 human rights·파룬궁·Tibet뿐이고 nothing more, 더 이상은 없다는 것입니다. 그래서 저는 이 자리에 계신 아일랜드 친구들에게 말씀드리고 싶습니다. 여러분은 중국인의 친구이자 중국을 잘 이해하고 있습니다. 중국을 방문하신 분도 많습니다. 저는 여러분들을 통해 아일랜드인들에게 말해주고 싶습니다. 중국은 인구 대국이며 최근 20여 년 간 개혁개방을 하여 GDP가 3배나 증가했고, 국민들의 생활수준은 이미 먹고 살 수 있는 중산층〔小康〕 수준에 이르렀으며, 매년 1억 4천만 톤의 철강, 1억 6천만 톤의 석유, 10억 톤의 석탄을 생산하고 있습니다. 중국은 이미 13억에 달하는 인구의 먹는 문제를 해결했고 식량은 여유가 있어 수출까지 하고 있습니다. 상품과 소비품은 아주 풍부합니다. 여러분들이 미국의 슈퍼마켓에 가보면 made in China라고 써 있는 소비품을 곳곳에서 찾을 수 있을 것입니다. 개혁개방 정책을 실행함으로써 현재 중국이 유치한 외자는 이미 3,600억 달러에 달했고 외환 보유고는 2,000억 달러에 근접하고 있습니다. 우리의 정보산업은 비록 아일랜드만큼 신속히 발전하지는 않았지만 중국의 시장 수용량은 아일랜드보다 훨씬 커서 중국의 현재 SPC 전화기는 1억 5천만 선을 보유하고 있고 이동전화 수량은 1억 대로 이미 세계 제2위로 미국 다음입니다. 인터넷 사용자수는 8,000만 명입니다.

그러므로 중국 정부가 국민을 위하지 않는다는 것은 상상할 수 없으며, 이런 정부가 세계가 공인하는 인권 준칙을 존중하지 않는다는 것도 상상할 수 없습니다. 만일 중국이 이처럼 나쁜 정부라면 하루도 존재할 수 없을 것입니다. 물론 경제적인 성취를 거두었다고 해서 중국이 정치·사회·개혁·인권 문제에서 어떠한 결점도 없다고 말할 수는 없습니다. 우리도 결점이 있습니다. 저는 다른 국가 역시 결점이 있다고 생각합니다. 우리는 이들과 지속적인 대화를 통해 서로 간의 이해를 촉진하기를 바랍니다.

제가 이런 것을 말씀드리는 것은 설명을 위해서인데 중-아일랜드 양국 간의 현재 우호협력 관계는 이미 높은 수준에 도달했습니다. 그러나 여전히 양국, 특히 양국 국민들은 상호 간의 이해와 인식이 필요합니다. 그래야만 우리는 비로소 수

많은 문제에서 공감대를 형성할 수 있을 것이며 경제 · 기술 · 무역과 다른 방면의 협력을 촉진할 수 있습니다. 중국에는 인권 · 파룬궁 · 티베트 이외에도 다른 많은 것들이 있다는 점을 아일랜드 국민들이 알아주기를 희망합니다. 저는 아일랜드의 경제 발전과 각 방면의 진보를 잘 알고 있습니다. 아일랜드가 거둔 성취는 우리 모두가 부러워하는 것이라고 방금 말씀드렸습니다. 그러나 여러분에게 또 한 가지 말하고 싶은 것이 있습니다. 아일랜드는 7만 제곱킬로미터의 토지에 380만 인구가 있으며 GDP는 780억 달러입니다. 제가 상하이 시장으로 재직할 당시, 6,600 제곱킬로미터의 면적에 1,300만 인구를 가진 상하이의 GDP는 아일랜드와 맞먹는 780억 달러였습니다. 저는 중-아일랜드 간에 각 영역의 협력이 신속히 발전하기를 희망하며 발전의 잠재력이 몹시 크다고 생각합니다. 저는 아헌 총리에게 세 가지 방면에서 협력을 확대할 것을 제기했습니다. 무역 방면에서는 작년의 경우 중-아 간의 무역액은 겨우 7억 달러에 불과했지만 금년 상반기에 38% 증가했습니다. 이는 금년에는 대략 10억 달러가 될 것이라는 말입니다. 그런데 제가 여러분에게 말씀드릴 것이 있습니다. 중국의 수출입 무역 총액이 작년에는 4,750억 달러였지만 금년에는 아마도 5,600억 달러에 도달할 것입니다. 즉 양국의 무역액은 겨우 중국 수출입 총액의 1.5%에 불과하다는 것입니다. 이는 양국 간에 협력의 잠재력과 공간이 무한함을 의미합니다. 제가 어제도 말씀드렸지만 우리는 중-아 간의 무역이 발전하기를 희망하며 더욱 많은 아일랜드 제품을 수입하고 싶습니다. 아일랜드 제품은 기술 함량이 높고 품질이 좋기 때문에 우리는 무역적자조차 감당할 수 있습니다. 저는 중-아 양국 간의 무역이 매년 50% 이상의 성장률로 발전하기를 희망하며 1년에 배의 속도로 발전한다면 더욱 좋겠습니다. 그러려면 우리의 공동 노력이 필요하며 그중 가장 중요한 것은 상호 간의 이해입니다.

　제가 어제 아헌 총리와 두 분의 의장님, 그리고 대통령께 말씀드렸습니다만,

금후 양국 각 계층의 왕래는 더욱 대규모로 증가할 것입니다. 어제 제게 질문했던 아일랜드 기자에게 이미 말했습니다만 그분의 중국 방문을 환영하며, 또한 free of charge(무료)입니다. 저는 오늘 모든 아일랜드 기자분께서 중국 방문을 원하신다면 여러분에게 무료로 제공하겠다고 다시 한 번 말씀드립니다. 물론 무료는 한 번뿐입니다. 너무 여러 번 이라면 제 총리직은 감당할 수가 없을 겁니다. 왜냐고요? 우리 쌍방의 상호 이해를 촉진하기 위해서입니다. 오로지 mutual under-standing(상호 이해)가 있어야만 mutual respect(상호 존중)이 생기며 비로소 mutual benefit(상호 이익)이 생길 수 있습니다. 저는 이 자리에 계신 여러분들이 중국인들의 좋은 친구가 되어 양국 국민들의 우의와 중-아 양국 간의 협력을 촉진시킬 수 있기를 희망합니다. 총리로서 저는 여러분에게 모든 편리를 제공해드리고 싶습니다. 만일 여러분에게 어떤 곤란함이 있다면 Please tell me.

감사합니다.

기자 : 중국의 중소기업 발전 상황에 대해서 말씀해 주십시오.

주룽지 : 중소기업의 발전은 중국의 정책이며 중점 사업입니다. 중국의 중소기업은 절대다수가 민영기업이거나 혹은 사기업입니다. 외자기업을 포함한 사기업은 과거에 10%를 점하던 것이 최근 10년 간 현재 3분의 1의 점유율로 발전했고 원래 55%를 점했던 국영기업은 30% 이상 하락했습니다.

기자 : 중국 정부는 지적 재산권을 보호하기 위해 어떤 조치를 취하고 있는지 말씀해 주십시오.

주룽지 : 중국 정부는 지적 재산권 보호를 몹시 중시하고 있습니다. 일찍이 1979년 개혁개방 초기부터 중국은 지적 재산권의 보호에 대하여 그에 상응하는 주의를 기울였습니다. 지적 재산권을 보호하지 않으면 진정한 기술을 도입할 수가 없

2001년 9월 3일, 주룽지 총리는 더블린에서 메리 매컬리스 아일랜드 대통령과 회견했다. (사진=신화사 라오아이민 기자)

고 개방정책을 실행할 수 없다는 것을 알기 때문입니다. 20여 년 간 우리는 일련의 입법을 진행했는데 〈저작권법〉·〈특허법〉·〈상표법〉 등이 여기에 포함됩니다. 비록 완벽하다고는 말할 수 없지만 기본적으로는 모두 국제 공인의 법률규범을 채택했습니다. 우리는 또한 국가 지적재산국局 등을 포함한 일련의 기구를 건립했으며 각 성과 자치구·직할시에 모두 관련 기구를 설치했습니다. 이 기구는 비록 완전하다고는 말할 수 없지만 기본적인 골격은 갖추고 있습니다. 중국은 해적판 척결에 적극적인 국가로 이는 국제조직이 공인한 바입니다. 만일 중국이 일련의 지적 재산권 방면의 법률 법규와 이에 대한 집행이 없었다면, 중국이 유치한 외국의 직접투자가 작년에 360억 달러를 달성했다는 것은 상상할 수도 없습니다.

금년에는 400~500억 달러를 달성할 것입니다. 물론 중국에도 권리를 침해하는 사건이 있으며 게다가 끊임없이 발생하지만 소송기관이 있으므로 사법기관에서 이런 사건을 처리합니다. 만일 여러분들이 이 방면에서 이익에 저촉을 받았다고 생각하거나 혹은 곤란함을 느꼈다면 모두 저를 찾아오시면 됩니다.

기자: 중국은 최대의 이동전화 사용자 수를 보유하고 있는데 중국 정부는 자유경쟁 및 외국투자자에게 통신시장을 개방하는데 어떤 계획이 있으십니까?

주룽지: 중국의 통신사업은 확실히 급속하게 발전하고 있습니다. 이동전화로 말하자면 거의 2년에서 3년마다 배의 속도로 발전하고 있습니다. 중국의 이동전화 기술 중 많은 부분은 외국에서 들여오고 있습니다. 과거 중국은 기초 통신 방면에서 독과점정책을 실시했지만 현재 우리는 다음 사항을 수락했습니다. 즉 WTO 가입 후 초기에는 합자경영의 외자 비율이 25%에 달하고 몇 년 후에는 49%까지 도달할 것입니다. 현재 전 세계의 통신 대기업은 모두 중국 시장의 전망을 낙관하고 있으며 중국 통신기업의 주식이 외국에서 환영받고 있습니다. 우리는 아일랜드의 통신산업이 매우 발달했다는 것을 알고 있습니다. 아일랜드의 기업가가 중국에서 합작하기를 원하며, 여러분이 중국이라는 이 거대한 시장을 잃어버리지 않기를 희망합니다.

러시아 상공업 과학기술계 오찬회 연설 및 질의응답[*]

(2001년 9월 10일)

크레바노프 부총리님,

그레이 노프[1] 대표의장님,

볼스키[2] 의장님,

이 자리에 함께 해주신 귀빈 여러분,

저와 우이吳儀 국무위원 및 전체 대표단들은 오늘 러시아의 기업계 · 과학계의 친구들을 이 자리에서 뵐 수 있게 되어 몹시 기쁩니다. 저는 여러분이 중러 우호협력관계를 위하여 수많은 업무와 크나큰 공헌을 하신 것에 대해 충심으로 경의와 감사를 표시합니다. 2년 반 전에 저는 러시아를 방문하여 제4차 중러 총리 정기회담에 참석했습니다. 이번에 다시 러시아를 방문하게 되어 귀국의 거대한 진보와 국민경제의 신속한 성장, 국민 생활수준의 현저한 향상, 정치 · 사회적으로 더욱 단결된 모습에 깊은 감동을 받았습니다. 특히 도시 건설에서 거둔 성과로 인해 모

---

* 러시아 연방정부 총리 미하일 카시야노프Mikhail Mikhailovich Kasyanov의 초청으로 주룽지 총리는 2001년 9월 12일 중러 총리 제6차 정기회의에 참석하기 위해 러시아를 공식 방문했다. 방문 기간 동안 주룽지 총리는 모스크바 메트로폴 호텔에서 러시아 상공업계와 과학기술계 인사들이 주최한 오찬회에 참석하고 연설과 함께 회의에 참석한 인사들의 질문에 응했다.
1) 그레이노프 : 당시 러시아 국가 두마 대표 의장이었다.
2) 아르카지이 볼스키 : 당시 러시아산업기업가연맹(RSPP) 의장이었다.

스크바와 상트페테르부르크가 모두 몰라보게 달라져서 우리는 몹시 기뻤습니다. 우리는 러시아 국민들이 이룬 거대한 성취에 대해 충심으로 축하를 드립니다.

방금 카시야노프 총리와 아름다운 상트페테르부르크에서 제6차 중러 총리 정기 회담을 거행했으며 큰 성과를 얻었습니다. 이번 성과는 과거 역대 회담의 그 어느 성과보다도 더욱 크다고 여깁니다. 이번 회담은 중러가 경제·무역·기술·문화 등 각 영역의 협력에서 이미 '협력의 적응 과정'을 거쳐 '프리 웨이'로 달리고 있다는 것을 상징하고 있습니다. 저는 우리의 협력이 이미 풍성한 수확의 시기로 접어들었다고 믿으며 이번 회담에서 조인한 7개 협의가 바로 이를 증명하고 있습니다. 이번 협의는 중러 쌍방의 노력을 거쳐 각 협의마다 러시아는 매년 100억 달러 수출 혹은 투자를 가능하게 하리라 생각합니다. 제가 이렇게 말하는 것은 결코 과장이 아닙니다. 예를 하나 들어보겠습니다. 작년에 중국은 1억 톤의 원유와 가공유를 수입했는데 그 가격은 250억 달러입니다. 만일 이런 무역액의 절반과 매년 증가하는 수입 부분만이라도 러시아로 돌려 우리가 조인한 〈원유파이프 협의〉를 이행하면 매년 러시아는 100억 달러 이상의 수출을 달성할 수 있습니다. 물론 이는 5년 이후에 점진적으로 달성될 것입니다. 중러 합작이 이룬 이런 중대한 성과는 전망이 더욱 무한합니다. 우선 얼마 전에 장쩌민 주석이 러시아를 방문했을 때 푸틴 대통령과 〈중러 선린우호협력 조약〉을 체결했습니다. 이 조약은 전략적이고도 미래지향적인 것으로 중러 양국이 새로운 세기에 나아가야 할 우호협력의 방향과 방침을 명확히 밝혀주고 있습니다. 이 조약은 이번 회담 성공의 기초를 마련해주었습니다. 말하자면 우리의 이번 회담은 이 조약의 취지를 잘 관철했다고 할 수 있습니다. 과거에 우리는 중러 양국 간의 경제·기술·무역 협력관계와 양국의 양호한 정치관계가 그렇게 서로 걸맞는다고 말할 수 없었습니다만, 지금은 말할 수 있습니다. 즉 우리는 경제·무역·기술 등 각 영역의 협력관계에 있어 발전이 가속화될 것이며 이는 양국 정치 관계의 발전과 서로 잘 부응하고 걸맞을 것입니다.

방금 제가 볼스키 의장에게 말씀드린 바와 같이 양국은 양호한 관계를 수립했지만 결코 문제가 없다고는 할 수 없습니다. 이번 회담 중 우리는 협력 중에 존재하는 문제에 관해 충분히 토론했으며 또한 이런 문제를 해결할 조치도 제기했습니다. 최대의 문제는 중러 양국 무역의 불평등입니다. 작년에 중러 양국의 무역총액은 80억 달러에 달합니다. 그러나 중국의 수출액은 겨우 22억 달러고, 러시아의 수출액은 58억 달러입니다. 이는 중국의 적자가 36억 달러에 이른다는 뜻입니다. 올해 1월에서 7월까지 중러 양국의 무역액은 54억 달러인데 중국 측의 적자는 이미 29억 달러에 이르러 작년 동기의 액수를 훨씬 초과했습니다. 이번 회담에서 우리는 진솔하게 이런 무역 불평등 상황을 개선할 수 있는 조치에 관하여 의논을 했습니다. 카시야노프 총리께서 잘 지적해 주셨습니다. 즉 중국 제품 중에 품질이 좋은 것도 있고, 나쁜 것도 있는데 이것이 중러 무역에 영향을 주는 하나의 원인이 되고 있으며 러시아 국민들은 중국 제품에 아직 익숙치 않기 때문이라고 하셨습니다. "좋은 것도 있고 나쁜 것도 있다"고 겸손하게 말씀하셨지만, 솔직히 말하면 중국에서 러시아로 수출하는 제품은 확실히 품질에 문제가 있습니다. 우리는 이 문제를 진지하게 검토했는데, 중국이 작년에 수출한 제품은 2,550억 달러에 이르지만 중국 제품의 품질이 나빠 제소되었다는 소식은 별로 들은 적이 없습니다. 러시아에 수출하는 제품의 품질 문제에 관해 제가 생각하는 원인의 하나는 이렇습니다. 작년에 중국이 정상적인 루트를 통해 러시아에 수출한 제품은 겨우 22억 달러인데 반하여 그레이 마켓의 전세 비행기 · 전세 자동차 · 전세 선박 이용을 포함한 비정상적 루트의 수출액은 100억 달러에 이릅니다. 이 100억 달러의 제품은 아주 싸지만 질적인 면에서 그리 좋다고는 할 수 없습니다. 그래서 저는 러시아 국민들이 중국의 우수한 제품에 익숙해지도록 하기 위해서는 중국의 중대형 기업

2001년 9월 11일, 주룽지 총리는 모스크바 크레믈린궁에서 푸틴 러시아 대통령을 회견했다. (사진=신화사 라오아이민 기자)

의 우수한 제품이 러시아 시장에 수입되어 품질이 나쁜 100억 달러의 제품을 대신해야 된다고 봅니다. 이는 우리 쌍방이 공동 노력으로 해결할 문제입니다. 가장 좋은 방법은 바로 중러 양국의 중대형 기업과 회사가 직접 무역 거래를 하는 것입니다. 저는 카시야노프 총리께 제의하겠습니다. 러시아가 100분의 기업가 대표단을 조직하여 중국에 파견해 우리가 접대할 수 있기를 희망합니다. 우리는 여러분이 필요하신 제품의 각양각색의 모델과 가격을 제공해드릴 것이니 직접 오셔서 비교하신 후에 선택하여 구매하십시오. 이와 같은 수출은 최대한의 정책적 편의를 제공하는 것입니다. 이렇게 하면 중국의 우수한 제품이 대량으로 러시아 시장에 들어올 수 있습니다. 그밖에 카시야노프 총리는 제게 중국의 기업은 광고를 잘 못한다고 말씀하셨습니다. 이 의견은 매우 정확하다고 생각합니다. 저는 상트페테르부르크와 모스크바에서 한국의 삼성을 포함한 수많은 서방 국가의 회사들이 개설한 지점을 보았으며 큰 건물 위의 광고판은 무척 이목을 끌었습니다. 그러나 중국 제품 광고는 하나도 보지 못했습니다. 그래서 저는 여기 계신 여러분들의 지지를 얻어서 모스크바와 상트페테르부르크에 중국 상품을 파는 소매상점을 오픈하고 또한 모스크바에 중국 상품을 취급할 무역센터 건립을 건의합니다. 이 무역센터 안에는 중국의 각 중대형 기업의 우수한 제품을 전시할 수도 있고, 소매를 할 수도 있고, 도매를 할 수도 있으며 또한 선물 계약을 체결할 수도 있습니다. 이렇게 하면 러시아 기업계와 국민들은 중국 제품을 이해하기에 편할 것입니다.

중국과 러시아는 모두 세계적인 대국이며 UN의 안전보장이사회의 상임이사국으로 중러 양국의 우호협력관계의 발전과 대대손손 이어지는 양국 국민들의 우호는 반드시 세계의 평화와 협력에 커다란 영향을 줄 것입니다. 저는 중러 우호협력관계의 아름다운 미래에 충만한 희망과 믿음이 있습니다. 우리가 공동으로 노력하면 중러 양국 국민이 대대손손 우호의 금자탑을 쌓아갈 수 있을 것입니다. 여러분의 건강을 빕니다. 감사합니다.

이제 여러분들의 질의에 답하겠습니다.

질문 : 주룽지 총리의 연설에 감사드립니다. 총리께서 100분의 러시아 기업가를 중국으로 초청하시겠다고 말씀하시면서 동시에 모스크바에 중국 제품을 판매하는 무역센터를 건립하자고 건의하셨는데 러시아인들에게 중국의 우수한 제품을 소개해 주십시오. 저는 총리께서 제안한 이 두 가지는 매우 창의적이며 러중 양국의 정상적인 무역 발전을 촉진시키는데 중대한 영향을 줄 것이라고 생각합니다. 제안하신 이 두 가지가 실현될 수 있겠습니까?

주룽지 : 중국에서 대외무역과 경제협력을 주관하는 정부기관은 대외경제무역부인데 스광성石廣生 무역부장이 지금 여기 계십니다. 이와 함께 중국에는 또 수많은 업계의 협회·민간조직 등이 있으며 각종의 수출입협회가 있습니다. 저는 이미 스광성 부장에게 국내의 중개조직을 조직하는 책임을 일임했습니다. 즉 각각의 수출입협회가 그 산하의 기업을 조직하여 러시아에서 파견한 기업가 대표단의 영접을 준비할 것이며 100분 이상 더 많이 오셔도 좋습니다. 이외에도 스광성 부장에게 모스크바에 중국무역센터를 건립하는 준비를 일임했습니다. 만일 우리의 이런 건의가 러시아 정부의 동의를 얻을 수 있다면 이 무역센터는 중국의 대형기업에서 마련한 자본금으로 건설될 것입니다. 동시에 중국 정부도 이 무역센터에 찬조할 것인데 구체적인 액수는 아직 정하지 않았습니다만 아마 1억 달러 정도 될 듯 합니다. 우리는 중국에서 가장 신용 있는 대형기업들이 모두 이 무역센터에 입점할 수 있기를 희망하며 이렇게 되면 여러분이 해마다 100명의 대표단을 중국에 파견할 필요도 없어집니다. 물론 우리는 여전히 기업가들의 상호 왕래와 방문과 교류를 희망합니다.

질문 : 주룽지 총리와 중국대표단께 감사드립니다. 총리께서 지난 10년 간 중러 간의 무역은 합법적인 무역만이 있는 것이 아니라 불법적·음성적인 것도 있다고 명확하게 지적해주신 점은 참으로 용기가 있다고 생각합니다. 여기에서 저는 총리께서 러시아를 방문해주신 것을 환영하며 동시에 이와 관련된 질문을 하나 드리겠습니다. 총리께서도 아시다시피 러시아는 매우 많은 국민들이 결코 합법이라고 할 수 없는 무역에 종사하고 있으며, 게다가 이런 무역을 할 경우 상당한 이익이 중국으로 돌아갑니다. 그러나 이런 무역은 중국의 법률을 위반할 뿐만 아니라 러시아의 법률도 위반하는 것입니다. 그래서 저는 다음과 같은 건의를 드립니다. 우이 국무위원과 크레바노프 부총리의 영도하에 하나의 감독팀을 만들고, 동시에 중국과 러시아는 각각 자국의 소그룹을 조직하여 입법 업무를 주로 책임지게 합니다. 우리의 교류와 협력을 통하여 2개월 내에 유관 법률을 제정하여 이런 불법 무역이 어두운 곳에서 나와 햇빛을 볼 수 있도록 하는 것입니다.

주룽지 : 중러 간에는 정상 무역 이외에 또 다른 루트가 있는데 주로 민영기업과 개인기업을 통하여 이루어집니다. 이런 무역의 역할도 우리는 완전히 부정하지는 않습니다. 그들 역시 중러 양국 간의 제품을 교류하기 때문입니다. 이런 무역액은 어림잡아 100억 달러로 추산하지만 도대체 얼마인지 통계를 낼 수가 없습니다. 최대 문제는 바로 여기에 있습니다. 러시아 측에서는 세수 수입이 감소하는 것이고 중국측에서는 외화를 받을 수가 없습니다. 우리는 선생님의 건의에 동의합니다. 바로 이런 비정상적인 무역을 바로잡자는 것입니다. 이에 관해 크레바노프 부총리와 우이 국무위원은 이미 협의했으며 이런 비정상적인 무역을 정돈할 조치를 취할 것입니다. 이와 동시에 가장 중요하면서도 효과적인 방법은 역시 중러 양국의 중대형 기업 간의 직접적인 접촉과 무역을 통해 중국은 러시아에 품질은 우수하고 가격은 저렴한 제품을 제공하는 것입니다. 이렇게 해야만 이런 비정상적인 무역이 시장에서 사라질 것이라고 봅니다. 동시에 또한 중러 양국 정부는 중대형 기업 간의 정상 무역중 세수·세관 및 교통우송 등의 방면에 있어 혜택 조치를 주고 정책적으로 지지할 것입니다. 이렇게 해야만 직접적이고도 정상적인 무역이 비로소 양호하게 발전할 것입니다. 그렇지 않으면 탈세를 하기 때문에 비정상적인 무역을 이겨낼 수가 없습니다.

질문 : 금년 봄에 모스크바에서는 러중 간의 최초 금융협력 포럼을 개최하여 쌍방이 협의를 달성했습니다. 제2차 러중 금융협력포럼은 2002년 북경에서 주최하기로 했습니다. 총리께서는 러중 간의 협력 전망을 어떻게 보시는지요?

주룽지 : 우리는 중러 양국의 은행과 은행가들이 진행하는 교류와 협력을 환영하며 이 분야에서 상호 참고할 점이 아주 많습니다. 우리는 러시아 은행가들이 내년에 중국에 와서 회의하는 것을 환영하며 제가 중국인민은행장을 맡고 있기 때문에 앞으로 그분들을 만나게 될 것입니다. 감사합니다.

터키 이스탄불 상공업계 오찬회 연설 및 질의응답*

(2002년 4월 19일)

존경하는 바흐첼리 부총리 각하,

존경하는 튀스가이 국무부장 각하,

존경하는 옐자르[1] 회장님,

귀빈 여러분!

터키 상공업계의 친구분들을 뵙게 되어 정말 기쁩니다. 자리에 계신 여러분들은 모두 터키의 유명한 실업가이시며 많은 분들이 우리 중국의 오랜 친구로 여러분은 중국과 터키의 경제와 무역 발전을 위하여 크나큰 공헌을 하신 분들이십니다. 여기서 저는 진심으로 감사를 드리며 여러분들의 사업이 더욱 번창하기를 기원합니다.

중국은 개혁개방을 실행한 20여 년 동안, 전 세계가 공인하는 거대한 성취를 이룩했습니다. 근 몇 년 간 복잡다단한 국제경제 환경 속에서도 우리는 내수 확대 방

---

* 뷜렌트 에체비트 터키 총리의 요청으로 주룽지 총리는 2002년 4월 15일에서 19일까지 터키를 공식방문했다. 방문기간 동안 주룽지 총리는 터키 상공업계 요인 및 우호인사들이 이스탄불 켐핀스키 호텔에서 주최한 오찬회에 참석해 연설하고 또한 회원들의 질문에 대답했다.
1) 옐자르 : 당시 터키 대외경제관계 위원회 회장이었다.

침과 정책을 굳건히 실시하여 국민경제가 시종일관 양호한 발전 추세를 유지하고 있습니다. 과거 5년 간 중국의 GDP는 7.8% 성장했습니다. 세계경제와 무역 성장이 명확하게 감속하는 상황하에서 작년 중국의 경제 성장률은 7.3%였습니다. 금년 1분기의 경제 성장률은 7.6%에 달했습니다. 이는 중국 경제가 각종 곤란과 도전에 전략적 능력을 갖추고 있다는 것을 설명해주는 것입니다. 우리는 지금 경제구조조정 전략·서부대개발 전략·과학교육부흥 전략과 지속발전 전략을 실시하고 있습니다. 금후 한동안 중국경제는 여전히 7% 이상의 속도로 성장할 것입니다.

중국의 개혁개방은 끊임없이 새로운 발걸음을 내딛고 있습니다. 사회주의 시장경제체제의 기초적 형태를 수립했고 전통적 계획경제 모델을 이미 근본적으로 바꾸었으며, 시장은 자원 배치 과정에서 기초적인 중요한 역할을 발휘하고 있습니다. 전방위적 대외 개방 패턴이 기본적으로 형성되었습니다. 작년 12월 중국은 WTO에 가입한 후에 경제체제 개혁과 대외 개방의 발걸음이 진일보 가속화되었으며 경제 운영의 메커니즘·경제 법률법규와 관리 방식은 점점 더 국제경제에서 통행되는 규칙과 맞물려가고 있습니다. 중국은 WTO 가입 시 약속한 바를 준수할 것이며 권리를 향유하는 동시에 엄격하게 각 항의 의무를 이행할 것입니다. 중국은 장차 세계 각국에 개방할 것이며 또한 적극적으로 '쩌우추취走出去'[2] (본서에서는 '해외진출'로 번역함:역주) 전략을 실시할 것입니다.

중국과 터키는 모두 아시아의 중요한 개발도상국으로 양국 경제 무역 협력의 잠재력은 거대하며 앞날이 아주 무궁합니다. 우리는 근년에 양국의 공동 노력하에 양국의 경제 무역 관계가 장족의 발전을 해온 것을 보고 몹시 기뻤습니다. 2000년, 양국 간 무역액은 12억 달러를 초과하여 사상 최고수준을 기록했습니다.

---

2) '쩌우추취': 중국 공산당 15회 5중전대회에서 '쩌우추취'의 개방전략을 실시했다. 대외경제발전 전략이 '인진라이引進來(도입)' 위주에서 '도입'과 '쩌우추취(해외진출)'의 결합으로 조정되었다.

2002년 4월 19일, 주룽지 총리는 터키 이스탄불에서 상공업계 오찬회에 참석, 연설한 후 질의에 대답했다. (사진=신화사 쥐펑 기자)

비록 작년의 무역액이 감소하기는 했지만, 양국 무역의 불균형 국면은 면모를 일신했습니다. 중국에 대한 터키의 무역적자는 이미 2000년의 9억 5천 달러에서 4억 4,300 달러로 감소했으며 이를 위하여 중국 측에서는 커다란 노력을 했습니다. 즉 터키 제품 수입 시 정책적인 보조를 해주었습니다. 금후 중국 측은 지속적으로 이런 조치를 행할 것이며 무역 불균형 상황을 개선하기 위해 노력할 것입니다. 그러나 양국 간 무역이 건강하게 발전하려면 양측의 공동 노력이 필요합니다.

중-터키 경제 무역 협력을 신세기에는 새로운 수준으로 끌어올리기 위하여 저는 다음의 사항을 건의합니다.

첫째, 새로운 무역 성장점을 육성해야 합니다. 현재 중-터키의 양국 간 무역액은 자국 수출입 총액에서 점하는 비율로 볼 때 아주 적으며 무역 품목 역시 다양하지 못합니다. 금후 양국은 지속적으로 전통 상품 무역을 발전시키는 한편, 또 새로운 무역 품종이 증가하도록 노력해야 합니다. 터키의 광산물·화공 원료·양모·피혁 등의 제품은 모두 일정 정도 수출력을 갖추고 있습니다. 중국의 하이테크 기술 산업은 이미 장족의 발전을 했으며 특히 정보산업제품과 가전제품은 국제적으로 강한 경쟁력을 갖추고 있습니다. 양국은 진일보하여 이런 신제품의 무역을 확대해야 합니다.

둘째, 적극적으로 협력 영역을 개척하고 넓혀야 합니다. 양국은 지속적으로 수리건설·농업과학 기술·농산품 가공기술·관광업의 협력을 강화해야 합니다. 금년 5월부터 터키는 중국인의 여행 목적국이 되었습니다. 이는 터키 관광산업 발전에 이익이 될 뿐만 아니라 한층 더 긴밀한 양국 국민의 우호적인 왕래가 될 것입니다. 귀국에서는 중국 측이 터키의 석유와 천연가스 개발에 참여하기를 희망하는데 우리는 이에 관해 적극적으로 검토할 용의가 있습니다.

셋째, 기업계의 상호 투자와 합작을 독려해야 합니다. 양국 기업계가 피차간에 상대국가의 시장 수요 · 법률 법규 · 상업 관례를 잘 이해하고 있기 때문에 쌍방의 투자를 확대하면 전도가 유망합니다. 터키의 지리적 위치는 우월하며 게다가 이미 유럽관세동맹에 가입되어 있습니다. 중국 기업계는 귀국에 투자를 확대하여 가전제품과 방직품을 생산해 주변국가 및 지역에 수출할 수 있습니다. 중국 측도 터키 기업가들이 중국에 와서 투자하고 사업을 하시길 환영합니다. 물론 필요한 편의와 도움을 제공할 것입니다. 최근 몇 년 간 쌍방은 다양한 형식의 경제 무역 심포지움과 기업가들의 좌담회를 개최했는데 이는 상대방의 시장을 이해하고 기업 간의 협력 확대 면에서 커다란 역할을 발휘했습니다. 금후에도 양국은 지속적으로 여러 루트를 개척하고 정보 교류를 강화할 것입니다.

귀빈 여러분!

일찍이 2천년 전에 우리 선조들은 세계적으로 유명한 '실크로드'를 통하여 귀국과 무역 왕래와 문화 교류를 전개했습니다. 톱카프 왕궁에 소장된 중국의 여러 왕조의 아름다운 도자기는 양국민들이 끊임없이 우호적인 교류를 했다는 생생한 증거입니다. 중-터키 양국의 진일보 발전된 우의는 경제무역 협력이라는 이 커다란 무대를 떠날 수가 없습니다. 우리는 양국의 공동 노력하에 신세기의 중-터키 경제 무역 협력이 반드시 더욱 아름다운 미래를 맞이할 거라고 믿습니다.

감사합니다.

질문 : 존경하는 총리님, 중국과 터키는 모두 역사가 오래된 문명국이며 더구나 현존하고 있는 두 개의 문명국입니다. 한 나라는 아시아의 동쪽 끝에 있고 또 한 나라는 아시아의 서쪽 끝에 있습니다. 우리는 양국이 손을 잡고 더 한층 경제 무역 협조를 강화하는 것은 매우 중요하다고 여깁니다. 중국 측은 터키에 관한 어떤 계획이 있으신지 말씀해 주실 수 있는지요?

주룽지 : 선생께서 말씀하신 바와 같이 중국과 터키 간의 우호와 교류는 아주 오래된 역사를 갖고 있으며 우리는 지금 더욱 긴밀하게 우리들의 협력을 강화해야

합니다. 우리는 중-터키가 국교를 수립한 이래 진행된 협력과정에 만족하고 있으며 더욱 폭넓은 전망이 있을 것으로 생각합니다. 중국의 기업가가 터키에 와서 투자하고자 하면 중국은 즉시 기업가로 조직된 투자대표단을 터키로 보내 시찰하도록 할 것입니다. 터키 당국에서도 필요한 도움을 주시기를 희망합니다. 2천년 이전의 실크로드는 중국의 시안西安에서 터키의 이스탄불까지였지만 저는 우리 손으로 새로운 실크로드를 건립하여 유럽까지 연장할 수 있으리라 믿습니다.

질문 : 존경하는 총리님, 뵙게 되어 반갑습니다. 저는 중국을 매우 좋아합니다. 맨 처음 중국에 갔을 때가 22살 때였는데 처음 중국에서 밥 먹을 때 습관이 되지 않아 몹시 곤란함을 겪었습니다. 하지만 그후에도 여러 차례 다시 갔습니다. 중국 사람들은 터키 사람들을 매우 좋아하고 또 접대를 잘해주었습니다. 저는 물론 터키 시민이길 희망하지만 중국 시민이 되길 몹시 원하고 있습니다. 왜냐면 중국 비자를 받는 것은 쉬운 일이 아니기 때문인데 제게 중국 여권을 발급해 주시기를 희망합니다.

주룽지 : 지금 말씀하신 문제는 경제 방면의 문제가 아니라 정치적인 문제입니다. 이중국적 문제는 쌍방의 외교부에서 협의를 해야 하기 때문에 여기서 제가 대답해드릴 수가 없습니다. 방금 말씀 중에 중국에서 식사하기가 불편하다고 하셨는데 중국 요리를 먹는 것은 참 쉬우며 또한 맛도 있습니다. 아마도 선생께서 젓가락을 쓰시기가 불편했던 것 같습니다. 우선 젓가락질을 잘 배우신 후에 이중국적 문제를 논의하기로 합시다.

질문 : 존경하는 총리님, 경의를 표합니다. 저는 450여 회원을 가진 기업협회의 회장입니다. 우리 회원들은 모두 적극적으로 중국에 경제무역 투자를 하고 있는데 아주 커다란 문제에 봉착했습니다. 바로 언어 문제입니다. 제 생각에 양국 간의 경제 무역 관계를 확대하기 위해서는 우선 문화 교육 방면에서 실력을 키워나가야 할 것입니다. 저는 그저 총리님께 이런 문제를 여쭤보고 싶고 이 문제를 기억해주시기를 희망합니다.

주룽지 : 저는 이 문제를 분명히 기억하겠습니다. 언어는 양국의 우호를 연결해

주는 교량으로 중국은 터키어를 구사할 수 있는 더 많은 인재를 배양하겠습니다. 터키측에서도 더욱 많은 사람들이 중국어를 공부한다면 중-터키 쌍방이 소통하기에 편리할 것입니다.

질문 : 총리님을 환영합니다. 방금 다른 분들이 질문한 것은 경제 문제가 아니었습니다. 저는 이 문제를 여쭙고자 합니다. 우리는 현재 중국에서 철강을 수입하고 있는데 아주 커다란 문제에 봉착했습니다. 바로 반덤핑 문제입니다. 총리께서는 이 문제에 대해 어떤 의견을 가지고 계신지요?

주룽지 : 중국 제품의 수출은 항상 몇몇 국가들의 반덤핑 문제에 부딪히고 있습니다. 이들 국가가 중국에 덤핑한 상품에 대해 우리 역시 이 방면의 기소를 했습니다만 그 숫자는 아주 적습니다. 중국은 이미 WTO에 가입했으며 양측이 WTO의 메커니즘을 통하여 무역 분쟁 문제를 해결할 것으로 생각합니다.

질문 : 존경하는 총리님, 안녕하십니까? 저는 방직기계협회의 회장입니다. 터키의 방직공업은 매우 발달했습니다. 중국도 방직품의 제조와 소비 방면에 있어 상당히 경험이 많습니다. 양국은 늘 경쟁국으로 존재해왔습니다. 근래 우리 국가와 중앙아시아 지역의 방직품 경쟁 역시 격화되고 있습니다. 제가 말씀드리고 싶은 것은 중-터키 양국이 방직업 경쟁 방면에서 어떻게 우호적이며 협력적 관계를 맺을 수 있을지, 존경하는 총리와 중국 정부는 이 방면에 어떤 계획을 갖고 계신지요? 만일 없다면 저는 총리께 이 문제에 대해 신경을 좀 써주시기를 간청드립니다.

주룽지 : 중-터키 양국 무역은 경쟁도 있고 협력도 있습니다. 확실히 방직제품이나 방직기계 제품 방면에 있어 우리는 경쟁하고 있습니다만 또한 협력의 기회도 있다고 생각합니다. 양국 기업계에서는 공동 협상·공동 투자를 할 수 있고, 상호 간에 기술 협력을 진행하고 있으며 제3국에 방직 제품이나 방직기계 제품을 수출할 수도 있습니다. 동시에 우리는 양국 산업의 상호 보완성을 이용하여 협력하고 양국의 시장에 있어 상호 보완할 수 있습니다.

2002년 4월 16일, 주룽지 총리는 에체비트 터키 총리가 주최한 환영식에 참석했다. (사진=신화사 쥐펑 기자)

질문 : 저는 관광투자협회의 회장으로 총리님을 진심으로 환영합니다. 중국 정부는 터키를 중국의 여행목적국으로 비준해주었는데 이에 저는 터키 정부와 국민을 대표하여 감사를 드립니다. 이로써 우리는 관광산업에 더욱 매진할 수 있게 되었습니다. 관광기업 시설과 항공사를 이용하여 제3국에 여행객을 수송하고 상업적 거래를 할 수 있는지요?

주룽지 : 제가 방금 말씀드린 바와 같이 중−터키 양국 간의 관광 제휴는 아주 전도가 밝습니다. 터키는 유구한 역사를 갖고 있으며 다양한 찬란하고도 눈부신 문화 유적이 있어 중국 사람들은 터키 여행을 무척 원하고 있을 거라고 생각합니다. 마찬가지로 중국도 문명이 오래된 나라로 많은 문화 역사 유적이 있어 터키인들이 여행을 할 가치가 있습니다. 저는 방금 특별히 상하이를 추천했는데 그밖에도 시안이 있습니다. 시안은 실크로드의 시발점입니다. 또한 우루무치가 있는데 이 지역에는 수많은 문화 유적이 있어 모두 여행할 만한 곳입니다. 이런 관광이 어떻게 상호 작용하여 진일보 발전하도록 도움을 줄 수 있을지에 관해 저는 선생의 의견에 동의합니다. 양국의 관광 부문·민항 부문에서 협의와 협상을 할 수 있으며, 이런 여행을 전개함에 있어 도움과 편리함을 줄 수 있는 조치를 연구해야 합니다.

질문 : 중국의 대외우호협회의 요청에 응해 우리가 중국을 방문했을 때, 우리를 접대하는 일부 직원들은 영어와 프랑스어 등 외국어를 했는데 그들이 구사하는 외국어는 중국의 대학에서 배운 것이라고 했습니다. 그러나 제가 알기로 중국의 수많은 학생들은 외국, 예를 들면 미국 등의 국가에 나가 외국어를 배우기를 원한다고 알고 있습니다. 총리님께 말씀드리고 싶은 것은 터키에도 외국어를 가르치는 유명하고 훌륭한 대학이 많이 있으니 중국과 터키의 문화와 우의 발전을 촉진하기 위하여 외국어를 공부하고 싶은 많은 중국 학생들을 터키로 보낼 수는 없는지요?

주룽지 : 귀국한 후에 선생을 대신해 더욱 많은 중국 유학생들이 터키에 와서 외국어를 공부할 수 있도록 홍보를 하겠습니다.

이집트 카이로 상공업계 오찬회 연설 및 질의응답[*]

(2002년 4월 21일)

존경하는 오베드총리 각하,

존경하는 이스메일 회장님[1]

참석하신 귀빈 여러분!

이번에 저는 무바라크 대통령의 초청을 받고 8년 만에 다시 아름답고도 유구한 역사를 가진 이집트를 방문하게 되었습니다. "나일강의 물을 마셨던 사람은 후일에 반드시 다시 온다"는 이집트 속담처럼 말입니다.

8년 간 이집트 국민들이 무바라크 대통령의 영도하에 현저한 성취를 이룩한 것을 보고 중국인들은 이를 매우 기쁘게 생각하고 있습니다. 다행히 오늘 이집트 상공업계의 친구들을 만나게 되어 무척 영광으로 생각합니다. 이 자리에 계신 여러분들은 모두 중-이집트의 우호협력을 위해 공헌을 하신 분들로 여러분에게 감사를 드립니다. 중국 개혁개방 20년 이래 종합적인 국력은 물론이고 국민들의 생활 수준도 새로운 단계에 올라섰습니다. 최근 몇 년 간 우리는 복잡 다변한 국제 정

---

[*] 무하마드 호스니 무바라크 이집트 대통령의 초청으로 주룽지 총리는 2002년 4월 19일부터 23일까지 이집트를 공식 방문했다. 방문 기간 동안 주 총리는 이집트 상공연합회와 중-이집트 연합상무이사회가 카이로 쉐라톤 호텔에서 공동 주관한 오찬회에 참석했으며 연설했으며 회의석상에 참석한 사람들의 질의에 응답했다.

1) 이스메일Ismael : 당시 이집트 상공회의소연합회 회장 및 중-이집트 연합 상무이사회의 회장이었다.

세하에서 아시아 금융위기가 우리에게 가져온 영향을 극복했으며 세계경제의 쇠퇴와 급격한 성장 감속의 영향을 극복하여 국민경제는 지속적으로 양호한 발전세를 유지하고 있습니다. 과거 5년 간 GDP는 연평균 7.8% 증가했고, 작년의 GDP는 1조 1,600억 달러였으며, 국제무역 수출입 총액은 5,000억 달러를 돌파했습니다. 작년 외국기업의 대중 직접 투자액은 468억 달러로 누계는 4천억 달러에 이릅니다. 이는 즉 중국 경제가 이미 각종 곤경을 극복하고 도전할 능력이 있음을 설명하는 것입니다. 금후 한동안 중국 경제는 7% 이상의 속도로 발전할 것으로 전망하고 있습니다.

2002년 4월 20일, 주룽지 총리는 카이로 대통령궁에서 무바라크 대통령을 회견했다. (사진=신화사 야요 다웨이 기자)

이집트는 아프리카와 아랍국가 중 중국과 첫 번째로 외교관계를 수립한 국가입니다. 중-이집트는 모두 개발도상국에 속하며 국제 사무와 지역 사무에서 중요한 역할을 발휘합니다. 장쩌민 주석과 무바라크 대통령이 친히 관심을 보이는 가운데 중-이 양국은 1999년에 전략적 협력 관계를 체결했으며, 경제 무역 협력은 이런 협력 관계의 중요한 구성요소가 되었습니다. 중-이 양국은 기본적으로 동등한 발전단계에 있습니다. 경제무역 협력은 거대한 잠재력을 구비하고 있으며 전망은 무한합니다.

근년에 중-이 양국의 무역 경제 협력 발전 추세는 무척 양호합니다. 물론 우리도 양국 무역에 존재하는 불평등 문제에 주의를 기울이고 있습니다. 중국 측은 이를 몹시 중시하여 적극적인 조치로써 이런 상황을 개선하려고 노력하고 있습니다. 신세기의 중-이집트 경제 무역 협력이 새로운 수준에 도달하기 위하여 저는 몇 가지 건의를 하겠습니다.

첫째, 현재 양국의 무역액은 양국의 경제 발전과 시장의 수요로 견주어 볼 때 아직 적지 않은 격차가 있습니다. 중국은 정보산업 제품·가전제품 등의 방면에서 이미 선진수준에 도달했거나 근접해 있으며 상당한 가격 우세를 보이고 있습니다. 이집트의 원유·건축자재·면화 등 제품은 중국에서도 몹시 필요합니다. 우리는 장차 다양한 형식으로 대이집트 수입을 확대할 것입니다.

둘째, 비교 우위를 발휘하여 양방향 투자를 촉진해야 합니다. 이집트는 우월한 지리적 위치를 갖고 있습니다. 따라서 더욱 많은 중국 기업가가 이집트에 투자 방문할 것이라고 저는 믿습니다. 우리도 이집트의 기업가가 중국에 와서 투자하기를 환영하며 또한 필요한 편리와 도움을 제공할 것입니다.

셋째, 협력의 영역을 진일보 확대해야 합니다. 금년 1월 무바라크 대통령의 중국 방문 기간에 두 나라는 원자력의 평화적 이용 및 석유협력·관광산업 부문의 협정에 서명했으며 쌍방은 이를 확실하게 수행할 것입니다. 다음달부터 이집트는 중국인들의 여행목적국이 됩니다. 이로써 쌍방의 관광 협력 확대는 물론이고 또한 두 나라의 국민들이 더 한층 밀접하게 왕래하게 될 것입니다.

올 1월에 중-이집트는 연합상무이사회를 정식으로 성립했으며 3월에 카이로에서 제1차 회담을 개최했습니다. 우리는 이사회에서 양국 기업계의 협력관계 유대가 더욱 밀접하게 되기를 희망하며 중-이 양국의 경제무역 협력 발전을 위하여 새로운 활력소가 되기를 희망합니다.

여러분!

중국과 이집트는 모두 세계적으로 역사가 오래된 문명국가로 중-이 양국 국민 간의 우호적인 왕래는 그 연원이 무척 오래되었습니다. 양국의 상호 협력 강화는 양국과 양 국민의 근본적인 이익에 부합됩니다. 저는 양국 정부와 상공업계가 공동으로 노력하기만 하면 신세기에는 틀림없이 양국의 경제 무역 협력의 새로운 국면을 맞이하리라고 굳게 믿습니다.

중-이의 우호와 경제 무역 협력이 양자강과 나일강처럼 도도하게 미래를 향하여 끊임없이 흐르기를 축원합니다.

감사합니다.

질문 : 중국은 생물유전공학 방면에서 커다란 성공을 거두었습니다. 약초(중국의 약초도 무척 유명하지요)를 포함하여 몇몇 역사가 오래된 작물들, 예를 들면 땅콩·양파와 기타 농작물은 이집트에서도 재배되었습니다. 이 작물들은 줄곧 품종을 개량하고 신품종을 선보이고 있는데 역시 큰 성과를 거두었습니다. 총리님께 이집트에 전통 작물 성장을 향상시킬 수 있는 중국의 성공 경험을 제공하실 수 있는지 여쭤보고 싶습니다. 특히 우리의 농작물 역시 중국 시장으로 진출할 수 있는지도 알고 싶습니다. 이 방면에 있어 우리 회사는 이미 준비를 다 마친 상태이며 중국의 관련 기술을 참고할 수 있기를 희망하고 있습니다.

주룽지 : 중국의 생물공학 기술은 국제적으로 선도적인 지위에 있으며 특히 농산품 방면에서는 더욱 그렇습니다. 예를 들면 벼의 유전자코드는 중국이 자체 발견하고 배열한 것입니다. 이로써 중국은 농산품의 성장 방면에서 큰 성과를 거두었습니다. 우리는 일찍이 벼의 교잡기술을 필리핀에 소개해 커다란 성과를 거두

2002년 4월 21일, 주룽지 총리가 이집트 카이로의 상공업계의 오찬회에서 연설하고 질의에 대답했다. (사진=신화사 쥐펑 기자)

었지요. 이 방면에서 중국은 이집트의 농업계 인사들과 협력 제휴를 맺기를 바랍니다.

질문 : 우리 이집트는 아주 거대한 의약시장으로 수많은 약품과 화학제제製劑가 필요한데 중국과 합자로 이 방면의 회사를 건립하고 중국의 의약 기술을 이용하여 이에 상응하는 기본 약품과 화학제제를 생산하고 싶습니다.

주룽지 : 어제 저는 오베드 총리와 이미 우리의 의약제품 방면의 생산과 개발협력 문제에 관해 이야기를 나누었습니다. 중국은 의약 생산, 특히 인슐린 생산과 연구 방면에서 선도적입니다. 중국은 세계에서 첫 번째로 인슐린 합성에 성공한 국가입니다. 그렇다면 의약제품 방면의 협력은 중-이 쌍방 모두에게 필요합니다. 이집트 대표단이 이미 중국에 와서 현지 시찰을 했으며 중국 정부도 중국의 기업가들이 이집트에 와서 투자와 합작을 하라고 격려하고 있습니다.

질문 : 우리 이집트의 기업가들은 중국과 합자 형태의 공장 설립을 무척 희망하며 중국 국내의 신흥산업 모델을 따라 동일한 생산 종목을 설립하고 싶습니다. 우리는 위에 언급한 지역과 무역 동반자 관계의 협의가 있기 때문에 우리 제품은 아프리카와 유럽 및 아랍국가의 시장까지 판매 가능합니다. 그렇다면 총리께서는 이런 협력에 대한 건의를 환영하는 바인지요?

주룽지 : 제가 1994년 이집트를 방문했을 때에 이집트 정부와 수에즈 경제특구 건립에 관한 문제를 토론한 적이 있는데 중국은 이 문제에 있어 이미 이집트에 드릴 수 있는 도움을 모두 드렸습니다. 제가 알기로는 현재 경제특구 제1차의 상징적인 플랜트는 모두 건설된 것으로 알고 있습니다. 중국은 현재 이미 20개 기업이 이집트에서 생산에 투자하고 있으며 우리는 더욱 많은 기업가들이 이집트에 와서 합자와 합작을 진행하고 공동으로 공장을 설립하기를 바라고 있습니다. 감사합니다.

프랑스 상공업계 환영회 연설 및 질의응답[*]

(2002년 9월 27일)

셀리에르 회장님[1],

귀빈 여러분!

오늘 프랑스의 저명한 기업가들을 뵙게 되어 무척 기쁩니다. 1998년에 제가 프랑스를 방문했을 때 프랑스 기업가들을 뵌 적이 있는데 이 자리에 계신 수많은 옛 친구들이 당시에도 회견에 참가했습니다. 저는 몇 년 동안 중국과 프랑스 양국 간의 우호협력 관계에서 거둔 커다란 발전과 이 자리에 계신 많은 기업가들이 중국과 점점 더 긴밀한 협력관계를 맺고 있는 것을 보고 무척 기뻤습니다.

방금 로비로 들어설 때 수많은 상공업계의 옛 친구들이 모두 제게 말을 걸어주셔서 저는 마치 따뜻한 친구들 속에 있는 것 같은 느낌을 받았습니다. 저는 셀리에르 회장께 오늘 제 연설은 아주 간단하게 하고 대부분의 시간을 여러분의 질문을 받아 여러분들이 모두 말씀하실 수 있는 기회를 드리겠다고 했습니다. 굳이 일어서지 마시고 앉아서 말씀하셔도 됩니다.

---

[*] 자크 시라크 프랑스 대통령과 라파랭 Jean‒Pierre Raffarin 총리의 초청으로 주룽지 총리는 2002년 9월 26일에서 28일까지 프랑스를 공식 방문했다. 방문 기간 동안 주룽지 총리는 프랑스 상공업계 인사들이 파이나 가든에서 주최한 환영회에 참석하여 연설을 하고 회원들의 질문에 대답했다.

[1] 셀리에르 Ernest‒Antoine Seilliere : 당시 프랑스 최대의 고용주협회인 메데프 medef(프랑스 전경련)의 회장이었다.

방금 중국을 축복해주신 셀리에르 회장님께 감사드립니다. 회장님께서는 우리 신중국이 이미 50살이 되었다고 하셨는데 공자의 말씀대로 하자면 바로 "오십이 지천명", 즉 오십은 하늘의 뜻을 알 수 있는 나이이므로 신중국은 이미 자연과 사회의 규율을 파악했다고 할 수 있습니다. 저는 지금 70을 넘었으니 제 나이는 이 자리에 계신 여러분들보다 한참 많을 것이라고 믿습니다. 공자께서는 나이 70을 어떻게 말씀하셨을까요? 공자께서는 나이 70이면 "종심소욕 불유거", 즉 "마음먹은 바대로 하여도 도리에 어긋남이 없다"고 하셨습니다. 이는 바로 오늘 제가 무슨 말씀을 드려도 중국인의 원칙에 위배되지 않는다는 뜻입니다. 그래서 여러분이 설령 첨예한 문제를 말씀하신다 해도 저는 모두 대답할 수 있습니다.

방금 셀리에르 회장께서 중국의 경제 상황에 대해 칭찬하는 동시에 문제도 제기하셨는데 그에 대해 저는 두 마디로 말할 수 있습니다.

과거 10년 동안 중국의 경제성장률은 평균 9% 이상이었고, 최근 몇 년 간 중국 경제는 아시아 금융위기의 영향을 받았지만 여전히 7%를 상회하고 있습니다. 작년은 7.3%였고, 올해는 아마도 7.8%가 될 것입니다. 금후 10년 어쩌면 더욱 오랜 기간 중국의 경제성장률은 7% 안팎을 유지할 것이라고 저는 예견하고 있습니다. 중국의 경제발전 속도는 중국은 국내의 수요에 의지하기 때문에, 즉 국민 생활수준의 개선과 끊임없이 성장하는 저축에 의거하기 때문입니다. 중국은 세계적으로 최고의 저축률을 보유하고 있습니다. 이는 또한 기업의 효과와 이익의 제고에도 의지합니다. 물론 수출 확대 역시 우리 경제성장을 촉진하는 중요 요인입니다. 확실히 셀리에르 회장께서 말씀하신 것처럼 저는 일찍이 세계경제의 불경기 때문에 중국이 대미·대일 수출에 어려움이 발생할까 걱정한 적이 있습니다. 그러나 사실이 증명하는 바는 중국의 대미·대일 수출은 감소하지 않았을 뿐만 아니라 오히려 지속적으로 발전했다는 것입니다. 이는 중국 제품이 강한 경쟁력을 갖추고 있기 때문에 가능한 일입니다. 저는 전에 미국에서 많은 수치를 동원해 이를 증명했습니다. 예를 들면 만일 미국이 우리 중국 제품을 사지 않는다면 아마도 미국의 통화팽창률은 적어도 현재보다 2%포인트 상승한다는 것이죠. 우리는 EU에 대한 수출 역시 작년에 11% 성장했습니다. 그러나 애석하게도 금년 상반기는 겨우 6.8% 성장에 그쳤는데 이런 상황은 정상적이지 않습니다. 왜냐면 금년 상반기에 EU가 중국 수출품에서 몇 가지 기준 미달 항목을 적발한 후 동물을 원료로한 제품 수출을 금지했습니다. 이와 동시에 중국에 대하여 최다 반덤핑조사를 실시했는데 이 모든 상황은 중국과 EU의 수출입 무역 발전에 영향을 줍니다. 좀 전 셀리에르 회장께서 중국은 프랑스 수출품과 투자 요구상 너무 가혹하다고 하셨습니다. 지금 보면 우리의 요구가 너무 각박한 것이 아니라 오히려 중국 수출품에 대한 EU의 요구가 너무 각박합니다. 우리는 중국과 EU 간의 무역분쟁이 빠른 시일 내에 합당하게 해결되어 우리들의 무역이 예상한 10~20%의 속도로 성장할 수 있기를 바라마지 않습니다. 이렇게 되면 EU집행위원회 프로디Romano Prodi 위원장이 하신 "EU가 중국의 제일 큰 무역 동반자가 되어 미국과 일본을 넘어서기를 희망합니다"라는 말씀을 실현할 수 있습니다.

이를 위하여 저는 몇 가지 건의를 하겠습니다.

첫째, 쌍방은 공동으로 노력하여 중－프 간의 무역액을 증가해야 합니다. 솔직히 말하면 지금 프랑스는 중국과의 무역액이 일부 EU 국가들보다 낮지만 또한 커다란 잠재력이 있습니다. 즉 EU국가의 대중국 수출액 순위에서 프랑스는 5위에 그칩니다. 그러나 저는 멀지 않은 장래에 프랑스가 1위가 되기를 희망합니다.

둘째, 프랑스 기업가들의 대중국 투자를 증대해야 합니다. 최근 몇 년 간 중국의 투자환경은 많이 개선되었습니다. 저는 이 자리에 계신 기업가분들이 이 점을 체험했으리라고 생각하며 앞으로는 더욱 많은 개선이 있을 것입니다. 그러니 보

2002년 9월 27일, 주룽지 총리가 프랑스 상공업계 환영회에서 연설한 후 프랑스 기업가 대표들을 만나고 있다. (사진=신화사 판루쥔 기자)

다 많은 프랑스 기업가들이 중국에 와서 투자하기를 바랍니다. 알카텔Alcatel사 같은 경우를 보자면, 그곳의 총재는 저의 오랜 친구인데 최근에 중국 상하이의 합자기업에 대한 투자를 확대했습니다. 이는 매우 명석한 행동으로 저는 알카텔이 장래에 큰 성공을 거두리라 확신합니다.

셋째, 우리는 하이테크 영역의 협력을 증가해야 합니다. 중국은 현재 산업구조를 조정 중이며 앞으로 정보산업 위주의 각종 하이테크 영역의 발전에 주의를 기울일 것입니다. 이 부문에서 중국과 프랑스의 협력은 발전 공간이 많습니다. 프랑스는 일련의 하이테크 영역에서 우세를 점하고 있기 때문입니다. 내일 저는 톨루즈Toulouse에 가서 에어 버스회사와 알카텔 우주센터를 참관할 예정입니다. 우리는 중-프 양국 간의 하이테크 영역의 협력을 촉진하기 위해 노력 중입니다. 어제 저는 시라크 대통령에게 EU가 대중국 무기수출 제한을 해제시켜주기를 부탁했습니다. 방금 셀리에르 회장께도 말씀드렸지만 저는 프랑스의 기업가들이 군수품을 대만 지역에 판매하지 말기를 바랍니다. 여러분은 이런 군수품을 중국 대륙에 파십시오. 우리는 2,600억 달러의 외화를 비축하고 있습니다. 무기를 대만지역에 파신다면 대만해협 형세의 긴장과 전쟁의 위험을 조성할 뿐입니다. 중국은 평화를 사랑하는 국가로 무기를 중국 대륙에 판매하면 어떤 문제도 없으며 이는 세계평화에도 이롭습니다.

넷째, 중-프 양국 간 중소기업의 협력을 강화하는 것입니다. 이 자리에는 많은 중소기업가들이 계신 것으로 알고 있습니다. 중국의 몇몇 대기업은 세계 500위 안에 들어가지만 중국의 절대 다수의 기업은 중소기업입니다. 우리는 프랑스가 중소기업을 발전시킨 경험이 절실하게 필요하며 받아들이고 싶습니다. 중-프 양국은 이 방면의 협력을 강화할 여지가 아주 넓다고 생각합니다.

다섯째, 환경보호와 농업 부문의 협력을 강화하는 것입니다. 중국은 지속발전 전략 방면에서 이미 중대한 절차를 단행했습니다. 중국은 이미 〈교토의정서〉[2]를 비준했으며 현재 유사 이래 가장 중대한 환경보호와 생활개선 운동을 진행하고 있습니다. 프랑스는 이 부문에서 선진 기술을 갖고 있으므로 우리는 이 부문에서 협력과 교류를 진행해야 합니다. 과거 저는 매번 유럽을 방문할 때마다 프랑스를 포함하여 도처에서 녹색을 보았는데 무척 부럽고 무척이나 '질투'가 났습니다. 어쩌면 여러분이 녹색이 없는 곳을 제게 보여주지 않았을지도 모르겠지만 제가 본 곳은 모두 녹색이었습니다. 중국은 현재 식량이 과잉공급이므로 우리는 대대적으

---

2) 교토의정서 : 정식 명칭은 〈기후 변화에 관한 국제연합 규약의 교토의정서〉로 〈기후 변화에 관한 국제연합 규약〉의 수정안이다. 1997년 12월에 일본 교토에서 개최된 〈기후 변화에 관한 국제연합 규약〉 체결이 제3차 회의에서 통과되었다. 선진국가의 온실가스의 배출량을 제한하여 전 지구 온난화를 억제하자는 것이다. 2005년 2월 16일 정식 발효되었다.

로 산지에 있는 농토를 삼림으로 바꾸고 있는데 중국에서는 이를 '경작지를 숲으로 되돌린다' 고 합니다. 중국은 과거 3년 간 이미 300만 헥타르의 경작지를 숲으로 바꾸었으며 금후 5년 간 600만 헥타르의 경작지를 숲으로 조림할 것입니다. 프랑스는 선진 농업기술을 보유하고 있으며 우리는 프랑스와 농업·임업·식품 가공업을 포함한 다방면에서 협력을 절실하게 희망합니다.

저는 이미 다섯 가지를 말씀드렸고 열 가지는 더 말씀드릴 수 있습니다. 그러나 여러분의 질문에 나머지 시간을 드리고자 합니다.

감사합니다.

질문 : 저는 토탈Total사의 대표입니다. 제가 총리께 여쭙고 싶은 것은 다음과 같습니다. 중국은 이미 〈교토의정서〉를 비준했고 현재 전 세계는 이를 행동으로 옮기고 있습니다. 중국은 에너지원 방면에서 수요가 아주 큽니다. 특히 전력 생산면의 수요가 몹시 큰데 총리께서는 중국이 석탄을 위주로 한 화력발전을 유지해야 된다고 생각하십니까? 아니면 새로운 에너지원에 더욱 주의를 기울이길 원하는지요? 거기에는 가스 에너지원도 포함되는지요?

주룽지 : 중국은 이미 〈교토의정서〉를 비준했고 중국은 1992년에 브라질의 리우데자네이루에서 개최된 제1차 유엔 환경과 발전 대회 및 최근 개최된 지속가능한 발전을 위한 세계 정상회담의 정신과 요구에 따라 에너지원 구조를 조정하여 청정 에너지원을 사용하고 있습니다. 중국은 풍부한 석탄 자원이 있으며 과거 중국 석탄의 연 생산량은 13억 톤 이상이었습니다. 현재 중국은 석탄 생산을 감축하고 막대한 외화를 석유 수입에 사용하고 있습니다. 매년 우리는 석유 수입에 외화 200억에서 250억 달러를 쓰고 있습니다. 중국은 최근 오스트레일리아와 액화천연가스 수출에 관한 계약서에 사인했고 앞으로 인도네시아와도 유사한 계약을 체결할 것입니다. 중국은 세계 각지에서 진행되고 있는 석유와 천연가스 탐사 개발에 관한 협력에 참가하고 있습니다. 중국 국내에서도 에너지 절약 기술을 널리 보급

하고 에너지 구조조정에 주의를 기울이고 있습니다. 예를 들면 원자력발전 사용에서 우리는 프랑스와 양호한 협력관계를 형성해 최근에는 또 두 가지 항목이 연이어 생산에 돌입했습니다. 풍력발전 방면에서 우리는 덴마크와 적극적으로 협력을 하고 있습니다. 우리는 기타 에너지 방면에서도 프랑스와 더욱 많은 협력 공간과 잠재력이 있다고 믿습니다. 우리는 중-프 양국 간 에너지 방면의 합작 확대를 희망합니다.

질문 : 저는 유럽항공방위우주산업(EADS) 그룹의 대표입니다. 오늘 영광스럽게도 총리의 연설을 들을 수 있게 되어 무척 기쁩니다. 총리께서는 방금 똘루즈에 가서 에어버스 회사를 견학하신다고 하셨습니다. 유럽은 귀국의 항공 방면 발전 수요를 만족시킬 수 있는지 질문드립니다. 또한 총리께서는 우리가 어떻게 해야 이 방면에서 귀국의 수요를 만족시킬 수 있는지, 구체적으로 지적해주실 수 있는지요?

주룽지 : 항공방위 협력 면에서 저는 중-프 간 과거 협력이 아주 좋았다고 생각하며 앞으로도 무한한 발전 공간이 있다고 봅니다. 우리 대표단 안에 있는 국방과학 기술공업위원회의 주임은 중국의 국방산업을 주관하는 최고 책임자입니다. 이분이 귀국의 유관 부문과 회담을 진행하고 있으므로 이 문제에 대해 충분히 설명을 해드릴 것입니다. 저는 만일 이 방면에서 우리가 협력을 강화한다면 중국과 프랑스의 무역액이 EU의 제5위 국가에서 제1위 국가로 오를 것으로 믿습니다.

질문 : 저는 아레바AREVA 회사의 대표입니다. 우리 회사는 이전의 프라마톰Framatome(원자력발전장비 전문업체:역주) · 코제마Cogema(핵처리 전문업체:역주) · 국영원자력 위원회(CEA)가 합병한 회사입니다. 방금 총리께서는 프랑스의 민간 원자력 방면의 협력 발전 전망에 대해서 말씀하셨고 또한 귀국의 두 개의 원자로에 대해서도 말씀하셨습니다. 총리께서는 또한 알카텔 회사가 상하이에 설립한 '알카텔 상하이 벨'과 같은 합자회사에 대해서도 언급하셨습니다.
중-프랑스는 이후에도 민간 원자력 방면에서 유사한 협력을 전개할 수 있다고 여기시는지요? 예를 들면 유사한 합자회사를 건립할 수 있을까요?

2002년 9월 26일, 주룽지 총리는 파리 대통령궁에서 프랑스 시라크 대통령을 회견했다. (사진=신화사 천리췬陳立群 기자)

주룽지 : 저는 완전히 가능하다고 봅니다. 어제 시라크 대통령이 회담 중에 중국의 원자력발전은 어째서 그렇게 많은 원자로형이 있냐고 물으셨습니다. 저도 그런 것을 원치 않는다고 했습니다. 왜냐면 그렇게 하면 너무 비경제적이기 때문입니다. 경제 면에서 고려해 볼 때 우리는 여전히 프랑스와 협력을 원합니다. 그러나 정치 형평성의 원인에 의해 부득불 기타 다른 곳에서도 좀 구매해야 합니다.

질문 : 저는 수에즈 그룹의 대표입니다. 우리 회사는 다음과 같은 업무를 하고 있습니다. 에너지 부문·수자원 부문·환경보호 부문인데 수자원 업무가 비교적 많고 에너지 방면은 조금 적습니다. 저는 귀국에서 전력이나 가스를 막론하고 모두 생산과 소비에서 일정한 어려움이 있음을 알았습니다. 이 방면의 경제 코스트와 이익은 종종 귀국의 요구에 부합되지 않기 때문입니다. 저의 질의는 아주 간단

한데 총리께서는 이런 부문에서 민영기업을 통해 귀국에서 전력 생산을 하거나 가스의 생산과 분배가 이루어지기를 희망하시는지요?

주룽지 : 아주 긍정적이라고 대답할 수 있습니다.

질문 : 저는 콜베르 위원회(Comite Colbert) 대표입니다. 콜베르 위원회는 프랑스의 65개 중요 고급 명품회사들로 구성된 협회입니다. 저는 두 가지 문제를 질의하겠습니다. 하나는 현재 중국의 수공예를 기초로 해 이를 창조산업(creative industry, 창조적 아이디어로 부가가치를 창출하는 산업:역주)과 디자인산업과 같은 신형 산업으로 만드실 의향은 없으신지요? 이 방면에서 우리는 대화를 고려할 수 있습니다. 예를 들면 프랑스는 중국에서 '프랑스 문화의 해' 활동을 펼 수 있는 기회를 빌어 일종의 총체적인 교류와 대화를 전개할 수도 있는데 총리께서는 어떻게 생각하시는지요? 두 번째는 우리는 제품을 판매할 때 마케팅 조직 차원에서 종종 어떤 국가의 수도나 혹은 저명한 대도시의 비교적 번화한 구역에 분점 센터를 설립합니다. 예를 들면 총리께서 보신 프랑스 파리의 방돔Vendome 광장이 바로 이런 예입니다. 미국 뉴욕이라면 5번가이고, 일본 도쿄라면 긴자가 바로 그런 곳입니다. 중국에 이와 유사한 구상이 있는지 모르겠습니다. 예를 들면 베이징이나 상하이 혹은 다른 도시 중심에 이런 고품격 명품이 집중된 전문매장 거리를 조성하거나 혹은 중국의 도시건설이나 도시계획에서 이런 점을 고려하신 적이 있으신지요?

주룽지 : 대표님의 건의는 무척 좋습니다. 우리는 이 건의를 충분히 고려해보겠습니다. 대표님이 말하신 그런 대도시의 명품 상점이 우리에게도 있습니다만 원하시는 표준에는 미치지 못합니다. 대표님과의 협력은 우리에게는 매우 값진 것이라고 생각합니다. 스광성 중국 대외경제 무역부장이 대표님과 연락을 취하여 대표님의 건의를 고려하고 또 협력할 것입니다. 대표님은 중국 문화에 조예가 깊어 실크로드부터 칠기와 도자기까지 모두 이해하고 계시므로 중국 문화에 관한 지식은 저보다도 깊다고 믿습니다. 그러나 시라크 대통령의 깊이에는 미치치 못할 것입니다.

질문 : 저는 베올리아VEOLIA 환경회사의 대표입니다. 여기서 저는 세 가지 문제를 문의코자 합니다. 첫째는 환경보호 분야에는 대량의 융자 수요가 있는데 물론 지금도 대부분 도시에서 융자를 받아

자금을 조달하고 있습니다. 우리는 또한 중국의 은행과도 양호한 관계를 맺고 있습니다. 저의 문제는 아주 간단합니다. 환경보호 분야에서 자금 조달 시 장기 대출을 받기를 몹시 희망하고 있습니다. 예를 들면 위안화를 대출 받을 때에 15년이나 혹은 그 이상의 기한으로 대출 받을 수 있는지요? 두 번째로 문의하고 싶은 것은 권한 위양을 받은 중국의 각급 정부가 직접 자금을 빌리거나 혹은 조달한 자금에 대해 각급 정부가 담보를 제공해줄 수 있는지요? 세 번째는 우리 회사가 현재 아주 성공한 예인데 바로 상하이의 한 회사에서 물처리 및 판매 업무를 하고 있습니다. 이런 성공의 예가 중국의 다른 지역에서도 모델이 될 수 있고 보급이 될 수 있는지요?

주룽지 : 중국은 환경보호사업 발전 방면에 전력을 기울이고 있으며, 융자를 포함한 각종 격려 조치를 채택하여 환경보호 방면에 협력하고 있습니다. 중국에 대표님의 합자기업이 이미 있는 이상 회사는 당연히 발전할 것입니다. 즉 협력 발전은 개별적 예가 될 수 없으며 일종의 정책입니다. 융자 방면에서 우리는 대표님의 의견을 고려할 것이며 일련의 정책 조치를 취할 것입니다. 중국이 현재 부족한 것은 자금이 아니라 선진적 기술과 관리입니다.

질문 : 총리님, 저는 알카텔 중국 주재 대표입니다. 방금 말씀하신 상하이 벨사는 바로 총리님의 지지와 관심 속에서 투자를 확대했습니다. 우리가 걱정하는 바는 중국 정부가 상하이 벨사를 중국의 한 기업으로 간주해 줄 수 있는가 하는 문제입니다. 특히 수출여신과 수출우대정책에서 '중싱中興' (중국의 통신회사:역주)이나 '화웨이華爲(중국의 전자회사:역주)' 처럼 상하이의 '아카텔' 도 지지해 주실 수 있는지요?

주룽지 : 이 문제에 관해 우리는 좀 있다가 다시 말해도 좋을까요?

질문 : 저는 CNP(프랑스 국가생명보험사)회사의 대표입니다. 여기서 특별히 총리께 문의드릴 것은 없고 그저 사의를 표합니다. 중국 정부의 지지로 우리가 중국의 국가 우정국과 협력 협정을 체결한 것에 대해 감사드립니다. 저는 앞으로도 기회가 있기를 희망하는데 예를 들면 해당 위원회에서 비준을 받은 후 중국에서 은행과 보험 방면의 업무를 전개하고 싶습니다. 우리 회사는 프랑스에서 이미 1세기가 넘는 역사와 성공 경험을 갖고 있습니다.

주룽지 : 대표님의 협력에 감사드리며 성공하시기를 기원합니다.

질문 : 우리는 방금 몇 장의 질의 메모를 건네 받았습니다. 이 메모를 제가 총리께 전달하겠습니다. 첫 번째 질의는 현재 중국에서 이미 시간표를 확립하셨는지, 즉 언제 위안화 자유태환兌換이 실현될 수 있는지요?

주룽지 : 중국은 경상계정 아래에 이미 위안화의 자유태환을 실현했습니다만 자본 계정하에서는 아직 위안화 자유태환을 실행하지 못하고 있는데 관건은 증권 투자 방면에 있습니다. 현재 중국의 증권시장이 아직 완비되지 않은 상황하에서 이렇게 하면 불필요한 위기를 끌어들이지 않을까 몹시 걱정하고 있습니다. 그래서 위안화의 완전한 태환성 실현 시기는 현재로서는 고려하지 않습니다. 그러나 우리는 현재 프랑스 은행을 포함한 몇몇 외국은행이 중국에서 위안화의 예금과 대출업무를 할 수 있도록 이미 비준했습니다. 동시에 중국은 또한 각종 형식으로 외국 투자자들이 중국의 증권시장에서 투자할 수 있도록 하고 있습니다.

질문 : 저는 프랑스 국가 꼬냑 산업 부서의 대표입니다. 프랑스는 이미 농산품과 관련해서 중국과 협력을 하고 있는데 예를 들면 꼬냑·룽징차龍井茶 등이 있습니다. 우리는 귀국의 행정감독관리 부문이 검역 방면·지적 재산권 보호 방면·법률 방면에서 많은 진전을 거둔 것을 보았습니다. 고품질 농산품 즉 이런 원산지 보호 제품 방면에서 귀국은 이후 어떤 협력 발전을 희망하시는지 말씀해 주실 수 있습니까? 총리께서는 어떤 바람과 건의가 있으시며 어떻게 이 분야에서 양국 협력의 발전을 촉진하실 건지요? 그밖에 이 몇 년의 발전 경험 역시 우리들은 깊이 체득할 수 있었고 특히 위조품 척결에 깊은 관심을 갖고 있습니다. 중국 정부가 이런 문제를 얼마나 중시하는지 총리께서 말씀해주시기 바랍니다.

주룽지 : 중국은 수출 제품 방면에서 엄격한 감독과 품질표준제를 실행하고 있으며 이 방면의 업무를 점점 더 강화하고 있습니다. 제가 좀 전에도 말했지만 중－유럽 무역 분쟁의 대부분은 검역에서 나타나고 있으며 양국은 이 문제를 중시하고 있습니다. 프랑스는 EU 표준에 부합하지 않는 중국의 수출 상품 일부를 적발했습니다. 마찬가지로 우리도 EU가 중국에 수출하는 상품을 검사하는데 어떤 것

은 국제표준에 부합하지 않습니다. 중국정부는 분명히 앞으로 이 방면의 감독 관리와 검사를 강화할 것이며 수출 상품의 품질기준을 제고할 것입니다. 저도 양국이 기술 협력을 포함하여 이 방면의 협력을 진행하길 희망합니다. 동시에 협상을 강화하여 무역분쟁 발생을 피해야 할 것입니다.

여러분이 제게 질의할 문제는 거의 다 하신 것 같습니다만 아직도 문제가 남았다면 중국에 가서 계속 토론할 수 있습니다. 저는 셀리에르 회장의 중국 방문을 초청함과 동시에 자리에 계신 분들도 함께 초청합니다. 누구든지 오시고 싶으면 셀리에르 회장과 함께 오십시오. 여러분을 다시 만나 질문에 대답하겠습니다. 이제 제가 여러분에게 하나의 문제를 제기할 차례인데 괜찮겠습니까? 중국이 2010년에 상하이 엑스포 주최를 신청하려고 합니다. 지금 마지막 단계인데 금년 12월에 투표가 있습니다. 저는 어제 국제박람회기구(BIE) 사무총장과 비서장을 만났습니다. 그들 모두는 상하이가 이상적인 장소이며 상하이의 조건은 다른 경쟁지역보다 우월하다고 인정했습니다. 그분들은 또 만일 상하이에서 엑스포를 개최한다면 참관인수는 세계 기록을 돌파할 것이라고 합니다. 재작년에 독일 하노버에서 개최된 엑스포에 저도 가보았습니다. 그곳의 참관인수는 겨우 1,600만 명이었습니다. 저는 사무총장과 비서장에게 상하이 인구만 해도 1,600만 명이라고 말했습니다. 어린이를 포함한 상하이의 모든 사람을 참관에 동원할 수 있는데 이렇게만 해도 벌써 하노버를 초과하는 규모입니다. 만일 상하이에서 엑스포를 개최한다면 분명히 여기에 계신 여러 기업가의 사업적 기회를 촉진할 수 있을 것이라고 봅니다. 그래서 저는 사무총장과 비서장에게 현재 무슨 문제가 중국의 엑스포 개최에 장애가 되는지 물었습니다. 그분들은 정치와 외교문제라고 했습니다. 그래서 저는 이 자리에 계신 기업가 여러분에게 시라크 대통령께 '압력'을 좀 행사하시라고 호소합니다. 시라크 대통령이 2010년 중국 상하이 엑스포 개최를 동의하고 지지하도록 해주십시오. 저는 시라크 대통령이 여러분의 '압력'을 즐겁게 받을 거라고 믿습니다. 만일 여러분이 중국 상하이 엑스포 개최에 동의하고 지지하신다면, 그리고 여러분의 정부에 '압력' 행사하기에 동의하신다면 박수를 보내주십시오. 그렇지 않으면 침묵을 지켜 주십시오(회의장 안에 박수 소리). 감사합니다.

4

제 4 부

홍콩기자 해외수행 인터뷰

영국에서 중국 – 영국 관계 등에 관한 인터뷰[*]

(1998년 3월 31일~4월 1일)

(1998년 3월 31일 오후, 런던 윈저성에서 영국 여왕 엘리자베스 2세와 회견한 후의 인터뷰)

기자 : 총리님, 여왕과 얼마나 회담을 하셨습니까?

주룽지 : 대략 2,30분 한 것 같은데 확실치 않습니다.

기자 : 무슨 말씀을 나누셨나요?

주룽지 : 매우 우호적인 대화였습니다.

기자 : 이번 방문은 어떤 성과가 있었습니까?

주룽지 : 방금 왔는데 무슨 성과가 있겠어요?

기자 : 어떤 기대가 있으십니까?

주룽지 : 당연히 중국과 영국 양국 간의 우호협력 관계 발전을 촉진시킬 수 있기를 희망하며 아셈 정상회의가 성공을 거둘 수 있기를 희망합니다.

기자 : 사람들은 총리께 큰 기대를 하고 있습니다. 총리께서 중국 경제를 진일보 발전시킬 수 있기를 희망하고 있는데 그들의 이런 기대가 총리의 앞으로의 업무에 어떤 스트레스를 주는지요?

주룽지 : 이런 기대는 자연스런 것이며 저는 이를 환영합니다. 저는 제가 할 수 있는 한 최대의 노력을 할 것입니다. 감사합니다.

---

* 토니 블레어 영국 총리 초청으로 주룽지 총리는 1998년 3월 31일부터 4월 5일까지 영국을 공식 방문해 4월 3일에서 4일까지 영국 수도 런던에서 개최한 제2차 아셈ASEM 회의에 참석하고 EU 지도자들과 회담했다. 이는 주룽지 총리가 영국 방문 중 중 – 영 관계 등의 문제에 관해 홍콩기자와 한 인터뷰다.

1998년 3월 31일, 주룽지 총리는 런던 윈저궁에서 영국 여왕 엘리자베스 2세를 회견했다.

(1998년 4월 1일 오전, 숙소인 런던의 하이드 파크 호텔에서의 인터뷰)

기자 : 주 총리께서는 2000년의 중국이 어떤 국가일 것이라고 생각하십니까?

주룽지 : 현대화로 들어선 국가, 민주ㆍ법제의 국가입니다.

기자 : 그렇다면 총리께서 주장하신 '일삼오' [1]는 정말 실현되었을까요?

주룽지 : 대답해야 할 문제가 너무 많아서 한 번에는 다 말을 못하겠군요.

---

1) 일삼오—三五 : 주룽지 총리가 1998년 3월 19일에 제9기 전인대 1차회의 기자회견에서 내외신 기자들의 질의에 대답할 때 본 회기의 중앙정부가 해야 할 일을 '한 개의 확보, 세 개의 예상 목표 실현, 다섯 항목의 개혁'으로 개괄한 것이다.

(1998년 4월 1일 오전, 그리니치 천문대 참관 시의 인터뷰)

기자 : 왜 이곳을 참관 코스로 선택하셨습니까?

주룽지 : 영국 측이 원해서 온 거지요.

기자 : 총리께서 보시기에 동양과 서양의 관계는 어떻습니까? 동반구와 서반구의 관계는 어떤지요?

주룽지 : 내가 방금 동반구와 서반구를 넘어왔는데 관계가 아주 좋습디다. 나는 이 둘을 모두 넘었고 또한 이 둘을 연결했습니다. 감사합니다. 안녕히 가세요.

1998년 4월 2일, 주룽지 총리는 런던 다우닝가 10번지 총리 관저에서 블레어 영국 총리를 회견했다. (사진=신화사 왕옌 기자)

(1998년 4월 1일 오후, 숙소인 런던의 하이드 파크 호텔에서 인도네시아 하비비 부통령을 회견한 후의 인터뷰)

기자 : 회담에서 무슨 수확이 있었는지 말씀해주실 수 있는지요?

주룽지 : 수확이 아주 큽니다. 그분들은 모두 저의 오랜 친구들이기 때문입니다.

기자 : 중국은 인도네시아를 도울 셈인가요?

주룽지 : 우리의 능력을 다할 것입니다. 이미 하비비 부통령에게 우리가 할 수 있는 만큼의 원조를 할 것이라고 말하였습니다.

기자 : IMF의 원조로 도움을 주는 방식 이외에 또 다른 현금 원조가 있나요?

주룽지 : 또 있습니다.

기자 : 얼마나 되나요?

주룽지 : 우선 잠시 보류합시다. 그분들이 먼저 말하는 것을 기다리는 것이 도리입니다.

기자 : 주 총리님, 블레어 총리와 회담에서 무슨 말씀을 나누셨습니까?

주룽지 : 우리는 오랜 친구입니다.

기자 : 이번에 EU 정상들과 회담을 가지셨는데 중국과 EU의 관계는 앞으로 점점 무역협력 방향으로 발전할 것인지요?

주룽지 : 점점 좋아지고 있습니다. 앞으로는 더욱 좋아질 겁니다.

기자 : 총리님, 두 분의 아시아 정상과는 금융위기 문제에 대해서 말씀하셨습니까?

주룽지 : 아시아 금융위기를 말했으며 우리의 입장은 일치했습니다.

기자 : 어떤 입장이십니까?

주룽지 : 도움을 주는 것입니다. 우리가 할 수 있는 한 힘껏 아시아 금융위기를 해결할 수 있도록 도움을 줄 것입니다.

기자 : 구체적인 방법이 있습니까?

주룽지 : 얼마든지 있습니다만 지금은 말할 시간이 없습니다.

미국에서 구위슈 선생과의 면담에 관한 인터뷰*

(1999년 4월 9일)

(1994년 4월 9일 오후, 구위슈를 면담한 후의 인터뷰)

기자 : 총리님, 장 주석의 어떤 소식을 구위슈 선생께 전하셨는지요?

주룽지 : 장 주석이 구위슈 선생께 드리는 차를 가지고 왔습니다.

기자 : 무슨 차인가요?

주룽지 : 황산 명차입니다.

구위슈 : 제가 한마디 하겠습니다. "주 총리, 나라를 위해 건강하시오."

기자 : 총리께서는 그러실 수 있나요?

주룽지 : 저는 선생님의 지도대로 합니다. 제가 여러분께 한 가지 알려드리겠습니다. 그렇지 않으면 기자님이 쓸게 없잖아요. 구 선생님은 내게 16자의 잠언을 주셨습니다. "지자는 미혹하지 않고, 용자는 두려워하지 않고, 성실한 자는 믿음이 있고, 인자는 적이 없다〔智者不惑, 勇者不懼, 誠者有信, 仁者無敵〕"는 내용입니다. '인仁' 자의 의미는 매우 난해하니 여러분이 돌아가서 사전 한번 찾아보세요. 인자, 즉 어진 자는 천하에 적이 없는 법입니다.

---

* 주룽지 총리가 방미 기간 중 워싱턴 블레어 하우스에서 구위슈顧毓琇 선생을 만난 후 그와 면담한 정황에 대해 홍콩 기자와 인터뷰한 내용이다. 구위슈(1902~2002)는 재미 중국인으로 교육자며 과학자이자 시인 · 극작가 · 음악가며 불교학자이기도 하다. 일찍이 상하이 쟈오퉁交通대학의 전기공학과의 교수를 역임했으며 칭화대학의 전기과를 창설하고 초대 학과장을 역임했다.

1999년 4월 9일, 주룽지 총리는 워싱턴 블레어 하우스에서 구위슈 선생을 접견한 후에 숙소를 떠나는 선생을 부축하고 있다. 뒤의 왼쪽에 있는 사람은 리자오싱李肇星이다. (사진 =신화사 란훙광 기자)

싱가포르에서 주택제도개혁에 관한 인터뷰[*]

(1999년 12월 1일)

(1999년 12월 1일 오전 싱가포르의 토아파요Toa Payoh 공동주택을 방문한 후)

기자 : 총리님, 안녕하세요? 이 공동주거지 개념은 총리께서 추진하고 계신 주택제도 개혁에 도움을 주는지요? 어떻게 추진하실 건지요?

주룽지 : 제가 1990년 처음으로 이곳에 왔을 때 이곳 분들의 경험을 많이 참고했습니다. 이번에 와서는 새롭게 발전한 면모를 감상하고 있습니다. 중국의 방법도 싱가포르와 비슷합니다. 그러나 싱가포르가 앞서 있으며, 특히 싱가포르는 아주 풍족한 정부가 있지만 우리 정부는 너무 가난합니다.

기자 : 그렇다면 어떻게 해결해야 할까요?

주룽지 : 우리는 어떻게든 해결해야 하는데 싱가포르처럼 그렇게 높은 기준은 없습니다.

기자 : 총리님, 중국은 할 수 있다고 생각하시나요?

주룽지 : 당연합니다. 서로 다른 수입, 서로 다른 차원에 근거해야 합니다. 싱가포르의 방법은 조건이 비교적 좋은 편에 속합니다.

기자 : 중국은 지금은 안 되나요?

---

[*] 주룽지 총리가 싱가포르 방문 중 주택제도개혁 문제에 관해 홍콩기자와 인터뷰하였다.

1999년 11월 30일, 주룽지 총리는 싱가포르에서 싱가포르의 내각 정치고문인 리콴유를 회견했다. (사진=신화사 류젠성 기자)

주룽지: 당연히 안 되죠. 중국은 개발도상국입니다.

벨기에서 중국 - 유럽 협력과
미국 탄도미사일방어체계에 관한 인터뷰*

(2000년 7월 10일~12일)

(2000년 7월 10일 오후, 숙소인 브뤼셸 쉐라톤 호텔에서)

기자 : 총리님, 중국과 EU 간의 무역에는 아직 장애물이 존재하고 있는데 이 기회를 빌어서 EU측과 차별적 반덤핑과 같은 문제에 관해서 논의하실 건지요?

주룽지 : 제 생각에는 아마도 그럴 것입니다.

기자 : 그렇다면 우리는 어떤 요구를 할 수 있을까요? 어떻게 하면 중국과 유럽 간 협의가 원만한 결과를 얻고 양측의 무역 장애를 제거할 수 있겠습니까?

주룽지 : 중국과 EU 사이에 큰 문제는 없지만 무역 방면에 있어서는 사소한 의견 차이와 사소한 문제가 끊임없이 발생하고 있습니다. 그러나 이 단계에서 거론할 필요는 없는 것 같습니다. 그러나 우리도 총결·회고를 해서 희망사항을 제기할 것입니다.

기자 : EU는 총리님의 이번 방문을 무척 중시하고 있습니다. 그들은 이 협의가 비록 중국 중앙정부층의 승낙을 얻었다고는 하지만 지방정부에서 집행 시에는 아마도 어떤 장애를 만날 것이라 걱정하고 있습니다. 총리께서 이번에 이분들에게 믿음을 주실 건지요? 그러니까 이번 중-유럽 양자 협의가 원만하게 집행될 수 있는 건지요?

---

* 주룽지 총리가 벨기에와 EU 방문 기간 동안 중-유럽 협력 및 미국 미사일방어시스템 등의 문제에 관해 홍콩 기자와 인터뷰하였다.

주룽지 : 어떤 국가라도 그들의 중앙정부가 내린 결정이 백분의 백 실행될 수 있다고 장담할 수는 없습니다. 그러나 중국은 기본적으로 실행할 수 있고 우리가 한 말은 실행된다고 보면 됩니다.

기자 : 일부 국가에서는 홍콩이 중국대륙에서 오는 밀입국자가 다른 나라로 재 밀입국 하는 전환기지가 될 것이라고 걱정하는데 홍콩의 국제적 이미지에 영향을 줄까요?

2000년 7월 10일, 주룽지는 브뤼셀에서 벨기에 기 베르호프스타트Guy Verhofstad 총리와 회견했다. (사진
=신화사 판루쥔 기자)

주룽지 : 중국은 불법이민을 단호하게 반대하고 있으며 우리는 엄격한 법률과 엄격한 조치로 불법이민을 제지하고 있습니다. 그러나 다국적 범죄 집단은 너무나 대단해서 어떤 국가·어떤 지역에 다국적 범죄집단에 개입된 사람이 한 명도 없다고는 아무도 말할 수 없습니다. 그렇기 때문에 불법이민자를 소탕하려면 국제적 협력이 필요합니다. 제가 이곳에 온 것은 바로 EU와 국제범죄집단 소탕 문제를 협력하기 위해서입니다. 이번에 발견된 58명의 중국 불법이민자(2000년 6월 유럽으로 밀입국을 시도하던 중국인 58명이 영국 도버항 인근 컨테이너 속에서 질식사한 채 발견됨:역주)는 결코 그들이 가난해서 유럽으로 도망간 것이 아니라 속임을 당한 것입니다. 그들의 고향인 푸젠성의 농가는 잘 삽니다. 그들은 나쁜 사람에게 속았습니다. 다국적 범죄집단의 행위는 잔악무도합니다.

기자 : EU에 일부 조치와 이민정책 혹은 다른 면에서 수정을 요구하실 겁니까?

주룽지 : 우리는 그들에게 이민정책을 바꾸라고 요구하지 않습니다. 우리는 불법이민을 반대합니다. 그 58명은 속아서 온 것입니다. 우리는 EU와 협력하여 다국적 범죄집단을 소탕할 것입니다.

기자 : '밀입국 알선 브로커' 소탕에서 중국과의 협력 강화를 EU에 요구하실 건가요?

주룽지 : 그렇습니다. 기자분 말씀이 맞습니다.

(2000년 7월 12일 오전, 브뤼셀 '미래주택' 참관 시의 인터뷰)

기자 : 지금 어떤 나라에서 전국적 미사일 방어시스템을 구축하고 있으며 그들은 세번 시험발사를 해 두 번은 실패했습니다. 그런데도 계속 시험발사를 한다고 하는데 이것이 전 세계의 안전에 영향을 줄까요?

주룽지 : 물론이지요. 우리는 반대합니다. 아마 세 번 모두 실패했을 것입니다. 제2차 발사는 그들의 보도에 근거하면 사실상 실패했습니다.

기자 : 중국은 그들이 이런 시스템을 지속적으로 추진하는 것을 반대하십니까?

주룽지 : 물론이지요. 유럽 국가들도 큰 우려를 표명하며 전 세계의 안전이 와해될까 두려워하고 있습니다.

기자 : 그러나 이 국가의 의회 상원에서는 중국에 PNTR(항구적 정상무역관계)지위를 부여하는 대신 하나의 조건 즉 중국은 핵무기를 확산하지 않는다는 조건을 부과하고자 합니다. 그들은 말 따로 행동 따로 아닌지요?

주룽지 : 우리는 완벽하게 핵확산금지조약을 준수합니다. 그들이 이 조항을 부과하는 것은 잘못된 것입니다. 우리는 동의하지 않습니다.

일본에서 중일 협력에 관한 인터뷰[*]

(2000년 10월 16일)

(2000년 10월 16일 오전 야마나시현 자기부상열차를 시승한 후의 인터뷰)

기자 : 자기부상열차를 시승한 소감이 어떠신지요?

주룽지 : 일본의 자기부상열차의 진동과 소음은 제가 독일에서 탔던 것보다 더 큽니다. 그러나 일본 열차는 시속 450킬로미터까지 낼 수 있는데 반해 독일 열차는 420킬로미터입니다.

기자 : 승차감은 어떠십니까?

주룽지 : 괜찮습니다. 좋습니다. 일본은 계속 개선하고 있는 중입니다.

기자 : 총리께서는 자기부상열차를 좋아하십니까? 아니면 다른 어떤 것이 있습니까?

주룽지 : 이것은 전문가에게 비교하라고 해야겠습니다. 저는 지금 결론을 내릴 수 없습니다.

기자 : 총리께서는 징후京滬(베이징과 상하이:역주) 철도 노선에서 중일 협력의 기회가 크다고 생각하십니까?

주룽지 : 기회는 언제나 있는 법입니다.

기자 : 독일과 프랑스와 비교한다면 어떤지요?

주룽지 : 경쟁이 필요합니다.

---

[*] 주룽지 총리의 방일 기간 중 중일 협력에 관해 홍콩 기자와 인터뷰했다.

2000년 10월 16일, 주룽지 총리가 도쿄에서 일본 아키히토 천황을 회견했다. (사진=신화사 라오아이민 기자)

2000년 10월 16일, 주룽지와 부인 라오안 여사는 일본 야마니시현에서 자기부상열차 시험장을 참관하고 시승했다. 뒤쪽 왼쪽부터 장궈바오張國寶·쩡페이옌曾培炎·투유뤼屠由瑞다. (사진=신화사 왕신칭 기자)

한국에서 국제범죄 소탕과 금융위기에 관한 인터뷰*

(2000년 10월 18일~22일)

(2000년 10월 18일 오후, 숙소인 서울 신라호텔에서의 인터뷰)

기자 : 내일 아시아 정상회담에서 국제범죄문제를 토론할 심포지엄 개최를 총리께서 건의하신다고 들었는데 그렇습니까?

주룽지 : 발언 중에 있을 수 있겠지요.

기자 : 총리께서는 왜 이런 구상을 하시는지요? 중국은 왜 이런 건의를 하는 것입니까?

주룽지 : 공동으로 사법 협력을 하고 공동으로 국제범죄를 소탕해야 합니다.

(2000년 10월 20일 오후, 아셈 정상회의에 참석한 후 숙소인 서울 신라호텔에서의 인터뷰)

기자 : 오늘 오후는 경제 글로벌화 문제에 대해서 토론하셨나요?

주룽지 : 그렇습니다. 오늘 오후는 경제 · 금융 협력에 관해 토론했습니다.

기자 : 총리께서 경제 신질서를 건립하자고 건의하셨는데 그렇다면 중국과 유럽국가를 포함한 EU · 아시아와 유럽국가는 어떻게 밸런스를 맞춰야 된다고 생각하십니까?

주룽지 : 신질서를 건립하기 위해서는 먼저 아셈 정상회의에서 신질서가 있어야 한다고 말했습니다.

---

* 주룽지 총리는 방한하여 제3차 아셈 정상회의에 참석했으며 이 기간 국제범죄소탕과 금융위기에 관해 홍콩기자와 인터뷰 했다.

2000년 10월 18일, 주룽지 총리는 한국의 김대중 대통령과 서울 청와대에서 거행된 환영식에 참석했다. (사진=신화사 왕신칭 기자)

기자 : 정말 그렇게 말씀하셨습니까?

주룽지 : 정말 그렇게 말했습니다. 아시아 국가와 유럽 국가는 역사·문화·사회 제도가 모두 다르기 때문에 마땅히 상호 이해·상호 교류·상호 포용을 해야 하며 일방적인 관점으로 다른 한쪽을 강요할 수 없습니다. 그렇게 해서는 안 됩니다.

기자 : 총리께서는 새로운 경제위기가 야기되는 것을 두려워하시는지요? 요 며칠 미국 증시는 그리 좋지 않습니다.

주룽지 : 그렇습니다. 금융위기에 관해서는 마하티르 모하마드 말레이시아 총리가 하신 말씀이 아주 좋았습니다. 그러나 선진국 중 두세 국가는 마하티르 총리의 말에 동의하지 않았습니다. 마하티르 총리는 금융자본의 투기활동은 말레이시아

에 영향을 주었고 그 때문에 화폐는 반으로 평가절하되었다고 분명히 말했습니다. 즉 과거에 1,000억 달러어치 제품을 수출했다면 지금은 500억 달러의 손실이 발생합니다.

기자 : 지금 과학기술주의 등락폭이 아주 큰데 전 세계 주식시장에 커다란 영향을 주게 되면 또 다른 금융 폭풍이 야기되지 않을까요?

주룽지 : 그 문제에 관해선 이번에 토론하지 않았습니다. 과학기술주 팽창에는 다소 거품이 끼어 있습니다. 좀 적당히 떨어져야 합니다.

기자 : 이런 추세로 발전해간다면 중국의 차스닥[1] 건립에 영향을 줄 수 있을까요?

주룽지 : 우리는 차스닥을 신중히 고려하고 있습니다.

2000년 10월 20일, 제3차 아셈 정상회의가 서울에서 개최되었다. 주룽지 총리 등 각국 정상들이 한복을 입은 한국 소녀들의 인도로 개막식장에 들어서고 있다. (사진=신화사 왕신칭 기자)

---

1) 차스닥 : '창업반創業板 시장'이라고도 한다. 거래소 시장 외에 전문적으로 중소의 벤처·신규 창업기업을 위한 장외시장을 말한다.

·　기자 : 총리님의 뜻은……

　　주룽지 : 왜냐하면 홍콩에서 그다지 성공을 거두지 못했기 때문입니다. 홍콩이 앞서가면 중국은 홍콩의 경험을 받아들이고 있습니다. 홍콩 역시 감독관리 문제를 완전하게 해결하지 못하고 있는 것 같습니다. 그래서 우리도 비교적 신중하게 고려하고 있습니다.

　　기자 : 홍콩의 장외 시장이 어떤지를 보신 후에 중국의 추진 여부를 결정한다는 말입니까?

　　주룽지 : 그렇지만은 않습니다. 제 말은 홍콩 역시 성공적인 경험을 만들지 못하고 있기 때문에 우리도 신중을 기해야 된다는 뜻입니다.

　　기자 : 그러면 중국에서는 자신만의 차스닥 노선을 만들겠다는 뜻인가요?

　　주룽지 : 미국 나스닥의 경험을 참조하고 또한 홍콩의 경험도 참조할 것입니다.

2000년 10월 20일 주룽지 총리는 한국 서울에서 거행된 제3차 아셈 정상회의에 참석했다.

(2002년 10월 22일 오전, 제주도를 참관한 후 선상에서의 인터뷰)

기자 : 제주도를 마지막 장소로 택하신 특별한 의미가 있으신지요?

주룽지 : 제주도의 산수山水는 천하 제일입니다.

기자 : 오늘 기분은 어떠신지요?

주룽지 : 오늘 기분이 참으로 좋습니다. 그래서 저는 방금 배 위에서 모든 분들께 서비스를 좀 했습니다.

기자 : 무슨 서비스를 하셨는지요?

주룽지 : 제가 모델이 되어 주었어요. 모든 사람들이 저와 함께 사진을 찍도록 했어요.

기자 : 어제 회의에서는 국제협력을 통하여 중국에서 외국으로 도피한 부패 관리들을 본국으로 송환해 달라는 문제에 관해 토론했지요?

주룽지 : 그렇습니다. 중국은 이런 건의를 했습니다. 아셈이 국제범죄집단을 소탕할 수 있는 심포지엄을 개최하고 각국 정부의 형사팀이 모두 참가하여 공동으로 국제범죄집단을 소탕하기를 건의하였습니다.

부패 관리는 도피하기가 어렵지만 밀수범 같은 범죄자들은 외국으로 도피한 후에는 '정치적 망명'으로 변하더군요.

싱가포르에서 '10+3' · '10+1' 및
중국 증권시장에 관한 인터뷰*
(2000년 11월 23일~25일)

(2000년 11월 23일 저녁, 숙소인 메리츠 만다린 호텔에서 태국 찬 럭파이Chuan Leekphai 총리와 회견 후의 인터뷰)

기자 : 총리님, 아세안 쪽에서는 총리께서 제출한 안건을 무척 칭찬하고 높이 평가하던데 어째서 자유무역 방면에서는 협의가 달성되지 않는 것입니까?

주룽지 : 저는 협의가 달성되지 않았다고 말하지 않았습니다. 어쩌면 이번에는 문건이 나오지 않을 수도 있다는 뜻으로 말한 것입니다.

기자 : 그럼 이번에 아세안과 협력을 강화하면 중국이 WTO 가입 후 이들 국가에 대한 위협이 될 것이라는 걱정을 해소할 수 있습니까?

주룽지 : 위협이라니, 아닙니다. 어떤 위협도 없습니다. 이익만이 있을 뿐입니다.

기자 : 그럼 총리께서는 이번에 그들에게 어떻게 설명하실 건지요?

주룽지 : 전 분명히 설명할 것입니다. 그러나 여기서 기자분에게 설명할 시간은 없습니다. 미안합니다.

---

* 주룽지 총리는 2000년 11월 23일에서 26일까지 싱가포르의 제4차 아세안 – 한중일 정상회담과 아세안 – 중국 정상회담에 참석했다. 주룽지 총리는 방문 기간 중 '10+3' · '10+1' 및 중국증권시장의 문제에 관해 홍콩기자와 인터뷰했다.
'10+3'은 즉 '아세안+3' 회의를 말한다. 동남아국가연합 10개국(태국 · 인도네시아 · 필리핀 · 말레이시아 · 싱가포르 · 브루나이 · 베트남 · 라오스 · 미얀마 · 캄보디아) 및 한국 · 중국 · 일본 정상이 거행하는 회의를 말한다. '10+1'은 즉 '아세안+1 회담'을 말한다. 동남아국가연합 10개국(태국 · 인도네시아 · 필리핀 · 말레이시아 · 싱가포르 · 브루나이 · 베트남 · 라오스 · 미얀마 · 캄보디아) 및 중국 정상이 거행하는 회담이다.

2000년 11월 25일, 주룽지 총리가 싱가포르에서 거행된 아세안-중국 정상회담에 참석했다. 오른쪽은 압둘라흐만 와히드 인도네시아 대통령이다. (사진=신화사 쥐펑 기자)

(2000년 11월 24일 오전, 샹그릴라 호텔에서 한 · 중 · 일 정상 조찬 후의 인터뷰)

기자 : 한중일은 어떤 협력을 할 수 있습니까?

주룽지 : 많은 협력을 할 수 있습니다. 우리는 중국의 서부대개발을 포함한 협력을 진일보 진행할 것인데 한국과 일본도 참가할 것입니다. 또한 중국어 연구와 황사 방지를 위해 보다 더 큰 규모로 협력할 것입니다. 동시에 이와 같은 회담을 체제화하기로 협상하여 이후에도 우리는 다시 만나게 될 것입니다.

기자 : 왜 동남아 경제포럼을 성립하는데 한중일 3국의 경제 포럼도 있는 것입니까?

주룽지 : 우리는 이것에 관해 아직 이야기하지 않았지만 기자의 건의는 아주 좋습니다. 다음에 한중일 정상회담 때 기자분의 건의를 제시할 수도 있을 겁니다.

(2000년 11월 24일 정오, 숙소인 메리츠 만다린 호텔에서 개최하는 '아세안+3' 회담 전의 인터뷰)

기자 : 리콴유 전 총리께서 좀 전에 아세안 국가들이 단결해야만 중국에서 초래될 도전, 특히 중국이 WTO 가입 후의 도전에 대항할 수 있다고 말했습니다. 이런 관점에 어떻게 응수하실 것이며 그들과 만나실 것입니까?

주룽지 : 저는 아직 그분이 말씀하신 원문을 보지 못했습니다. 이번에 그분과 회견할 때 그렇게 말했는지 직접 물어보겠습니다.

기자 : 일부 국가들은 중국이 아세안 자유무역지대에 가입한 후에 몇몇 소국가들과 경쟁을 형성할 거라고 걱정하는데 그들의 이런 걱정을 어떻게 해소하실 건지요?

주룽지 : 경쟁은 분명히 있을 수 있습니다. 그러나 절대 위협은 없습니다.

기자 : 중국은 어느 방면에서 이런 성의 있는 협력 의사를 표현할 수 있을까요?

주룽지 : 이번 회의에서 저는 성의를 표출할 것입니다.

기자 : 어떤 방법이 있을까요?

주룽지 : 이 문제는 토론할 여지가 있습니다. 중국이 WTO에 가입하면 분명 아시아 각국에 이익이 되면 됐지 위협이 되지는 않습니다. 만일 위협이 조성된다면 우리는 WTO에 가입하지 않을 망정 아시아의 친구를 잃을 수는 없습니다.

기자 : 중국과 아세안 각국과의 협력 전망은 어떻습니까?

주룽지 : 아세안과 아시아 각국의 협력은 무척 낙관적이며 전망도 아주 좋다고 생각합니다. 저는 충만한 믿음을 가지고 이번 회담에 참석했습니다.

기자 : 이번 정상회담에서 어떤 성과를 거두기를 희망하시는지요?

주룽지 : 이번 정상회담에서 동남아 · 아시아 협력의 연합선언을 수행하고, 구체적인 절차를 채택하여 우리 아시아 국가, '아세안+3' 국가들이 협력을 잘 할 수 있기를 희망합니다.

기자 : 일본과 한국은 모두 외화 방면에서 중국과 양자협의 체결을 희망하고 있는데 중국 인민은행은 줄곧 이 문제를 연구하고 있습니까?

주룽지 : 만일 필요하다면 체결하고 싶습니다.

(2000년 11월 24일 오후, 샹그릴라 호텔에서 말레이시아 마하티르 총리 회견 전 인터뷰)

기자 : 회담의 토론 정황에 대해 말씀해 주십시오.

주룽지 : '아세안+3' 각국과의 협력 발전에 관해서 우리는 이미 매스컴에 회담장에서 나온 의견을 개괄한 문건을 배부했습니다. 다른 국가도 많은 의견을 내었습니다. 회담에서 논쟁은 없었고 다른 의견도 없었으며 상호 보충했습니다.

기자 : 선언문이 나왔나요?

주룽지 : 선언문은 나오지 않았습니다.

기자 : 철로를 연결하자는 의견이 있었지요?

주룽지 : 그렇습니다. 범아시아 철로를 건설하자고 마하티르 총리가 제의했으며 우리는 이를 찬성하고 지지했습니다. 많은 국가도 이 철로 건설에 지지를 표시했습니다. 중국도 입찰을 통해 이 철로 건설공사를 맡기를 원한다고 명확하게 표시했습니다. 중국은 철로 건설 방면에서 세계적으로 가장 많은 경험을 갖고 있으며 우리는 이를 위해 모든 노력을 다하겠습니다.

(2000년 11월 24일 오후, 샹그릴라 호텔에서 '아세안+3' 회담 후의 인터뷰)

기자 : 총리님, 방금 회담은 어떠셨는지요?

주룽지 : 회담이 아주 순조롭고 분위기도 좋았습니다. 모두가 많은 건설적인 의견을 내놓았습니다.

기자 : 구체적인 건의가 있었는지요?

주룽지 : 자료를 여러분에게 배부하겠습니다.

기자 : 방금 회담에서 어떤 건의를 제기하셨습니까?

주룽지 : 제가 제기한 건의는 이미 발표한 성명서에 포함되어 있으므로 여러분들이 다 보았을 겁니다.

기자 : 아세안 국가는 주 총리께서 이번에 상정한 의견을 수용했는지요?

주룽지 : 이번 회담에서 모두들 아주 좋은 의견들을 제기했으며 대립된 의견은 없었습니다.

기자 : 타이완 문제가 나왔나요? 아세안 국가들은 하나의 중국원칙을 견지했습니까?

주룽지 : 아닙니다. 그 문제를 언급하지 않았어요, 누구도 그 문제를 언급하지 않았습니다.

기자 : 경제 방면의 협력에 관해서는 이야기가 있었습니까?

주룽지 : 그래요. 각 방면의 협력에 관해 이야기했습니다.

(2000년 11월 25일 오전, 샹그릴라 호텔에서 아세안-중국 정상회담에 참석한 후의 인터뷰)

기자 : 총리께서는 '아세안+1' 회담에서 '중국 위협'에 관한 문제에 대해 설명을 하셨나요? 설명한 효과는 어떠했는지요?

주룽지 : 효과가 아주 좋았습니다. 오전의 '아세안+1' 회담에서는 고촉동[1] 총리부터 시작해서 이 문제에 관해 자진하여 이야기했습니다. 고촉동 총리는 중국에 관해 우려할 필요가 없다고 했으며 중국이 WTO에 가입한 후에도 아세안 국가에 대한 위협은 조성되지 않을 것이라고 했습니다.

기자 : 다른 소국가들은 어떠했습니까?

주룽지 : 소국가들은 아마도 근본적으로 이런 문제를 생각하지 않았을 것입니다. 이들 국가에서 어떻게 위협을 느낄 수 있겠습니까? 우리는 해당 국가에 사심없이 원조했고 이들 국가는 양자 간 협력 속에서 많은 이익을 얻었으며 우리는 최대 역량을 기울였습니다. 중요한 것은 선진국가에서 이런 우려를 하고 있는 모양인데 저는 오늘 고촉동 총리의 발언과 마하티르 총리의 발언을 듣고 그들의 발언 속에 진심이 들어있다는 것을 깨닫게 되었습니다. 그분들의 기조는 중국의 WTO 가입

---

1) 고촉동 : 당시 싱가포르 총리였다.

이 그들에게 경쟁이 될 수는 있지만 절대로 위협은 없다는 것입니다.

기자 : 이번 방문에 만족하십니까?

주룽지 : 그렇습니다. 무척 만족합니다.

기자 : 아세안 자유무역지대의 상황은 앞으로 어떤 진전이 있을까요?

주룽지 : 아세안 자유무역지대에 관해 중국은 이런 태도를 취하고 있습니다. 중국은 아세안 국가의 2002년 소위 역내 자유무역화 실현을 지지하며 동시에 우리도 이들 국가와 교섭을 진행하고 중국이 어떻게 이 협력에 참가할지를 연구하겠습니다. 중국이 WTO에 가입했을 때 양국협상을 통하여 이미 단계적으로 우리의 관세를 낮추었으며 작성된 시간표에 맞추어 우리는 WTO에 대한 우리의 의무를 잘 이행할 것입니다. 우리가 이 의무를 이행하고 시간표를 실현한 후에는 아세안 자유무역지대의 요구와 비슷해질 겁니다. 이렇게 되면 서로 잘 연결될 수 있습니다.

기자 : 최근 IMF의 보고에 의하면 중국이 WTO에 가입한 후 홍콩의 금융 지위에 영향이 있을 거라고 하는데 상하이가 홍콩을 대신할 가능성이 있습니까? 총리는 어떤 의견이신지요? 이런 상황이 출현할까요?

주룽지 : 홍콩은 홍콩 나름의 독특한 역할이 있습니다. 저는 단언컨대 상하이는 홍콩을 대신할 수 없습니다. 그러나 상하이는 중국 대륙의 금융중심이 되어 분명히 커다란 발전이 있을 겁니다. 전 세계에 금융센터가 하나가 아니듯이 중국 역시 금융센터가 하나만 있지는 않습니다.

(2000년 11월 25일 오후, 숙소인 메리츠 만다린 호텔에서 싱가포르 증권거래소 상황을 소개 받은 후의 인터뷰)

기자 : 총리님, 싱가포르 거래소에 관한 소개를 들으셨는데 중국 대륙의 차스닥시장 개장에 있어 어떤 참고 역할을 할 만한 것이 있다고 보십니까?

주룽지 : 우리는 홍콩 지역과 싱가포르를 포함한 각 국가와 지역의 경험을 거울

로 삼을 것입니다. 좀 전에 들어보니 싱가포르와 홍콩 지역은 다른 점이 있더군요. 모두 우리가 참고할 만 했습니다.

기자 : 대륙의 차스닥 개장의 스케줄에는 변화가 있는지요? 원래 정한 시간에 맞추어 추진하도록 확정되었는지요?

주룽지 : 원래 우리는 스케줄을 정하지 않았습니다. 적극적으로 준비하고 있습니다.

기자 : 가장 빠르다면 언제쯤 나올 수 있을까요?

주룽지 : 내년에는 가능하리라 생각합니다.

기자 : 지금 어느 조건이 결여되었습니까?

주룽지 : 각 항의 준비 작업은 이미 다 마쳤고 우리도 충분히 각국과 지역의 경험을 받아들일 준비가 되었습니다. 현재 우리가 다시 신중을 기하고 있는 주요 이유는 투자자의 이익을 보호하기 위해서입니다. 우리는 신중을 기해야 합니다.

기자 : 지금 중국 해양석유회사 등 3개의 대형회사가 이미 해외에서 상장되었는데 다음 단계는 어느 국영기업그룹이 해외에 상장될까요?

주룽지 : 결국은 끊임없이 상장될 것입니다. 어느 회사가 먼저이고 나중인지는 기억 못하겠습니다.

기자 : 싱가포르 증권거래소 총재는 친히 장외시장 업무진행 상황에 대해 설명했는데 혹 총리께서는 홍콩의 GEM(Growth Enterprise Market, 홍콩의 장외 증권 시장:역주)에 대한 관점에 어떤 변화가 있습니까?

주룽지 : 저는 지금 그들의 의견을 듣고 있을 뿐입니다.

기자 : 그럼 중국 대륙의 차스닥은 싱가포르 장외시장의 경험을 받아들일 수 있다고 생각하십니까?

주룽지 : 그렇습니다. 우리는 홍콩의 장외시장 개장 이래의 경험을 관심있게 보고 있고, 여러 가지에 관해 듣고 있으며 홍콩의 경험을 무척 중시하고 있어요. 이번에 싱가포르에 왔으니 싱가포르 측의 경험도 듣고 싶습니다. 이로써 제가 이 문제를 중시하고 있다는 것을 알 수 있습니다. 나는 기자가 계신 홍콩의 여러분들의

의견도 많이 들었습니다. 지난번 홍콩 보도에서는 내가 홍콩의 장외시장을 비판했다고 하던데 이는 확실치 않은 것입니다. 기자분이 그 자리에 있었는지 모르겠지만 내 뜻은 홍콩의 제2증권거래소는 아직 그렇게 성숙하지 않았다고 말했을 뿐입니다. 그것은 비판이 아닙니다. 어쨌든 개장한 지 1년밖에 되지 않았는데 어떻게 성숙하다고 말할 수 있겠습니까? 이는 비평이 아닙니다.

기자 : 어떤 사람은 중국 대륙의 차스닥이 개장되면 동남아와 홍콩시장에 위협이 된다고 걱정하는데 총리께서는 어떻게 보십니까?

주룽지 : 위협은 없습니다. 나는 선롄타오沈聯濤[2] 위원장에게 물어보았더니 위협은 없다고 말했습니다. 또 쾅치즈鄺其志[3] 총재에게도 물어보았지만 그도 위협은 없다고 말했습니다. 그렇다면 누가 위협이 있다고 말했다는 것입니까? 어째서 내가 싱가포르에 도착하자마자 여기저기서 '중국은 위협이다' 는 말을 듣는단 말입니까?

(2000년 11월 25일 오후, 숙소인 메리츠 만다린 호텔에서의 인터뷰)

기자 : 총리님, 샤먼의 위안화遠華 그룹의 안건에 대해 말씀해 주시겠습니까? 만일 라이창싱賴昌星이 캐나다에 보호요청을 하면 어떻게 합니까?

주룽지 : 난 오늘 아침에서야 이 소식을 보았습니다. 우리는 캐나다와 협력하고 상의할 것입니다. 과거에도 우리는 이미 상의한 적이 있습니다.

기자 : 위안화 사건에 그렇게 많은 관리들이 연루되고 그렇게 어마어마한 금액을 횡령했는데 이들을 소탕하는 과정 중에 큰 곤란함은 없을까요?

주룽지 : 곤란은 없습니다. 누가 연루되었건 우리는 철저히 조사할 것이며, 끝까지 찾아낼 것입니다. 어떤 어려움도 없고 어떤 저항과도 부딪히지 않을 것입니다.

---

2) 선롄타오 : 당시 홍콩 증권과 선물업무감독위원회 위원장이었다.
3) 쾅치즈 : 당시 홍콩 증권거래소 및 결산소 유한공사 그룹의 행정총재였다.

만일 저항이 있다면 우리는 그 저항을 타파할 것이며 반드시 이 안건을 철저하게 조사할 것입니다.

기자 : 이런 큰 사건이 계속 발각되면 어쩌지요?

주룽지 : 어느 국가에나 횡령 문제는 있으며 앞으로 이런 일이 재발하지 않을 것이라고 누구라도 장담할 수 없습니다. 그러나 사건이 발생하면 우리는 반드시 그 사건을 조사 처리할 것이며 법으로 심판할 것입니다.

기자 : 중국은 외교 루트를 통하여 이 문제를 해결할 것인지요?

주룽지 : 저는 반드시 그럴 것이라 생각합니다. 과거에도 우리는 이미 이런 방면에 노력을 기울였습니다. 그렇지 않으면 오늘의 결과는 없을 겁니다.

기자 : 라이창싱을 중국으로 소환할 자신이 있나요?

주룽지 : 내가 오늘 아침 말하지 않았나요? 우리는 시도해볼 것이고 최대한의 노력을 기울일 것입니다.

(2000년 11월 25일 오후, 숙소인 메리츠 만다린 호텔에서 싱가포르의 내각 정치고문 리콴유 회견 후의 인터뷰)

기자 : 방금 말씀하신 리콴유 선생에게서 정보를 얻었겠지요? 어떤 정보입니까? 양안문제에 관한 정보였나요?

주룽지 : 정보 교류입니다.

기자 : 그것이 통로 역할을 할 건지요?

주룽지 : 아니, 아닙니다. 우리는 광범위하게 이야기를 나누었으며 제 입장에서는 그들의 경험과 지혜를 받아들이는 것입니다.

기자 : 리콴유 선생께서는 아세안만의 자유무역지대를 만드는 문제를 거론하지 않았나요?

주룽지 : 아뇨, 아뇨, 이 문제는 '아세안+3'의 회담에서 이미 토론했으니까요.

기자 : FDI⁴⁾가 아세안에서 이미 50% 감소했지만, 중국에서는 끊임없이 상승하고 있는 것에 대한

우려를 이야기하지 않았나요? 만일 이 문제를 해결하지 않는다면 장래에 점점 심각하게 되겠지요?

주룽지 : 우리는 이 문제에 관해 토론하지 않았으므로 리콴유 선생이 이런 우려를 갖고 있는지 모르겠습니다.

기자 : 천수이볜은 현재 아주 골치 아픈 문제인데, 총리께서는 당면한 정국이 양안 관계에 어떤 영향을 준다고 생각하십니까?

주룽지 : 한마디로 말하기 어렵습니다.

기자 : 내년 중국의 경제 성장률은 8%로 예측하고 있는데 이렇게 높은 성장률 달성에 자신이 있는 이유는 무엇입니까? WTO 가입 요인도 그 안에 계산되어 있는지요?

주룽지 : 금년 우리 계획은 7% 성장인데 현재 8% 이상을 예측하고 있습니다. 내년 예상은 7%를 초과하는 것이고 8% 달성까지도 가능할 것입니다. 중국의 계획은 여전히 7%로 정했습니다. 우리는 과열을 원치 않습니다.

기자 : 어떻게 이런 자신감, 이런 낙관적인 예측을 하시는지요?

주룽지 : 이는 전 세계경제의 추세와 비슷합니다. 특히 아시아 경제는 대폭적으로 회복되고 있으며 중국의 수출 상황 역시 비교적 좋습니다. 물론 중요한 요인은 역시 중국은 내수를 진작시켜 국내 내수가 촉진되었기 때문입니다. 국영기업이 회복된 이후에 이윤은 작년에 비해 배가 증가했습니다. 이는 정말로 사람들에게 깊은 인상을 주는 수치입니다. 정부의 세수 역시 많이 증가했습니다.

기자 : 홍콩의 경제도 좋은데 내수가 아직도 부족합니다. 현재 많은 홍콩인들은 경제가 10% 이상 성장했다고 여기지만 그들이 이익을 보지는 못했습니다.

주룽지 : 나도 홍콩인들이 이런 불만을 갖고 있다는 소리를 들었습니다. 경제는 11% 성장했지만 월급은 오르지 않고 오히려 감소되었습니다. 이 소식을 알게 됐으니 우리는 내년에 반드시 월급을 올리겠습니다.

---

4) FDI : Foreign Direct Investment의 약자로 즉 대외직접투자를 말한다.

스리랑카에서 중국의 WTO 가입에 관한 인터뷰*

(2001년 5월 18일)

(2001년 5월 18일 오후, 숙소인 콜롬보 힐튼 호텔에서의 인터뷰)

기자 : 총리님, 몇 가지 문제에 대답해 주실 수 있는지요? 미국 연방준비은행에서는 연속적으로 금리인하를 선포하고 있는데 완만한 세계경제 추세는 바꾸기 어렵습니다. 중국은 적극적인 재정 정책을 채택할 때에 어떤 조치를 취해 내수를 확대하고 경제성장 목표 실현을 확보하십니까?

주룽지 : 우리는 미국이 어떻게 하든 간에 시종일관 위안화의 화폐가치와 이율의 안정을 유지할 것입니다.

기자 : 내수 촉진 방면에서는 어떤 조치를 취하여 경제성장 목표를 확보하실 겁니까?

주룽지 : 우리는 연초에 계획을 책정할 때에 이미 이 점을 고려했고 적극적 재정 정책을 실행하는 것으로 이미 충분합니다.

기자 : WTO 협상은 다음 주 내 제네바에서 새로운 라운드가 진행되는데 현재 상황은 어떤지요? 지금 문제는 농산물 보조금 방면입니다. 기왕에 개방 이익이 폐단보다 크다면 어째서 중국은 협상을 가속화하지 않는 겁니까?

주룽지 : 협상 가속화의 여부는 중국이 아니라 서방 주요국가들에 달려 있습니다. 그들은 농산물 보조금 방면에서 우리에게 개발도상국의 대우를 해주지 않습

---

* 찬드리카 쿠마라퉁가 스리랑카 대통령의 초청을 받아 주룽지 총리는 2001년 5월 17일부터 19일까지 스리랑카를 공식방문했다. 주룽지 총리는 방문 기간 중 중국의 WTO 가입 문제 등에 관해 홍콩 수행기자와 인터뷰했다.

니다. 이는 불공평하다고 생각합니다.

기자 : 새로운 협상에서 중국의 WTO 조기 가입 희망이 있는지요?

주룽지 : 언제나 희망은 있습니다. 필요한 것은 쌍방이 서로 양보하는 것입니다.

기자 : 6월에 미국은 중국에 PNTR(항구적 정상무역관계) 부여 문제를 논의하고자 합니다. 총리께서는 현재의 중미 관계를 어떻게 생각하십니까?

주룽지 : 그건 저도 방법이 없습니다. 우리는 이미 최대한 양보했으니 현재는 저쪽의 입장을 볼 뿐입니다.

2001년 5월 18일, 주룽지 총리는 쿠마라퉁가 스리랑카 대통령과 회담을 했다. (사진=신화사 판루진 기자)

기자 : 중국이 WTO에 가입하면 홍콩 경제에 영향이 있을까요? 홍콩은 근 몇 년 간 미국을 쫓아 금리를 대폭 인하했지만 소비자의 GDP 성장에 대한 믿음은 회복되지 않습니다. 경제는 여전히 큰 폭으로 중국 대륙 경제의 발전에 기대고 있습니다. 금후 홍콩 경제가 어떻게 회복될지에 관해 말씀해 주십시오.

주룽지 : 중국 경제의 발전은 외부의 영향은 받지 않을 겁니다. 주로 국내의 수요에 의지하고 있기 때문이죠. 밖에 어떤 상황이 발생하더라도 중국은 7~8%의 속도로 발전할 것이며 어찌되더라도 이는 홍콩에 이익이 되리라고 봅니다. 홍콩은 희망이 있으니 조급해 하지 마십시오.

태국에서 아시아 경제와
중국 서부대개발에 관한 인터뷰*

(2001년 5월 19일~21일)

(2001년 5월 19일 오후, 방콕 총리공관에서 탁신 태국 총리와 공식회담 후의 인터뷰)

기자 : 이번 회담은 각국 간의 금융위기 방지를 협력하는 문제에 관해 논의했습니다. 아시아 금융위기의 재발 방지를 위해 총리께서는 어떤 조치를 취해야 된다고 생각하십니까? 아시아국가 간의 협력에 중국은 어떤 역할을 하실 겁니까?

주룽지 : 금융위기 방지에 관한 문제는 '아세안+3' 회담 후에 제가 재정부장과 중앙은행장 간의 회의 소집을 건의하여 일찍이 여러 차례 의견을 교환했습니다. 그중에 화폐호환협정 문제는 원칙상 우리 모두 동의했으니 실행할 수 있을 것입니다. 우리는 태국 정부와도 접촉했습니다. 태국 정부의 40억 달러 호환협정 제안에 우리는 원칙적으로 동의해 일치된 의견을 도출했습니다. 이제 구체적으로 어떻게 실행할 것인지에 관해서는 업무담당자들이 상의를 해야 합니다. 왜냐면 태국만이 아니라 한국과 필리핀 등 여러 국가도 있기 때문입니다.

기자 : 미래 세계경제의 중심은 아마도 아시아에 있을 것 같습니다. 그러나 현재 아시아 국가 중 중국만이 고속 경제 성장을 유지하고 있을 뿐입니다. 그렇다면 총리께서는 중국이 아시아를 충분히 이끌어 갈 수 있다고 보시는지요? 세계경제 성장이 완만한 상황하에서 경제 발전이 회복되겠습니까?

---

* 탁신 태국 총리의 초청으로 주룽지 총리는 2001년 5월 19일에서 22일까지 태국을 공식방문했다. 방문기간 중 주 총리는 아시아 경제와 중국 서부대개발 등의 문제에 관해 홍콩기자와 인터뷰했다.

2001년 5월 20일, 주룽지 총리는 태국의 각계 화교들이 주최한 환영만찬에서 연설했다. (사진=신화사 판
루쥔 기자)

주룽지 : 아시아 금융위기는 아시아 국가에 커다란 타격을 주었습니다. 맨 처음 태국에서 시작하여 인도네시아 · 필리핀으로 확대되었고 이들 국가는 커다란 타격을 받았습니다. 그 후 2년 동안 경제는 빠르게 회복이 되었고 그중 한국의 회복이 가장 빠릅니다. 그렇다고 하여 문제가 완전히 해결된 것은 아닙니다. 태국 역시 어느 정도 회복을 했지만 아직도 비교적 커다란 곤란에 직면하고 있습니다. 이런 곤란함은 분명 해결할 수 있다고 생각합니다. 현재 세계적 범위의 제2차 금융위기를 논하는 사람도 있습니다만 제가 보기엔 가능성이 크지 않습니다. 모든 국가는 이미 경험을 통해 교훈을 얻었기 때문입니다. 이뿐 아니라 모두 산업 구조조정을 진행하고 있습니다. 현재 아시아 국가에서 가장 중요한 것은 분명 자국의 산업 구조를 조정하는 것이라고 봅니다. 태국이 이런 문제에 직면했습니다. 금년 농업은 대풍이라 두리언이 한 근에 1원이고 농산물이 모두 큰 폭 하락했으니 만일 산업 구조 조정을 하지 않으면 전망이 없습니다. 그밖에 금융 시스템의 개혁 역시 아주 중요합니다. 일본은 이 방면에서 큰 손실이 있었으며 현재까지도 회복하지 못하고 있습니다. 그래서 아시아 국가, 특히 동남아 국가는 이 방면에서 자력갱생하지 않는다면 늘 곤란한 상황에 직면하게 될 것입니다. 그러나 재차 위기가 발생할 가능성은 크지 않다고 여깁니다.

(2001년 5월 21일 밤, 탁신 태국 총리관저 연회 참가 전의 인터뷰)

기자 : 총리님, 안녕하십니까? 오늘 황궁에 가는 느낌은 어떠신지요? 국왕 내외분과 대화하신 느낌은 어떠신지요?

주룽지 : 이미 말했지만 매우 따뜻하고 친근한 대화였습니다.

기자 : 만족하십니까?

주룽지 : 아주 만족합니다.

기자 : 지금 입고 계신 셔츠[1]에도 만족하십니까?

주룽지: 보시기에 어떤가요?

기자 : 괜찮은데요. 멋지십니다.

주룽지: 어쨌든 양복을 입은 것보다는 편안하고 홀가분합니다.

기자 : 바람이 통하지 않습니까?

주룽지: 아니오. 괜찮습니다.

기자 : 피곤하실까봐 걱정이 되는군요. 인터뷰는 오늘 좋으신지 아니면 내일이 좋으신지요?

주룽지: 무슨 질문인지를 봐야지요. 가벼운 질문이라면 괜찮습니다.

기자 : 지금 이 질문은 홍콩과 관계 있습니다. 5월 24일, 총리님은 홍콩에서 대륙 서부지역 시찰을 갈 대표단을 만나실 겁니다. 어떤 정보를 홍콩의 상업계와 정부 대표들에게 제공할 수 있는지요?

주룽지: 중국의 서부지역대개발이 홍콩의 상업계에 어떤 사업 기회를 제공할지에 관해 말씀드릴 수가 없습니다. 이 사업 기회는 그들 스스로 찾아야 합니다. 저도 모든 사업 기회가 돈을 버는 기회라고 보장할 수 없습니다. 예를 들면 탕잉녠唐英年²⁾ 씨의 부친은 신장에서 일찍이 톈산天山모직방직공장을 열어 성공적으로 운영하고 있다고 말할 수 있습니다. 그러니까 결국 진정으로 좋은 사업 기회는 스스로 찾아야 합니다. 저도 미리 말씀드리지만 돈 벌기는 그리 쉬운 일이 아닙니다. 왜냐고요? 지금 서부지역에서 가장 필요한 건 인프라 시설 건설과 대량의 투자인데 투자수익률은 그다지 높지 않습니다. 중앙정부는 반드시 실행할 것이라 결정을 내렸습니다. 대량 투자는 인프라 건설에 즉 철로·도로·공항·도시건설·환경정비 같은 분야에 쓰일 겁니다. 가공업의 경쟁력 또한 좀 떨어집니다. 왜 그럴까요? 너무 멀기 때문입니다. 중부나 동부시장과 거리가 너무 멉니다. 그래서 만일 서부지역에서 가공업을 한다면 하이테크나 운송량이 그리 크지 않은 업종을 해야 합니다.

---

1) 주룽지 총리가 회의에서 배정받은 태국 민족의상을 입고 있는 것을 가리킨다.

2) 탕잉녠 : 당시 홍콩공업총회 의장과 건설업 검토위원회 의장을 맡고 있었다. 그의 부친 탕샹첸唐翔千은 제6기 전국정협(中國人民政治協商會議의 줄인말:역주)위원이자 제7기·8기·9기의 전국 정협상무위원이었고 홍콩반도 방직공장 의장 및 메이웨이美維 과학기술 그룹의 회장이다.

기자 : 하이테크는 어떤 분야를 말씀하시나요?

주룽지 : 정보산업 등을 포함한 여러 분야가 있습니다. 이런 것들은 모두 해볼 만합니다.

기자 : 홍콩은 금융 중심으로서 그 역량을 발휘할 수 있습니다. 많은 홍콩자본 은행과 외자은행이 모두 홍콩의 분점을 대륙 서부지역에 개설하기를 희망합니다. 이 점에서 중앙정부는 그들에게 어떤 특혜 조건을 주실 수 있는지요?

주룽지 : 대륙에서 은행 개설은 조건에 제한이 있습니다. 현재로 볼 때 아마도 겨우 동남아 은행 한 곳만이 조건을 구비한 것으로 알고 있습니다. 다른 은행들은 조건을 구비하지 못했습니다.

기자 : 중앙정부는 대표단에게 어떤 기대를 갖고 있으며 그들에게 어떤 것을 보여주실 건지요?

주룽지 : 그분들이 아주 좋은 것을 볼 것으로 생각합니다. 대륙을 깊이 있게 이해할 수 있을 겁니다. 중국은 간단한 국가가 아닙니다. 중국은 동부·중부·서부가 있고 부유한 지역도 있고 빈곤한 지역도 있습니다. 대표단이 중국의 모든 면모를 이해하게 되면 홍콩의 저명인사들에게는 아주 좋을 겁니다.

기자 : 과거 홍콩 상업계는 중국 동부지역의 발전에 의존해 많은 기회를 얻을 수 있었습니다. 이번 서부지역의 발전을 어떻게 보십니까?

주룽지 : 동부지역의 발전은 물론 여전히 전망이 있지만 더욱 새로운 기회를 찾아야만 합니다. 중부나 서부에 가서 보면 중부와 서부를 이해하게 되고 중국 시장 발전에 적합한 기회를 찾을 수 있을 겁니다.

기자 : 중서부 지역의 끊임없는 발전에 따라서 중앙정부가 취한 일련의 경제조치는 개방적이고 탄력적입니다. 그렇다면 연해의 4개 경제특구는 여전히 특구인지요. 이 지역에 대한 특혜정책은 여전히 계속됩니까?

주룽지 : 현재 특구는 이미 '특'이 아니며 특별한 정책적 혜택은 없습니다. 전 중국은 모두 한가지입니다. 지역에 따른 특혜는 없으며 산업에 따른 특혜가 있을 뿐입니다. 발전이 필요한 산업의 예를 들면 하이테크 산업이 있으며 우리는 이에 대해 특혜정책을 취했습니다. 그곳이 어느 지역이든지 모두 같습니다. 특구만이 이

런 정책이 있는 것은 아닙니다.

　기자 : 인재 영입문제에 관해 여쭙겠습니다. 중국에서는 이미 수많은 홍콩의 전문가들을 영입하고 있는데 전문가 영입이 충분한지요? 중국 대륙의 인재들은 이에 대해 스트레스를 받지 않나요?

　주룽지 : 스트레스가 있어야만 진보가 있지요. 우리는 중국 대륙에 인재가 없다고는 생각지 않지만 국제 경쟁력에서는 역시 좀 부족합니다. 국제시장에 대한 지식 역시 좀 부족합니다. 이런 면에서 홍콩에는 우리가 필요로 하는 인재가 있습니다.

　기자 : 중앙은행의 부행장을 찾으셨는지요?

　주룽지 : 부행장을 할 사람은 많습니다만 와주실지를 봐야죠.

아일랜드에서 중국경제에 관한 인터뷰*

(2001년 9월 3일~4일)

(2001년 9월 3일 오전, 버티 아헌 아일랜드 총리와 국빈관 안에서 산보를 마친 후의 인터뷰)

기자 : 현재 미국 경제성장 둔화가 세계경제에 미치는 영향이 큽니까? 신문지상에서는 총리께서 중국 경제에 대한 미국의 영향을 심각하게 보고 있다고 나와 있던데 지금도 7%의 경제 성장률을 유지하는 것에 자신이 있습니까?

주룽지 : 이 점에 관해서는 우리가 작년 11월의 중앙경제업무회의에서 지적했으며 이런 영향은 비교적 심각하게 예견하는 것이 좋습니다. 금년 3, 4월에 우리는 미국경제의 성장 속도가 둔화된 것을 더욱 분명히 알게 되었고 이에 따라 저는 모두에게 확실하게 경고할 수 있습니다. 이런 영향을 주의하라고요. 이런 영향은 신속하게, 주로 수출의 급격한 하락으로 나타났습니다. 당시 제가 지적한 것은 성장 속도의 급격한 하락이지 절대치의 하락은 아니었습니다. 그러나 6월에는 절대치도 하락했고 6월 달의 수출은 작년 6월 대비 0.6%포인트 하락했습니다. 그래서 우리는 당연히 이 문제에 관해 경각심을 갖고 각종 해결조치를 취했습니다. 중국은 본래 내수가 아주 많고 또 우리는 작년부터 이에 대한 준비에 착수하여 내수를 확대했습니다. 이리하여 일본을 포함한 미국에 대한 수출 정체와 약간의 하락이

---

* 주룽지 총리가 아일랜드 방문 중 중국경제 등의 문제에 관해 홍콩 기자와 한 인터뷰다.

2001년 9월 3일, 주룽지 총리는 더블린에서 버티 아헌 총리와 공동기자회견을 했다. (사진= 신화사 치톄엔 기자)

있지만 우리 경제의 발전속도에 영향을 주지 않았으며 우리의 국제수지평형에는 더욱 영향을 주지 않았습니다. 중국은 대략 2,000억 달러의 외환 보유고가 있으며 국제수지 평형 방면에서 어떤 문제도 발생하지 않았습니다. 우려와는 반대로 금년 이래 외환 보유고는 140억 달러가 증가했습니다. 이는 물론 완전히 수출에 의한 것은 아니고 주로 우리가 해외 주식 발행으로 마련한 자금이 포함되어 있습니다. 지금으로 볼 때 중국의 투자와 소비 양 방면에서 내수를 촉진시키면 금년 역시 경제 성장 속도가 7~8%까지 될 거라고 봅니다. 7점 몇이라고 구체적으로 말할 수는 없지만 그러나 분명히 7%는 초과할 것이라 확신할 수 있습니다.

기자 : 홍콩특구는 이 방면의 예측이 그다지 정확치 않은 것 같은데 다시 한 번 1년 간의 경제 성장 속도의 예측을 하향 조정해야 했지요.

주룽지 : 1% 낮추었지요?

기자 : 그렇습니다. 홍콩 경제는 상반기에 사람들이 생각했던 것보다 못했는데 특히 2분기의 수출입과 중개무역은 거의 제로 성장입니다. 중국의 WTO가입으로 인해 홍콩은 중국의 중개항으로서의 지위가 소실될 것입니다. 대륙의 WTO 가입 이후 홍콩이 어떻게 해야 중국 대륙을 배경으로 삼을 수 있겠습니까?

주룽지 : 그렇습니다. 미국을 선두로 선진국의 경제 성장속도가 둔화되면서 대륙의 수출 또한 감소되었으므로 당연히 홍콩의 중개항 역할에 영향을 주었습니다. 그래서 홍콩 경제의 발전에 일정 정도의 영향을 주었지요. 그러나 그렇게 비관할 필요는 없는 것이 홍콩 경제 성장 폭은 1%보다는 클 거라고 저는 생각합니다.

기자 : 홍콩은 현재 상황이 이미 그다지 좋지 않은데 수출입 감소 외에 내부 소비 역시 부진합니다. 사람들이 모두 선전深圳으로 가서 물건을 사기 때문입니다.

주룽지 : 홍콩 사람들이 선전으로 가서 쇼핑을 하는 것은 미국인이 중국 물건을 사는 것과 같습니다. 쌍방에게 모두 이롭지 한쪽에만 좋은 것은 아닙니다.

기자 : 주장珠江 삼각주의 협력 강화를 홍콩의 미래 발전 노선으로 삼을 생각이 있으신지요?

주룽지 : 홍콩 경제의 발전은 역시 중국 대륙에 의지해야 합니다. 이 방면에서 저는 비관적이지 않습니다. 대륙의 경제가 좋다면 홍콩의 경제가 나빠질 리 없습니다. 홍콩은 일치단결해야 하며 민주주의를 발양하여 모두가 토론을 해야 합니다. 많은 문제점은 토론이 필요하고, 어떤 대책을 취해야 합니다. 그러나 늘 의논만 하고 결정을 못 내리고, 결정만 내리고 실행을 못 하면 안 됩니다. 확정된 후에는 모두가 전심전력으로 임해야 하며 미래를 향하여 일치단결해야 합니다. 바로 이런 정신에 입각해야 합니다. 저는 이런 정신만 있다면 홍콩은 문제가 없다고 생각합니다. No problem!

기자 : 총리님, 여쭤보겠습니다. 다음주 WTO 업무팀이 최후 회의를 개최하는데 총리님은 이번에중국이 WTO 가입에 성공할 수 있다고 보십니까?

주룽지 : 제발 그렇게 되기를 원합니다. 그러나 어떤 돌출 문제가 생길지는 모르겠습니다.

기자 : 지금으로 볼 때 정황은 아직 비교적 낙관적입니까?

주룽지 : 지금 제기된 문제는 기본적으로 해결할 수 있습니다. 즉 보험사 문제에서 미국과 EU에는 서로 다른 의견이 있는데 우리는 그 중간에 끼어 몹시 곤란합니다.

기자 : 또 다른 설은 중국의 일련의 업종들, 예를 들면 통신·보험·농업 등은 WTO 가입 후에 충격이 몹시 클 거라는 것입니다. 총리께서는 이들 업종이 이미 완전하게 마음의 준비를 했다고 보십니까? WTO 가입 후 받는 타격에 어떻게 대응하시겠습니까?

주룽지 : 마음의 준비는 되어 있습니다만 충격은 확실히 아주 크고 어쩌면 우리의 예상을 뛰어넘을 수도 있습니다.

브루나이에서 중국과 아세안 협력에 관한 인터뷰[*]

(2001년 11월 4일~6일)

(2001년 11월 4일 저녁, 숙소인 반다르 세리 베가완의 오키드 가든 호텔 도착 시의 인터뷰)

기자 : 중국 – 아세안 자유무역지대의 건립에 관한 건의는 시행될 수 있습니까?

주룽지 : 우리는 10년 이내 건립할 것을 제의했습니다.

기자 : 중국은 WTO 가입 후 아세안에 어떤 소식을 전할 수 있을까요?

주룽지 : 모두에게 유리할 것입니다. 중국이 개방을 확대할수록 다른 국가들은 더욱 많은 사업 기회가 생깁니다.

기자 : 이는 중국이 미국과 일본을 대신할 기회인데 구역 내 경제와 무역상 최대의 협력동반자가 되는 겁니까?

주룽지 : 이 점은 여러분이 보셔야 합니다. 저는 한 번도 허풍을 떨지 않았습니다.

기자 : 미국 경제가 중국이 WTO 가입 후의 경제 발전에 영향을 줄지 걱정하십니까?

주룽지 : 미국은 '9 · 11' 사건 이후로 이미 중국의 경제발전에 영향을 주었습니다. 앞으로는 더욱 큰 영향이 있을 겁니다.

기자 : 어떤 준비를 해야 할까요?

---

[*] 주룽지 총리는 2001년 11월 4일에서 7일까지 브루나이에서 개최된 제5차 아세안 – 한중일 정상회담과 아세안 – 중국 정상회담 및 한중일 3국 비공식 정상회담에 참석했다. 주룽지 총리는 방문 기간 중 중국과 아세안의 협력및 중국의 WTO 가입 등의 문제에 관해 홍콩 기자와 인터뷰했다.

2001년 11월 5일, 주룽지 총리는 브루나이의 수도 반다르 스리 브가완에서 제5차 아세안-한중일 정상 회담에 참석한 브루나이 하사날 볼키아 국왕(오른쪽 두번째)·고이즈미 일본 총리(오른쪽 첫번째)·한국의 김 대중 대통령(왼쪽 첫번째)과 함께 기념촬영했다. (사진=신화사 치톄옌 기자)

주룽지 : 이 문제에 대답을 하려면 많은 시간이 필요합니다. 내가 기자분께 보고 서를 제출해야만 분명하게 알 수 있을 겁니다.

기자 : 아세안 국가 역시 '9·11' 사건 이후 역내 경제가 영향 받을 것을 걱정하고 있습니다.

주룽지 : 지금 이미 영향을 받고 있습니다.

기자 : 그럼 총리께서는 그들과 어떻게 협력을 하시겠습니까?

주룽지 : 우리 동남아 지역은 협력을 강화해야만 하고, 스스로에게 의지하고 우리 역내 협력에 의지하여 '9·11' 사건 이후 세계경제가 우리에게 주는 부정적인 영향을 상쇄해야 합니다.

기자 : 어떤 구체적인 협력 계획이 있나요?

주룽지 : 조금만 기다리세요. 기자분이 지금 질문을 모두 해버리면 다음에 우리가 만날 때는 할 말이 없지 않겠어요?

(2001년 11월 5일 오전, 센터 포인트 호텔에서 한중일 정상 조찬회 후의 인터뷰)

기자 : 총리님, 안녕하세요? 오늘 조찬회에서 한일 양국의 지도자와 어떤 이야기를 나누셨는지요? 새로운 뉴스가 있나요?

주룽지 : 무슨 뉴스요? 모두 이전에 들은 것이에요.

기자 : 경제 분야에서 새로운 건의가 있었는지요?

주룽지 : 그저 한중일의 범위에서 협력을 강화하자는 것에 불과합니다. 정보업무 · 환경보호 등에서 세 나라의 장관들의 회담이 진행되었고 어떻게 협력을 해야 하는가를 토론했습니다. 우리 3국의 경제부 장관들은 회담 개최에 모두 찬성했습니다. 일본은 3국의 외교부 장관들의 회담을 건의했고 한국도 인적 교류 강화를 건의했는데 우리도 찬성을 표했습니다. 내년은 중한 수교 10주년이 되고, 중일 수교 30주년이 되기 때문에 우리는 작년에 우호교류의 해를 정하기로 결정했고, 인적 상호교류와 3국의 문화 · 예술 · 관광 활동은 이미 전개되기 시작했습니다. 내년에 있을 이와 같은 활동은 한중일 3국의 국민들이 자손 대대로 우호를 촉진하고 정서적으로 친근해지도록 하는 것입니다. 또 가장 큰 곤란을 겪고 있는 3국의 관광과 민항 이 두 업계의 발전을 촉진할 수 있어 모두 이익이 됩니다.

기자 : 한국 측에서는 중국이 '복' 이 많지만 이 '복' 을 그들과 나누지 않는다고 합니다. 총리께서는 한중 양국이 어떻게 협력할 수 있다고 생각하십니까?

주룽지 : 기자님은 그 말을 어떻게 들었습니까? 제가 김대중 대통령에게 중국이 올해 특히 '복' 이 많다고 하자 김대중 대통령은 그 '복' 을 좀 나누어 달라고 하셨습니다. 이 말은 우리에게 엑스포가 한국 여수에서 개최되도록 지지해달라는 뜻

입니다.

기자 : 현재 역내 경제에서 중국은 비교적 특출납니다. 다른 경제체는 중국에 어떤 기대가 있는지요? 압박을 느끼시는지요? 어떤 경제체는 중국이 이렇게 해주기를 희망하고, 어떤 경제체는 중국이 저렇게 도와주기를 바라니까요.

주룽지 : 저는 어떤 압박도 없다고 생각합니다. 가장 중요한 것은 중국 경제입니다. 중국 경제가 잘 풀려야 다른 국가에 공헌도 할 수 있고 그들의 번영과 안정 유지에도 도움이 됩니다. 중국 경제를 잘 살려야만 외국과 교류할 수 있는 능력이 생깁니다. 한국은 우리에게 CDMA 제품을 팔려고 하는데 중국 경제가 좋으면 많이 살 수 있습니다. 한국 제품을 더욱 많이 살 수 있습니다. 안 그렇습니까? 중국 경제가 좋으면 관광도 확대되고 각 방면의 교류도 훨씬 더 잘할 수 있습니다. 그래서 저는 전심전력으로 중국 경제를 잘 하고자 하며 이것이 바로 역내 경제에 대한 지지입니다.

기자 : '9·11' 사건이 중국에 주는 악영향이 아직까지는 나타나지 않았습니까?

주룽지 : 중요한 것은 수출 방면인데 지금 막 그 꼭지가 보이고 있으며 확실한 영향은 내년에 있을 겁니다.

기자 : 그럼 어떻게 하실 건가요?

주룽지 : 저를 믿어보십시오. 여하간 방법이 있을 겁니다.

기자 : 가장 중요한 방법은 어떤 면에서 찾을 수 있을까요?

주룽지 : 내수 확장입니다. 국내의 수요를 확대하여 국민경제의 발전을 향상시켜야 합니다. 또 다른 하나는 중국은 지금 세계에서 가장 안전하고도 가장 안정적인 투자처입니다. 금년 1월에서 9월까지 직접적인 외국 투자는 작년 동기 대비 20% 이상 성장했는데 내년에는 점점 더 증가할 것이라고 믿습니다. 이 방면에서 일부분 수출 감소의 영향을 막을 수 있습니다. 우리는 역시 낙관적입니다.

(2001년 11월 5일 오후, 인터내셔널 컨벤션센터의 '아세안+3' 회의가 끝난 후의 인터뷰)

기자 : 총리님, 오늘 회의 시간은 몹시 길더군요. 시간을 초과했습니다.

주룽지 : 원래는 한중일 지도자 한 사람이 한 시간씩 이야기하기로 했는데 제가 두 시간이나 써버리는 바람에 다른 분의 시간을 그만 '침략' 해버리고 말았습니다.

기자 : 무슨 성과가 있습니까?

주룽지 : 성과가 아주 좋습니다. 내가 제기한 의견 모두가 받아들여졌어요. 중국 아세안 자유무역지대 참가를 모두 만장일치로 찬성했습니다.

기자 : 언제 협정에 서명하게 됩니까?

주룽지 : 회담의 의장인 브루나이 국왕은 이미 고위급 관료에게 의견을 교환하도록 지시를 했습니다.

기자 : 자유무역 방면에서는 중국이 아세안 국가에 어떤 승낙을 하셨는지요?

주룽지 : 그 승낙의 이름이 바로 자유무역지대입니다. 어떻게 완전한 무역 자유에 도달할 수 있겠습니까? 저는 이것은 단계적 과정이며 협의가 있을 것이라 믿습니다.

기자 : 라오스 등 제3국에 제공하는 10년 관세특혜 우대가 그 첫걸음인가요?

주룽지 : 그렇습니다. 중국은 아세안 국가 중 저개발국가에 최고의 관세 특혜 대우를 제공할 것입니다.

기자 : 이렇게 하면 중국–아세안 자유무역지대 건립 목표는 10년 이내에 실현가능한지요?

주룽지 : 우리가 정한 목표는 10년 이내입니다. 5년~10년까지로 아무튼 10년 이내입니다.

기자 : 중국–아세안 자유무역지대가 만일 정말 건설이 된다면 바로 전 세계 제3의 최대 자유무역지대가 되는데 이는 무엇을 의미하는 것일까요?

주룽지 : 그 의미는 바로 세계 제3의 최대 자유무역지대라는 데 있습니다.

(2001년 11월 5일 오후, 인터내셔널 컨벤션센터에서 '아세안+3' 회의 참석 후 인터뷰)

기자 : 중국과 태국의 화폐 상호 교환 협의 내용은 어떤 것인가요? 양국 화폐는 자유태환이 가능합니까?

주룽지 : 자유태환이 아니라 한쪽에서 만일 필요할 때, 예를 들면 외화가 단기간 부족할 때에 본국의 화폐로 상대방의 화폐를 태환할 수 있습니다. 태국은 바트로 위안화를 교환할 수 있습니다. 만일 우리가 필요하다면 역시 위안화를 태국으로 가지고 가서 외화로 바꿀 수 있습니다. 물론 우리는 외화가 상당히 많기 때문에 이런 조치가 필요하지 않습니다. 외환 보유고가 이미 2,000억 달러를 넘었습니다. 즉 만일 태국이 지불곤란이 생기면 이 조치가 필요하겠지만 그것은 우리가 태국에 빌려주는 것이나 다름없고, 장래에 우리에게 갚아야 합니다.

기자 : 다른 국가와는 어떻게 됩니까?

주룽지 : 우리는 지금 이미 태국과 협의를 체결했고 호환 한도액은 20억 달러입니다. 한국과도 역시 20억 달러의 호환 한도액을 기본적으로 체결했고, 일본과도 30억 달러의 호환 한도액을 체결했습니다. 다른 국가가 필요하다면 그 국가들과도 이런 협정을 체결할 것입니다. 이는 지난번 태국의 치앙마이에서 개최한 회의에서 발기한 것으로 즉 화폐의 상호 교환을 말합니다.

기자 : 금년 5월 태국 방문 시 기본적으로 달성한 것입니까?

주룽지 : 기본적으로 달성했고 태국 정부도 이미 비준했습니다. 지금 의회의 최후 비준만 남겨놓고 있습니다.

기자 : 이후의 위기에 대비하기 위해서입니까?

주룽지 : 이후 부딪힐지도 모르는 화폐위기에 대비하기 위한 것입니다. 국제수지에서 불평등이 발생할 수도 있으므로 이런 위험을 대비하는 것입니다. 어쩌면 아예 불필요할지도 모르죠. 모두가 이런 위험을 만나지 않으면 불필요합니다.

기자 : 자유무역지대 문제에 관해 말씀을 하셨나요? 모두의 관점은 어떤가요?

주룽지: 이 문제는 오늘의 '아세안+3' 정상회담에서 거론하지 않았으며 장관급 회의에서 다룰 것입니다. 일부 지도자는 발언 속에 이 문제를 언급했지만 진일보된 토론은 전개되지 않았습니다.

기자: 보아하니 이 문제는 2002년 새해 이전에는 어떤 결과도 없을 듯합니다.

주룽지: 아세안 내부 무역자유화 실행에는 이미 스케줄이 마련되어 있으며 그들 스스로 아주 빠르게 실행할 것입니다. 중국은 아세안 지역과 무역자유화를 실현할 것이며 이는 우리가 결정합니다. 중국이 동의하지 않으면 실행 불가능합니다. 중국이 동의하면 아세안은 환영할 것이고 아무 문제도 없게 됩니다.

기자: 오늘 협의를 달성하실 수 있겠습니까?

2001년 11월 6일, 주룽지 총리는 브루나이 황궁에서 볼키아 국왕을 회견했다.

주룽지 : 내일의 '아세안+1' 회의에서 아마도 이 문제에 대해 토론할 것으로 봅니다.

(2001년 11월 5일 저녁, 인터내셔널 컨벤션센터 주회의실에서 볼키아 브루나이 국왕이 주최한 만찬 전 인터뷰)

기자 : 중국이 WTO에 가입하는 날 총리님의 심정은 어떨까요? 기대가 되시죠?

주룽지 : 그들이 말한 것은 10일이지요.[1]

기자 : 10일 저녁요?

주룽지 : 그들이 그렇게 말했습니다.

기자 : 축하 활동이 있겠지요?

주룽지 : 아무래도 상관 없습니다. 가입하면 좋지만 그에 수반되는 문제가 아주 많아서 머리가 아픕니다.

기자 : WTO 가입을 위해 검은 머리가 흰머리가 되시도록 15년 간 담판하셨는데 어떤 느낌이신지요?

주룽지 : 그건 제가 한 것만은 아닙니다. 교섭을 한 사람들이 검은 머리가 흰머리가 되도록 담판했지요.

기자 : 이제 완성되었는데 어떤 느낌이십니까?

주룽지 : 이익도 있고 폐단도 있기 때문에 제 느낌은 그저 그렇다고 일관되게 말해왔습니다. 우리 스스로 노력하고 잘 처리해야만 이익이 폐단보다 크게 됩니다. 만일 잘 처리하지 못하면 폐단이 이익보다 크기 때문에 특별히 기쁠 만한 일은 아닙니다. 기쁜 점을 말한다면 마침내 우리의 평등 권리를 실현했다는 것입니다. 이렇게 큰 중국이라는 국가가 어떻게 WTO에서 배제되었는지 모를 일입니다. 우리

---

1) 2001년 11월 10일 오후, WTO 제4기 장관회의가 카타르 수도 도하에서 열렸다. 전체협상 일치의 방식으로 중국의 WTO 가입 결정을 심의 통과시켰다.

는 참가할 권리가 있습니다.

기자 : 중국인으로서 마땅히 기뻐할 큰 일이라고 생각합니다.

주룽지 : 물론 그렇습니다. 모두가 기쁘지만 저 혼자서 기쁘지 않습니다.

기자 : 어째서 총리님 혼자서 기쁘지 않습니까?

주룽지 : 저는 골치가 아파요.

기자 : 지금 가장 큰 걱정거리는 무엇인가요?

주룽지 : 가장 큰 문제는 농업입니다. 공업 경쟁이라면 큰 문제가 없습니다. 서비스 업종도 그다지 걱정이 없습니다. 중국은 현대적 의미의 서비스업이 결여되어 있으므로 선진국이 진입한다 한들 누구를 무너뜨리겠습니까? 아무도 무너지지 않습니다. 내가 가장 걱정하는 것은 농업입니다. 선진국의 농업은 현대화 생산이라서 코스트가 중국보다 낮고 가격도 중국보다 훨씬 낮아서 만일 외국에서 대량으로 중국에 농산품을 덤핑으로 판다면 중국 농민 수입의 감소를 가져올 것입니다. 이것이 중국의 최대 문제입니다. 그러니까 내가 기쁘지 않다고 말한 것은 조금 과장된 표현이고 걱정이 되는 것입니다. 혹 기분이 좋지 않다고 말하지 말라면 걱정된다고 하겠습니다. 무엇이 걱정이냐면 바로 농업입니다.

기자 : 자신이 없으신가요?

주룽지 : 만일 해결할 자신이 없었다면 우리는 가입하지도 않았습니다. 그러나 머리는 아주 아프죠. 이 문제는 해결이 쉽지 않습니다.

(2001년 11월 6일 오전, '아세안+1' 회의 전 인터뷰)

기자 : '아세안+1' 회의석상에서 철로 문제를 말씀하실 건지요? 싱가포르에서 쿤밍昆明까지의 철로 말입니다.

주룽지 : 거론할 것입니다. 틀림없이 거론할 것입니다.

기자 : 중국-아세안 자유무역지대를 건립하는 문제에 관해 오늘 결과가 있을까요?

주룽지 : 결과가 있을 거라 생각합니다. 아세안 내부 토론에서 이미 동의를 표했다고 들었습니다.

기자 : 지금 일본과 한국도 아세안과 자유무역지대를 건립하려고 하나요?

주룽지 : 아세안은 지금 아직 두 나라와 논의를 시작하지 않았지만 논의는 준비 중입니다.

(2001년 11월 6일 오전, 인터내셔널 컨벤션센터에서 '아세안+1' 회의 참석 후 인터뷰)

기자 : 중국 - 아세안 자유무역지대를 건립하면 무슨 이익이 있습니까?

주룽지 : 쌍방에 모두 이익이 있지요. 제품의 유통을 촉진할 수 있고 관세장벽과 다른 방면의 장벽을 제거할 수 있습니다.

중국은 이 조치를 통하여 수출을 증가시킬 생각은 조금도 없으며 우리는 상호 협력에 찬성합니다. 마하티르 총리가 오늘 좋은 말씀을 하셨습니다. 친구가 잘되어야만 우리도 좋고, 우리가 잘되면 친구를 잊어서는 안 됩니다. 이것이 바로 우리의 원칙입니다.

기자 : 대륙의 주식시장은 계속 정돈하실 겁니까?

주룽지 : 증권시장 자체가 건전하지 않다면 외자 유치 이후 위험이 커집니다. 이점에 있어 우리는 아직 자신이 없어 현재 온 힘을 기울여 정돈하고 있는 것입니다.

기자 : 정돈이 두렵지 않으십니까? 주식시장이 '죽음'일 텐데요.

주룽지 : 정돈을 하면 할수록 정부의 감독 관리를 강화하겠다는 결심이 서고 개인 투자자가 주식시장에 대해 더욱 믿음을 갖게 됩니다.

기자 : 그렇다면 차스닥은 어떻습니까?

주룽지 : A주 시장이 아직 정돈되지 않았는데 무턱대고 차스닥을 개설할 경우 거래소 시장의 몇몇 착오와 약점이 재현될까 걱정입니다. 그래서 우리는 거래소 시장 정돈이 잘 되어 차스닥에 좋은 조건을 만들어주길 희망합니다. 차스닥 시장 건

설에 있어 우리는 홍콩을 포함한 세계 각국의 경험을 흡수할 것입니다. 그중에는 실패한 경험도 아주 많습니다만 우리는 그들의 경험을 모두 흡수할 것입니다.

기자 : 총리께서는 현재 홍콩의 GEM 발전상의 문제가 외화 관리제도 문제라고 보십니까?

주룽지 : 이는 기자께서 어제 말한 '북수남조北水南調'(원래의 뜻은 북쪽의 풍부한 물을 남쪽으로 조달하는 것:역주)의 문제지 중국 증권감독회가 홍콩 측과 많은 소통을 하지 않아서가 아닙니다. 그들끼리 의논하도록 합시다.

방글라데시에서
중국 - 방글라데시 협력에 관한 인터뷰*
(2002년 1월 11일~12일)

(2002년 1월 11일 오후, 다카 총리공관에서 갈레다 지아 방글라데시 총리가 주최한 공식회담 참석 전 인터뷰)

기자 : 이번 방글라데시의 방문에 대해서 말씀해주십시오.

주룽지 : 이번의 방문 목적은 방글라데시와 양국 관계를 강화하는 것만이 아니고 지역의 경제발전을 촉진하고, 지역의 평화를 안정화하기 위해 저의 역량을 다하기 위해서입니다.

기자에게 탄복하고 있는데 아프카니스탄에 갔었다구요?

기자 : 그렇습니다.

주룽지 : 정말 대단합니다.

기자 : 감사합니다. 중국이 곧 방글라데시와 〈방콕협정〉[1]의 구체적인 사항과 관련된 협의에 체결한다고 알고 있습니다. 이는 WTO의 유관 규정에 위배되는 것은 아닌지요?

---

* 베굼 칼레다 지아Begum Khaleda Zia 방글라데시 총리의 초청으로 주룽지 총리는 2002년 1월 11일에서 13일까지 방글라데시를 공식방문했다. 주룽지 총리는 방문 기간 중 양국 협력문제에 관해 홍콩기자와 인터뷰했다.

1) 방콕협정 : 1975년 7월, 한국·인도·스리랑카·방글라데시·라오스·필리핀·태국이 방콕에서 〈아시아 태평양 경제사회 개발도상국 위원회 간의 무역 담판 제일 협정〉을 체결했는데 이를 통칭 〈방콕협정〉이라고 한다. 이것은 UN의 아시아·태평양 경제와 사회 이사회의 주재하에 아시아 개도국이 이루어낸 특혜 무역협정이다. 현재 6개 회원국은 한국·스리랑카·방글라데시·인도·라오스와 중국이다. 중국은 2001년 5월 23일에 정식으로 〈방콕협정〉 회원국이 되었으며 2002년 1월 1일부터 이 협정을 시행하고 있다.

2002년 1월 11일, 주룽지 총리는 다카 총리 공관에서 갈레다 지아 총리와 회담했다. (사진=신화사 라오아이민 기자)

주룽지 : 우리의 협의 체결은 자연히 WTO의 규정에 부합하는 것입니다. 물론 우리도 지역적 안배가 있고, '일국양제' 등도 있지만 역시 WTO 원칙에 부합됩니다.

(2002년 1월 12일 오전, 중국이 건설을 지원하고 주관한 '방글라데시 - 중국 우호회의 센터'의 인수인계식 후 인터뷰)

기자 : 최근 엔화 절하에 대해 어떤 견해를 갖고 계신지요?

주룽지 : 말을 아끼고 싶군요. 고이즈미 총리는 지금 아세안 5개국을 방문하고 있습니다. 나도 한 나라의 총리로서 말이 너무 많은 것은 좋지 않다고 생각합니다.

기자 : 일본은 줄곧 엔화 절하를 승낙하려고 하지 않습니다. 비록 일본이 아시아국가(태국·싱가포르 같은)와 협의를 체결했더라도 더욱 많이 참여하기를 희망하고 있습니다. 그러나 엔화가 전체 아시아에 미치는 영향은 크지 않은 것 같지요?

주룽지 : 고이즈미 총리가 이번 동남아 국가들을 방문해 이들 국가의 의견을 듣게 되면 많은 도움이, 어드밴티지가 있을 겁니다. 고이즈미 총리는 일본 산업구조 조정에 관해 큰 결심을 하고 있는데 그분이 성공할 수 있기를 바랍니다.

기자 : 다른 주변 국가의 화폐도 엔화를 따라 절하하고 있습니다. 중국은 이런 상황하에서 어떻게 하실 건지요?

주룽지 : 지금 이미 몇몇 국가들은 하는 수 없이 일본을 따라 절하하고 있습니다. 중국은 최대한 이 곤란을 극복할 것이며 위안화의 화폐가치는 안정을 유지할 것입니다.

(2002년 1월 12일 오후, 갈레다 지아 방글라데시 총리와 공식회담 후의 인터뷰)

기자 : 엔화 절하가 중국의 위안화에 영향을 줄까요?

주룽지 : 당연히 영향을 가져올 것입니다. 아시아 금융 전체가 영향을 받을 것입니다.

기자 : 1997년처럼 위안화를 지속적으로 평가절하하지 않으면 전체 아시아에 안정을 가져올까요? 현재의 상황하에서 중국의 화폐 상황은 어떻게 될까요?

주룽지 : 중국은 줄곧 위안화를 평가절하하지 않겠다는 방침을 견지했습니다. 그러나 현재 일본의 엔화가 절하된 상황은 아시아 금융에 불리하고 우리에게도 커다란 압박을 주고 있습니다.

기자 : 수출 방면에는 어떤 영향이 있을까요? 중국은 이미 위안화 평가절하를 하지 않은 대가를 크게 지불하고 있습니다.

주룽지 : 일본 정부는 이 문제와 아시아 국가의 반응에 주의를 기울이길 희망합니다.

기자 : 중국 정부는 어떤 조치를 실시하나요?

주룽지 : 이 조치는 일본 정부가 취해야 합니다. 어떤 국가는 아무런 반응이 없

고, 어떤 국가는 반응이 있기 때문에 따라서 함께 평가절하되는 것입니다. 중국은 그렇게 하지 않습니다.

기자 : 이런 국면에서는 어느 누구도 승자가 될 수 없다고 모두들 말합니다.

주룽지 : 물론 승자가 될 수 없습니다. 이런 평가절하는 일본의 경제에 무슨 커다란 촉진 역할을 하는 것도 아닙니다.

인도에서 중국 – 인도 관계에 관한 인터뷰[*]

(2002년 1월 14일~18일)

(2002년 1월 14일 오후, 숙소인 뉴델리 타지마할궁 호텔에서의 인터뷰)

기자 : 보도에 의하면 총리께서 이번에 예정대로 인도를 방문한 것은 중국이 지역 안보에 책임을 지겠다는 의지를 표현하는 거라고 합니다. 이번 방문을 어떻게 보십니까?

주룽지 : 저는 인도 방문을 일찍이 결정했었고, 원래는 작년 11월에 방문했어야 하는데 국내 사정상 좀 늦어지게 되었습니다.

기자 : 미국의 '9·11' 테러 사건 발생 및 인도와 파키스탄 간 긴장국면 때문에 이번 방문에 변화가 있을까 모두들 걱정했습니다. 총리께서는 어떤 각도에서 이번 예정된 방문의 출발점과 목적을 고려하셨나요?

주룽지 : 우리가 방문 일정을 상의할 때에는 '9·11' 테러 발생 전이었습니다. '9·11' 테러가 발생했다해서 오지 않을 수는 없습니다.

기자 : 홍콩은 대륙의 빠른 발전 속도가 홍콩의 발전에 어드밴티지가 있다고 봅니다. 총리께서는 대륙의 금년 상황이 작년보다 좋지 않다고 보시는데 이것이 홍콩에 어떤 영향이 있을까요? 홍콩은 상황이 좋아질까요?

주룽지 : 홍콩은 분명 작년보다 좋아집니다. 대륙은 단지 성장률이 좀 낮아지는

＊ 주룽지 총리는 아탈 비하리 바즈파이Atal Bihari Vajpayee 인도 총리의 초청으로 2002년 1월 13일에서 18일까지 인도를 공식 방문했다. 주룽지 총리는 방문 중 중-인 관계에 관해 홍콩 기자와 인터뷰했다.

것뿐입니다. 예를 들면 작년에 7.3%였고, 금년은 7%, 어쩌면 7.1%나 6.9%가 될지도 모르겠습니다. 모두 가능성이 있지만, 그러나 총체적으로 볼 때 대륙의 성장은 홍콩에 어드밴티지를 주면 주었지 나쁜 점은 없습니다.

기자 : 홍콩은 실업율이 비교적 높아서 많은 홍콩인들은 중국으로 가서 발전하고 싶어합니다. 총리께서는 이런 방식을 어떻게 생각하십니까?

2002년 1월 14일, 주룽지 총리는 바즈파이 인도 총리 관저에서 거행된 환영식에 참석했다 (사진=신화사 란훙광 기자)

주룽지: 이 문제에 대해선 이미 답변을 했습니다. 중국의 실업률은 홍콩보다 더욱 높다는 것을 말씀드립니다.

기자: 만일 중국 경제 성장이 둔화된다면 홍콩에 어떤 영향을 줄까요?

주룽지: 7%의 속도는 둔화된 것이 아닙니다. 전 세계에서 가장 높습니다.

기자: 홍콩 공무원의 월급은 모두 삭감했습니다. 홍콩은 이 문제에 어떻게 대처해야 된다고 보십니까?

주룽지: 월급을 삭감할지 안 할지는 지금 검토 중이지 않나요? 내가 알기로는 그렇습니다.

기자: 홍콩특구정부가 지금 검토 중입니다. 총리께서는 삭감해야 한다고 보십니까? 아니면 현상을 유지해야 된다고 보십니까?

주룽지: 이는 홍콩 내부의 사무입니다. 난 이 문제를 연구해본 적이 없습니다.

(2002년 1월 15일 오전, 숙소인 뉴델리의 타지마할궁 호텔에서 중국주재 인도대사 직원들을 접견한 후 인터뷰)

기자: 올해 중국의 경제 성장 상황은 어떻습니까?

주룽지: 금년 중국이 7.3%의 경제성장률을 달성하는데는 어려움이 있을 듯합니다. 그러나 우리는 온 힘을 다하여 7%에 도달하고자 합니다. 진력을 다하여 이를 달성할 것입니다.

기자: 어떤 면에서 곤란함이 있나요?

주룽지: 수출이 곤란한 문제일 뿐 다른 어떤 곤란도 없습니다. 많은 외신 보도는 모두 정확하지 않습니다. 그들은 늘 중국이 나쁘게 되기만을 희망합니다. 그렇게 나쁜 상황은 아니잖아요? 곤란은 바로 선진국들의 경제 쇠퇴로 인해 대중對中 수입이 감소하는 것이며 그들 또한 여러 가지 수단을 취하여 우리 제품의 수출을 제한하는 것입니다. 우리는 수출의 갭을 국내의 수요를 이용해 메우려 하는데, 이렇

게 보충하려면 분명히 곤란이 있지 않겠습니까? 그래서 작년처럼 그렇게 높은 수준을 달성하는 데는 분명히 어려움이 있습니다.

기자 : 중국은 수출시장 확대 전략을 택하실 겁니까?

주룽지 : 수출시장의 다원화를 실행하려면 대對 러시아 수출을 증가해야 하고, 대 인도 수출을 증가해야 합니다. '계란'을 모두 미국 · 유럽 · 일본이라는 하나의 '바구니'에만 담을 수는 없습니다.

기자 : 미국 경제는 언제쯤 회복된다고 보십니까?

주룽지 : 그들 자신도 분명하게 말을 못 하고 있는데 내가 어찌 말할 수 있겠습니까?

(2002년 1월 16일 오전, 숙소인 뭄바이 오베로이 호텔에서의 인터뷰)

기자 : 금융 방면에서는 국영은행이 금년 업무의 중점이 될 수 있나요?

주룽지 : 그렇습니다. 우리는 올해 국영 상업은행 정돈을 강화할 것입니다.

기자 : 어째서 입니까?

주룽지 : 2월에 아마도 회의가 있을 겁니다. 왜냐구요? 금융 시스템은 아주 중요하기 때문이죠. 일본 경제 쇠퇴는 일본 은행 시스템이 문제를 갖고 있기 때문입니다. 우리는 이런 교훈을 받아들여 은행 업무를 몹시 중시하고 있습니다.

기자 : 보도에 의하면 은행에 인사이동이 있을 것이라고 하는데 이렇게 되면 중국은행에 대한 외부의 믿음이 없어지는 것이 아닌가요?

주룽지 : 어떻게 그럴 수 있나요? 은행 인사는 늘 변동이 있는 것이고 외국은행 역시 늘 인사이동이 있습니다. 인사이동은 조금도 이상하지 않습니다.

기자 : 과거 몇 년 간 중국은 모두 적극적인 재정정책으로 경제를 끌어올리느라 적자를 면치 못했는데 이는 중국의 경제 기초에 영향을 주지 않습니까?

주룽지 : 많은 국가는 모두 적자가 있으며 미국은 지금도 적자가 있습니다. 관건

은 적자의 규모가 얼마나 큰가에 있습니다. 현재 우리의 적자 규모는 세계적으로 공인된 억제선에서 아주 멀리 떨어져 있습니다. 문제 없습니다.

기자 : 홍콩의 적자 문제는 지금 심각한데 특구정부는 어떤 해결 방법이 있다고 보십니까?

주룽지 : 제가 보기에 홍콩의 적자는 그다지 심각한 편이라고 할 수 없습니다.

기자 : 금년에 중국 공무원은 월급이 오른다고 하는데 재정에 어떤 압박을 주지는 않을까요?

주룽지 : 중국의 경상수지는 균형을 이루고 있습니다. 지금 우리가 발행하는 국채는 모두 건설적인 국채며 주로 서부지역을 개발하기 위한 것입니다. 우리는 적자로 월급을 올리려는 것이 아니고 경상수입에 의지하는데 이 점은 긍정적입니다. 작년 재정수입은 거의 20% 증가했는데 이는 전 세계에서 극히 드문 일이라는 것을 기자분께서는 생각해보십시오.

기자 : 〈홍콩특별행정구 기본법〉 안에는 수입액에 따라 지출 한도를 정해야 하기 때문에 적자가 장기간 존재할 수 없다고 합니다. 현재 홍콩은 몇 년 간 적자가 지속되고 있는데 그렇다면 이는 〈홍콩특별행정구 기본법〉을 위반한 것이 아닌가요? 어떤 해결 방법이 있을까요?

주룽지 : 기자분이 말한 것처럼 그렇게 심각하지는 않아요. 적자가 생긴 것이 얼마되지 않았어요.

기자 : 과거 몇 년 간 모두 경상적자가 있었는데 구조적 적자인지 모르겠습니다. 앞으로 몇 년 간 만일 경제가 좋지 않아 적자가 발생한다면 〈홍콩특별행정구 기본법〉을 위반하는 것입니까?

주룽지 : 기자께서 이렇게 말하는 것은 모두 가설일 뿐입니다. 난 기자분이 말한 것처럼 그렇게 심각하지 않다고 봅니다. 난 홍콩의 상황을 그다지 잘 이해하지 못하지만 현재 홍콩 재정에 무슨 큰 문제는 없다고 여깁니다.

기자 : 400억 달러의 재정 비축이 있기 때문입니까?

주룽지 : 그것은 과거에 누적되어 온 것이 아닙니까?

기자 : 만일 홍콩이 적자가 있다면 어떻게 해결해야 한다고 보십니까?

주룽지 : 이것은 내가 해결할 필요가 없습니다. 특구정부가 이미 방법을 마련해서 해결하고 있을 겁니다.

(2002년 1월 17일 오전, 방갈로르 통신기술 단지 참관 시 인터뷰)

기자 : 인도에 대한 인상은 어떠신지요? 이곳의 소프트웨어 업계는 발달했나요?

주룽지 : 중국보다 앞서 있습니다.

기자 : 협력할 기회가 크다고 보시나요?

주룽지 : 그렇다고 봅니다. 중국은 소프트웨어 기술 분야에서 인도보다 낙후되었습니다. 인도의 소프트웨어 수출은 지금 전 세계에서 제일이며 인도에는 인재가 많습니다. 중국은 하드웨어 분야에서 이미 집적회로를 비롯한 하드웨어 생산 기술을 장악하고 있고, 전화 용량 역시 세계 제일입니다. 중국과 인도는 이 두 가지 면에서 상호 간에 결합하고 서로의 기술발전을 촉진한다면 양국 모두에게 이익이 될 것입니다.

기자 : 현재 중국 대륙과 홍콩은 많은 면에서 비슷합니다. 양쪽 모두 경제 변화의 시기를 거쳤는데 이로써 초래되는 실업과 인재 문제를 어떻게 해결하실 겁니까?

주룽지 : 폭넓게 인재를 영입해야 합니다. 중국은 교육 발전과 중국의 인재 양성을 매우 중시합니다. 중국 역시 많은 인재들이 전 세계로 나갔는데 그들 중 수많은 사람들이 지금 귀국을 준비하고 있습니다. 우리는 중국 건설에 참여하고자 하는 인재를 차별 없이 똑같이 영입하여 산업구조조정으로 발생한 인재의 수요를 충당할 것입니다.

기자 : 어떤 특혜 정책으로 해외 교포들을 중국으로 영입하실 겁니까?

주룽지 : 특혜정책은 우리가 기본적으로 그들에게 해외에서와 같은 생활 대우를 보장해주는 것입니다. 대우 문제만을 생각하는 것이 아닙니다. 중요한 것은 중국은 그들의 사업 발전을 보장해주고 비교적 좋은 생활 환경과 안정적인 생활환경을 제공하는 것입니다.

기자 : 경제구조 전환에 관한 문제입니다. 예를 들어 농업이 기술에 의존하게 되면 농민들은 실업자가 됩니다. 하이테크 사회 속에서 어떻게 하면 그들에게 일할 기회를 줄 수 있습니까?

주룽지 : 기자가 말하는 경제구조 전환은 즉 우리가 말하는 산업구조조정입니다. 중국의 농민 문제는 아주 큰 문제입니다. 현재 농민 역시 변하고 있습니다. 농민들도 재배 구조를 조정해 온통 곡식만을 재배하는 것이 아니고, 채소나 화훼를 심을 수도 있습니다. 연해지역에서 생산한 화훼는 심지어 네덜란드 시장까지 수출합니다. 동시에 농촌도 소도시로 발전하면 농민은 더욱 많은 살길이 생기고, 더욱 많은 출로가 있게 됩니다. 물론 이는 비교적 긴 과정이 필요합니다. 현재 농촌의 노동력은 풍부하므로 많은 농민들이 도시로 나가 일을 합니다. 도시에는 많은 일자리가 있는데 도시 사람들이 하기 싫어하는 일을 농촌 사람들이 합니다. 이는 마치 당신네 홍콩에서 모두 도우미 하기를 싫어하여 다른 곳에서 도우미를 청하는 것과 같습니다.

기자 : 기술 수준이 낮은 노동자는 일이 없는데 이는 경제구조 전환의 문제 때문입니다. 총리께서는 인재 교육과 양성이 가장 중요한 해결방법이라고 생각지 않으십니까?

주룽지 : 그렇습니다. 산업구조 조정의 수요에 적응하도록 대대적으로 인재를 양성해야 합니다. 그래서 우리는 교육을 매우 중시하고 있으며 교육 경비 비중 역시 매년 높이고 있습니다.

기자 : 홍콩특구정부는 항상 홍콩인은 북상하면 기회를 잡을 수 있다고 말하곤 합니다. 중국 대륙에서 창업할 수 있는 기회를 찾을 수 있겠습니까? 총리께서는 그들에게 어떤 충고를 해주시겠습니까? 대륙에서는 어떤 인재가 필요하신가요?

주룽지 : 나는 홍콩의 인재들이 중국 대륙에 오는 것을 가장 환영합니다. 저는 이미 적극적으로 증권업계에 4명을 청했고, 은행업계에도 요청할 준비가 되어 있습니다. 홍콩 사람들이 오는 것을 환영하지만 그들이 모두 원하는 자리를 찾을 수 있는지는 확실하지 않습니다. 각양각색의 수요가 있기 때문에 찾는 사람도 있고 찾지 못하는 사람도 있을 겁니다. 그러나 전체적으로 볼 때 환영합니다.

(2002년 1월 18일 오전, 방갈로르 공항에서의 인터뷰)

기자 : 중국은 금리 인하를 통해 소비를 촉진하나요?

주룽지 : 우리의 금리정책을 말씀하는 건가요? 지금 아직도 금리 인하의 여지가 있는데 인하할 것인지, 얼마를 인하할 것인지 검토 중입니다.

기자 : 어떻게 도시와 농촌 사람들에게 저금을 인출하여 효과적으로 소비를 촉진시킬 수 있을까요?

주룽지 : 중국인은 전통적인 습관이 있는데 저금은 할 망정 소비를 많이하는 것은 원하지 않습니다. 이런 습관은 현재 단계적으로 변화하고 있습니다. 예를 들면 여행이 있습니다. 근자에 휴일 여행은 몹시 빠르게 발전하고 있습니다. 말하자면 이제는 중국인에게 소비하는 습관이 생겼다는 것이지요. 그러나 저축액은 여전히 아주 많습니다. 우리가 지금 저축을 이용할 수 있는 좋은 방법은 국채 발행으로 은행에서 국채를 발행하는 것입니다. 은행이 예금을 백퍼센트 자체 대출하기는 그리 쉽지 않기 때문에 정부가 은행으로부터 예금을 빌리는 것입니다. 은행은 어드밴티지를 얻는 동시에 정부는 이 자금을 이용하여 인프라건설을 발전시킵니다.

기자 : 총리님, 예금액이 그렇게 빨리 증가하는 것은 시민들이 아직도 소비에 대한 확신이 없다는 것을 말하는 것이 아닌가요?

주룽지 : 확신이 없는 것이 아니라 소비 성장이 아직 저축 성장의 속도를 따르지 못하는 것입니다. 사실 소비 성장도 아주 빠르다고 할 수 있습니다. 지금 자동차를 구입하는 사람이 점점 많아지고 있지만 예금은 여전히 많이 있습니다. 그래서 금리를 조금만 내려도 소비를 촉진할 수 있으니 분명 좋은 방법이라고 말할 수는 있습니다. 우리는 아직 고려 중이며 결정된 것은 없습니다.

기자 : 홍콩은 어제 실업률이 6%를 초과했다고 발표했는데 일본이나 싱가포르보다도 더 높습니다. 홍콩인이 어떻게 불경기를 극복해야 된다고 보십니까?

주룽지 : 이 문제는 이곳에 오는 내내 여러 번 물었고 나는 이미 대답했습니다. 특구정부 독자적인 방법으로 이 문제를 해결할 것입니다. 내 의견을 발표할 필요

2002년 1월 18일, 주룽지는 인도 공식방문을 원만히 끝내고 인도 카나다카주의 주지사와 공항에서 작별 인사를 하고 있다 (사진=신화사 란훙광 기자)

가 없습니다.

　기자 : 홍콩에 어떤 격려의 말씀을 하실 겁니까?

　주룽지 : 나는 기자분의 질문에 대답할 때마다 매번 격려했습니다. 홍콩특구정부가 스스로 문제를 해결할 것입니다. 문제는 없습니다. 큰 문제가 없고 하늘도 무너져 내리지 않습니다.

　기자 : 감사합니다.

　주룽지 : 여러분에게 감사를 보냅니다. 여러분의 기자 정신은 참으로 경탄스럽습니다. 지속적인 노력을 부탁드립니다.

　기자 : 홍콩의 중국 반환 5주년 때에 총리께서는 홍콩에 오실 겁니까?

　주룽지 : 가고 싶습니다.

터키에서 중국 – 터키 경제무역에 관한 인터뷰[*]

(2002년 4월 15일~18일)

(2002년 4월 15일 오후, 숙소인 앙카라 쉐라톤 호텔에서의 인터뷰)

기자 : 오늘 중국국제항공사 항공기 한 대가 한국에서 의외의 사고(2002년 4월 15일, 경남 김해에서 129명의 사망자를 낸 중국 민항기 추락사고:역주)를 냈는데 이 사고로 국민들의 중국항공기에 대한 신뢰에 영향을 줄 것이 걱정되지 않으십니까?

주룽지 : 우리는 몹시 낙담하고 있습니다. 에어 차이나는 신중국 건립 이래 여지껏 추락한 적이 없습니다. 비행기가 어떻게 폭발했는지 우리는 아직도 잘 모르겠습니다. 우리는 그저 이 비행기에 155명의 승객과 11명의 승무원이 탑승했으며 생환된 사람은 겨우 십여 명밖에 안 된다는 것만 알고 있습니다.

기자 : 전문 조사팀을 구성하여 조사할 것입니까?

주룽지 : 반드시 그럴 것입니다. 저도 오늘 비행기에 오를 때 비로소 이 사건을 알게 되었으므로 상세한 사정은 아직 잘 모릅니다.

기자 : 항공 산업의 재편에 영향이 있을까요?

주룽지 : 그렇게 심각하지는 않겠지요. 물론 우리는 이러한 사태가 발생하는 것을 원하지 않지만 비행기 추락이 중국만 발생하는 것은 아니지 않습니까?

---

[*] 주룽지 총리는 터키 방문 기간 중국과 터키 무역관계 등에 관해 홍콩 기자와 인터뷰했다.

(2002년 4월 16일 오후, 숙소인 앙카라 쉐라톤 호텔에서 터키 주재 중국 대사관원들을 접견 후 인터뷰)

기자 : 현재 중국과 터키 간 무역적자가 비교적 큰데 그 문제를 어떤 방식으로 해결할 수 있다고 보십니까?

주룽지 : 적자가 크다고 보면 크지만, 적다고 보면 또 몇억 달러에 불과합니다. 터키 총리가 금년의 중국 – 터키 무역적자는 7억 4천 달러라고 했는데 우리가 계산해보면 겨우 4억여 달러입니다. 이는 그다지 큰 문제는 아닙니다. 가장 근본적인 문제는 터키에 합자 공장을 설립할 방법을 생각하여 터키와 EU의 관계를 이용하여 제품을 EU에 수출하는 것입니다. 이렇게 되면 '실크 로드'를 다시 유럽으로 연장하는 것으로 이는 중 – 터키 양국에 큰 이익이 된다고 생각합니다. 물론 제품 방면에서 우리도 방법을 생각하여 양국의 무역균형을 촉진해야 합니다. 이 방면에서 윤곽을 잡았을 것으로 생각합니다. 일부 수출입 관리 부문에서는 수입제품이 중국 시장에서 중국 기업을 무너뜨릴 것을 항상 두려워하는데 사실상 이런 기업이 있다면 마땅히 무너져야 합니다.

기자 : 총리님, 금년 중국 1분기 GDP는 7.9% 성장했습니까?

주룽지 : 7.5%입니다.

기자 : 방금 유럽의 일부 국가가 무역보호주의 정책을 채택했다고 하셨는데 그럼 1분기 재정수입 성장이 그다지 이상적이지 않은데 금년 중국 GDP 성장에 영향을 주는 겁니까?

주룽지 : 1분기의 재정수입이 예상보다 좀 낮은 이유는 관세가 내렸기 때문입니다. 관세가 3%포인트 인하되었다는 것은 대단한 일로써 이는 관세수입이 우리 재정수입의 중요한 부분이란 것을 확실하게 말합니다. 저는 금후 3분기 안에 다른 조치를 통하여 재정수입이 예상 목표에 도달할 것으로 믿습니다. WTO 가입 후 더욱 많은 외국 제품이 중국 시장에 진입했으며 특히 농산품이 그렇습니다. 이는 당연히 우리의 제품 수출에 이익이 됩니다. 경쟁이 있어야만 중국 경제발전의 수준이 향상됩니다. 그렇지 않고 수량만 생각하다가는 모두 가짜 위조품이 될 텐데

이는 사람을 해치는 것이 아닙니까?

기자 : EU는 중국 제품에 대해 반덤핑 조치를 취했습니다. 지금 중국은 WTO 회원입니다. WTO라는 메커니즘을 충분히 이용하여 이 문제를 해결할 방법은 무엇인지, 이 문제를 해결할 인재는 충분한지요?

주룽지 : 인재는 늘 충분치 않습니다. 우리는 지금 이 문제를 해결하기 위해 노력하고 있습니다. 작업을 통해 이 방면에서 EU의 태도가 점차 변하고 있습니다. 제 생각에 우리는 각종 수단을 이용할 수 있으며 WTO 메커니즘을 통하여 그들과 교섭을 하고 그들이 이런 제재를 취소하도록 해야 합니다. 이렇게 하지 않으면 "네가 나를 항상 제재하니 나도 너를 제재하겠다"는 상황이 벌어지게 됩니다.

(2002년 4월 18일 오전, 성 소피아박물관 참관 시 인터뷰)

기자 : 어제 중국 경제가 발전하려면 내수 확대를 해야 한다고 하셨는데 이는 적극적 재정정책이 진일보 조정된다는 것을 의미합니까?

주룽지 : 그런 뜻은 없습니다. 기자 양반은 늘 나의 말을 여러 가지 뜻으로 해석하는군요.

기자 : 어제 오전 샹화이청項懷誠 재정부장이 한 말을 아마도 재정조치가 상황에 따라 유동적으로 변할 수 있다는 뜻으로 이해했습니다.

주룽지 : 아닙니다. 전혀 그런 의미가 아닙니다. 우리는 지속적으로 적극적인 재정정책을 집행할 것이며 아마 일정 정도의 기간 동안 집행해야 할 것입니다. 만일 내수를 확대한다면 이와 동시에 '다추취打出去(해외 때리기라는 뜻:역주)'를 해야 합니다. 아, '다추취'가 아닙니다. 잘못 말했습니다. '쩌우추취走出去(해외진출)'입니다. 만일 '해외진출'을 못하고 내수에만 의지한다면 경제의 쾌속발전을 추진하기에는 부족합니다. 이는 현행 정책을 바꾸지 않는 동시에 '해외진출'을 해야 한다는 뜻입니다.

기자 : '해외진출'의 역량은 얼마나 됩니까?

주룽지 : 이 역량은 우리가 얼마나 크게 해야겠다고 결정할 수 있는 것이 아니라 우리가 얼마나 큰 경쟁력을 갖고 있는지에 따라 결정됩니다. 중국 경쟁력이 강화됨에 따라서 우리의 '해외진출'이 더욱 많아질 수도 있고, 우리 경쟁력이 약하다면 해외로 나갈 수가 없습니다. 그렇지 않습니까?

(2002년 4월 18일 오후, 보스포러스 해협 관람 시 인터뷰)

기자 : 세계경제는 조정 추세로 나아가고 있는데 총리께서는 어떻게 보시는지요? 만일 미국 경제가 호전된다면, 중국 경제 발전에 어떤 영향을 가져올는지요?

주룽지 : 미국 경제의 회복이나 상향조정은 우리 경제 발전에 커다란 어드밴티지가 있습니다. 우리가 작년에 금년 경제 환경을 예측할 때는 예측하기가 비교적 어려웠습니다. 지금 1분기의 상황에 근거해 볼 때 미국 경제의 회복과 세계경제의 호전으로 인해 중국 경제의 발전은 우리가 예상한 것보다 좋습니다.

기자 : 외부 요인이 호전되었기 때문에 금년의 경제 예측을 상향조정 하실 건가요?

주룽지 : 아닙니다. 아직 수많은 요소들이 분명하지 못하고, 각 방면의 예측도 확실하지 않습니다.

기자 : 만일 외부 요소들이 호전된다면 중국의 금년 수출에 어떤 이점이 있는지요?

주룽지 : 원래 제가 예측한 올해 중국의 수출은 제로성장입니다. 그러나 1분기의 상황으로 볼 때 우리의 수출입 총액은 대략 7~8% 증가할 것입니다.

기자 : 세계 국가들은 모두 금리 인상을 하고 있는데 반해 중국은 금리 인하를 통하여 내수를 자극하고 있습니다. 이는 중국의 앞으로의 금리에 어떤 영향을 가져다 줄 것인지요?

주룽지 : 지금 중국의 금리 정책이 변함 없는 이유는 안정이 비교적 좋다고 여기기 때문입니다. 현재 미국의 금리 정책 역시 변화하고 있습니다. 금리는 인상과 인하를 반복하고 있습니다. 우리의 상황은 미국과 완전히 다릅니다.

2002년 4월 18일 오후, 주룽지 총리 부부가 보스포러스 해협에서 포즈를 취했다. (사진=신화사 쥐펑 기자)

기자 : '해외진출'을 하려면 그 상대국은 먼저 터키나 이집트와 같은 국가가 됩니까?

주룽지 : 기자님의 말씀이 아주 정확합니다. 선진국 시장 진입은 무척 어렵습니다. 그들은 각종 제한과 기술적 장벽을 채택하고 하루종일 반덤핑이니, 오늘은 제품이 표준에 안 맞느니, 내일은 무슨 검사에 걸렸느니 하면서 태클을 걸기 때문에 진입이 용이하지 않습니다. 중국의 일부 제품은 아마도 개발도상국에 적합할 것입니다.

기자 : 어떤 사람은 총리님을 중국의 세일즈맨 같다고 표현하더군요.

주룽지 : 저는 말이죠, 중국의 제품을 팔 수만 있다면 무척 영광이라고 생각합니다. 그저 팔지 못할까봐 두려울 뿐입니다.

기자 : 하이난海南의 어떤 경제 포럼에서 제기된 문제입니다만, 홍콩달러는 위안화와 앞으로 연동될 것인지요? 고정환율제에서 벗어날 것인지요? 홍콩의 량진쑹梁錦松[1]은 만일 위안화가 자유태환이 될 수 없다면 지금은 아직 가장 적합한 시기는 아니라고 합니다. 중앙정부의 관점은 어떠신지요?

주룽지 : 홍콩이 실행하고 있는 것은 미국 달러와의 연동정책이고, 중국이 실행하는 것은 시장결정에 의해 관리되는 변동환율제입니다. 그러나 중국은 여전히 미국 달러를 중시하고 있으므로 미국 달러와 함께 갈 것입니다. 기본 상황은 바로 이렇습니다. 중국의 환율은 여전히 안정적이며 앞으로도 안정적일 것입니다.

기자 : 그렇다면 연동이 필요없다는 것입니까?

주룽지 : 연동할 필요가 없습니다.

기자 : 과거 몇 년 간 국영기업이 개혁하는 과정 중에서 수많은 노동자가 직장을 떠났는데 국가는 사회보장으로 그들의 생활을 안정시켰습니다. 홍콩이 오늘 공포한 실업률 7%는 역사상 가장 높은 수치입니다. 홍콩은 재정적자가 너무 커서 대량의 재정으로 사회보장을 할 수 없습니다. 이 진퇴양난 국면을 어떻게 해결해야 합니까?

주룽지 : 홍콩은 '강제적립금'이라고 하는 사회보장제도가 있습니다. 사회종합원조를 신청할 수 있지 않습니까? 종합원조잖아요. 그 역시 사회보장제도입니다.

기자 : 그러나 종합원조의 지출이 너무 크고, 실업률은 끊임없이 상승하는데 앞으로 몇 년 간 어떻게 이를 고정적 수준으로 유지할 수 있겠습니까?

주룽지 : 현대 국가라면 모두 사회보장제도를 수립합니다. 중국은 지난 몇 년 간 힘을 다하고, 막대한 재정력을 사용하여 사회보장제도를 수립했습니다. 마찬가지로 홍콩도 제가 아는 바로는 사회보장제도가 있습니다. 우리는 홍콩으로부터 이 제도를 배웠습니다. 과거 리예광李業廣[2]이 이 일을 담당하지 않았습니까? 어떻게 없다고 할 수 있습니까?

기자 : 현재 홍콩에서는 이렇게 높은 실업률이 모두 경제 조정 때문이라고 하는데 사실 중국 역시 같은 문제에 봉착해 있습니다. 총리께서는 이 두 곳이 협력 가능성이 있다고 보십니까? 상호해결될 수 있겠습니까?

주룽지 : 사회보장제도는 각 국가의 상황이 모두 다릅니다. 북유럽의 기준은 특

---

1) 량진쑹 : 당시 홍콩특별행정구 정부의 재정부장이었다.
2) 리예광 : 당시 홍콩 공익금회장이자 이사회 이사장이었다.

히 높은데 퇴직한 사람에 대한 대우가 심지어 재직한 사람보다 높습니다. 각 서방 국가의 상황 역시 다릅니다. 중국의 상황도 달라서 우리는 '세 가지 보장선'[3]을 통하여 이 사회보장제도를 수립했습니다. 홍콩의 사정은 홍콩의 상황에 근거하여 확정해야 합니다.

기자 : 인재 분야에서는 서로 보충이 가능한가요?

주룽지 : 중국은 현재 홍콩의 인재에게도 개방되어 있는데 우리는 특히 은행 · 보험 · 증권 방면의 인재가 필요합니다. 실재로 현재 중국 대륙에서 근무하는 홍콩 사람들도 적지 않습니다.

---

3) 세 가지 보장선(三條保障線) : 퇴직노동자의 기본생활보장 · 실업보장 · 도시주민의 최저생활보장을 말한다.

이집트에서 중국 경제상황 및
중국 기업의 '해외진출〔走出去〕' 전략에 관한 인터뷰*
(2002년 4월 20일~22일)

(2002년 4월 20일 오후, 카이로의 쉐라톤 호텔에서 이집트 주재 중국대사관 직원 접견 후 인터뷰)

기자 : 홍콩의 《이코노미스트》잡지에서 이미 전 세계 경제의 예측을 상향조절했는데 이는 사실 중국에 있어 아주 좋은 소식입니다. 중국은 금년의 경제성장 속도를 상향 조정할 작정이신지요? 소비자가 만일 금년 경제가 정부의 원래의 예측보다 더 좋을 것으로 예상하면 그들의 소비를 더욱 자극할 수 있을 겁니다.

주룽지 : 우리는 중국 경제성장의 예상치를 상향시킬 계획은 없습니다. 각 방면에서 세계경제가 회복되고 있고 회복 속도가 이전보다 더욱 낙관적이라 할지라도 우리는 다른 많은 요인들이 그다지 밝다고 보지 않습니다. 이 정도 속도 유지하기도 참 쉽지 않다고 여깁니다. 특히 재정수입 방면에서 WTO 가입 이후에 대폭적으로 관세가 낮아졌기 때문에 재정수입에 커다란 영향을 줍니다. 저는 성장률이 7%이건 7.5%이건 또는 8%이건 그다지 중시하지 않습니다. 제가 중시하는 것은 돈을 거두어들일 수 있느냐는 것입니다. 돈을 거두어들이지 못하면 속도는 모두 허구일 뿐입니다. 그래서 지금 저는 경제 예측을 상향조절할 계획이 전혀 없습니다.

기자 : 1분기 수입 상황이 나쁠 경우, 몇몇 외국기업은 설사 중앙정부가 WTO 규칙을 준수한다고 하더라도 지방에 가면 곧 문제가 생길 거라고 걱정하고 있습니다.

---

* 주룽지 총리는 이집트 방문기간 중 중국경제상황과 중국기업의 '해외진출'에 관해 홍콩 기자와 인터뷰했다.

2002년 4월 19일, 주룽지 총리 부부는 전용기 편으로 카이로 국제 공항에 도착하여 이집트 공식 방문을 시작했다. 왼쪽은 이집트 주재 중국대사 류샤오밍劉曉明이다. (사진=신화사 황징원黃敬文 기자)

주룽지 : 금년 1분기 재정수입 성장은 그다지 이상적이지 않으며 특히 관세는 작년 동기대비 전혀 증가하지 않고 오히려 감소했습니다. 그러나 이는 WTO 가입에 따르는 반드시 지불해야 하는 대가로, 그리 대수롭게 생각하지 않습니다. 우리는 기타 다른 경로를 통하여 재정수입을 증가시킬 수 있고 다른 한편으로는 수입을 증가시켜 감소된 수입 세수를 보완할 수 있습니다. 그밖에 중국의 금년 1분기 외자 유입이 작년 대비 20% 이상 증가했습니다. 이는 매우 좋은 현상으로 외국투자자들이 중국에 그래도 믿음이 있다는 것을 설명해주는 것입니다.

(2002년 4월 22일 오후, 샤름 엘 세이크Sharm el Sheikh에 승선하여 홍해를 관람하기 전 인터뷰)

기자 : 중국 기업이 '해외진출'할 때 만일 몇몇 개발도상국과 마주하여 그들의 산업구조 혹은 제품이 우리와 비슷하다면 무엇을 주의해야 할까요? 어떻게 자신의 경쟁력을 강화할 수 있습니까?

주룽지 : 지금 중국은 개발도상국과의 무역에서 곤란함을 겪고 있습니다. 즉 그들은 우리 시장에 적합한 제품이 없고 경쟁력도 없으므로 우리가 늘 수출이 많고 수입이 적어서 상대국에 적자가 생깁니다. 이런 문제는 단번에 해결할 수는 없는데 그들 국가에 우리 시장에 적합한 제품을 요구하기가 비교적 어렵기 때문입니다. 물론 이런 문제는 단계적으로 개선할 수 있습니다. 예를 들면 이집트라고 해서 우리에게 필요한 제품이 전혀 없지는 않습니다. 이곳의 오렌지는 무척 싸고도 맛있어서 중국에도 시장이 있을 거라고 확신합니다. 문제는 과거 우리의 수출입 공사가 이런 물품 수입에 주의를 기울이지 않았다는 점입니다. 이런 물품은 중국 내에 모두 있는데 뭐하러 수입하느냐고 생각했기 때문입니다. 사실 이곳의 품종은 중국 것보다 더 좋으므로 수입할 수 있습니다. 미국 캘리포니아에서 오렌지를 수입하고 있는 이상 당연히 이집트에서도 오렌지를 수입할 수 있습니다. 요컨대 무역을 활성화하고자 한다면 우리 시장에 적합한 상품을 찾을 수 있어야 합니다. 무역의 균형 있는 발전이 가장 큰 어려움입니다. 물론 좋은 방법이 있기는 합니다. 중국 기업이 개발도상국으로 가서 가공업을 하는 것입니다. 경쟁력 있는 우리의 주요 부품과 부속품을 이들 국가에 가지고 가서 조립 포장하면 이들 국가 국민의 취업을 도울 수도 있습니다. 그밖에 세금을 징수할 수도 있지요. 이들 국가의 시장을 통하여 다른 국가로 재수출할 수도 있으니 이는 아주 좋은 방법입니다. 문제는 어떤 개발도상국은 투자 환경이 좋지 않고 투자법이 없어 많은 업무가 규범화되지 않았다는 데에 있습니다. 중국의 기업가와 이런 사정을 논하면 고개를 절레절레 흔들며 가려고 하지 않습니다. 제가 채찍을 들고 뒤에서 재촉해도 안 됩니다. 이익의 메카니즘이 있어야 합니다. 그래서 개발도상국가와 우호적인 국가에 대해 우리가 투자 법률 법규를 완비하도록 돕는 것입니다. 이렇게 해야 우리는 비로소 '해외진출'을 할 수 있습니다. '해외 때리기'가 아닙니다. '해외 때리기'로 보도하면 안 됩니다. '해외 진출' 역시 쉽지 않은 일입니다.

기자 : 방금 우리는 여기서 파는 슬리퍼를 보았는데 가게 주인의 말이 중국에서 제조한 것으로 비교적 저렴하지만 품질은 그리 좋지 않다고 하며 이탈리아 제품을 사라고 했습니다. 중국 제품을 '해외진출' 시키려면 하나의 과정을 거쳐야 한다고 생각지는 않으십니까? 어떤 이집트 사람들은 중국이 만든 물건에 그다지 신뢰가 가지 않는다고 합니다. 총리께서는 어떻게 해야만 중국이 독자적 브랜드를 만드는데 초보적인 성공을 거둘 수 있다고 보십니까?

주룽지 : 중국은 일부 위조 제품 또한 '해외진출' 시키고 있습니다. 이에 대해서는 우리도 방법이 없어요. 이것들은 퇴출시켜야 마땅합니다. 내가 카이로에 있을 때 호텔에서 제공한 '아디다스' 상표의 슬리퍼를 보았어요. 이것은 미국 브랜드지 중국 브랜드가 아닙니다. 사실 나는 보자마자 중국에서 생산되었다는 것을 알았어요. 호텔 사람들도 중국에서 생산한 것이라고 말했습니다. 저는 중국 브랜드로 수출하는 상품을 본 적이 없어요. 대부분은 외국 브랜드를 달고 수출하고 있습니다. 제품의 품질이 좋지 않으면 시장이 없고 퇴출될 뿐입니다. 그러나 저는 우리의 수출품은 그래도 좋다고 믿습니다. 단계적으로 세계 시장의 수요에 적응할 것입니다. 나는 늘 이런 예를 들고 있지요. 터키에서도 이 예를 들었습니다. 작년에 내가 러시아에 갔을 때 러시아 총리는 그가 입고 있는 쟈켓은 미국에서 산 것인데 'made in China'라고 했어요. 품질이 아주 좋더군요. 그러나 그가 러시아에서 산 가죽 잠바도 중국에서 수출한 거지만 가짜 위조품이지요. 터키의 제품 품질만도 못해요. 그는 중국은 가장 좋은 제품은 미국과 유럽에 수출하고 러시아에는 모두 가짜만 보낸다고 결론 내렸습니다. 저는 전적으로 그런 것은 아니라고 했어요. 우리는 러시아와 국경무역을 하고 거기에 특혜조건이 있기 때문에 많은 가짜 위조 상품이 국경무역을 통해 나가 러시아 시장 안에 넘쳐나고 있다고 했습니다. 또 가장 좋은 방법은 러시아 사람들이 우리 중국에 와서 명품을 사고 신용있는 대기업의 상품을 구매해야만 이런 가짜 위조품의 국경무역 상품을 쫓아낼 수 있다고 말했습니다.

케냐에서 중국-케냐 협력과 환경보호에 관한 인터뷰*

(2002년 4월 24일~26일)

(2002년 4월 24일 오전, 나이로비궁에서 케냐 모이 대통령과 공식회담을 마친 후 인터뷰)

기자 : 총리님, 이번 회담은 무엇에 관한 것이었는지 말씀해 주실 수 있는지요? 또한 중국과 케냐의 협력 중점은 어디에 두고 있는지요?

주룽지 : 중국은 케냐의 건설을 돕고 있는데 모두 인프라 항목입니다. 도로건설과 기타 다른 방면입니다.

기자 : 몇몇 중국 하이테크 회사도 아프리카 시장 진입을 희망한다고 알고 있습니다.

주룽지 : 통신 문제에 관해 이야기를 나누었습니다. 통신 문제는 실행 가능성을 검토해야 합니다. 실행 가능성이 있는지 두고 봅시다.

기자 : 이런 국가에 대해 중국은 이전에 원조의 형식을 취했는데 지금은 어떻게 상호 이익을 도모합니까?

주룽지 : 지금 중국의 원조는, 예를 들면 케냐는 올해 식량 구입할 돈이 없어 우리가 일정한 자금을 제공하여 케냐의 식량 구매를 도왔습니다. 이는 원조라고 할 수 있습니다. 일반 항목에서는 차관에 특혜를 주는 방식입니다. 어떤 것은 무이자 차관입니다.

---

* 케냐정부의 초청으로 주룽지 총리는 2002년 4월 23일에서 26일까지 케냐를 공식 방문했다. 주룽지 총리는 케냐 방문 기간 중 중국 – 케냐의 협력과 환경보호 문제에 관해 홍콩기자와 인터뷰했다.

2002년 4월 24일, 주룽지 총리는 나이로비 국가궁에서 모이 케냐 대통령과 회견했다. (사진=신화사 쉬셴후이徐顯輝 기자)

기자 : 우리는 정책적 특혜차관은 제한적이라고 알고 있습니다. 어떻게 해야 확실하게 필요한 항목을 실질적으로 지원할 수 있습니까?

주룽지 : 중국 수출입은행은 케냐 회사와 교섭하고 있는데 실행 가능성 연구 비교를 진행하고 있습니다. 어느 항목을 지지할 수 있을지, 어느 항목이 상환능력이 없어 잠정적으로 지지할 수 없는지 등을 검토하고 있습니다. 여러분에게 소식 하나 드리죠. 우리는 이집트 샤름 엘 세이크 및 남 시나이 주지사와 회담하여 하이난성省과 남 시나이[1]가 우호를 맺기로 했고 하이난의 싼예시三業市와 샤름 엘 세이크시가 자

---

1) 남 시나이 : 이집트의 한 주州로 시나이 반도 남쪽에 있으며 면적은 약 3,314제곱킬로미터다.

매도시를 맺기로 했습니다. 양측은 관광 교류 분야의 경험을 할 수 있습니다.

(2002년 4월 24일 오후, 그랜드 리젠시 호텔에서 케냐 주재 중국대사관 직원들을 접견한 후 인터뷰)

기자 : 오늘의 《이코노미스트》잡지에서 홍콩의 마케팅 환경에 대해 평가했는데 아태지역에서는 1위에서 2위로 떨어졌고, 전 세계의 순위에서는 5위에서 6위로 떨어졌습니다.

주룽지 : 난 아직 그 자료를 보지 못했는데 어떻게 홍콩 지위 하락을 평가했는지 모르겠습니다. 저도 참 말하기 어렵군요.

기자 : 총리께서는 중국 대륙의 경제 자유화가 홍콩에 좋지 않은 영향을 조성할 것이라고 생각지 않으십니까?

주룽지 : 제 생각에는 홍콩의 발전과 중국 발전은 상부상조할 수 있으며 갈등은 없습니다. 그들의 논조에 의하면 중국 대륙이 발전하면 더욱 '자유화' 된다거나 혹은 대륙이 더 한층 전면적으로 발전하면 홍콩의 입지가 점점 작아지게 된다고 합니다. 저는 이런 관점에 동의하지 않습니다. 홍콩이 우세한 점은 역시 홍콩이 우세하므로 대륙이 아무리 우세하다 해도 홍콩을 따라잡기가 아주 어렵습니다. 홍콩은 자신의 우세를 이용해야 하며 자신의 특색으로 경제를 발전시켜야 합니다. 홍콩의 산업구조는 일정한 방향을 확정해야 하고 이 방향을 향해 노력해야 합니다. 중국 대륙이 빠르게 발전하면 홍콩 역시 빠르게 발전하지, 중국 대륙의 발전이 빠르기 때문에 홍콩 발전이 오히려 더디다고 할 수는 없다고 봅니다.

기자 : 이전에 어떤 홍콩인이 '북수남조'를 제기할 때 30억 위안은 너무 적어 도움이 되지 않는다고 했는데 이에 관해 어떻게 보십니까?

주룽지 : '북수남조' 에 관해서는 저는 뭘 조달하는지 줄곧 잘 모르겠습니다. 중국 대륙의 어떤 '물[水]' 을 홍콩으로 조달한다는 것인지요? 현금을 조달하는 것인지, 외환을 조달하는 것인지, 아니면 다른 어떤 것을 조달하는 것인지 잘 모르겠습니다. 그러나 우리에게 있기만 하다면 모두 조달할 수 있습니다. 단지 홍콩에

효과가 있고, 이익이 되는 것이라면 저는 무엇이든지 할 것입니다. 지금 구체적인 내용은 그다지 확실치 않지만 어떤 조달 방식이나 형식을 취하든 저는 지속적으로 토론하고 상의할 것입니다. 홍콩은 그렇게 조급해할 필요가 없다고 봅니다. 사람들이 이러쿵저러쿵하는 말을 듣지 마시고 스스로 발전하고 스스로 일정한 규율을 가지고 그 방향으로 노력하면 분명히 발전할 것입니다. 전반적인 대세가 이렇지 않겠습니까? 세계경제가 회복되고 중국 대륙 경제도 여전히 회복세를 유지할 수 있는데 홍콩 경제가 나가떨어진다고 하면 누구도 믿지 않을 겁니다.

(2002년 4월 25일 오전, 케냐 나쿠루 호수 국가공원 참관 시 인터뷰)

기자 : 우리는 이곳의 삼림자원보호가 어느 정도 잘 이루어진 것을 보았습니다. 지금 중국도 농경지를 삼림으로 되돌리기를 장려하고 있으며 이런 조치를 모두 지지하고 있습니다. 어떻게 도처에서 이를 감독하고 확실하게 실행되도록 추진하실 건지요?

2002년 4월 25일, 주룽지 총리 부부는 케냐 나쿠루 호수 국립공원을 참관했다. (사진=신화사 쥐펑 기자)

주룽지 : 사실 농간을 부리는 곳도 있지만 각급 정부에 맡겨 감독을 강화할 수 밖에 없습니다. 일부 문제가 발견되면 즉시 사람을 파견하여 조사합니다. 이 방법의 장점은 어디 있을까요? 장점은 우리가 농민에게 농경지를 숲으로 되돌리게 하는데 나무를 심었으면 그들에게 식량을 주고 식량을 줄 때는 농민들이 나무를 심었는지를 조사합니다.

기자 : 어떻게 하면 중국 민중에게 환경보호의 중요성을 인식시킬 수 있습니까?

주룽지 : 사람들은 지금 점점 환경보호의 중요성을 느끼고 있다고 봅니다. 특히 베이징에서 황사의 고충을 맛본 사람이라면 환경의 중요성을 체험하게 됩니다. 사실 우리가 보았듯이 이곳 산에도 중국처럼 '대자보大字報 밭'(협곡이나 가파른 산에 개간한 밭으로 그 모양이 마치 대자보가 벽에 붙어있는 것 같다 하여 붙여진 이름:역주)에 농작물을 심었더군요. 산 위의 나무를 몽땅 베어내고 작물을 심어 마치 '대자보' 같았습니다.

기자 : 환경은 상호 영향을 주고 받습니다. 광둥과 홍콩 두 지역의 공기가 서로 영향을 미치며 오염되었는데 광둥과 홍콩 두 곳이 어떻게 협력해야 좋은 환경을 만들 수 있다고 보십니까?

주룽지 : 우리는 환경보호 방면의 각종 회의 기구가 있습니다. 현재 홍콩과 환경보호 · 기상 방면의 협력에 있어서 안배를 하고 있지요. 그러나 도대체 대륙 쪽의 공기가 좋은지 홍콩의 공기가 좋은지 잘 모르겠습니다.

기자 : 서로 통하고 있겠지요.

주룽지 : 서로 통하는 경우 항상 좋은 쪽이 있으면 나쁜 쪽도 있는 법이죠.

기자 : 그렇다면 어떤 바람이 부는지를 봐야겠지요.

주룽지 : 아니, 아니, 아닙니다. 어느 쪽 공기의 질이 가장 좋은지를 봐야 합니다. 선전의 공기가 좋은가요? 아니면 홍콩의 공기가 좋은가요?

기자 : 지금은 아마 서로 상대 쪽이 좋지 않다고 할 것 같습니다.

주룽지 : 모두 개선이 필요합니다.

기자 : 지금 홍콩과 대륙은 모두 물류, 즉 화물의 유통을 강화하고자 하며 양측 정부는 그 중 복잡한 기술문제를 상의하고 있습니다. 총리께서는 양측 정부가 어떤 태도로 이 문제를 해결해야 한다고 보십니까?

주룽지 : 제가 보기에 양측은 역시 동식물검역 부문에서 인내심을 갖고 상의해야 할 것으로 봅니다. 어쨌든 양측의 목적이 모두 같기 때문에 방법을 찾을 수 있을 것입니다. 귀국하면 상황을 알아본 후에 담판을 가속화하도록 하겠습니다. 이러면 되겠습니까?

기자 : 대륙과 홍콩의 물류 강화는 홍콩과 화남 지역의 경제적 결합에 이로운 점이 있을까요?

주룽지 : 물론 이익이 있으며 가속화되기를 희망합니다. 홍콩에도 이롭고 대륙에도 이롭습니다.

기자 : WTO 가입 후 많은 법률 수정업무를 진행하고 있습니다. 중국 경제제체 개혁이 일정 정도에 이르면 적당한 정치체제 개혁이 있을 거라는 견해가 있습니다. 이런 정치체제 개혁을 어떻게 보십니까?

주룽지 : WTO 가입 후에 비로소 정치체제 개혁을 하는 것은 아닙니다. 정치체제 개혁은 줄곧 진행되어 왔으며 개혁은 필수불가결한 것입니다. 무엇이 정치제체 개혁입니까? 바로 민주 · 법제의 건설입니다. 이런 방면에서 우리는 줄곧 앞을 향해 달려 왔으며 많은 우여곡절을 겪었습니다. WTO 가입을 포함한 각종 변화에 따라 중국의 민주와 법제 건설은 한걸음 한걸음 미래를 향하여 전진할 것을 확신합니다.

기자 : 이번 터키 · 이집트 · 케냐 3국 방문을 총결산해 볼 때 무역 방면에서 가장 특출한 성과는 어떤 것이었습니까?

주룽지 : 우리는 이들 국가와의 양국 간 무역 수량에서 커다란 발전이 있었습니다. 다른 면으로 중국은 그들의 인프라 구축에 얼마 간의 원조를 제공했으며 또한 이들 국가의 채무를 탕감시켜 주었습니다. 양국 간 무역의 큰 문제는 바로 무역적

자입니다. 즉 이 세 나라가 수입하는 중국 제품은 많지만 중국이 수입하는 제품은 비교적 적습니다. 무역 균형을 어떻게 개선하느냐가 커다란 문제지요. 그래서 저는 이번에 이 3개국을 방문하여 일련의 조치를 채택하여 무역 불균형 상황을 개선하고자 했습니다. 즉 이들 국가에서 더욱 많은 상품을 구매하는 한편 우리의 기업가에게 '해외진출'을 하도록, 기업가들이 케냐에 와서 공장을 열도록 격려했습니다. 동시에 지속적으로 그들에게 인프라 구축을 포함한 원조를 제공하는데 무상 원조도 있고 특혜 대출도 있습니다.

남아프리카공화국에서 지속가능발전과
WTO 가입이 중국에 미칠 영향에 관한 인터뷰*

(2002년 8월 31일~9월 6일)

(2002년 8월 31일 오후, 숙소인 케이프타운의 넬슨호텔에서 케이프타운 주재 중국대사관 직원들을 접견한 후 인터뷰)

기자 : 총리님, 이번에 UN의 제1회 지속가능발전을 위한 세계정상회의(WSSD)에 참가한 것에 대해 모두 관심이 많습니다. 중국은 지속가능한 발전 면에서 인구·환경보호, 특히 극심한 빈부 격차 문제 등에 직면했는데 어떤 문제들은 점점 더 심각해져갑니다. 총리께서는 이를 어떻게 보시며, 어떤 설명을 하실 수 있는지요?

주룽지 : 우리가 이 회의에 참가한 것은 당연히 희망을 품고 있기 때문입니다. 이번 회의에서 1992년 UN의 환경과 발전회의에서 확정한 일련의 원칙을 견지하고, 지속발전과 환경개선을 실행하는 것에 대해 선진국은 개발도상국을 도울 책임이 있습니다. 개발도상국에게 일련의 조건을 만들어 주고 자금과 기술 방면의 원조를 해야 합니다.

이렇게 하면 전 세계는 지속발전을 충분히 실현할 수 있고 빈부 격차도 축소할 수 있습니다.

---

* 주룽지 총리는 2002년 8월 31일부터 9월 6일까지 남아프리카공화국 요하네스버그에서 열린 제1회 'UN 지속가능발전을 위한 세계정상회의(WSSD)'에 참가하고 겸하여 남아프리카공화국을 업무방문했다. 주룽지 총리는 방문 기간중 지속가능발전 및 WTO 가입이 중국에 미치는 영향 등에 관해 홍콩기자와 인터뷰했다.

2002년 9월 3일, 주룽지 총리는 중국 정부를 대표하여 남아프리카공화국 요하네스버그에서 개최된 UN 제1회 지속가능발전을 위한 세계정상회의에 참석하여 연설했다. (사진=신화사 쉬센후이 기자)

기자 : 중국 자체도 빈부 격차에 직면하고 있는데 정부는 어떤 조치가 있습니까?

주룽지 : 중국 역시 개발도상국입니다. 중국은 몇십 년의 건설을 통해 이미 지속가능발전 전략에 관해 깊은 인식과 많은 교훈을 얻었다고 말할 수 있습니다. 중국은 최근 몇 년 간 지속가능발전의 실현과 생태환경 개선에 많이 투자하고 있습니다. 지난 몇 년은 과거 몇십 년에 해당할 정도로 온갖 노력을 해왔습니다. 물론 중국의 국력이 강하지 못하여 아직도 곤란함이 많지만 개발도상국들이 함께 경험을 교류하고, 상호 지지하고, 상호 도움을 주어 전 세계에 지속가능한 발전을 실현하

2002년 9월 5일, 주룽지 총리는 프레토리아연방 빌딩에서 타보 음베키 남아프리카공화국 대통령을 회견했다. (사진=신화사 리쉐런 기자)

며 동시에 빈부 격차도 감소되기를 바랍니다.

기자 : 재차 여쭙겠습니다. 베이징·상하이·선전 주민들이 무비자로 홍콩 1일 관광을 할 수 있는 방안이 지금 중앙의 비준을 기다리고 있습니다. 이에 관해 어떤 고려가 있으신지요? 이 조치를 비준하실 겁니까?

주룽지 : 이런 건의를 저는 아직 못 받았는데 건의서를 주십시오, 그럼 바로 동그라미를 쳐드리겠습니다.

(2002년 9월 3일 오후, 요하네스버그에서 유고슬라비아 꼬스뚜니챠 대통령과 회견 후 인터뷰)

기자 : 개인소득세에 관한 문제인데 민영기업과 사기업에 타격이나 충격을 주게 될 것이라고 모두들 걱정하고 있습니다. 이 문제를 어떻게 해결하실 건지요?

주룽지 : 법률대로 처리할 것입니다. 아무 걱정하실 필요없습니다. 실제로 적지 않은 사람들이 소득세를 납부하지 않고 있습니다. 세법 방면에서는 더 한층 명확하게 해야 합니다. 많은 공장주들이 이런 방법을 씁니다. 즉 모든 지출을 공장의 코스트로 보내고 본인은 월급을 가져가지 않습니다. 월급을 가져가지 않으니 개인소득세를 낼 필요가 없습니다. 세금이 이렇게 새어나가기 때문에 이 방면에서 우리는 더 한층 명확하게 규정해야 합니다.

기자 : 세제개혁의 문제입니까?

주룽지 : 이것은 세제개혁의 문제가 아닙니다. 규정은 매우 명확하며 법률조문상 더욱 엄격하고 구체적이 되어야 한다고 말해야 할 것입니다.

기자 : 회사관리제도와 회계제도 방면에 관해 새로운 요구가 있을 수 있나요?

주룽지 : 일찍이 모두 규정되어 있으니 새로운 요구는 없습니다. 그러나 과거에는 이런 상황 발생 시 어떻게 처리할지 확실하게 설명하지 않았습니다. 도리에 맞춰보면 이는 탈세 · 세금 탈루 · 세금 포탈이라고 하는 것이지요. 몇몇 민영기업가는 일년에 수 천만 위안을 소비해서 세율대로 하면, 개인소득세로 45%를 납부해야 하지만 결과적으로 한 푼도 납부하지 않고 모두 공장의 코스트로 지출합니다. 양징위楊景宇[1] 주임! 내가 말한 것이 맞지요? 내가 잘못 말한 것이 있으면 이 자리에서 바로잡아 주시오. 보도가 나간 후에 문제가 생기면 정정하기가 어려우니까요.

양징위 : 총리께서 말씀하신 것이 정확합니다.

---

1) 양징위 : 당시 국무원 법제처 주임을 맡고 있었다.

주룽지 : 이 점은 명확합니다. 용인할 수 없습니다. 그러나 만일 이런 문제가 발생하면 어떻게 해야 할까요? 감옥에 들어가야 할까요 아니면 탈세한 세금을 보충해 내야 할까요 어떻게 해야 할까요? 더욱 명확하게 되어야 합니다.

기자 : 지금 중국에는 개인소득세 세율이 다른 국가에 비해 높다고 하는 사람도 있습니다. 총리께서는 이를 조정할 생각은 없으신지요?

주룽지 : 개인소득세 세율이 높은지 아닌지는 아직 완전히 일치된 의견이 없습니다. 과거 개인소득세 세율을 규정할 때 누진세 제도는 미국 등의 서방국가를 참고한 것인데 최고 45%까지 됩니다. 지금 일부 관계자들 사이에는 이 세율이 너무 높다는 이견도 있습니다. 즉 자신의 힘든 노동에 의해, 자신의 수완으로 돈을 벌었는데 세금으로 받아가는 것이 너무 많다는 것입니다. 또 다른 면으로는 이 조치가 중국 대륙으로 외자를 유치하는데 불리하다고 합니다. 많은 외자기업들·유명한 외자기업·다국적기업은 모두 총본부를 상하이나 베이징에 설립하길 원하지만 개인소득세 세율이 너무 높아서 회사 직원들이 오려고 하지 않습니다. 이 방면에서는 홍콩이 우세하며 우리는 그렇지 못합니다.

기자 : 이렇게 되면 인재 영입에 장애가 되지 않을까요?

주룽지 : 몇몇 인사들도 소득세 세율이 높아 인재 영입에 장애가 된다고 주장하고 있어 우리는 지금 이 문제에 관해 토론 중입니다. 양징위 주임! 토론이 잘 되어가고 있나요? 말해보세요.

양징위 : 이미 2년 간 토론했습니다. 다양한 방안이 있으며 각 계층의 수입자들이 세금을 납부한 후에 어떻게 하면 더욱 공평해질 수 있는지 산출해내야 합니다. 현재도 계속 검토 중에 있습니다.

주룽지 : 세율 변동은 영향이 아주 크기 때문에 심사숙고해야 하며 계속 토론을 해야 합니다.

(2002년 9월 6일 오전, 숙소인 요하네스버그 팔라조 인터콘티넨탈호텔에서의 인터뷰)

기자 : WTO 가입 후 중국의 대외무역은 어떤 영향을 받았는지요? 유관 정책은 조정하셨습니까?

주룽지 : 수입관세가 감소되었기 때문에 우리 재정에 막대한 손실이 발생했습니다. 수출은 우리의 세수에 유리한 점이 없습니다. 우리는 모두 면세거나 세금을 환급받았기 때문입니다. 그러나 이는 국민경제를 촉진시키는데 분명히 유리합니다. 현재까지 수출상황은 우리의 예상보다 훨씬 좋습니다. 작년 11월에 저는 금년 수출을 마이너스 성장이나 제로 성장으로 예측했습니다만, 7월에 실질적으로 14% 성장했습니다. 이는 쉬운 일이 아니며 계속 발전 중임을 알 수 있습니다. 이것은 WTO 가입 후 중국의 '해외진출' 전략이 여전히 유효하다는 것을 설명합니다. 이외 별다른 새로운 정책은 없습니다.

기자 : 현재 외부에서는 국내경제의 성장률이 7.9%에 달할 것이라고 예측하는데, 총리께서는 금년 성장 기대치를 상향조절할 것인지요?

주룽지 : 외부에서 8%의 성장률을 예측했지만 저는 기쁘지 않습니다. 제가 가장 관심있는 것은 우리 호주머니에 들어오는 돈이 증가했느냐에 있습니다. 저는 금년의 재정적자가 우리의 예산을 초과할 수도 있는 상황이 가장 걱정됩니다. 그렇게 되면 저는 총리직을 잃게 됩니다. 그래서 우리는 지엄한 명령을 내렸습니다. 1원도 초과할 수 없다, 원래 계획대로 집행한다. 현재 최대 영향을 받는 부문은 바로 세관의 관세 감소입니다.

기자 : 탈세하는 사람이 있나요?

주룽지 : 아닙니다. 관세율이 인하되었습니다. 3%가 인하되었습니다. 이는 600억 위안에 해당합니다.

(2002년 9월 6일 오전, 요하네스버그의 힐튼호텔에서 남아프리카공화국 주재 중국대사관 직원 접견 후 인터뷰)

기자 : 방금 수파차이 파니차팍[2] 사무총장을 인터뷰했는데 그분은 중국이 WTO 가입 후에 새로운 교섭 속에 일정한 역할을 해줄 것을 희망했습니다. 총리께서는 이번 연설에서 선진국들이 무역장벽을 철폐해주기를 호소했습니다. 총리께서는 새로 시작되는 교섭에서 중국이 어떤 역할을 발휘할 수 있다고 보시는지요?

주룽지 : 새로 시작하는 다자간 무역 교섭이 몹시 험난하리라고 예상하고 있습니다. 중국은 항상 개발도상국 편에 서서 모두와 함께 평등한 권익을 쟁취합니다. 수파차이가 WTO 사무총장을 하고 있으니 좋은 점도 있습니다. 그는 개발도상국의 정황에 대해서도 비교적 깊이 이해하고 있습니다.

기자 : 지금 또 한 가지 견해는 중국이 WTO 가입 후 금융업 개방 방면에서는 'WTO Plus'라고 합니다. 이런 견해가 있나요?

주룽지 : 저는 아직 'WTO Plus'라고 하는 견해를 들어본 적이 없습니다. 제가 방금 수파차이 사무총장과 이런 이야기를 했습니다. 중국이 WTO 가입 후 1년이 안 되는 시간에 우리는 이미 모든 입법 방면의 수정을 완성해 중국의 법률 법규가 WTO의 규정과 일치되게 했습니다. 이 일을 이미 전부 완수했습니다. 그밖에 우리는 WTO 가입 시 했던 승낙을 실행했거나 이행했습니다. 이런 승낙이 우리에게 아무리 힘든 일이라도 말입니다. 예를 들면 금년에 관세가 3% 인하되었는데 이 3%는 600억 위안을 의미합니다. 600억 위안 재정수입은 우리 중앙 재정수입의 거의 10분의 1에 해당하는데 전체 재정수입을 말하는 것은 아닙니다. 관세는 중앙의 수입이기 때문에 중앙의 돈이 감소된 것이고, 지방의 돈을 중앙에서 거둘 수는 없습니다. 그래서 재정 균형을 유지하고 적자가 나지 않게 하기는 몹시 힘듭니다. 제가 귀국하는 즉시 회의를 열어 보고하고 모두에게 수입 증가와 지출 절약을 요구하고 많은 업무를 해야만 비로소 이를 실현할 수 있습니다. 수파차이 사무총장은 "제가 아는 한 당신들은 어드밴티지를 얻는 것입니다"고 말했어요. 저는 이렇게 대답했습니다. 우리는 어드밴티지를 얻었고 수출도 확대됐습니다. 그러나 현

2) 수파차이 파니차팍 Supachai Panitchpakdi : 당시 WTO 사무총장이었다.

단계는 수출 확대로 증가된 수입과 관세 인하로 감소한 수입을 비교할 때 여전히 적자입니다. 그러나 앞으로 1, 2년이 지나면 우리는 역시 좋아질 것입니다. 제가 과거에 WTO 가입은 이익이 폐단보다 크다고 말한 적이 있지요. 우리는 결국엔 이익을 얻을 수 있습니다. 이는 우리로 말하자면, 비록 힘들기는 하지만 분명히 승낙한 바를 이행할 것이고 말한 것은 책임질 것입니다. 제가 아는 바에 의하면 최근에 중국에 대한 질책이 있습니다. 선진국에서 온 사람들이 중국은 자신의 승낙을 이행하지 않는다거나 혹은 불공평 대우를 한다고 말합니다. 오늘 저는 뉴스 하나를 보았는데 미국인이 중국의 양자 간 무역은 WTO의 규정을 위반한 것이라고 지적했습니다. 어떤 비난이 있든지 간에 중국은 인내심을 갖고 귀를 기울일 것입니다. 그러나 우리는 자신이 승낙한 바는 반드시 이행할 것입니다. 수파차이도 complain은 언제나 있는 것이라고 말했습니다. 지금까지 그는 정식으로 중국이 무슨 문제가 있다고 말하는 것을 보지 못했다고 합니다. 그는 중국은 승낙을 이행할 것이라고 생각하고 있습니다.

덴마크에서 아시아 유럽 정상회의에 관한 인터뷰[*]

(2002년 9월 23일~25일)

(2002년 9월 23일 오전, 코펜하겐 벨라센터에서 아시아 지도자 회의 참석 후 인터뷰)

기자 : 중국과 아세안 자유무역지대의 건설에 관한 현재의 진전 상황과 이것이 아시아 지역에 어떤 영향을 가져올지에 관해 말씀해 주십시오.

주룽지 : 중국과 아세안의 경제부 장관들이 회의를 통해 중국과 아세안 자유무역지대 틀의 문제에 관해 협상을 진행하고 있습니다. 필리핀·태국과의 개별 제품 방면에서 진일보 절충이 필요한 것을 제외하면 기본적으로 협의에 달성했습니다. 모두 2010년 이전 중국과 아세안 자유무역지대 건설에 동의했으며 내년부터 가동이 시작될 겁니다.

기자 : 방금 아시아 지도자 회의를 주재하셨는데요. 아시아 국가 간의 협력은 어떻게 전개해야 한다고 보십니까? 어떻게 현재의 경제 형세 아래서 공동 발전을 얻을 수 있을까요?

주룽지 : 아시아 국가의 공동 염원의 하나는 세계의 평화와 안정이며 또 다른 하나는 자국의 경제발전입니다. 각국은 모두 특히 경제발전에 관해 절박한 요구가 있습니다. 방금 회의석상에서 고촉동 총리와 다른 사람들의 발언에 모두 이런 뜻

---

[*] 애너스 포 라스무센Anders Fogh Rasmussen 덴마크 총리의 초청으로 주룽지 총리는 2002년 9월 22일에서 26일까지 덴마크를 공식 방문했다. 덴마크 수도 코펜하겐에서 열린 제4차 아셈 정상회의에 참석하고 제5차 중–유럽 지도자 회의에 참석했다. 주룽지 총리는 방문 기간 중 아셈 정상회의 등의 문제에 관해 홍콩기자와 인터뷰했다.

2002년 9월 24일, 덴마크 수도 코펜하겐에서 거행된 제4차 아셈 정상회의가 폐막한 후 주룽지 총리가 아시아와 EU 정상들이 거행한 기자회견에서 기자 질문에 답하고 있다. 왼쪽은 로마노 프로디Prodi EU위원회 의장이고 오른쪽 첫번째는 판 반 카이 베트남 총리, 오른쪽 두 번째는 라스무센 덴마크 총리. (사진=신화사 류웨이빙劉衛兵 기자)

이 있었으며 경제협력·경제발전의 문제를 더 많이 토론하기를 희망했습니다. 회의는 마땅히 이런 방향을 향해 더 많이 노력하고 더욱 많은 구체적인 조치를 내놓아야 한다고 생각합니다. 이 방면에서 중국은 최대한의 노력을 기울일 것이며 아셈국가의 이런 회의를 환영합니다. 경제부 장관회의나 농업협력 회의 같은 회의를 개최한다면 우리는 개최국이 되기를 희망하며 이런 활동을 추진할 것입니다.

　　기자 : 아시아 국가 간의 협력은 잘 되었지만 홍콩과 중국 대륙 간의 긴밀한 경제관계 수립은 기술 방면에서 교섭이 무척 느리면서도 아무 결과가 없습니다. 어떻게 이런 협력 기회를 이용하여 대륙과 홍콩이 모두 공동 발전할 수 있을지, 이 점을 중앙정부는 어떻게 보시는지요?

주룽지: 홍콩은 당연히 다릅니다. 중국에 속한 같은 국가입니다. 중국 대륙과 홍콩의 협력은 매우 전면적이고도 깊이 있게 신속히 추진되고 있으며 여기에는 전혀 문제가 없습니다. 어떤 저항도 존재하지 않습니다. 문제는 이런 일은 몹시 어렵다는 것인데 왜냐하면 홍콩은 중국 대륙의 경제 구조와 다르기 때문입니다. 각 방면의 정황이 모두 달라서 어떻게 연구하여 효과적인 협력을 할지는 정말이지 우리가 공동 연구할 과제입니다. 어떤 일은 말로는 아주 듣기 좋지만 실행하면 실효가 없어 다루기가 어렵습니다. 그리고 실효있는 조치를 어떻게 채택할 것인가에 있어 쌍방의 인식이 다릅니다. 저마다 이견이 있고 관점이 다르니 확실히 인내심 있는 연구 검토가 필요합니다. 홍콩의 상황은 그래도 호전될 것이라고 확신합니다. 어제 기자님이 제게 홍콩의 실업률이 내려갔다고 알려주었는데 결국 호전될 것입니다. 나는 홍콩 생활이 중국 대륙의 생활보다 더욱 좋으리라고 봅니다.

(2002년 9월 23일 오후, 코펜하겐 벨라센터 아셈 정상회의 참석 후 인터뷰)

기자: 오늘 회의는 시간이 연장되었는데 회의는 어땠습니까? 어떤 사람은 서방국가들은 주로 인권을 말하고 싶어했고 아시아 국가들은 경제를 말하려고 했다는데 이런 상황이었습니까?

주룽지: 그렇지 않습니다. 매번 회의 때마다 의제가 있습니다. 오늘 식사 때에는 문화와 문명의 교류 문제를 이야기했습니다. 오전의 회의는 주로 지역·국가 간의 충돌 문제에 집중되었으며 기본적으로는 이라크 문제에 관해 토론했습니다.

기자: 이 의제에 대하여 모두 인식의 일치가 이루어졌나요?

주룽지: 기본적으로는 공통된 인식을 가졌다고 보지만 각자가 강조한 포인트는 모두 다릅니다. 시라크 대통령은 비교적 격동적이었는데 중국의 관점은 그의 관점과 큰 차이가 없었습니다. 중국의 논조는 변함이 없습니다. 우리는 이라크에 UN 결의의 무조건 준수와 UN과 협력하여 핵 감독을 받을 것을 일관되게 요구합니다. 또 다른 면에서 우리는 이라크의 주권과 완전한 영토를 존중하라고 주장합

2002년 9월 24일, 덴마크 수도 코펜하겐에서 주룽지 총리는 라스무센 덴마크 총리 (좌), 프로디 EU위원회 회장(우)과 회담 전에 기념촬영했다. (사진=신화사 판루진 기자)

니다. UN 직원들이 아직 가지도 않고, 핵 사찰도 하지 않고, 정확한 증거도 없는 상황하에서 이라크가 핵무기가 있다고 단언하는 것은 UN이 이라크에 대한 무력 사용을 에두르는 것인데 우리는 이에 반대합니다. 이 점에 있어 우리의 입장은 아주 분명합니다. 이와 같은 방식에 반대합니다.

기자 : 총리님, 최근에 홍콩입법회에서는 〈홍콩특별행정구기본법〉 제23조 입법자문을 놓고 무엇이 국가전복 행위인가에 관해 토론했습니다. 홍콩에서는 아주 큰 반향을 불러일으켰는데 어떤 이들은 언론자유가 영향을 받을 것을 걱정하고 있으며 또 일부 외국인들도 관심을 표명하고 있습니다. 중앙정부의 태도는 어떠합니까?

주룽지 : 저는 일찍이 홍콩 문제는 말하지 않겠다고 한 적이 있습니다. 특히 홍콩에서 야기된 논쟁에 관해서는 더욱 입장 표명을 할 수가 없습니다. 미안합니다. 이 문제에 관해 대답할 수가 없습니다.

기자 : 사실 많은 홍콩인들이 관심을 갖는 것은 홍콩특구정부 스스로……

주룽지 : 이런 말들은 모두 내가 먼저 할 수 있는 것이 아닙니다. 둥젠화 특구 수반이 먼저 말해야 하며 그 다음은 중앙정부의 대변인이 있습니다. 나는 지금 발언하지 않겠습니다. 미안합니다.

(2002년 9월 25일 오후, 숙소인 스칸디나비아 호텔에서 덴마크 주재 중국대사관 직원 접견 후 인터뷰)

기자 : 총리님, 최근 미국 보도에 의하면 중국이 유치한 외국의 직접 투자는 이미 미국을 추월했으며 현재 전 세계에서 투자가 가장 많은 국가라는 조사가 있었습니다. 외자 유치가 경제 발전에 미치는 영향을 어떻게 보십니까?

주룽지 : 미국을 추월했는지 어떤지 도리어 저는 그런 개념이 없습니다. 중국은 지금까지 4,000억 달러의 외국 직접 투자를 유치했습니다. 작년에는 480억 달러였으니 금년 지금까지 작년 동기 대비 25% 증가했습니다. 모두 실제적으로 이루어진 것이며 계약서에 서명만 한 것이 아닙니다. 이런 외국의 직접투자는 중국 경

제 발전에 있어 커다란 버팀목이 되어줍니다. 다수의 직접 투자는 기술설비에서 이루어지는데 중국에서 공장을 차리는 것입니다. 동시에 외국 직접 투자는 또한 중국의 기술수준을 향상시켜 중국을 세계적인 수출기지로 만들 것입니다.

기자 : 이 조사에서도 말했듯이 외자가 중국을 좋게 보는 이유는 중국의 미래 소비 능력을 낙관하기 때문이며 앞으로 1만 달러 이상의 연소득자는 대부분 중국인일 것이라고 합니다. 어떻게 보시는지요?

주룽지 : 중요한 것은 중국이 최저 원가를 제공하기 때문에 외국기업이 이익을 얻을 수 있다는 점입니다. 그래서 과거 다른 국가에 지었던 공장들이 지금은 중국으로 옮겨오고 있습니다. 왜 그럴까요? 첫째 중국의 인프라 시설이 완벽하기 때문입니다. 연해지역은 고속도로가 사통팔달이며, 통신 역시 더할 나위 없이 아주 편리합니다. 어제 우리가 저녁을 먹을 때 어느 분이 홍콩에 오래 사셨는데 홍콩에 대해 아주 탄복하고, 무척 좋아하지만 매년 3개월은 상하이에 가서 산다고 했습니다. 이는 중국이 투자하기에 적합한 곳이라는 것을 설명합니다. 두 번째는 중국은 엔지니어 기술자들을 포함하여 비교적 저렴하지만 품질이 좋은 노동력을 제공할 수 있습니다. 그리하여 외국 기업들의 코스트를 대폭적으로 감소시키고 이윤은 증대시켜 줍니다. 이것이 바로 가장 중요한 원인입니다. 그래서 외국인은 점점 더 중국에 오는 것을 좋아합니다. 지금 중국의 외국기업이 생산한 제품은 대외수출을 많이 하며 실제로 중국시장에 판매되는 비율은 아직 높지 않습니다.

기자 : 미국이 금년에 금리인하를 하지 않기로 결정했지만 내년에는 분명히 금리인하를 단행할 것입니다. 총리께서는 내년 전체 경제 상황을 어떻게 보십니까?

주룽지 : 지금으로 볼 때 내년의 경제발전은 확실히 불확실한 요소들이 많이 있어서 예측하기가 어렵습니다. 우선 이라크 전쟁이 계속될지가 예측불허라 내년의 경제에 관해 모두 걱정을 표명하고 있습니다. 만일 전쟁이 일어난다면 유럽 중앙은행장인 빔 다위센베르흐Wim Duisenberg가 말한 것처럼 아마도 전 세계 경제 쇠퇴

를 초래할 것입니다. 우리는 물론 이런 상황을 원하지 않습니다. 저는 우리 중국은 걱정하지 않습니다. 중국의 경제발전 동력은 주로 내수, 국내의 수요에 있기 때문입니다. 우리는 어떤 예측지 못한 상황에도 대처할 수 있습니다.

기자 : 이는 경제를 자극하여 내수 확대에 의지해야 한다는 말씀입니까?

주룽지 : 내수 확대는 국채발행과 같은 것은 아닙니다. 아무래도 우리의 현재 국채발행의 수준이 높지 않습니다만 생산의 발전과 수입의 증가로 중국인의 생활수준이 향상되면 중국 내수 역시 발전할 것입니다.

기자 : 수입 증가와 지출절제 회의는 이미 시작되었습니다. 세수의 상황에 관해 총리님의 예측은 어떠한지요. 총리님의 계획 목표를 달성할 수 있습니까?

주룽지 : 솔직히 말하면 회의를 열기 전부터 저는 우리의 계획이 반드시 실현될 것이라고 예측했습니다. 그러나 저는 그래도 이 회의를 열어 모두의 주의를 이끌어내어 이 예측한 바를 넘어설 것입니다.

프랑스에서 해외인재 영입에 관한 인터뷰*

(2002년 9월 28일)

(2002년 9월 28일 밤, 뚤루즈 시장 푸라치가 주최한 연회 참석 후 인터뷰)

기자 : 모두들 곧 열리는 중국 공산당 제16차 전국대표대회에 관심을 갖고 있습니다. 이번 유럽방문 시 유럽 정상들에게 16전대全大 준비 상황에 대해 소개하셨는지요?

주룽지 : 공식 석상에서는 말한 적이 없고, 개별적으로 만났을 때 말한 적이 있습니다.

기자 : 유럽 정상들은 관심이 많습니다. 현재의 상황이 어떤지 저에게 좀 귀띔해 주실 수 있는지요.

주룽지 : 저도 모르는데 어떻게 귀띔할 수 있겠습니까? 저는 단지 외국인에게 중국의 정책은 변화가 없고, 중국은 귀국과의 우호협력 노선에도 변화가 없다고 안심시킬 뿐입니다. 그저 이것밖에는 말할 것이 없습니다. 저도 모르는데 어떻게 무엇을 밝힐 수가 있습니까?

기자 : 총리께서는 언제쯤에 홍콩의 인재들에게 중국에 와서 일하라고 요청하실 것인지요? 인민은행의 부행장은 아직까지 인선을 하지 못하셨지요. 지금 차타이查太[1](查는 남편 성이고 太는 부인이란 뜻으로 '미세스 차'라는 뜻임:역주)는 중국 증권감독회 임기가 만료되는데 모두 그에게 돌아오라고 하고 있습니다. 차타이는 대륙에서 업무를 볼 때 그다지 순조롭지 못했다고 하는데 아마도 스트레스가 너무 컸기 때문일 겁니다. 앞으로도 인재 영입 방면에 있어서 해외 인재와 전문가들에게 중국을 도우며 전문직

---

* 주룽리 총리는 프랑스 방문기간 중 해외 인재 영입에 관해 홍콩기자와 인터뷰했다.
1) 차타이 : 스메이룬룬史美倫을 말하며 당시 중국증권감독회의 부의장이었다.

에서 발전하라고 요청하실 건가요? 어떻게 그들을 영입하여 안정적으로 업무를 처리하게 하실 건지요?

주룽지 : 우리는 차타이가 순조롭게 일을 했다고 여기고 있습니다. 게다가 그녀는 몹시 강합니다. 특히 증권시장 질서를 정돈하는 면에서 큰 역할을 했습니다. 기자께서 순조롭지 못하다고 하는 것은 주로 인터넷 방면에서 말하는 것 같군요. 인터넷에서는 사람들이 스메이룬을 공격하는 것은 말할 것도 없고, 저마저도 공격합니다. 스메이룬을 공격하는 것보다도 더 많습니다. 이는 아무것도 아니며 중앙정부의 의견을 반영하는 것도 아니고, 또한 대륙의 대다수 국민의 의견을 반영하는 것도 아닙니다. 인터넷상에는 개인 주식 투자자가 많은데 만일 누군가 그들의 개인 이익에 저촉된다면 그들은 불만을 터뜨릴 것입니다. 바로 그것입니다. 나는 스메이룬 부의장이 아주 잘 했다고 봅니다.

2002년 9월 28일, 주룽지 총리 부부는 프랑스 똘루즈의 에어버스 회사를 참관했다. (사진=신화사 류웨이빙 기자)

기자 : 지속적으로 해외 인재를 영입하실 겁니까?

주룽지 : 물론입니다. 이 정책은 변하지 않을 것입니다. 이는 중앙의 정책으로 이미 규정되었기 때문입니다.

기자 : 마지막 질문은 홍콩과 주하이 마카오를 잇는 강주아오港珠澳 대교에 관한 것입니다. 중앙에서는 이미 홍콩과 주하이로 사람을 파견해 상황을 이해하고 그들에게 실행 가능성 있는 연구를 하도록 했습니다. 중앙 방면에서는 이 대교가 주강 삼각주의 발전을 이끌어갈 것이라고 보십니까?

주룽지 : 우리는 아직 이 대교에 관해 토론한 적이 없고, 우리에게 토론하라고 제기된 적도 없습니다. 이 일은 아직도 수면 아래에서 태동 중에 있습니다. 저는 또 상이한 의견도 있다고 들었는데 찬성하는 사람도 있고 반대하는 사람도 있으며, 홍콩 내부에서도 의견이 다르고, 광둥도 의견이 다르다고 합니다.

그래서 이 일은 모두가 자신의 견해를 피력한 후에 다시 분석 비교해야 합니다. 우리는 지금으로서는 아직 심사비준 일정을 언급하지도 않았습니다.

캄보디아에서 중국과 아세안 자유무역지대 건립 등에 관한 인터뷰[*]

(2002년 11월 2일~3일)

(2002년 11월 2일 오후, 프놈펜 총리 관저에서 캄보디아 훈센 총리와 회담 전 인터뷰)

기자 : 총리님, 죄송합니다. 시간이 몹시 촉박한 것을 알지만 딱 한 가지만 여쭤봐도 되겠습니까? 차이나 텔레콤의 이번 요금 인상사건(차이나 텔레콤이 홍콩 장거리전화 접속요금을 인상한 일:역주)에서 홍콩의 이익을 특별히 강조할 것인지요?

주룽지 : 이는 기업의 문제지 정부의 문제가 아닙니다. 기업의 행위는 당연히 주관부문의 비준을 받지만 만일 기소된다면 우리는 협조할 것을 고려할 수 있습니다.

기자 : 홍콩의 이익을 고려하십니까?

주룽지 : 우리는 늘 홍콩의 이익을 고려해왔으며 요금 인상이 홍콩의 이익을 고려하지 않는다는 것과 등치관계는 아닙니다. 이는 기업 행위입니다.

기자 : 총리님, 오늘 시간이 촉박하십니까? 양빈楊斌[1] 이후 많은 민간기업의 문제를 발견했는데 이것이 민영기업에 대한 투자자의 견해에 영향을 주지 않겠습니까?

---

[*] 훈센 캄보디아 총리의 초청으로 주룽지 총리는 2002년 11월 1일에서 4일까지 캄보디아를 공식방문했다. 캄보디아의 수도 프놈펜에서 거행된 제6차 아세안 한중일 정상회담과 아세안 중국 정상회담 및 메콩강유역개발(GMS)협력 지도자 회담에 참석했다. 주룽지 총리는 방문 기간 중 중국 민영기업과 중국－아세안자유무역지대 건설에 관해 홍콩 기자와 인터뷰했다.

[1] 양빈 : 원래 선양의 어우야歐亞실업 주식회사 회장으로 2001년도의 '포브스 중국부호'에서 제3위의 부호였다. 산하 회사인 '어우야농업'이 홍콩주식시장에서 상장되었다. 2002년 10월, 양빈은 범죄에 연루되어 공안부에 의해 거주지 감시를 받았다. 2003년 7월 14일, 선양시 중급인민법원에서 1심 판결을 받았으며, 양빈은 자본금 허위등록죄·농경지 불법점용죄·계약서 사기죄·뇌물죄·금융구매권 위조죄 등이 있어 법에 의거해 각각의 죄에 형을 부과하여 18년의 징역형에 처해졌다. 같은 해 9월 7일, 랴오닝성 고급인민법원은 양빈 사건 최종심에서 원심을 확정했다.

2002년 11월 2일, 주룽지 총리는 훈센 캄보디아 총리가 프놈펜에서 거행한 환영식에 참석했다. (사진=신화사 마잔청 기자)

주룽지 : 국영기업도 위조장부가 있고 탈세를 합니다. 미국도 있습니다. 어떻게든 부정이 있습니다.

기자 : 중국은 민영기업이 홍콩에서 상장하도록 격려하는데 지금 몇몇 민영기업에서 지속적으로 문제가 불거지고 있어 홍콩 투자자의 믿음에 모두 문제가 생기는 것 같습니다. 이들의 해외 업무 확장에 영향이 없을까요?

주룽지 : 증권시장에 대한 감독을 강화해야 합니다. 그들이 어떻게 상장할 수 있

겠습니까? 업주가 책임을 지고 회계회사도 책임을 져야 하고, 추천한 사람도 책임이 없다고 할 수 없습니다. 모두 책임이 있고 모든 부서마다 감독을 강화해야 합니다. 이런 위조장부를 만드는 상황은 도처에 있다고 생각합니다. 그래서 대륙에서 줄곧 "성실을 기본으로 하고 위조장부를 만들지 말자"고 강조해 왔습니다. 며칠 전에 나는 국가통계국에 가서 그들에게 '거짓 숫자가 안 나온다'는 뜻인 '불출가수不出假數'라는 네 글자를 주고 왔습니다. 통계 부분에도 거짓수가 있습니다.

기자 : 그렇다면 민영기업만을 겨누어 한 것은 아니군요. 그렇지요?

주룽지 : 이제껏 소유제를 보지 않았고 단지 법에 따라 일을 처리했는지, 법과 규율을 지켰는지 오로지 이것만을 보았습니다.

2002년 11월 3일, 주룽지 총리 부부는 프놈펜 왕궁에서 시아누크 캄보디아 국왕 내외를 회견했다. (사진=신화사 마잔청 기자)

2002년 11월 3일, 주룽지총리는 캄보디아 수도 프놈펜에서 거행된 메콩강유역개발(GMS)협력 지도자 회담에 참석하고 연설했다. (사진=신화사 마잔청 기자)

(2002년 11월 3일 오전, 캄보디아 주재 중국대사관 직원 접견 후 인터뷰)

기자 : 이번에 우리는 중국－아세안 자유무역지대 가동 등을 포함하여 아세안 방면에서 많은 협의를 했습니다. 1999년 총리께서 아세안회담에 참석하셨을 때 그들은 '중국위협'을 논했지만 지금은 이미 협력의 기초가 형성되었습니다. 어떻게 이런 변화가 있습니까?

주룽지 : 중국과 아세안은 '아세안+3' 과 '아세안+1' 의 범위 안에서 몇 년 간 상호 이해와 신뢰를 거쳐 많은 방면에서 공통된 인식을 얻었습니다. 예를 들면 중국과 아세안 자유무역지대는 몇 년 전에 제가 제의한 것인데 벌써 금년 기본협약을 체결하게 되었습니다. 이는 양측에 여전히 상호 신뢰라는 기초가 있음을 설명합니다.

기자 : 홍콩의 일부 사업계 인사들은 중국이 아세안과 자유무역지대 협정을 체결한 이후 홍콩이 분명이 타격을 받을 것이며 많은 화물이 홍콩을 경유하지 않을 것이라고 걱정합니다.

주룽지 : 너무 민감하군요. 무슨 일이든 전부 홍콩과 관련시키는데 어디 그런 일이 있을 수 있습니까? 아세안 지역의 제품이 꼭 모두 홍콩을 통과해야 하는 것은 아닙니다. 그러나 만일 과거에 홍콩을 경유했다면 지금도 홍콩을 경유할 수 있습니다. 원래 이용하던 통로가 익숙하여 다니기 쉬운 법이니 여기에는 어떤 영향도 없을 겁니다. 아세안과 자유무역지대를 건립하는데 있어 우리는 대가를 지불할 준비를 했고 이로써 지역의 선린우호 협력을 얻었습니다. 중국은 농업국가로 농산품은 이미 공급 과잉인데 아세안이 중국에 수출하는 것은 대부분 농산품입니다. 중국이 이런 농산물의 중국 시장 진입을 허용한 것은 중국 자신을 타격하는 것이 아니겠습니까? 그러나 우리는 선린우호를 위하여, 지역의 발전을 위하여 그래도 이렇게 하기를 원합니다. 우리는 이 자유무역을 통하여 외화를 벌어들이고 싶은 생각은 없습니다. 중국은 충분한 외환 보유고가 있기 때문입니다. 우리는 충분한 경쟁력이 있어 미국이나 유럽에서 외화를 벌어들일 수 있는데 뭐하러 동남아 지역까지 가서 외화를 벌어들이겠습니까? 우리는 그저 자유무역이라는 수단을 이용하여 양국 간의 무역협력을 촉진하여 새로운 수준에 도달하기를 희망할 뿐입니다.

기자 : 총리께서는 국경일 동안 선전에 가셨다고 들었는데 선전과 홍콩의 관광 협력 강화를 위해서였나요?

주룽지 : 그렇습니다. 관광 협력만이 아니라 세 가지를 말했고 그중 하나가 홍콩과의 우수성 상호 보완 실현이며 그중에 관광도 포함되어 있습니다. 홍콩은 홍콩만의 우월함이 있고 선전 역시 대륙의 우월함이 있으므로 두 곳을 결합하면 선전의 관광 발전을 도모할 수 있고, 홍콩의 관광업도 발전할 것입니다. 제 말의 포인트는 우월함으로 상호 보완하자는 것입니다.

주룽지, 기자에 답하다

2010년 8월 5일 초판 1쇄 발행

엮은이	인민출판사
옮긴이	강영매·황선영
펴낸이	윤형두
펴낸데	종합출판 범우(주)

등록   2004. 1. 6. 제406-2004-000012호
주소   (413-756) 경기도 파주시 교하읍 문발리 출판단지 525-2
전화   031-955-6900~4, FAX / 031-955-6905
잘못된 책은 바꾸어 드립니다.   교정·편집/김영석, 성기은·윤아트
ISBN 978-89-6365-035-7 03300   (홈페이지) http://www.bumwoosa.co.kr
                                (이메일) bumwoosa@chol.com

*값은 뒤표지에 있습니다.

이 도서의 국립중앙도서관 출판시 도서목록(CIP)은
e-CIP홈페이지(http://www.nl.go.kr/cip.php)에서 이용하실 수 있습니다.
(CIP제어번호 : CIP 2010002607)

중국 현대산문론 리샤오훙 지음 / 김혜준 옮김

중국의 중견학자가 중국 현대산문(1949~1996년)을 총망라하였다. 이 책의 전반부는 중국 산문이론의 전통과 외국 산문이론의 관점을 계승·수용함과 동시에 최근 중국의 산문연구 분야의 새로운 성과를 흡수하여 저자의 독창적 견해를 지닌 산문관을 제시하고 있다.
후반부는 이론적 관점에 입각하여 각 시기별 산문의 역사와 작가·작품을 검토하여, 산문의 흐름을 소개한다.
신국판·446면·값 13,000원

모택동 선집 (전 4권) 모택동 지음 / 김승일 옮김

중국혁명의 각 시기에 있어서 모택동이 저술한 중요한 저작들과 중국 공산당이 창립된 후 걸어온 각각의 역사 시기에 따른 저작을 연대순으로 편집한 것이다.
또한 이전에 출간한 저작집에는 수록되어 있지 않던 일부 중요한 저서들도 수록하였다. 특히 이 선집에 수록한 저작들은 모두 저자인 모택동의 교열을 받은 것으로, 내용 자체를 일부 보충하거나 수정하기도 했다.
신국판·각 400~424면 내외·각권 13,000원

중국 변형신화의 세계 김선자 지음

어느 민족의 신화에서나 변형의 모티프는 신화 전체를 관통한다. 인간의 상상력을 통해 신과 인간은 이야기 속에서 동물로도 식물로도, 심지어는 돌로도 변한다. 반드시 죽어야만 하는 필멸必滅의 운명을 가진 인간들이 불멸不滅에 대한 절실한 소망을 담아 만들어낸 '필멸과 불멸의 변주變奏'가 바로 변형신화이다.
신국판·448면·값 13,000원

중국 전통극의 이해 신지영 지음

중국의 전통극은 음악과 노래와 춤으로 사람들의 생활에 관한 문제를 연출하는 연극이다. 때문에 그 시대 문화전반을 반영하고 있다.
이 책은 중국에서 연출되고 있는 경극과 각종 지방희의 특징과 내용 등을 쉽고 자세하게 설명하고 있다.
신국판·340면·값 12,000원